近现代佛学名家名著

虚云老和尚禅要

虚云 著

释明贤 选编

图书在版编目(CIP)数据

虚云老和尚禅要/虚云著;释明贤选编. —上海:
上海古籍出版社,2020.5(2025.5重印)
(近现代佛学名家名著)
ISBN 978-7-5325-9555-6

Ⅰ.①虚… Ⅱ.①虚… ②释… Ⅲ.①虚云(1840-
1959)—文集 Ⅳ.①B949.92-53

中国版本图书馆 CIP 数据核字(2020)第 057796 号

近现代佛学名家名著

虚云老和尚禅要

虚 云 著 释明贤 选编
上海古籍出版社出版、发行
(上海市闵行区号景路159弄1-5号A座5F 邮政编码 201101)
(1)网址:www.guji.com.cn
(2)E-mail:guji1@guji.com.cn
(3)易文网网址:www.ewen.co
江阴市机关印刷服务有限公司印刷
开本890×1240 1/32 印张 18.625 插页 11 字数 370,000
2020 年 5 月第 1 版 2025 年 5 月第 7 次印刷
印数:14,551—17,650
ISBN 978-7-5325-9555-6
B·1133 定价:76.00 元
如有质量问题,请与承印公司联系

年七十余时法相（1911年前后）

在南华寺丈室（1935年）

目前所见虚老唯一彩色相片

南华寺千佛罗汉大戒后（1947年，知定法师题赞）

在广州邹鲁公馆花园（1947年）

赠宽勤居士自题像

在云门寺新起大殿地上趺坐（1948年）

在云门寺丈室（1950年9月11日）

在武昌三佛寺（1952年秋）

在云居山真如寺大殿前（1956年）

在云居山真如寺（1953–1959年）

在云居山真如寺（1953–1959年）

编选说明

　　虚云老和尚是汉传佛教、现代禅门一座无上的高峰、无尽的宝藏。关于虚云老和尚资料的整理汇编，前人已做了大量工作，而有《年谱》《法汇》《全集》等多种丰厚成果。

　　本书以"禅"为主旨，在当前可见的诸多资料中，搜校虚老关于"禅""禅宗""禅修"的开示、法语、书信、文记、诗偈之精要及虚老承嗣禅门五家法脉的重要文献，辑成《虚云老和尚禅要》一册，以飨诸方学人。

　　《开示篇》收录虚云老和尚关于禅门修行及佛法信仰的重要开示，按照参禅法要、禅宗与净土、禅七开示及日常点滴开示的主题顺序，尽可能将相关内容编排一处，以便读者集中参学。其中《虚云老和尚论禅宗与净土》汇编了虚老关于禅净关系的核心开示，《虚云老和尚点滴开示》中各篇标题为编者据开示内容所加。所收录的开示主要参考1951年上海大法轮书局版、惟因法师所录《参禅法要》，岑学吕居士编《虚云和尚自述年谱》《虚云和尚法汇》，净慧长老主编《虚云和尚全集》，弥光老和尚编《应无所住——虚云和尚开示录》等资料。

　　《书信文记篇》主要分为两部分。书信部分着重收录虚云老和尚与道友、后学往来书信中指点修行、论述禅要的内容；文记部分主要从虚老所编《增订佛祖道影传赞》《增订鼓山列祖联芳集》《星灯集》《校正星灯集》，以及后人编录的关于虚老继承五家法脉的珍贵历史资料中择要选编，作为对此一汉传佛教禅宗之重要公案与重大法缘的回顾、记录与保存。材料参考《虚云和尚自述年谱》《虚云和尚法汇》《虚云和尚全集》等文献。

《法语篇》于虚老历年诸法语中，择取与学人问答小参之机锋语要与指示修行的堂上开示，编校而成。《诗偈篇》于现有可见的虚老诗偈中，围绕本书主旨，择点拨禅要、妙透禅意、呈叙禅境之偈辑录而成。此二篇材料主要参考《虚云和尚自述年谱》《虚云和尚法汇》《虚老和尚诗稿》《虚云和尚全集》等文献。

末后附《虚云老和尚生平传略》及台湾惠光法师所记虚老年龄相关的回忆文字，以作为对虚老"禅的一生"的无限敬仰与至诚顶礼。

编者识

二〇一八年十月十五日

目　录

开示篇

参禅的先决条件

按：学人多将《参禅的先决条件》列在《参禅要旨》题下。今依岑学吕居士所编《虚云老和尚年谱法汇》之制，取《参禅的先决条件》与《参禅法要》之题而编列。

参禅的目的，在明心见性，就是要去掉自心的污染，实见自性的面目。污染就是妄想执著，自性就是如来智慧德相。如来智慧德相为诸佛众生所同具，无二无别。若离了妄想执著，就证得自己的如来智慧德相，就是佛，否则就是众生。

只为你我从无量劫来，迷沦生死，染污久了，不能当下顿脱妄想，实见本性，所以要参禅。因此参禅的先决条件，就是除妄想。妄想如何除法？释迦牟尼佛说的很多，最简单的莫如"歇即菩提"一个"歇"字。禅宗由达摩祖师传来东土，到六祖后禅风广播，震烁古今，但达摩祖师和六祖开示学人最紧要的话，莫若"屏息诸缘，一念不生"。屏息诸缘，就是万缘放下，所以"万缘放下，一念不生"这两句话，实在是参禅的先决条件。这两句话如果不做到，参禅不但是说没有成功，就是入门都不可能。盖万缘缠绕，念念生灭，你还谈得上参禅吗？

　　"万缘放下,一念不生"是参禅的先决条件,我们既然知道了,那末,如何才能做到呢?上焉者一念永歇,直至无生,顿证菩提,毫无络索。其次则以理除事,了知自性本来清净,烦恼菩提、生死涅槃皆是假名,原不与我自性相干。事事物物,皆是梦幻泡影,我此四大色身与山河大地,在自性中如海中的浮沤一样,随起随灭,无碍本体。不应随一切幻事的生住异灭而起欣厌取舍。通身放下,如死人一样,自然根尘识心消落,贪嗔痴爱泯灭,所有这身子的痛痒、苦乐、饥寒、饱暖、荣辱、生死、祸福、吉凶、毁誉、得丧、安危、险夷,一概置之度外,这样才算放下。一放下,一切放下,永永放下,叫作万缘放下。万缘放下了,妄想自消,分别不起,执著远离,至此一念不生,自性光明,全体显露。至是,参禅的条件具备了,再用功真参实究,明心见性才有分。

　　日来常有禅人来问话,夫法本无法,一落言诠,即非实义。了此一心本来是佛,直下无事,各各现成,说修说证,都是魔话。达摩东来,"直指人心,见性成佛"。明明白白指示,大地一切众生都是佛,直下认得此清净自性,随顺无染,二六时中,行住坐卧,心都无异,就是现成的佛。不须用心用力,更不要有作有为,不劳纤毫言说思惟。所以说,成佛是最容易的事、最自在的事,而且操之在我,不假外求。大地一切众生,如果不甘长劫轮转于四生六道,永沉苦海,而愿成佛,常乐我净,谛信佛祖诚言,放下一切,善恶都莫思量,个个可以立地成佛。诸佛菩萨及历代祖师,发愿度尽一切众生,不是无凭无据，空发大愿、空讲大话的。

上来所说，法尔如此，且经佛祖反复阐明，叮咛嘱咐，真语实语，并无丝毫虚诳。无奈大地一切众生，从无量劫来，迷沦生死苦海，头出头没，轮转不已，迷惑颠倒，背觉合尘，犹如精金投入粪坑，不惟不得受用，而且染污不堪。佛以大慈悲，不得已说出八万四千法门，俾各色各样根器不同的众生，用来对治贪嗔痴爱等八万四千习气毛病。犹如金染上各种污垢，乃教你用铲、用刷、用水、用布等来洗刷琢抹一样。所以佛说的法，门门都是妙法，都可以了生死、成佛道，只有当机不当机的问题，不必强分法门的高下。流传中国最普通的法门为宗、教、律、净、密，这五种法门，随各人的根性和兴趣，任行一门都可以。总在一门深入，历久不变，就可以成就。

宗门主参禅，参禅在"明心见性"，就是要参透自己的本来面目，所谓"明悟自心，彻见本性"。这个法门，自佛拈花起，至达摩祖师传来东土以后，下手功夫，屡有变迁。在唐宋以前的禅德，多是由一言半句，就悟道了。师徒间的传授，不过以心印心，并没有什么实法。平日参问酬答，也不过随方解缚，因病与药而已。宋代以后，人们的根器陋劣了，讲了做不到，譬如说"放下一切""善恶莫思"，但总是放不下，不是思善，就是思恶。到了这个时候，祖师们不得已，采取以毒攻毒的办法，教学人参公案。初是看话头，甚至于要咬定一个死话头，教你咬得紧紧，刹那不要放松，如老鼠啃棺材相似，咬定一处，不通不止，目的在以一念抵制万念。这实在是不得已的办法，如恶毒在身，非开刀疗治，难以生效。古人的公案多得很，后来专讲看话头，有的看"拖死尸的是谁"，有的看"父母未生之前，如何是我本来面目"，晚近诸方多用看"念佛是谁"这一话头。其实都是一样，都很平常，并无奇特。如果你要说，看念经的是谁，看持咒的是谁，看拜佛的是谁，看吃饭的是谁，看穿衣的是谁，看走路的是谁，看睡觉的是谁，都是一个样子。"谁"字下的答案，就是心。话从心起，心是话之头；念从心起，心是念之头；万法皆从心生，心是万法之头。其实话头即是念头，念之前头就是心。直言之，一念未生以前就是话头。由此你我知道，看话头就是观心，父母未生以前的本来面目就是心，看父母未生以前的本来面目，就是观心。性即是心，"反闻闻自性"，即是反观观自心，"圆照清净觉相"，清净觉相即是心，照即观也。心即是佛，念佛即是观佛，观佛即是观心。所以说"看话头"，或者是说看"念佛是谁"，就是观心，即是观照自心清净觉体，即是观照自性佛。

　　心即性，即觉，即佛，无有形相方所，了不可得，清净本然，周遍法界，不出不入，无往无来，就是本来现成的清净法身佛。行人都摄六根，从一念始生之处看去，照顾此一话头，看到离念的清净自心，再绵绵密密，恬恬淡淡，寂而照之，直下五蕴皆空，身心俱寂，了无一事。从此昼夜六时，行住坐卧，如如不动，日久功深，见性成佛，苦厄度尽。昔高峰祖师云："学者能看个话头，如投一片瓦块在万丈深潭，直下落底。若七日不得开悟，当截取老僧头去。"同参们，这是过来人的话，是真语、实语，不是骗人的诳语啊！

然而为什么现代的人，看话头的多，而悟道的人没有几个呢？这是由于现代的人，根器不及古人，亦由学者对参禅看话头的理路，多是没有摸清。有的人东参西访，南奔北走，结果闹到老，对一个话头还没有弄明白，不知什么是话头，如何才算看话头，一生总是执著言句名相，在话尾上用心。看"念佛是谁"呀，"照顾话头"呀，看来看去，参来参去，与话头东西背驰，哪里会悟此本然的无为大道呢？如何到得这一切不受的王位上去呢？金屑放在眼里，眼只有瞎，那里会放大光明呀？可怜啊！可怜啊！好好的儿女，离家学道，志愿非凡，结果空劳一场，殊可悲悯！

古人云："宁可千年不悟，不可一日错路。"修行悟道，易亦难，难亦易，如开电灯一样，会则弹指之间，大放光明，万年之黑暗顿除；不会则机坏灯毁，烦恼转增。有些参禅看话头的人，着魔发狂，吐血罹病，无明火大，人我见深，不是很显著的例子吗？所以用功的人又要善于调和身心，务须心平气和，无挂无碍，无人无我，行住坐卧，妙合玄机。

参禅这一法，本来无可分别，但做起功夫来，初参有初参的难易，老参有老参的难易。初参的难处在什么地方呢？身心不纯熟，门路找不清，功夫用不上，不是心中着急，即是打盹度日，结果成为"头年初参，二年老参，三年不参"。易的地方是什么呢？只要具足一个信心、长永心和无心。所谓信心者，第一信我此心本来是佛，与十方三世诸佛无异；第二信释迦牟尼佛说的法，法法都可以了生死、成佛道。所谓长永心者，就是选定一法，终生行之，乃至来生又来生，都如此行持，参禅的总是如此参去，念佛的总是如此念去，持咒的总是如此持去，学教的总是从闻思修行去。任修何种法门，总要以戒为本。果能如是做去，将来没有不成的。沩山老人说："若有人能行此法，生生若能不退，佛阶决定可期。"又永嘉老人说："若将妄语诳众生，永堕拔舌尘沙劫。"所谓无心者，就是放下一切，如死人一般，终日随众起倒，不再起一点分别执著，成为一个无心道人。

初发心人，具足了这三心，若是参禅看话头，就看"念佛是谁"：你自己默念几声"阿弥陀佛"，看这念佛的是谁？这一念从何处起的？当知这一念不是从我口中起的，也不是从我肉身起的。若是从我身或口起的，我若死了，我的身口犹在，何以不能念了呢？当知这一念是从我心起的，即从心念起处，一觑觑定，蓦直看去，如猫捕鼠，全副精神集中于此，没有二念。但要缓急适度，不可操之太急，发生病障。行住坐卧，都是如此，日久功深，瓜熟蒂落，因缘时至，触着碰着，忽然大悟。此时如人饮水，冷暖自知，直至无疑之地，如十字街头见亲爷，得大安乐。

老参的难易如何呢？所谓老参，是指亲近过善知识，用功多年，经过了一番锻炼，身心纯熟，理路清楚，自在用功，不感辛苦。老参上座的难处，就是在此：自在明白当中停住了，中止化城，不到宝所。能静不能动，不能得真实受用。甚至触境生情，取舍如故，欣厌宛然，粗细妄想，依然牢固。所用功夫，如冷水泡石头，不起作用，久之也就疲懈下去，终于不能得果起用。老参上座，知道了这个困难，立即提起本参话头，抖擞精神，于百尺竿头，再行迈进，直到高高峰顶立，深深海底行，撒手纵横去，与佛祖觌体相见，困难安在？不亦易乎？

话头即是一心。你我此一念心，不在中间内外，亦在中间内外，如虚空的不动而遍一切处。所以话头不要向上提，也不要向下压：提上则引起掉举，压下则落于昏沉，违本心性，皆非中道。

大家怕妄想，以降伏妄想为极难。我告诉诸位，不要怕妄想，亦不要费力去降伏他，你只要认得妄想，不执著他，不随逐他，也不要排遣他，只不相续，则妄想自离。所谓"妄起即觉，觉即离妄"。若能利用妄想做功夫，看此妄想从何处起。妄想无性，当体即空，即复我本无的心性，自性清净法身佛即此现前。究实言之，真妄一体，生佛不二，生死涅槃，菩提烦恼，都是本心本性，不必分别，不必欣厌，不必取舍。此心清净，本来是佛，不需一法，那里有许多啰嗦？——参！

参禅法要

按:《参禅法要》综合 1951 年上海大法轮书局版与此后通行版（即岑学吕居士所编《虚云老和尚年谱法汇》之《参禅法要——禅堂开示》，及今日通行之《参禅要旨》）。其中"办道的先决条件""参禅方法"两个标题为通行版所加。本文撤除"参禅方法"标题，直接以"坐禅须知""用功下手——认识宾主""话头与疑情""照顾话头与反闻自性""生死心切与发长远心""用功的两种难易""结论"等标题，并据 1951 年版补以"悟道与修道"一节，而将 1951 年后通行本中单列的"参禅与念佛"一节重列入本篇。又因"办道的先决条件"中的四个要点，通行版记述详细，故保留标题"办道的先决条件"，并取稿于通行本。

引　言
（中有复语，因在禅七中开示者）

诸位时常来请开示，令我很觉感愧。诸位天天辛辛苦苦，砍柴锄地，挑土搬砖，一天忙到晚，也没打失办道的念头、那种为道的殷重心，实在令人感动。虚云惭愧，无道无德，说不上所谓开示，只是拾古人几句涎唾，来酬诸位之问而已。用功办道的方法很多，现在且约略说说。

办道的先决条件

深信因果

无论什么人，尤其想用功办道的人，先要深信因果。若不信因果，妄作胡为，不要说办道不成功，三途少他不了。佛云："欲知前世因，今生受者是。欲知来世果，今生作者是。"又说："假使百千劫，所造业不亡。因缘会遇时，果报还自受。"《楞严经》说："因地不真，果招纡曲。"故种善因结善果，种恶因结恶果，种瓜得瓜，种豆得豆，乃必然的道理。谈到因果，我说两件故事来证明。

一、琉璃王诛释种的故事。释迦佛前，迦毗罗阅城里有一个捕鱼村，村里有个大池。那时天旱水涸，池里的鱼类尽给村人取吃，最后剩下一尾最大的鱼，也被烹杀。只有一个小孩子从来没有吃鱼肉，仅那天敲了大鱼头三下来玩耍。

后来释迦佛住世的时候，波斯匿王很相信佛法，娶释种女，生下一个太子，叫做琉璃。琉璃幼时在释种住的迦毗罗阅城读书。一天因为戏坐佛的座位，被人骂他，把他抛下来，怀恨在心。及至他做国王，便率大兵攻打迦毗罗阅城，把城里居民尽数杀戮，当时佛头痛了三天。诸大弟子都请佛设法解救他们，佛说定业难转。目犍连尊者以神通力用钵摄藏释迦亲族五百人在空中，满以为把他们救出，那知放下来时，已尽变为血水。

诸大弟子请问佛，佛便将过去村民吃鱼类那段公案说出。那时大鱼就是现在的琉璃王前身；他率领的军队，就是当日池里的鱼类；现在被杀的罗阅城居民，就是当日吃鱼的人；佛本身就是当日的小孩，因为敲了鱼头三下，所以现在要遭头痛三天之报。定业难逃，所以释族五百人，虽被目犍连尊者救出，也难逃性命。后来琉璃王生堕地狱。冤冤相报，没有了期，因果实在可怕。

二、百丈度野狐的故事。百丈老人有一天上堂，下座后，各人都已散去，独有一位老人没有跑。百丈问他做什么，他说："我不是人，实是野狐精。前生本是这里的堂头，因有个学人问我'大修行人还落因果否?'我说'不落因果'，但因此堕落，做了五百年野狐精，没法脱身，请和尚慈悲开示。"百丈说："你来问我。"那老人便道："请问和尚，大修行人还落因果否?"百丈答道："不昧因果。"那老人言下大悟，即礼谢道："今承和尚代语，令我超脱狐身。我在后山岩下，祈和尚以亡僧礼送。"第二天，百丈在后山石岩以杖拨出一头死狐，便用亡僧礼将他化葬。

我们听了这两段故事，便确知因果可畏，虽成佛也难免头痛之报。报应丝毫不爽，定业实在难逃，我们宜时加警惕，慎勿造因。

严持戒律

用功办道，首要持戒。戒是无上菩提之本，因戒才可以生定，因定才可以发慧。若不持戒而修行，无有是处。《楞严经》四种清净明诲告诉我们：不持戒而修三昧者，尘不可出。纵有多智禅定现前，亦落邪魔外道。可知道持戒的重要。持戒的人，龙天拥护，魔外敬畏；破戒的人，鬼言大贼，扫其足迹。

从前在罽宾国近着僧伽蓝的地方，有条毒龙时常出来为害地方。有五百位阿罗汉聚在一起，用禅定力去驱逐他，总没法把他赶跑。后来另有一位僧人，也不入禅定，仅对那毒龙说了一句话："贤善！远此处去。"那毒龙便远跑了。众罗汉问那僧人什么神通把毒龙赶跑，他说："我不以禅定力，直以谨慎于戒，守护轻戒犹如重禁。"我们想想，五百位罗汉的禅定力，也不及一位严守禁戒的僧人。

或云：六祖说"心平何劳持戒，行直何用参禅"。我请问，你的心已平直没有？有个月里嫦娥赤身露体抱着你，你能不动心吗？有人无理辱骂痛打你，你能不生嗔恨心吗？你能够不分别冤亲憎爱、人我是非吗？统统做得到，才好开大口，否则不要说空话！

坚固信心

想用功办道，先要一个坚固信心。信为道元功德母，无论做什么事，没有信心，是做不好的。我们要了生脱死，尤其要一个坚固信心。佛说："大地众生，皆有如来智慧德相，只因妄想执著，不能证得。"又说了种种法门，来对治众生的心病。我们就当信佛语不虚，信众生皆可成佛。

但我们为什么不成佛呢？皆因未有如法下死功夫呀！譬如我们信知黄豆可造豆腐，你不去造他，黄豆不会自己变成豆腐；即使造了，石膏放不如法，豆腐也会造不成。若能如法磨、煮、去渣、放适量的石膏，决定可成豆腐。

办道亦复如是，不用功固然不可以成佛，用功不如法，佛也是不能成。若能如法修行，不退不悔，决定可以成佛。故我们应当深信自己本来是佛，更应深信依法修行决定成佛。永嘉禅师说："证实相，无人法，刹那灭却阿鼻业。若将妄语诳众生，自招拔舌尘沙劫。"他老人家慈悲，要坚定后人的信心，故发如此弘誓。

决定行门

信心既具，便要择定一个法门来修持，切不可朝秦暮楚。不论念佛也好，持咒也好，参禅也好，总要认定一门，蓦直干去，永不退悔。今天不成功，明天一样干；今年不成功，明年一样干；今世不成功，来世一样干。沩山老人所谓："生生若能不退，佛阶决定可期。"

有等人打不定主意，今天听哪位善知识说念佛好，又念两天佛；明天听某位善知识说参禅好，又参两天禅。东弄弄，西弄弄，一生弄到死，总弄不出半点"名堂"，岂不冤哉枉也？

（用功的法门虽多，诸佛祖师皆以参禅为无上妙门。楞严会上佛敕文殊菩萨拣选圆通,以观音菩萨的耳根圆通为最第一。我们要反闻闻自性,就是参禅。这里是禅堂,也应该讲参禅这一法。)

坐禅须知

平常日用,皆在道中行,那里不是道场?本用不着什么禅堂,也不是坐才是禅。所谓禅堂,所谓坐禅,都是为我等障深慧浅的众生而设。

坐禅先要晓得善调身心。若不善调,小则害病,大则着魔,实在可惜!禅堂的行香坐香,用意就在调身心。此外调身心的方法还多,今择要略说。

结跏趺坐时,宜顺着自然正坐,不可将腰作意挺起,否则火气上升,过后会眼屎多、口臭、气顶、不思饮食,甚或吐血。又不要弯腰垂头,否则容易昏沉。尤其不要靠背,否则会吐血的。如觉昏沉来时,睁大眼睛,挺一挺腰,轻略移动臀部,昏沉自然消灭。

用功太过急迫,觉心中烦躁时,宜万缘放下,功夫也放下来,休息约半寸香,渐会舒服,然后再提起用功。否则日积月累,便会变成性躁、易怒,甚或发狂着魔。

坐禅中遭遇的境界很多,说之不了。但你不要去执著它,便碍不到你,俗所谓"见怪不怪,其怪自败"。虽遇着或见着什么恶境界,也不要管它,不要害怕;就是看见什么好境界,也不要管他，不要生欢喜。《楞严》所谓："不作圣心，名善境界；若作圣解，即受群邪。"

用功下手——认识宾主

用功怎么下手呢？楞严会上𫍯陈那尊者说"客尘"二字，正是我们初心用功下手处。他说："譬如行客，投寄旅亭，或宿或食，宿食事毕，俶装前途，不遑安住。若实主人，自无攸往。如是思惟，不住名客，住名主人，以不住者，名为客义。又如新霁，清旸升天，光入隙中，发明空中，诸有尘相，尘质摇动，虚空寂然。澄寂名空，摇动名尘，以摇动者，名为尘义。""客尘"喻妄想，"主空"喻自性。常住的主人，本不跟客人或来或往，喻常住的自性，本不随妄想忽生忽灭，所谓"但自无心于万物，何妨万物常围绕"。尘质自摇动，本碍不着澄寂的虚空，喻妄想自生灭，本碍不着如如不动的自性，所谓"我心不生，万物无咎"。

此中"客"字较粗，"尘"字较细。初心人先认清了"主"和"客"，自不随妄想迁流；进一步明白了"空"和"尘"，妄想自不能为碍。所谓"识得不为冤"，果能于此谛审领会来下手用功，便不致有多大错误了。

话头与疑情

古代祖师直指人心，见性成佛，如达摩祖师的"安心"，六祖的"惟论见性"，只要直下承当便了，本没有看话头的。到后来的祖师，见人不肯死心踏地，不能见到做到，多弄机诈，说口头禅，数他人珍贵，作自己家珍，便不得不各立门庭，各出手眼，才令学人看话头。

话头很多，如"万法归一，一归何处""父母未生前，如何是我本来面目"等等。但以"念佛是谁"为最普通。

什么叫话头？"话"就是说话，"头"就是未说话之前。如念"阿弥陀佛"是句话，未念之前就是话头。所谓话头，即是一念未生之际；一念才生，已成话尾。这一念未生之际，叫做"不生"；不掉举、不昏沉、不着静、不落空，叫做"不灭"。时时刻刻，单单的的，一念回光返照这"不生不灭"，就叫做"看话头"，或"照顾话头"。

看话头先要发疑情，疑情是看话头的拐杖。何谓疑情？如问："念佛的是谁？"人人都知道是自己念，但是用口念呢？还是用心念呢？如果用口念，死了还有口，为甚不会念？如果用心念，心又是个什么样子？却了无可得。因此不明白，便在"谁"上发起轻微的疑念。但切不要粗，愈细愈好，随时随地，单单照顾定这疑念，像流水般不断地照顾下去，不生二念。若疑念在，不要动着他；疑念不在，再轻微提起。初用心的，必定静中比动中较得力些，但切不可生分别心，不要管它得力不得力，不要管它动中或静中，你一心一意的用你的功好了。

"念佛是谁"四字，最着重在个"谁"字，其余三字不过言其大者而已。如穿衣吃饭的是谁？屙屎放尿的是谁？打无明争人我的是谁？能知能觉的是谁？不论行住坐卧，"谁"字一举便有，最容易发现疑念，不待反复思量卜度作意才有。故"谁"字话头，实在是参禅妙法。但不是将"念佛是谁"四字作佛号念，也不是思量卜度去找念佛的是谁叫做疑情。有等将"念佛是谁"四字，念不停口，不如念句"阿弥陀佛"功德更大；有等胡思乱想、东寻西找叫做疑情，那知愈想妄想愈多，等于欲升反坠，不可不知。

初心人所发的疑念很粗，忽断忽续，忽熟忽生，算不得疑情，仅可叫做想。渐渐狂心收笼了，念头也有点把得住了，才叫做参。再渐渐功夫纯熟，不疑而自疑，也不觉得坐在什么处所，也不知道有身心世界，单单疑念现前，不间不断，这才叫"疑情"。实际说起来，初时那算得用功，仅是打妄想，到这时真疑现前，才是真正用功的时候。这时候是一个大关隘，很容易跑上歧路。（一）这时清清净净，无限轻安，若稍失觉照（觉即不迷，即是慧；照即不乱，即是定），便陷入轻昏状态。若有个明眼人在旁，一眼便会看出他正在这个境界。一手板打下，马上满天云雾散，很多会因此悟道的。（二）这时清清净净，空空洞洞，若疑情没有了，便是无记，"枯木岩"，或叫"冷水泡石头"。到这时就要"提"，提即觉照。单单的的一念幽幽隐隐，湛然寂照，如如不动，灵灵不昧，了了常知。如冷火抽烟，一线绵延不断。渐渐用功到这地步时，就要具金刚眼睛，不再提，提就是头上安头。昔有僧问赵州老人道："一物不将来时如何？"州曰："放下来。"僧曰："一物不将来，放下个什么？"州曰："放不下，挑起去。"就是说到这时节。此中风光，如人饮水，冷暖自知，不是言说可能到。到这地步的人，自然明白；未到这地步的人，说也没用，所谓"若逢剑客须呈剑，不是诗人莫献诗"。

照顾话头与反闻自性

或问："观音菩萨的反闻闻自性，怎见得是参禅？"我方说照顾话头，就是教你时时刻刻、单单的的，一念回光返照这"不生不灭"（话头）。反闻闻自性，也是教你时时刻刻、单单的的，一念反闻闻自性。"回"即是反，"不生不灭"即是自性。"闻"和"照"虽顺流时循声逐色，听不越于声，见不超于色，分别显然；但逆流时反观自性，不去循声逐色，则原是一精明，"闻"和"照"没有两样。

我们要知道，所谓照顾话头，所谓反闻自性，绝对不是用眼睛来看，也不是用耳朵来听。若用眼睛来看，或耳朵来听，便是循声逐色，被物所转，叫做顺流。若单单的的一念在"不生不灭"中，不去循声逐色，无丝毫杂念，就叫做逆流，叫做照顾话头，也叫做反闻自性。但也不是叫你死闭眼睛，或者塞着耳朵，只是叫你不要生心去循声逐色而已。

生死心切与发长远心

参禅最重要生死心切和发长远心。若生死心不切，则疑情不发，功夫做不上；若没有长远心，则一曝十寒，功夫不成片。只要有个长远切心，真疑便起。真疑起时，尘劳烦恼不息而自息，时节一到，自然瓜熟蒂落。

我说个故事给诸位听。前清庚子年间，八国联军入京的时候，我那时跟光绪帝、慈禧太后们一起走。中间有一段，徒步向陕西方面跑，每天跑几十里路，几天没有饭吃。路上有个老百姓，进贡了一点红薯藤给光绪帝，他吃了还问人是什么东西，这么好吃？你想皇帝平日好大的架子，多大的威风，那会跑过几步路？那会饿过半顿肚子？那会吃过红薯藤？到那时架子也不摆了，威风也不逞了，路也跑得了，肚子也饿得了，菜根也咬得了。为甚他这样放得下？因为联军想要他的命，他一心想着逃命呀！可是后来议好和，御驾回京，架子又摆起来了，威风又逞起来了，路又跑不得了，肚子又饿不得了，稍不高兴的东西也吃不下了。为甚他那时又放不下了？因为联军已不要他的命，他已没有逃命的心了。假使他时常将逃命时的心肠来办道，还有什么不了？可惜没个长远心，遇着顺境，又故态复萌。

诸位同参呀！岁月催人，光阴一去不复返，它时刻要我们的命，比联军还要厉害，永不肯同我们"议和"的呀！快发个长远切心来了脱生死苦吧！高峰妙祖说："若论此事，如万丈深潭中投一块石相似，透顶透底，了无丝毫间隔。诚能如是用功，如是无间，一七日中，若无倒断，妙上座永遭拔舌犁耕！"又说："参禅若要克日成功，如堕千尺井底相似。从朝至暮，从暮至朝，千思想，万思想，单单则是个求出之心，究竟绝无二念。诚能如是施功，或三日，或五日，或七日，若不彻去，高峰今日犯大妄语，永堕拔舌泥犁。"他老人家也一样大悲心切，恐怕我们发不起长远切心，故发这么重誓来向我们保证。

悟道与修道

憨山祖师说："凡修行人，有先悟后修者，有先修后悟者，然悟有解证之不同。若依佛祖言教明心者，解悟也，多落知见，于一切境缘，多不得力，以心境角立，不得混融，触途成滞，多作障碍，此名相似般若，非真参也；若证悟者，从自己心中朴实做去，逼拶到山穷水尽之处，忽然一念顿歇，彻了自心，如十字街头见亲爷一般，更无可疑，如人饮水，冷暖自知，亦不能吐露向人，此乃真参实悟。然后即以悟处融会心境，净除现业流识，妄想情虑，皆融成一味真心，此证悟也。此之证悟，亦有深浅不同。若从根本上做功夫，打破八识窠臼，顿翻无明窟穴，一超直入，更无别法，此乃上上利根，所证者深；其余渐修，所证者浅。最怕得少为足，切忌堕在光影门头，何者？以八识根本未破，纵有作为，皆是识神边事。若以此为真，大似认贼为子。古人云：'学道之人不识真，只为从前认识神，无量劫来生死本，痴人认作本来人。'于此一关最要透过。所言顿悟渐修者，乃先悟已彻，但有习气未能顿净，就于一切境缘上，以所悟之理，即起观照之力，历境验心，融得一分境界，证得一分法身，消得一分妄想，显得一分本智，是又全在绵密工夫，于境界上做出，更为得力也。"

所以我们不论已悟未悟，解悟证悟，一样要修学，真实行持。所不同者，先悟后修之人，如老马识途，不会走冤枉路，比先修后悟的人较为容易。证悟的人脚踏实地，不像解悟的人浮浮泛泛，也较易得力而已。赵州老人八十犹行脚，四十年不杂用心看个"无"字，便是我们很好的模范。难道他老人家还没有悟道吗？他就是要指示我们，不要得少为足，不要我慢贡高。

每每有种人看了几本经书或语录，便满口"即心即佛"，什么"竖穷三际，横遍十方"，于本分上没有半点相应，诩诩然以再来的古佛自居，逢人称扬自己已经大彻大悟。有些盲从者，也附着替他吹牛，于是鱼目混珠，真伪莫辨，弄得乱七八糟，令人退失信心，甚至兴谤。近世禅宗之不振，多半就是败于这等狂徒之手。望各位同修痛下苦功，不要弄假，不要说口头禅，务要真参实悟，将来作法门的龙象，来重振宗风啊！

参禅与念佛

念佛的人，每每毁谤参禅；参禅的人，每每毁谤念佛。好像是死对头，必欲对方死而后快。这个是佛门最堪悲叹的恶现象。俗语也有说："家和万事兴，家衰口不停。"兄弟阋墙，那得不受人家的耻笑和轻视呀！

参禅、念佛等等法门，本来都是释迦老子亲口所说。道本无二，不过以众生的宿因和根器各各不同，为应病与药计，便方便说了许多法门来摄化群机。后来诸大师依教分宗，亦不过按当世所趣来对机说法而已。

如果就其性近者来修持，则那一门都是入道妙门，本没有高下的分别，而且法法本来可以互通，圆融无碍的。譬如念佛到一心不乱，何尝不是参禅？参禅参到能所双忘，又何尝不是念实相佛？禅者，净中之禅；净者，禅中之净。禅与净，本相辅而行，奈何世人偏执，起门户之见，自赞毁他，很像水火不相容，尽违背佛祖分宗别教的深意，且无意中犯了毁谤佛法、危害佛门的重罪，不是一件极可哀可愍的事吗？望我同仁，不论修持那一个法门的，都深体佛祖无净之旨，勿再同室操戈。大家协力同心，挽救这只浪涛汹涌中的危舟吧！

用功的两种难易

用功办道人，就其功夫的浅深，有两种难易：一、初用功的难易；二、老用功的难易。

初用功（心）的难易

初用功（心）的难——偷心不死

初用心的通病，就是妄想习气放不下来，无明、贡高、嫉妒、障碍、贪、嗔、痴、爱、懒做好吃、是非人我，涨满一大肚皮，哪能与道相应？或有些是个公子哥儿出身，习染不忘，一些委屈受不得，半点苦头吃不得，哪能用功办道？他没想本师释迦牟尼佛是什么人出家的！或有些识得几个文字的，不晓得古德语录中的问题，是在验学人的浅深，便自作聪明，终日寻章逐句，说心说佛，将古人言句作解会，作这种说食数宝的勾当，还自以为了不起，生大我慢，遇着一场大病，便叫苦连天；或腊月三十到来，便手忙脚乱，生平知解，一点用不着，才悔之不及。更有一种人，曲解了本来是佛，不属修证的话，便说本自现成，不必修证，终日闲闲散散，任情放逸，荒废光阴，还自称出格人，随缘自在，这种人将要吃大苦头。

有点道心的人，又摸不着一个下手处；或有害怕妄想，除又除不了，终日烦烦恼恼，自怨业障深重，因此退失道心；或有要和妄想拼命，愤愤然捏拳鼓气，挺胸睁眼，像煞有介事，要和妄想决一死战——那知妄想却拼不了，倒弄得吐血发狂；或有怕落空，那知早已生出"鬼"，空也空不掉，悟又悟不来；或有将心求悟，那知求悟道、想成佛，都是个大妄想，砂非饭本，求到"驴年"也决定不得悟；或有碰着一两枝静香的，便生欢喜心，那仅是盲眼乌龟钻木孔，偶然碰着，不是实在功夫，又多一层欢喜障；或有静中觉得清清静静很好过，动中又不行，因此避喧向寂，坐在死水中过日子。诸如此类，很多很多。初用功摸不到路头实在难，有觉无照，则散乱不能"落堂"（功夫上轨道的意思）；有照无觉，又坐在死水里浸杀。

初用功（心）的易——放下来单提一念

用功虽说难，但摸到路头又很易。什么是初用功的易呢？没有什么巧，放下来便是。放下个什么？便是放下一切无明烦恼。怎样才可放下呢？我们也送过往生的，你试骂那死尸几句，他也不动气；打他几棒，他也不还手。平日好打无明的也不打了，平日好名利的也不要了，平日诸多习染的也没了，什么也不分别了，什么也放下了。诸位同参呀！我们这个躯壳子，一口气不来，就是一具死尸。我们所以放不下，只因将它看重，方生出人我是非、爱憎取舍。若认定这个躯壳子是具死尸，不去宝贵他，根本不把他看作是我，还有什么放不下？只要放得下，随时随地不论行住坐卧，动静闲忙，通身内外冷冰冰只是一个疑念，平平和和不断地疑下去，不杂丝毫异念，一句话头，如倚天长剑，触其锋者，灭迹销声，还怕什么妄想？有什么打得你的闲人？哪里去分动分静？哪个去著有著空？如果怕妄想，又加一重妄想；觉清净，早已不是清净；怕落空，已经堕在有中；想成佛，早已入了魔道。所以只要识得路头，则运水搬柴，无非妙道；锄田种地，总是禅机。不是一天盘起腿子打坐，才算用功办道的。

老用功（心）的难易

老用功（心）的难——百尺竿头不能进步

什么是老用功的难呢？老用功到真疑现前的时候，有觉有照，仍属生死；无觉无照，又落空亡。到这境地实在难。很多到此洒不脱，站在百尺竿头，没法进步的。有等因为到了这境地，功夫有些微把护，又没有遇着什么打不开的境界，便自以为无明断尽，功夫到家，哪晓得天天坐在无明窟里过日子还不自知，忽然遇着一个境界，便打不开，作不得主，依旧随他去了，岂不可惜！或有等到了真疑现前的境地定中发点慧，领略了古人几则公案，便放下疑情，自以为大彻大悟，吟诗作偈，瞬目扬眉，称"善知识"，这种人自误误人，罪过无边；又有等把达摩老人的"外息诸缘，内心无喘。心如墙壁，可以入道"和六祖的"不思善、不思恶，正恁么时，那个是明上座本来面目"的涵义错会了，便以坐在枯木岩为极则。这种人以化城为宝所，认客地作家乡。婆子烧庵，就是骂此等死汉！

老用功（心）的易——绵密做去

什么是老用功的易呢？到这时只要不自满，不中断，绵绵密密做去，绵密中更绵密，微细中更微细，时节一到，桶底自然打脱。如或不然，找善知识抽钉拔楔去。

寒山大士颂云："高高山顶上，四顾极无边。静坐无人识，孤月照寒泉。泉中且无月，月是在青天。吟此一曲歌，歌中不是禅。"头两句是说独露真常，不属一切，尽大地光皎皎地，无丝毫障碍；第三句是说真如妙体，凡夫固不能识，三世诸佛也找不到我的处所，故道无人识；"孤月照寒泉"三句，是他老人家方便譬喻这个境界；最后两句，怕人们认指作月，故特别警醒我们：语言文字，都不是禅呀！

结　论

就是我所说的一大堆，也是扯葛藤、打闲叉，但有言说，都无实义。古德接人，非棒则喝，哪有这样啰嗦？不过今非昔比，不得不强作标月之指。究竟指是谁？月是谁？参！

参禅警语

心即是佛，佛即是觉。此一觉性，生佛平等，无有差别。空寂而了无一物，不受一法，无可修证；灵明而具足万德，妙用恒沙，不假修证。只因众生迷沦生死，经历长劫，贪嗔痴爱，妄想执著，染污已深，不得已而说修说证。所谓修者，古人谓为不祥之物，不得已而用焉！

此次打七，已经三个半七，还有三个半七。下三个半七，身心较为纯熟，用功当比前容易，诸位不可错过因缘，务要在下三个半七内，弄个水落石出，发明心地，才不孤负这个难得的机缘。

这二十多天来，诸位一天到晚，起早睡迟，努力用功，结果出不了四种境界。

一者，路头还有搞不清的，话头看不上，糊糊涂涂，随众打盹，不是妄想纷飞，就是昏沉摇摆。

二者，话头看得上，有了点把握，但是死死握着一片敲门瓦子，念着"念佛是谁"这个话头，成了念话头，以为如此可以起疑情、得开悟，殊不知这是在话尾上用心，乃是生灭法，终不能到一念无生之地。暂用尚可，若执以为究竟实法，何有悟道之期？晚近禅宗之所以不出人了，多缘误于在话尾上用心。

三者，有的会看话头，能照顾现前一念无生，或知念佛是心，即从此一念起处，蓦直看到无念心相，逐渐过了寂静，粗妄既息，得到轻安，就有了种种境界出现：有的不知身子坐在何处了，有的觉得身子轻飘飘的上腾了，有的见到可爱的人物而生欢喜心，有的见到可怕的境界而生恐怖心的，有的起淫欲心的，种种不一。要知这都是魔，着即成病。

四者，有的业障较轻的，理路明白，用功恰当，已走上了正轨的，清清爽爽，妄想若歇，身心自在，没有什么境界。到此地步，正好振起精神用功向前，惟须注意枯木岩前岔路多。有的是在此昏沉而停住了，有的是得了点慧解，作诗作文，自以为是，起贡高我慢。

以上四种境界都是病，我今与你们以对治之药：第一如话头未看上，妄想昏沉多的人，你还是看"念佛是谁"这个"谁"字。待看到妄想昏沉少，"谁"字不能忘了时，就看这一念起处，待一念不起时，即是无生。能看到一念无生，是名真看话头。第二关于执著"念佛是谁"，在话尾上用心、以生灭法为是的人，也可照上述的意思，即向念起处看到一念无生去。第三关于观无念已得寂静轻安，而遇到任何境界的人，你只照顾本参话头，一念不生，佛来佛斩，魔来魔斩，一概不理他，自然无事，不落群邪。第四关于妄念已歇，清清爽爽，身心自在的人，应如古人所说"万法归一，一归何处"，由一向至极处迈进，直至"高高山顶立，深深海底行"，再撒手纵横去。

　　以上所说，都是对末法时期的钝根人说的方法。其实宗门上上一乘，本师释迦牟尼佛在灵山会上拈花之旨，教外别传，历代祖师，惟传一心，直指人心，见性成佛。不落阶级，不假修证，一言半句即了，无一法可得，无一法可修，当下就是，不起妄缘，即如如佛，那里有许多闲话呢？

修与不修

讲修行，讲不修行，都是一句空话。你我透彻了自己这一段心光，当下了无其事，还说什么修与不修？试看本师释迦牟尼佛的表现，出家访道，苦行六年证道，夜睹明星，叹曰："奇哉！奇哉！大地众生皆有如来智慧德相，只因妄想执著，不能证得；若离妄想，则清净智、自然智、无师智，自然现前。"以后说法四十九年，而曰："未说着一字。"自后历代祖师，一脉相承，皆认定"心佛众生，三无差别"，"直指人心，见性成佛"。横说竖说，或棒或喝，都是断除学者的妄想分别，要他直下"识自本心，见自本性"，不假一点方便葛藤，说修说证。佛祖的意旨，我们也就皎然明白了。

你我现前这一念心，本来清净，本自具足，周遍圆满，妙用恒沙，与三世诸佛无异。但不思量善恶，与么去，就可立地成佛，坐致天下太平。如此有甚么行可修？讲修行岂不是句空话吗？但你我现前这一念心，向外驰求，妄想执著，不能脱离。自无始以来，轮转生死，无明烦恼，愈染愈厚。初不知自心是佛，即知了，亦不肯承当，作不得主，没有壮士断腕的勇气，长在妄想执著中过日子。上焉者，终日作模作样，求禅求道，不能离于有心；下焉者，贪嗔痴爱牢不可破，背道而驰。这两种人，生死轮转，没有已时，讲不修行，岂不又是空话？

所以大丈夫直截了当，深知古往今来，事事物物，都是梦幻泡影，无有自性，人法顿空，万缘俱息，一念万年，直至无生。旁人看他穿衣吃饭，行住坐卧，一如常人，殊不知他安坐自己清净太平家里，享受无尽藏宝，无心无为，自由自在，动静如如，冷暖只他自己知道。不惟三界六道的人天神鬼窥他不破，就是诸佛菩萨也奈他不何！这样还说个什么修行与不修行呢？其次的人，就要发起志向，痛念生死，发惭愧心，起精进行，访道力参，常求善知识指示途径，勘辨邪正，"如切如磋，如琢如磨"，"江汉以濯之，秋阳以曝之"，渐臻于精纯皎洁，这就不能说不修行了。

上来说的不免迁上就下，仍属一些葛藤，明眼人看来，要认为拖泥带水。然祖庭秋晚，去圣日遥，为应群机，不得已而如此啰嗦。究实论之，讲修行，讲不修行，确是空话。直下无事，本无一物，那容开口！菩萨呀！会吗？

参话头

（1944 年）

六月十一日，师开示云："参禅下手功夫，就是诸方常常说的看'念佛是谁'这个话头，万缘放下，死心塌地，昼夜六时，行住坐卧，起居饮食，屙屎撒尿，搬柴运水，迎宾待客，总不离开这个话头。怎么看法呢？先念佛数声，看此念佛的究竟是谁呢？若说是口念的，我死了口还在，何以不能念呢？若说是心念的，这个心是不是我这肉团心呢？若说是我这肉团心，则我死了这肉团心还在，何以不能念呢？故知念佛的不是肉团心。既然都不是，这念佛的究竟是谁呢？如是就起了疑情，疑情一起，那么，别的妄念就自然没有了。这样还是粗想，这是使万念归于一念。到了万念归于一念，只有一个疑情、再无别的杂念时，这就是用功得力之时了。于是努力向上参去，看此念佛的究竟是谁？一旦万念顿绝，瓜熟蒂落，豁然开悟，打破疑情，见了自己本来面目，如人饮水，冷暖自知。这就是细参，这就是参禅的下手功夫。大家相信此一法是了生脱死、成佛作祖的路头，就要打起精神真参实悟，不要虚度光阴呀！"

原刊《慧炬》杂志402期

虚云老和尚论禅宗与净土

按：本篇集中收录虚云老和尚论禅宗与净土关系及念佛修行的几则重要开示，以"虚云老和尚论禅宗与净土"为题，便于读者集中了解虚老对于禅净关系的基本见地与抉择。

参禅与念佛的关系

一九五二年十二月十七日讲于上海佛教界

祝愿世界和平法会期间

现在这里的和平法会，已举行几天了，这是很稀有难得的。今天苇舫法师、妙真和尚、赵朴初、李思浩、方子藩居士等，均要虚云出来与各位说法。我想趁这个因缘，把念佛与参禅的关系随便谈谈，以便给初发心学佛的人作个参考。今天是和平法会念佛坛开始的一天，本是由妙真和尚来讲的，他很客气的不讲，故由虚云出来与诸位谈谈。

我们人生住在娑婆世界里，犹如在苦海中，因此没有一个人不想脱离苦海的。但脱离生死苦海，便需佛法。佛法的真谛，严格地说起来，是无法可说，那有言语文字形相呢？《楞严经》

说："但有言说，都无实义。"可是为接引一般各种根机不同的众生，致有无量的法门。在中国的佛法，有人分出为禅、教、律、净与密宗五派。这在老参饱学的人，是无所谓的，因他已了解佛教的真理，决无差异的。而在一般初入学佛的人，便发生许多意见，每每分宗啦、教啦等等，并且赞彼毁此，有损法化。

要知道一个话头，或一句佛号，都是方便的，不是究竟的。真是工夫用到家的人，是用不着它的。为什么？因为动静一如，好比月印千江，处处明显，无有障碍。障碍者，如天空里的浮云，水里的污泥，若有障碍，则月虽明而不显，水虽清而不现。我们修行的人，如果能体解这个道理，了解自心如秋月，不向外驰求，返照回光，一念无生，了无所得，哪有什么名相差别呢？只因无量劫来，妄想执著，习气深重，以致释尊说法有四十九年，谈经约三百余会，但这些法门最大的目的，无非是治疗各种众生不同的贪、嗔、痴、慢等习气毛病。若能远离这些，你即是佛，哪有众生的差别呢？古人说"方便有多门，归元无二路"，也是这个道理。

现在的佛法，比较盛行的，是净土与禅宗。但一般僧众，都忽略了戒律，这是不合理的。因为佛法的根本要义，乃是戒、定、慧三字，如鼎三足，缺一不可。这是我们每个学佛的人应特别注意的。

禅宗，是世尊在灵山会上，拈花示众，唯有迦叶尊者微笑，称为心心相印，教外别传，为佛法的命脉。而念佛的净土和看经持咒等法门，都是了生脱死的佛法。有人说，禅宗是顿超的，念佛持咒是渐次的。是的，这不过是名相上的差别，实际上是无二致的。六祖大师说："法无顿渐，见有迟疾。"我认为佛法的每个法门，皆可修持。你与哪一法门相宜，便修持那一法门，切不可赞此毁彼，妄想执著。而最重要的，还是戒律的遵守。近来有出家人，不但自己不严守戒律，还说持戒是执著。那种高调，是多么危险！

心地法门的禅宗，自迦叶尊者后，辗转相传，从印度传到中国六祖慧能大师，都称为正法流传，盛极一时。律宗以优波离尊者为首，他承受了世尊的嘱咐，要我们末世的众生以戒为师，在毱多尊者后，发扬为五部律。我国的南山老人道宣律师依昙无德部，制疏奉行，称为中兴律祖；天台北齐老人，观龙树《中观论》，发明了心地；杜顺老人以《华严经》为主，建立了贤首宗；远公提倡净土，九祖相承。在永明后，历代祖师大都以禅宗弘扬净土，水乳相融。虽然诸宗纷起，究竟不离拈花命脉，足见禅净关系的密切了，更可见古人弘扬佛法的婆心了。至于密宗，是由不空尊者、金刚智等传入中国，经一行禅师等努力，才发扬光大的。但这些都是佛法，应当互相扬化，不得分别庭户，自相摧残。若彼此角立互攻，便不体解佛祖的心意了。

古人说法，大都拾叶止啼。赵州老人说："佛字我不喜闻。"又说："念佛一声，漱口三日。"因此，有一般不识先人的苦心者，便说念佛是老太婆干的事，或说参禅是空亡外道。

总之，说自己的是，谈他人之非，争论不已。这不仅违背佛祖方便设教的本怀，且给他人以攻击的机会，妨碍佛教前途的发展，至深且巨。

因此，虚云特别提出，希望各位老参及初发心的道友们，再不可这样下去。如果再这般下去，便是佛教的死路一条。须知条条大路通长安的道理。学佛的人，应多看看永明老人的《宗镜录》和《万善同归集》等；念佛的人，亦应了解《大势至菩萨念佛圆通章》，要认识自性净土，舍妄归真，勿得向外别求。如果我们能体会到这种真理，随他说禅也好，谈净也好，说东方也去得，说西方也去得，乃至说有也可，说无也可。到这时，一色一香无非中道了义，自性弥陀，唯心净土，当下即是，那有许多葛藤！《楞严经》说："但尽凡心，别无圣解。"如能这般做到，断除妄想、执著、习气，即是菩萨、佛祖，否则还是凡夫众生。

念佛的人，也不应太执著，否则，还成了毒药。我们现在念阿弥陀佛的名号，是因我们无始以来的习气深厚，妄想难除，故借这一句佛号，来做个挂杖子。念念不忘，久而久之，则妄念自除，净土自现，何须他求呢？

月耀、佛源同记

（摘自岑学吕居士原编《年谱》）

老实念佛

壬辰一九五二年十二月二十一日讲于
印光大师生西十二周年纪念

今天是印光老法师生西十二周年纪念。各位都是他的弟子，在这里聚集一堂，饮水思源，追念师父。在佛法的道理上，师是法身父母，纪念师父，便是对法身父母的孝思，较之世间小孝，更有意义。

回忆我第一次与印光老法师相见，是光绪廿年在普陀山。那时是化闻和尚请他在前寺讲《阿弥陀经》。讲完了经，他便在寺中阅藏，二十余年，从未离开一步，只是闭户潜修，所以他对教义领悟极深。他虽深通教义，却以一句"阿弥陀佛"为日常行持，绝不觉得自己深通经教，便轻视念佛法门。佛所说法，无一法不是疗治众生的病苦。

念佛法门，名为阿伽陀药，总治一切病。但无论修何种法门，都要信心坚固，把得住，行得深，方能得圆满的利益。信心坚固，持咒可成，参禅可成，念佛可成，都是一样。若信根不深，只凭自己的微小善根，薄学智慧，或记得几个名相、几则公案，便胡说乱道，谈是论非，只是增长业习，到生死关头，依旧循业流转，岂不可悲！

各位是印光老法师的弟子，今天纪念他，便是纪念他的真实行持，他脚踏实地的真修，实足追踪古德。他体解《大势至菩萨念佛圆通章》的深理，依之起修，得念佛三昧，依之弘扬净土，利益众生，数十年如一日，不辞劳瘁，在今日确实没有。

真实修行的人，不起人我分别见，以一声佛号为依持，朝也念，暮也念，行也念，坐也念。二六时中，念念不忘，绵绵密密，功夫熟处，弥陀净境现前，无边利益，自可亲得——只要信心坚定。心不坚，万事不能成。若今日张三，明日李四，听人说参禅好，便废了念佛的工夫去参禅；听人说学教好，又废参学教；学教不成，又去持咒，头头不了，账账不清。不怨自己信心不定，却说佛祖欺哄众生，谤佛谤法，造无间业。因此，我劝大众，要坚信净土法门的利益，随印光老法师学"老实念佛"，立坚固志，发勇猛心，以西方净土为终身大事。

参禅与念佛，在初发心的人看来是两件事，在久修的人看来是一件事。参禅提一句话头，横截生死流，也是从信心坚定而来的。若话头把持不住，禅也参不成；若信心坚定，死抱着一句话头参去，直待茶不知茶，饭不知饭，功夫熟处，根尘脱落，大用现前，与念佛人功夫熟处，净境现前，是一样的。到此境界，理事圆融，心佛不二。佛如众生如，一如无二如，差别何在？诸位是念佛的，我希望大家以一句佛号为自己一生的依靠，老老实实念下去。

（摘自岑学吕居士原编《年谱》）

答禅宗与净土

《虚云和尚全集》按：此文从岑学吕原编《年谱》中录出。据叶兵先生考证，此文与一九六四年四月《香海慈航丛书之一：五十三参禅语录》中梁宽衡居士提供的《虚云老和尚法语（乙未三月二十日在江西云居山）》，为同一篇文章，但岑学吕居士在编入《年谱》时，可能是因考虑到其中对印光法师的评论，而作了删节。

梁宽衡原文前有附识云：一九五五年，我曾到过江西云居山，拜谒虚云老和尚。一日，老和尚约我到他的禅房吃饭，我便问老和尚："旅港之北来僧侣，常以'四料简'示众，其一曰：'有禅无净土，十人九蹉路，阴境忽现前，瞥尔随他去。'从来古德都说唯心净土，随其心净即佛土净，何得把禅净强分为二呢？禅是向上一路，直指人心，见性成佛，何得妄言'十人九蹉路'？徽山禅师云：'从闻入理，闻理深妙，体自圆明，不居惑地。'禅理也就是哲理，不生不灭，不垢不净，不来不去，又何有'阴境忽现前，瞥尔随他去'呢？请老和尚详予开示。"老和尚欣然答云："你问得好，三月二十日我曾将这'四料简'本源地阐示大众，你问传士法师取阅，自可了然。"宽衡识。

叶先生认为，此文当属《一九五五年云居山方便开示》一文中的第五节；因为虚老或岑学吕居士认为这篇文章很重要，故被特意加上标题、问语，单独收录。今据梁文，补足岑居士所删节部分，置于中括号内。

因客问参禅不及念佛，永明寿禅师云"有禅无净土，十人九蹉路"，如五祖戒禅师后身为苏子瞻，乃至雁荡僧为秦氏子桧云云。

答曰：《楞严经》文殊菩萨选圆通，说偈曰："归元性无二，方便有多门，圣性无不通，顺逆皆方便。"又从多门中，肯定耳根圆通说："此方真教体，清净在音闻，欲取三摩提，实以闻中入。"指出："自余诸方便，皆是佛威神，即事舍尘劳，非是常修学。"对"念佛三昧"乃云："诸行是无常，念性元生灭，因果今殊感，云何获圆通？"

永明禅师有"禅净四料简"，其文曰：

> 有禅无净土，十人九蹉路，
> 阴境忽现前，瞥尔随他去。
> 无禅有净土，万修万人去，
> 但得见弥陀，何愁不开悟。
> 有禅有净土，犹如戴角虎，
> 现世为人师，来世做佛祖。
> 无禅无净土，铜床并铁柱，
> 万劫与千生，没个人依怙。

近世修净土人，多数固执"四料简"，极少虚心研究圆通偈，而且对"四料简"，也多误解的，不独辜负文殊菩萨，而且带累永明禅师。终于对权实法门，不能融会贯通，视禅净之法，如水火冰炭。虚云对此，不能无言。

考寿祖生于宋代，是余杭王氏子，他是中国诸祖中三位最多著述者之一。《佛祖统纪》卷二十六说："吴越钱氏时，为税务专知，用官钱买鱼虾放生。事发，当弃市。吴越王使人视之，曰：'色变则斩，不变则舍之。'已而色不变，遂贷命。因投四明翠岩禅师出家，衣不缯纩，食不重味。复往参韶国师，发明心要……上智者岩作二阄，一曰'一生禅定'，二曰'诵经万善庄严净土'，乃冥心精祷，得'诵经万善'阄，乃至七度。"

他是宗门下法眼禅师的第三代，著的书很多，如《心赋》和《心赋注》是讲明心见性的，《万善同归》是讲法法圆融的，《宗镜录》百卷是弘阐拈花悟旨、融汇各宗理趣、摄归一心的。日本人分佛学为十三宗，中国人分为十宗。《宗镜录》以心为宗，以悟为则。所说虽有浅深，皆穷源澈底，微微细细地表出此心，辟邪辅正，使后人不致误入歧途。平生说许多话，未曾说过宗下不好。

他既是从宗门悟入的，何以又弘扬净土呢？因为大悟的人，法法圆通，参禅是道，念佛是道，乃至如我们劳动掘地也是道。他为挽救末法根劣的人，故弘净土。他是净土宗的第六代祖，一生赞扬净土，寂后人人尊重，在净慈寺建塔纪念。

《佛祖统纪》又说："有僧来自临川，曰：'我病中入冥得放还，见殿室有僧像，阎罗王自来顶拜。'我问此像何人，主吏曰：'杭州寿禅师也。闻已于西方上品受生。王敬其人，故于此礼耳。'"

中国佛教徒，以冬月十七日为弥陀圣诞，所据是何典章呢？《阿弥陀经》说，阿弥陀佛在西方过十万亿佛土，谁人知他冬月十七日生呢？这原是永明禅师的生日，因为他是阿弥陀佛乘愿再来的，所以就以他的生日作为弥陀诞辰。

"四料简"一出，禅净二宗，顿起斗争。净土宗徒说："有禅无净土，十人九蹉路。"单修禅宗，生死不了；单修净土，"万修万人去"；又参禅又念佛，"犹如戴角虎"；"无禅无净土"，是世间恶人。净土宗徒以此批评禅宗，至今闹不清。

【印光法师在今世佛法衰落时期，算是难得的善知识，信仰他的人很多。光绪廿一年普陀后寺的化闻和尚往北京请藏经，印光法师在红螺山与之相遇，后随同化闻和尚到普陀，在普陀前寺讲《弥陀经》，当时法缘不顺，以后就不再讲经了。化闻和尚叫他在后寺看藏经，在此多年不出普陀山，专心念佛。光绪卅年狄楚青居士办报，时常和他互通音讯，请他到上海住鹤鸣庵下院太平寺，真达和尚护他的法。此后道风传播，集成来往书札等为《印光法师文钞》，专弘净土，是很好的；但有偏见——谁人向他问禅，就被他骂。他常以"四料简"来批评禅宗，】屡说禅宗之弊。又引证"戒禅师后身为苏子瞻，青草堂后身为曾鲁公，逊长老后身为李侍郎，南庵主后身为陈忠肃，知藏某后身为张文定，严首座后身为王龟龄；其次则乘禅师为韩氏子，敬寺僧为岐王子；又其次善昱为董司户女，海印为朱防御女；又甚而雁荡僧为秦氏子桧，居权要，造诸恶业。此数公者，向使精求净土，则焉有此！……为常人、为女人、为恶人，则辗转下劣，即为诸名臣，亦非计之得也。甚哉，西方之不可不生也！"云云。

我认为修行人后身"辗转下劣"，在人不在法。唐僖宗时，"颍州官妓口作莲花香，蜀僧曰：此女前身为尼，诵《法华》三十年"。诵《法华经》而转世为妓，不可谓《法华经》误之，犹如参禅人后身为女人、为恶人，亦不可谓参禅误之。

观音菩萨三十二应，应以何身得度，即现何身而为说法，难道观音应身也是"辗转下劣"么？阿弥陀佛化身为永明禅师，永明禅师后身为善继禅师，善继禅师后身为无相居士宋濂。【永明禅师就没有阿弥陀佛那样绀目澄清四大海了；元朝】善继在苏州阊门外半塘寿圣寺，血书《华严经》一部，他的弘法事业比永明禅师退半了；宋濂为臣，不得善终，则又不如善继禅师，难道说阿弥陀佛也"辗转下劣"吗？

禅宗的泰首座，刻香坐脱，九峰不许；而纸衣道者能去能来，曹山亦不许。净土行人亦常以此批判禅宗的不对，没有审察到这种批判，原出于九峰和曹山，这正是禅宗善知识的正知正见，应当因此注意禅宗，何反以之低估禅宗呢？我们现在谁能刻香坐脱立亡？我们连泰首座、纸衣道者都不如，而敢轻视禅宗么？

我认为宗下有浅深，显教密教有顿渐有邪正，念佛也一样。禅之深浅，区别起来就多了，凡夫、外道、小乘、中乘、大乘，都各有各的禅。中国禅宗的禅，是上上乘禅，不同于以上所举的禅。但末世行人参禅，确实有走错路的，无怪永明"四料简"中所责。

惟我平常留心典章，从未见到过"四料简"载在永明何种著作中，但天下流传已久，不敢说他是伪托的。他所呵责"有禅无净土"，难道禅净是二么？念佛人心净佛土净，即见自性弥陀，这净土与禅是不二的，但今人却必限于念佛为净，参禅为禅。昔日我佛逾城出家，"入檀特山修道，始于阿蓝迦蓝，三年学不用处定，知非便舍；复至郁头蓝弗处，三年学非非想定，知非亦舍；又至象头山同诸外道，日食麻麦，经于六年……八日明星出时，豁然大悟，成等正觉。乃叹曰：'奇哉！一切众生具有如来智慧德相，但以妄想执著，不能证得。'"其时那里来的禅和净呢？

以后说法四十九年，都未究竟，至拈花微笑，付法迦叶，亦未说出"禅"字。禅是最上一乘法，犹如纯奶，卖奶的人，日日加了些水，以至全无奶性。学佛法的人，也如纯奶掺了水，永明看到便对掺了水的禅说"有禅无净土，十人九蹉路"，并不是说纯奶的禅"蹉路"。

永明禅师上智者岩，作禅净二阄，冥心精祷得净阄，乃至七度，若禅是不好的，他决不作此阄；若净是他本心所好的，则他必不至于拈至七度乃决。且永明禅师出身禅宗，是法眼宗的第三代，那里会自抑己宗、说禅不好的道理？

参禅的方法，要看父母未生前本来面目，其目的只求明心见性。后人参禅违此方法，得些清净境界，通身轻飘飘的，一下子就开静，便自以为有功夫了，其实滞于阴境，却不知一念缘起无生，怎能向百尺竿头进步？永明因此说"阴境忽现前，瞥尔随他去"，倒不如念佛老实可靠。但他也不是说光念佛就能"万修万人去"，要有净土，才能去见弥陀。若以"但得见弥陀，何愁不开悟"为可靠，这又打错妄想了。《楞严经》中阿难白佛言："自我从佛，发心出家，恃佛威神，常自思惟：无劳我修，将谓如来惠我三昧。不知身心本不相代，失我本心。"岂释迦佛威神不可恃、不能惠我三昧，而弥陀佛威神却可恃、却能惠我三昧耶？

念佛决定比妄想三毒五欲等事好，如做好梦醒来精神愉快，做恶梦醒来情思抑塞，所以瞎打妄想，不如一心念佛。如能法法皆通，则是最高尚的修行。"有禅有净土"，如虎本有威，再加二角，更加威猛，为师作佛，理所当然。至于无善根者，不信禅，亦不信净，糊里糊涂，则"万劫与千生，没个人依怙"了。

我平生没有劝过一个人不要念佛，只不满别人劝人不要参禅，每念《楞严》所指"邪师说法如恒河沙"而痛心，故把"四料简"的意旨，略加辩说，希望一切行人，不要再于"四料简"中偏执不通，对禅净二法妄分高下，就不辜负永明禅师了。

念佛将终开示

盖念佛一法，具足六波罗蜜。昔世尊住世四十九年说法，皆因时而化，对机而教，亦不离六种波罗蜜门。故而见贪心众生，教之以布施；见恶心众生，教之以持戒；见嗔心众生者，教之忍辱；见懈怠众生，教之精进；见乱心众生，教之以禅定；见痴心众生，教之以般若。所以，布施度悭贪，持戒度邪恶，忍辱度嗔恚，精进度懈怠，禅定度散乱，般若度愚痴，此乃六度对治法门之义也。

今念单此一句阿弥陀佛，即能包藏此六种波罗蜜门，何也？念佛之人，一心念佛，万缘放下，取舍两忘，是布施波罗蜜；一心念佛，诸恶消灭，万善从生，即是持戒波罗蜜；一心念佛，自心柔软，嗔恚不起，即是忍辱波罗蜜；一心念佛，不休不息，永不退转，即是精进波罗蜜；一心念佛，无诸乱想，流念散尽，即是禅定波罗蜜；一心念佛，正念分明，不受邪惑，即是般若波罗蜜。

今时有人不识念佛功能，反视为浅近法门者，却是错会不少，自陷陷人。一句佛不念，单单参个"谁"字话头。殊不知念佛法门，兴于禅宗之前，因时人但知口念，不识其心，故教以念佛带参禅。

夫用心之人，贵在参究、追寻、问讨。若是上根利智之士，便能直下承当。倘或钝根渐次之人，必须先要念佛，待念到不念而念，念而不念，再向无念之中起一参究，且看这个念佛是谁。要看"谁"字话头者，先当以念佛为缘起，后以参禅为究竟，缘念佛而参禅，是故名曰禅净并修。

古人曾有譬喻云：念佛之人，如母子相忆，自然相近亲。母喻所念佛，子喻能念人。能念之人，即有情身心；所念之佛，即是自性弥陀。自性弥陀并有情身心，不隔丝毫。能念之人与所念之佛，无二无别。须要长久用心，精练纯熟，打成一片。或口念，或心念，或有念，或无念，念至念念相续，无有间断，向这里参究，若能得个入处，通一消息，始知禅净不二，庶几念佛有益，方不负一七辛苦。即今佛七将终，诸位还有得入处、通消息者么？如其有者，须要自己承任的当；其或未然，还要认真念佛。

（摘自虚老所辑《垂语大体略要》）

虚云老和尚云门寺开示

民国三十三年（1944）五月二十六日至
八月二十三日云门寺开示

【按】《虚云和尚全集》中收录蒋中和笔记、蔡日新整理的《民国三十三年五月二十二日至八月二十三日虚云和尚开示录》一篇，文后附《整理后记》云：

"虚云法师是近代不可多得的高僧，他老人家的道范久传缁素。湖南宁远蒋中和居士之所记，仅是虚老民国三十三年五月廿二日至八月廿三日一夏之行业，即可令人久读不厌，如同亲承虚老法炙。又因虚老一生事略颇多，而他老寂后无人及时整理（当时之政策亦不容作此等事)，故今之所辑虚老语录及年谱，仍恐有不少疏略之处。为此，谨将宁远蒋中和居士所记虚老的这段事略加以标点，整理付梓，以供虚老研究者提供一种新材料（各本未收录）。在整理中，本人严格依原笔记之格式体例，个别地方需要说明，则略插夹注。

蒋中和居士事略一时未及查确，蒋氏此笔记后为邱毅居士所保存。一九九二年，邱居士生西，此笔记则落入吾手中，今誊录之时，不昧前贤功德。尤其是"文革"劫火有甚秦赢，邱居士能冒生命危险保存，其精神颇可旌于后世也。

蒋居士之笔记在记年上采用的是民国（民国三十三年即1944年），而在记月与记日上又是采用的西历。今略查实，此笔记所记内容为1944年5月22日（即农历闰四月初一日）至8月23日（农历七月初五日）这段时间的，因所记事迹皆蒋居士所身经目验，故其文献价值弥足珍贵。"

查蒋、蔡二位居士笔记、整理的《虚云老和尚语录》原文（此文献整理出来之后，先后交柏林寺的《禅》刊与台湾的《慧炬》月刊印行），乃从民国三十三年五月二十日蔡中和居士抵韶关南华禅寺，进而至云门寺拜谒虚云长老记起，所记内容从五月二十日开始，虚老的开示从五月廿六日开始。而《虚云和尚全集》所收文字从"二十二日，师开示云：'修道不难，但能放下万缘，人法双绝，四相皆空，平平实实做去即得。'并举某僧行相为例，其人耳聋，目不识丁，貌极苦恼，由师度脱者"开始，实是六月二十二日开示，非五月二十二日。

故本书收录蔡、蒋二居士记录整理的开示原文全篇，计自民国三十三年五月二十六日始，八月二十三日讫。

（民国三十三年）五月二十日，抵韶关，乃诣马坝曹溪南华禅寺。薄暮，至曹溪，见四天王岭周匝围绕，中间良田千顷，溪流曲折清洁，寺在宝林中，真天然道场也。早斋后，知客僧导入佛殿、祖殿，拈香礼拜，并瞻谒六祖及憨山大师肉身。二十四日返韶。二十五日自韶趁车三十里至黎市，渡河步行，经重阳一六街至云门寺，凡六十里。

二十六日晨，谒虚云老和尚求开示，首略述余生平经历及学佛因缘，师问余《楞严经》要旨，多不知答。余问怎样才得消除妄想，师言："一、放下诸缘；二、时加觉照；三、起妄莫续；四、长期护持。"余曰："弟子用功，不看念佛是谁，而直观无念，不知对否？"师曰："所谓话头，即动念之前头，古人原不讲看话头，亦不看念佛的是谁，后世不得已而用之。其实话头甚多，有以看念佛是谁为本参话头的，有以看父母未生以前如何是你本来面目的。"余曰："不论什么话头，结果都是观心。"师曰："是。"

余问开、示、悟、入佛之知见，师曰："开是开显，示是指示，悟是了悟，入是证入。佛之知见，即如来藏心。如来藏生佛不二，只为众生迷，故轮转生死，无有了期。我佛悯之，因出现于世，将生佛不二之如来藏心，开显指示，令众生了悟，证入佛道，以免长劫沉沦，而获登彼岸。此即佛出世之一大因缘也。"余辞出，礼谢毕，师曰："来此有缘。"又曰："幸勿执著。"

二十六日晚，随众坐香后，师开示云："道本平常，道不远人。道也者，不可须臾离，可离非道也。昔者有人问古德云'如何是道'，曰'平常心是道'。又有人问古德曰'何为道'，曰'道通长安'。此皆谓道极平常之意也。古人云：若识得心，大地无寸土。今人多迷失真心，修行参禅即在识得此真心。妙明真性常住，倘能屏息诸缘，不生一念，妙明真心自然现前。

虽然言之则易，行到却难，仍非大家努力参究一番不可。"

二十七日，师开示云："古人修道，首重三业清净。三业者，身、口、意也。身不犯杀、盗、淫，口不犯妄语、绮语、两舌、恶口，意不犯贪、嗔、痴，是为三业清净。三业净则障消智朗，德高福崇，胸中磊落，举止光明，入道自然易。所以古之圣贤，必重戒律。戒律者，所以对治不良习气也。人若无不良习气，戒律将焉用之？释迦佛于往劫因中为比丘，见鹿被猎人追逐过去，猎人来问'鹿何往'，比丘自思：实言则鹿死，不实言则妄语，以故不言，致被猎人割耳截舌、剜体以死。其护持禁戒为何如？到今成佛，为三界师，岂偶然哉？吾人今日去圣日遥，修道者固不多，而成道者亦无闻。将堕三恶途，受苦无量，彼时方悔，已是无及。应趁此良机，努力参学！"

二十九日，师开示云："世间事业成就，尚须经一番苦难，修出世法更非发永久心、受大苦难不可。古人修至坐脱立亡、去来自由地位，明眼人犹谓其与菩提大道相距悬远。我辈身为佛子，转眼之间由少至壮，由壮至老，一生修行，结果把握毫无，到头一口气不来，就成隔世。若堕三途，受苦无量，思之毛骨悚然。所以大家要趁早努力，忠实做人，谨慎做事，脚踏实地，务期了生脱死，自度度人，成就出格大丈夫。至于世上三藏十二部经论，乃至经史子集，翻来覆去，说是说非，若不用功，都成画饼。而且随它流转，自己作不得主张，可哀也！"

六月二日，请师开示宗门下用功法门。师曰："佛经祖语，皆是用功法门。惟宗下用功多云看话头，但以前并不讲看话头，后来禅德教人看话头，乃是见末法时人，妄念纷纭，不得已而教人看话头，以一念克万念，犹以一毒攻万毒也。若上根利智之人，一闻即悟，一悟即了，且不云有修证，何云看话头？"旋历举佛祖修行事迹，盖恐余略识经典大意，不肯用功，不得实用，如画饼不得充饥也。最后复示要点如次："一、严持戒律，二、扫除习气，三、放下一切。如此磨练既久，庶可相应，否则总是不济实用。"又劝看《楞严经》，谓是经说用功方法甚详。

于时湘北战事甫发生，广州敌亦传由粤汉路南面进攻。是晚（整理者注：犹三十三年六月二日之晚也），师开示大众云："凡当危疑震撼之际，主事人应拿出主宰来，不可摇惑，并应以最后砍下头来了事之态度处之。则遇任何险难，皆不足以动于中，而心身常放下，真空般若常现前。这样办道，才有下手处。"

六月三日，师开示云："凡夫之所以为凡夫者，因其迷而不明也。不明就是无明，无明所以迷惑，迷惑就起颠倒错误。本无有我，而我见甚深，因有我而起贪痴，因贪痴而起嗔恨，由是贡高我慢，欺诳嫉妒，乃至种种尘劳烦恼，都由之而生。于是流浪生死，沉沦苦海，无有出期。圣人之所以为圣人者，以其觉而不迷也。因觉故无我，无我则一切贪嗔痴皆不起，一切无明烦恼尘劳永久断除，故得解脱自在，常乐我净。虽然此就圣凡行相言之耳，至于真正大修正（整理者注："正"当作"证"也）人，除舍凡夫习气，效法圣人行持外，更应凡圣不取，生死涅槃了不可得，即成佛。一念亦不可有，只此正觉圆明，竖穷横遍，常住常寂光净土。故赵州禅师云：'佛之一字，我不愿闻。'"（案：师当时开示极圆满透彻，余所记不能尽其万一，且不免有误，犯出于己意者。）

六日，师说戒律当谨守，云："昔有一大国王，深明佛法，以犯杀戒，屠戮别国人民，堕落三途，变野狗等身，受苦无量。"晚，开示云："参禅为佛祖所传明心见性成佛之唯一正途，古人看一个话头，卒明心地者不可胜计。但须有冲天之志，铁石心肠，不错理路，方得有成。若理路稍差，立志不坚，即不得成就，甚至有错因果者，不可不慎！"（案：当时所示至确实恳切，惜不能详细照录也。）

七日，师开示云："佛说一切法，盖为一切心。因众生有种种心，故佛说种种法；若众生无一切心，佛亦不说一切法。佛称大医王，如医生治病，病有多种，故药有多种，依病发药，以除病苦，若无病则不当吃药。修行亦复如是，如有病吃药一样。释迦佛说一切大地众生皆有如来智慧德相，只因妄想执著，不能证得。若离妄想，则一切智、无师智，自然现前。佛所说法，即为众生除妄想执著，若无妄想执著，则众生本来是佛，又何必修行？只以众生自无始以来习染过深，迷惛颠倒，流浪生死，不得出离，不得不依佛所说法修行，以求解脱，而证本有佛性。今大家在此修行，应该努力，以免虚度光阴，后悔无及。"

八日，师开示云："古人求法办道，不惜身心性命，为明己躬大事，真如一人与万人敌。于今我们打盹过日，对生死大事毫不关心，不惟无究明己躬大事之日，且亦不成求了生脱死之样，自欺欺人，深可痛叹，唉！佛法如此，哪有重兴之望！"

九日，师开示云戒律重要，详说道理，竟举一公案："昔有比丘于终南结茅，日经一土地祠。土地示梦富人曰：'烦君于我祠前修一照墙。'富人问何故。曰：'某比丘日日过我庙前，我须迎来送往，故请以墙遮之。'富人诺之，及将兴工，又梦土地曰：'墙不须造矣。'富人又问何故，土地曰：'此比丘已犯盗戒，吾不必敬礼之矣。'富人乃于祠前候此比丘，问曰：'汝曾盗他人物否？'比丘曰：'我安得有此事？此说何来？'富人以土地语告之。比丘自思：并未盗取人物。后忽忆及一日经过荷池，花香扑鼻，欲拍（整理者注："拍"当作"拔"）枝回去，未果。乃悟此一念已犯盗戒，遂深自忏悔。"又云："修行人须通身放下，凡圣情忘，用功方有下手处。"又曰："要视众人之事如自己之事，才能树立威德基础。"

十一日，师开示云："参禅下手工夫，就是诸方常说的看念佛是谁这个话头，万缘放下，死心塌地，昼夜六时，行住坐卧，起居饮食，厨屎撒尿，搬柴运水，迎宾待客，总不离开这个话头。怎样看法呢？先念佛数声，看此念佛的究竟是谁呢？若说是口念的，我死了口还在，何以不能念呢？若说是心念的，这个心是不是我这肉团心呢？若说是我这肉团心，则我死了这肉团心还在，何以不能念呢？故知念佛的不是肉团心。既然都不是，这念佛的究竟是谁呢？如是就起了疑情，疑情一起，那末，别的妄念就自然没有了。这样还是粗想，这是使万念归于一念。到了万念归于一念，只有一个疑情，再无别的杂念时，这就是用功得力之时了。于是努力向上参去，看此念佛的究竟是谁。一旦万念顿绝，瓜熟蒂落，豁然开悟，打破疑情，见了自己本来面目，如人饮水，冷暖自知。这就是细参，这就是参禅的下手工夫。大家相信此一法是了生脱死、成佛作祖的路头，就要打起精神真参实悟，不要虚度光阴呀！"

十四日，师开示大乘、小乘及渐通别圆用功之道，繁简迟速，天壤悬隔。云："大乘圆顿之机，悟心即了，所谓见性成佛，禅定解脱，皆所不论，体用如如，无在而非道，说个修行，已是多余的事。宗下参禅，就是顿超法门，就是直指人心见性、立地成佛，更无一切啰嗦。后世说看一个话头，实是不得已。因末世行人根钝障重，妄想纷纭，不得澄清，于是不得已教看一个话头。如人身上已生疮毒，不得不敷药令脓头出来，待疮毒已愈，再不贴药。如人本无疮毒，更用何药？看话头亦复如是。只因凡人妄想难除，不得不用一话头来抵抗。若是利根，了知自性本来清净，本自不生，亦无生灭，本来是佛，直下承当，全身负荷，顿证本真，立成佛道。一了一切了，一通一切通，那里会有许多啰嗦呢？"

十五日，师开示三界不安，犹如火宅。因谓世人在苦不知苦，因不知苦，所以不能出离，常以世界上的乐，因为乐事（整理者按：此处表述欠清，其意盖谓"常以世界上诸苦为乐"）。

十九日，师开示云："人苦不知苦，若真知苦，则应依佛所说法，急求除苦。除苦之法良多，佛说八万四千法门，无一不可以除苦得乐，即如吾人每日两餐所念供养咒，供养清净法身毗卢遮那佛、圆满报身卢舍那佛、千百亿化身释迦牟尼佛，即是供养自性三身佛。法身、化身、报身三佛，为自性所本具，觉悟过来，当体即是，不假外求。如若不信，即佛在汝边，亦无办法。"

二十日，师开示云："心佛众生，三无差别，只缘众生自迷，不能见自己如来藏心。勿再妄想执著，随业流转。须知人之本心本性，在圣不增，在凡不减。如同一真金，不论造像、造器，形虽不同，金体无异。如悟自体不异，造作由己，也要知佛之为佛，以其觉也；众生之为众生，以其迷也。除迷复觉，惟在觉照。觉幻幻离，幻离即觉；二六时中，觉照不已，终成大觉。宗下向上一着，即是如此。所以我佛出现于世，原为开显指示众生本具如来藏心，与佛无异，令其了悟，进入如来藏心。"

二十二日，师开示云："修道不难，但能放下万缘，人法双绝，四相皆空，平平实实做去即得。"并举某僧行相为例，其人耳聋，目不识丁，貌极苦恼，由师度脱者。

二十三日，师开示谓："有道无道，明眼人一看便知。"并举某某评某邑令、某僧评某长老之骨为证。

二十四日，师召寺中四众训话，略谓："时局日益紧急，生死自有命定，躲脱不是祸，是祸躲不脱，大家毋庸惶惧忧虑，可安心在此，勇猛办道。兹有数事告示大众，望深信而笃行之。一者，从今晚起，每日早午斋后及晚香时，齐在祖殿同念观世音菩萨一枝香，一日三次，普为大地众生消弭劫难。二者，重要行李收藏起来，寄居男女居士皆装成僧尼模样。三者，敌人或匪或盗，万一来此，大家照常安居，毋庸惊恐，和平相待，勿与计较。彼若要东西或粮食，任其拿去，不必与争。"大家听已，皆静心安居。

自廿八夕起，全寺僧俗在祖殿齐念观世音菩萨。至三十日，师开示凡三次。第一次讲说举行念观音祈求息灾救民缘起，及观音菩萨本迹与灵感，大略根据《楞严经》。第二次说观音灵感事迹。第三次说念观音之方法：一、至诚利众；二、心口相应；三、反闻念性。

七月二日，师开示云："傅大士曰：'有物先天地，无形本寂寥；能为万象主，不逐四时凋。'此物即诸法实相，一切含生所同具，在凡不减，在圣不增，所谓心佛众生，三无差别。众生若能放下识情，显了真性，即是见性成佛。上根利器之人，一闻即悟，即悟即证，不假修为，说修行都是不得已也。"

三日，大众急念观音后，师开示云："敌人之不退，国难之不消，固由众业所感，亦由吾人平日缺乏道德，临事不够诚心，大家须力行忏悔，具足诚心。"

五日，师开示云："佛菩萨岂要人念？只缘众生障重，佛菩萨指示种种法门。念佛菩萨圣号，不过令众生澄清妄念，彻见本来耳。所谓清珠投于浊水，浊水不得不清；佛号投于妄心，妄心不得不净。盖人如果以一菩萨之圣号，都摄六根，净念相继，则当下自与佛菩萨无异。"

六日，师开示心即是佛，放下一切，立地成佛；平常心是道，要能直下承当，及善于保养道体等等圆顿道理。

七日，师开示云："修行须放下一切，方能入道，否则徒劳无益。要知众生本妙明心，原与诸佛无异，只因无始以来为妄想尘劳百般缠绕，不能显现，所以沉沦苦海，流浪生死，不能出离。诸佛悯之，不得已开示种种修行法门，无非令众生解脱。所谓放下一切，是放下甚么呢？内六根、外六尘、中六识，这一十八界都要放下，其他名利、恩爱、毁誉、得失，乃至一切财物、性命都要放下。总之，身心世界都要放下，因为这些都是如梦如幻、如电如泡，无可留恋，执之即成障道因缘。故统要放下，连此放下之念亦无，一放下一切放下，一时放下、永久放下、尽未来际都放下，如此放下干净了、长永了，本妙明心显现，即与诸佛无异。"说毕，并举例以证明之。

八日，师开示云："若明白了如来大意，则只要保养，随时随处，无不是道。若不明白如来大意，则是懵懵修行，随时随处皆有堕坑落堑之虞。"并举鹿足仙人恨天致旱及饮酒贪色犯戒公案为证。

九日，师开示修行必须无我，以此身心奉尘刹。并举持地菩萨及修滇缅路高山上之某菩萨为例。

十日，师开示云："古人曰，修行有三不足：不足食，不足衣，不足睡。不足食，取止饥不宜过饱，更不能求美味；衣取御寒，宜服粪扫衣，更不能贪求美备；睡取调倦，不宜久睡。盖久眠长愚痴，多衣增挂虑，过饱不便用功。"

十一日，师开示云："修行须别真伪邪正，不然差之毫厘，失之千里，不惟徒劳无益，且错因果。昔常有人做到坐脱立亡地步，或金骨子成堆，犹被正眼人目为邪魔外道。何况不明如来宗趣，盲修瞎练，背道而驰者乎？所以古人修行必依止善知识，有所发明必经大善知识印可，方为正道。"

十二日，师开示云："古人曰：修行容易习气难，习气不除总是闲。吾人修行，究竟所为何事？原不过出离生死。但习气是吾人羁绊，若习气毛病未除得尽，生死必然难逃。即如圆泽禅师那样用功，仍不免落入胞胎。今人习气毛病，毫不打算扫除，那里有了生脱死之分呢？"

十三日，师开示大众："要注意僧仪，上殿合掌当胸，五指并拢，两掌心贴拢，中间不可离开，此为转十恶为十善之义。二足成八字形，身体正直，眼观鼻、鼻观心，两眼不得张大，不得左顾右盼。此等僧仪很是重要，且为除习气之重要事件。"

十五日，师开示云："世间不明佛法之人，往往以善因而招恶果。如各地乩坛常假托佛祖语言劝世，但其中常有颠倒本末、错误因果，致成妄语欺人，或谤佛谤法者，深可惧也。"

十六日，师开示云："吾人念观音圣号久，而国难民灾不能消除，一由众生定业所感，难以移易；一由吾人心未至诚统一，效力不大。望大家从此要至诚恳切，并念念观自在。"

十七日，师开示云："真心为无价之宝，贤愚凡圣、天堂地狱、秽土净土，皆由他造作。佛祖教人显了真心，证自性佛。人能将种种习气断尽，则真心自显，自佛即证。"

二十三日，师开示云："从释迦佛应世起，正法千年，像法千年，像法后为末法一万年。正法时期，闻法悟道者遍处皆是；像法时期，闻法悟道者亦有所在；而今末法时期，人根陋劣，心术浇薄，漫说众人，即出家僧人，亦是有名无实，并且不知出家为何事，根本上谈不到修行，证道者更无一闻矣。佛法至此，那得不衰？真堪痛哭！"

二十五日，师开示云："诸人望我开示，其实佛菩萨及祖师对诸人时时在开示也。每日殿堂课诵各种咒愿，及钟鼓磬锤等，无一非佛菩萨祖师至金至贵之语声。诸人若能耳闻、口诵、心惟、行笃，成佛有余，岂待多说？说若不行，说亦无益。"

二十六日，师开示云："妄念人人皆有，然妄念起时，我自知之。知而不随，是谓不相续，不相续则我不为妄转；纵有妄念起灭，亦不过如浮云之点太虚，而太虚固不变也。佛说一切法皆为对治妄念，妄念若无，则法不必用。然凡夫流浪生死，无始劫来习染已深，若不假佛法修治，则生死无由解脱。但习那一法就要尽此一生习去，不可朝三暮四，徒费心力。"又曰："今生能做和尚，皆是过去培有善根，否则必不得出家做和尚也。和尚不是穷苦人做的，若是穷苦人做的，何以乞丐不做和尚？和尚不是富贵人做的，若是富贵人做的，何以未见富贵人去做和尚？有的居士于富贵功名也能放下，也能吃长素，也能打坐，也能礼佛诵经，对佛法也能懂能讲，但要他做和尚则不肯也。足见做和尚不容易，那怕就是一个苦恼和尚，都有他前生的栽培。不过，既已做了和尚，就不可虚过，到宝山空手而回。"

二十七日，师开示云："古人说：人寿不满百，常怀千岁忧。贪名贪利，终身忙碌，为己、为子孙，一到腊月三十大限到来，总是一场空。转过身来，得人身者少，堕三途者多。故吾人今日披得袈裟，实由前生栽培，即当猛省努力，不可轻易放过，必于此生了脱生死，以除永久尔后重苦。否则，袈裟下一失人身，则过去之栽培、今生之劳苦，皆成白费，岂不惜哉！"又曰："了则业障本来空，未了还须偿宿债。梁武帝前身为樵夫，以取笠为佛像遮雨，又以鲜花供佛，遂感得做皇帝之报。惟以逼死一猴，致遭侯景之叛而死。虽有菩萨化身如志公等拥护之，亦不能解其定业。虽然，罪福惟心所造，了则本来空，故修行人不可不求了脱也。"

二十九日，师开示云："修行必须识得心。古人云：人若识得心，大地无寸土。要知为圣为凡，成佛做众生，皆是此心。此心不明，修行无益。此心向何处找寻？但能放下万缘，善恶都莫思，一念不生，即真心现前，此心一时现前，时时现前，永远现前，不为尘劳污染，即我是现成之佛。"

三十一日，师开示"心即是佛，放下即成"之理，至圆至妙。并举飞钵禅师神通妙用，不可思议。

八月一日，师开示谓说法者必因有听法受法者而说，若机不相应则不说，说亦无益也。

二日，师开示："三界不安，犹如火宅。了生脱死，实为重要。非大加忏悔，勇猛精进，刻骨铭心，不容易得到了脱。"并广引前生出家苦修、来生得福招堕者为证，闻者悚然。

三日，师开示云："十法界唯心所造，四圣六凡皆是自作自受，大修行人惟愿成就阿耨多罗三藐三菩提，余皆不取也。"又详述三界六道轮回事理、苦乐升降因果。

七日，是日为旧历六月十九日。师开示云："观音菩萨于长劫前已成佛，现在二月十九日、六月十九日、九月十九日是诞辰、成道、涅槃等日，乃出自《香山记》，盖观音化身也。"

十日，师开示云："凡情不尽，习气不除，终不能成佛。命根未断，妄念仍起，生死真不得了。故修行非用实在功夫，将凡情习气及命根彻底掀翻不成。"并举释迦佛往劫及因中种种苦行为例。

十二日，师示众，痛论生死事大，无常迅速，一失人身，万劫难复，此身不向今生度，更向何生度此身之旨。言之痛切，闻者悚然。

十四日，师示众："说一切皆空，理甚明白，世人不悟，迷惑颠倒，真可怜悯。"

十六日，师开示云："学佛一法，亦易亦难。从言教上解悟，此理甚为容易，所谓言下顿悟。如用功得当，即亲见到自己本来面目，亦不为难。但要得到真实受用，不为一切境界所转，随时随地自己作得主张，能够解脱自在，造次颠沛都能如是，那就非年久月深、无明烦恼断尽、习气毛病扫清不可。由事上磨练，确实证悟，此则为难也。又断无明烦恼，除习气毛病，莫若严持戒律；戒律清净，无明烦恼、习气毛病自除。若不持戒律，纵修习有成，亦是天魔外道。"

十七日，师开示云："参学者有三要：一者要有好眼目，能辨邪正；二者要有好耳，能分清浊；三者要有大肚，能包容一切。具此三要，参学者方能得实益。否则自己无主，为他所转，未有不上当者。"又谓《心灯录序》记梦事及全书皆只言此"我"，不妥。

十九日，师开示云："心佛众生，三无差别。吾人本来是佛，何以佛有无量智慧、无量神通、无量光明，而吾人无之？良由吾人自己不信自己，把自己作贱，所以开的众生知见。无明烦恼、贪嗔痴爱、贡高我慢、欺诳嫉妒，种种迷愚，将自佛盖覆，不得现成。因此，佛制戒律，就是要佛弟子遵守，借此除却一切习气毛病。习气毛病一除，佛性现前，自然成佛。"

二十二日，师开示"放下十八界，独头一真如"之理事，至为详晰。是日，中和于散香后，至方丈顶礼，陈述四根本大愿：一者消灭无量劫罪孽，二者证遍法界三身，三者严净十方世界，四者普度一切众生。四此生志愿：建设新宁远，建设新湖南，建设新中国，建立新世界。师对于根本四愿赞成；对于此生志愿，谓做不到。并说明人心复杂、众生难调，及自古以来兴败成亡、以善因而招恶果，种种情形，意欲中和速了生死，急求出离三界，果有愿，再来不迟。

二十三日，晨起于诸佛菩萨前荐香礼拜，礼辞虚老和尚及大众。出山门时，师嘱云："若不赴渝，在家无事，可再来。"
余应诺。

智慧和尚述虚老和尚异事，云："一日，戴季陶居士率男
女老幼多人礼和尚于南华寺，和尚以一小壶水轮酌三周未尽，
以一碟瓜子遍散诸人不竭。及大众辞出，以烛于大风中照大众，
由方丈室出山门，火不熄灭。众皆心异之。"又云："某巨室有
怪异人，不敢居，旋迎和尚居住，自此无复变异。初来云门时，
遇狐跪伏，和尚为授三皈依，乃去。"

南华禅七开示三则

民国三十七年（1948）冬

一

若论个事，本自圆成，在圣不增，在凡不减。如来轮回六道，道道皆圆；观音流转十类，类类无殊。既然如是，求个什么，觅他何来？祖云："才有是非，纷然失心。未挂船舷，正好吃棒。"可怜啦！自家宝藏不开，却来厕房担草。这都是一念无明，狂心不死，所以捧头觅头，担薪觅薪。大德们！何苦来？既不爱惜草鞋钱，我自不怕弄恶口（振威一声）：释迦老子来也！参！

二

古云："举一不得举二，放下一着，早已十万八千。"诸禅德既不嫌多，老衲也给你一个痛快。当佛在世，有一外道，两手持花奉佛。佛见其来，即云："放下。"外道闻声，即将左手持花放下。佛再言曰："放下。"外道闻声，复将右手持花放下。佛复言曰："放下。"外道闻声，诧而问曰："我两手奉花供佛，今已遵佛旨次第放下。奉花已尽，佛再饬放下，其旨云何？"佛悯而谓曰："我非嘱尔放下手中花，系嘱尔外舍六尘，中舍六根，内舍六识，名曰放下。"外道闻言，作礼而去。

禅德们！我此法会，有么有么？有则鹏鸟冲天，无则蛟龙潜海。参！

三

禅德们！古人有言："恰恰用心时，恰恰无心用。无心恰恰用，常用恰恰无。"如不到此地步，怎知他终日吃饭未曾嚼着一粒米，终日行路未曾踏着一寸地？这个若不知道，又从何处去发现、实悟真参？过去大慧宗杲禅师，作首座于圆悟座下，因参"树倒藤枯"一句，三年开口不得。一日与圆悟祖师陪客午斋，杲师举箸拾菜入口，一时竟忘取箸，神情不露，痴态可掬。圆祖见而谓曰："这汉参黄杨木禅。"杲师闻而对曰："此事恰似狗舐热油铛，虽然下不得嘴，却是舍之不得。"圆祖闻曰："你喻得极好。"

禅德们！你们想想杲师那时之"参"，与你们现在的"参"，有别无别？如无别，则处处是树倒藤枯，相随来也。若有别，则时时是相随来也，而树倒藤枯。（拍板一下，云）不经一番寒彻骨，怎得梅花扑鼻香？参！

摘自净慧法师《虚云和尚法汇续编》

上海玉佛寺禅七开示

（1953 年 2 月 22 日—3 月 8 日）

初七第一日　正月初九日

（2 月 22 日）

起七偈

> 诸人入堂锻炼，看谁倚天长剑，
> 是佛是魔皆斩，直教梵天血溅。
> 金锁玄关掣开，旷劫无明坐断，
> 一朝刺破虚空，露出娘生真面。

开示

这里的大和尚（苇舫法师）很慈悲，各位班首师父的办道心切，加以各位师父及大居士慕道情殷，大家发心来打静七，要虚云来主七，这也可说是一种殊胜因缘。只以我年来患病，不能多讲。

世尊说法四十余年，显说密说，言教已有三藏十二部之多。要我来说，也不过是拾佛祖几句剩话。至于宗门下一法，乃佛末后升座，拈大梵天王所献金檀木花示众。是时座下人天大众皆不识得，惟有摩诃迦叶破颜微笑。世尊乃曰："吾有正法眼藏，涅槃妙心，实相无相，咐嘱于汝。"此乃教外别传、不立文字、直下承当之无上法门，后人笼统目之为禅。

须知《大般若经》中所举出之禅有二十余种之多，皆非究竟，惟宗门下的禅，不立阶级，直下了当。见性成佛之无上禅，有什么打七不打七呢？只因众生根器日钝，妄念多端，故诸祖特出方便法而摄受之。

此宗相继自摩诃迦叶以至如今，有六七十代了。在唐宋之时，禅风遍天下，何等昌盛。现在衰微已极，惟有金山、高旻、宝光等处，撑持门户而已。所以现在宗门下的人才甚少，就是打七，大都名不符实。昔者七祖青原行思问六祖曰："当何所务，即不落阶级？"祖曰："汝曾作甚么来？"思曰："圣谛亦不为。"祖曰："落何阶级？"思曰："圣谛尚不为，何阶级之有？"六祖深器之。现在你我根器劣弱，诸大祖师，不得不假方便，教参一句话头。

宋朝以后，念佛者多，诸大祖师乃教参"念佛是谁"。现在各处用功的都照这一法参究，可是许多人仍是不得明白，把这句"念佛是谁"的话头放在嘴里，不断的念来念去，成了一个念话头，不是参话头了。

参者，参看义。故凡禅堂都贴着"照顾话头"四字。照者反照，顾者顾盼，即是反照自性。以我们一向向外驰求的心回转来反照，才是叫看话头。话头者，"念佛是谁"就是一句话。

这句话，在未说的时候叫话头，既说出就成话尾了。我们参话头，就是要参这"谁"字未起时究竟是怎样的。譬如我在这里念佛，忽有一人问曰："某甲！念佛的是谁啊？"我答曰："念佛的是我呀！"进曰："念佛是你，你还是口念？还是心念？若是口念，你睡着时何以不念？若是心念，你死了为何不念？"我们就是对这一问有疑，要在这疑的地方去追究它，看这话到底由那里而来，是什么样子，微微细细的去反照，去审察，这也就是反闻自性。

在行香时，颈靠衣领，脚步紧跟前面的人走，心里平平静静，不要东顾西盼，一心照顾话头；在坐香时，胸部不要太挺，气不要上提，也不要向下压，随其自然。但把六根门头收摄起来，万念放下，单单的的照顾话头，不要忘了话头。不要粗，粗了则浮起，不能落堂；不要细，细了则昏沉，就堕空亡，都得不到受用。如果话头照顾得好，功夫自然容易纯熟，习气自然歇下。

初用功的人，这句话头是不容易照顾得好的，但是你不要害怕，更不要想开悟，或求智慧等念头。须知打七就是为的开悟，为的求智慧，如果你再另以一个心去求这些，就是头上安头了。

我们现在知道了，便只单提一句话头，可以直截了当。如果我们初用功时，话头提不起，你千万不要着急，只要万念情空，绵绵密密地照顾着，妄想来了，由它来，我总不理会它，妄想自然会息，所谓"不怕念起，只怕觉迟"。妄想来了，我总以觉照力钉着这句话头，话头若失了，我马上就提起来。初次坐香好似打妄想，待时光久了，话头会得力起来。这时候，你一枝香可以将话头一提，就不会走失，那就有把握了。说的都是空话，好好用功吧！

初七第二日　正月初十日
（2月23日）

打七这一法是克期取证最好的一法，古来的人根器敏利，对这一法不常表现。到宋朝时始渐开阐，至清朝雍正年间，这一法更大兴。雍正帝在皇宫里也时常打七。他对禅宗是最尊重的，同时他的禅定也是非常的好。在他手里悟道的有十余人，扬州高旻寺的天慧彻祖，也是在他会下悟道的。禅门下的一切规矩法则，皆由他大整一番，由是宗风大振，故人才也出了很多。所以规矩是非常要紧的。这种克期取证的法则，犹如儒家入考试场，依题目作文，依文取考，有一定的时间的。我们打七的题目是名参禅，所以这个堂叫禅堂。

禅者，梵语禅那，此名静虑。而禅有大乘禅、小乘禅、有色禅、无色禅、声闻禅、外道禅等。宗门下这一禅，谓之无上禅。如果有人在这堂中把疑情参透，把命根坐断，那就是即同如来，故这禅堂又名选佛场，亦名般若堂。这堂里所学的法，俱是无为法。无者，无有作为。即是说无一法可得，无一法可为。若是有为，皆有生灭；若有可得，便有可失。故经云：

"但有言说，都无实义。"如诵经礼忏等，尽是有为，都属言教中的方便权巧。宗门下就是教你直下承当，用不着许多言说。

昔者有一学人参南泉老人，问："如何是道?"曰："平常心是道。"我们日常穿衣吃饭，出作入息，无不在道中行。只因我们随处缚着，不识自心是佛。昔日大梅法常禅师初参马祖，问："如何是佛?"祖曰："即心即佛。"师即大悟，遂礼辞马祖，至四明梅子真旧隐处，缚茆（茅）而居。唐贞元中，盐官会下有僧，因采拄杖迷路至庵所，问："和尚在此多少时?"师曰："只见四山青又黄"。又问："出山路向什么处去?"师曰："随流去。"僧归，举似盐官。官曰："我在江西曾见一僧，自后不知消息，莫是此僧否?"遂令僧去招之，大梅以偈答曰："摧残枯木倚寒林，几度逢春不变心。樵客遇之犹不顾，郢人那得苦追寻。一池荷叶衣无尽，数树松花食有余。刚被世人知住处，又移茅舍入深居。"马祖闻师住山，乃令僧问："和尚见马大师得个什么，便住此山?"师曰："大师向我道'即心即佛'，我便这里住。"僧曰："大师近日佛法又别。"师曰："作么生?"僧曰："又道'非心非佛'。"师曰："这老汉惑乱人未有了日，任他非心非佛，我只管即心即佛。"其僧回，举似马祖。祖曰："梅子熟也。"

可见古来的人是如何了当和简切。只因你我根机陋劣，妄想太多，诸大祖师乃教参一话头，这是不得已也。永嘉祖师云："证实相，无人法，刹那灭却阿鼻业。若将妄语诳众生，自招拔舌尘沙劫。"高峰妙祖曰："学人用功，好比将一瓦片，抛于深潭，直沉到底为止。"我们看话头，也要将一句话头看到底，直至看破这句话头为止。妙祖又发愿云："若有人举一话头，不起二念，七天之中，若不悟道，我永堕拔舌地狱。"只因我们信不实，行不坚，妄想放不下，假如生死心切，一句话头决不会随便走失的。沩山祖师云："生生若能不退，佛阶决定可期。"

初发心的人总是妄想多，腿子痛，不知功夫如何用法。其实只要生死心切，咬定一句话头，不分行住坐卧，一天到晚把"谁"字照顾得如澄潭秋月一样的，明明谛谛的，不落昏沉。不落掉举，则何愁佛阶无期呢？假如昏沉来了，你可睁开眼睛，把腰稍提一提，则精神自会振作起来。这时候把话头不要太松和太细，太细则易落空和昏沉，一落空只知一片清静，觉得爽快。可是在这时候，这句话头不能忘失，才能在竿头进步，否则落空亡，不得究竟。如果太松，则妄想容易袭进，妄想一起，则掉举难伏。所以在此时光，要粗中有细，细中有粗，方能使功夫得力，才能使动静一如。

昔日我在金山等处跑香，维那催起香来，两脚如飞，师父们真是跑得，一句站板敲下，如死人一样，还有什么妄想昏沉呢？像我们现在跑香，相差太远了。

诸位在坐时，切不要把这句话头向上提，上提则便会昏沉；又不要横在胸里，如横在胸里，则胸里会痛；也不要向下贯，向下贯则肚胀，便会落于阴境，发出种种毛病。只要平心静气，单单的的把"谁"字如鸡抱卵、如猫捕鼠一样的照顾好。照顾到得力时，则命根自会顿断！这一法初用功的同参道友当然是不易的，但是你要时刻在用心。

我再说一比喻。修行如石中取火，要有方法，倘无方法，纵然任你把石头打碎，火是取不出来的。这方法是要有一支纸媒和一把火刀。火媒按下在火石下面，再用火刀向火石上一击，则石上的火就会落在火媒上，火媒马上就能取出火来，这是一定的方法。我们现在明知自心是佛，但是不能承认，故要借这一句话头，作为敲火刀。昔日世尊夜睹明星、豁然悟道也是如此。

我们现在对这个取火法则不知道，所以不明白自性。你我自性本是与佛无二，只因妄想执著不得解脱，所以佛还是佛，我还是我。你我今天知道这个法子，能够自己参究，这是何等的殊胜因缘！希望大家努力，在百尺竿头再进一步，都在这选佛场中中选，可以上报佛恩，下利有情。

佛法中不出人才，只因大家不肯努力，言之伤心。假如深信永嘉和高峰妙祖对我们所发誓愿的话，我们决定都能悟道。大家努力参吧！

初七第三日　正月十一日
（2月24日）

光阴快得很，才说打七，又过了三天。会用功的人，一句话头照顾得好好的，什么尘劳妄念彻底澄清，可以一直到家。

所以古人说："修行无别修，只要识路头。路头若识得，生死一齐休。"我们的路头，只要放下包袱，咫尺就是家乡。六祖说："前念不生即心，后念不灭即佛。"你我本来四大本空、五蕴非有，只因妄念执著，爱缠世间幻法，所以弄得四大不得空，生死不得了。假如一念体起无生，则释迦佛说的这些法门也用不着了，难道生死不会休吗？是故宗门下这一法，真是光明无量照十方。

昔日德山祖师，是四川简州人，俗姓周。二十岁出家，依年受具，精究律藏。于性相诸经，贯通旨趣，常讲《金刚般若》，时人谓之"周金刚"。尝谓同学曰："一毛吞海，性海无亏；纤芥投锋，锋利不动。学与无学，唯我知焉。"后闻南方禅席颇盛，师气不平，乃曰："出家儿，千劫学佛威仪，万劫学佛细行，不得成佛。南方魔子，敢言直指人心，见性成佛。我当扫其窟穴，灭其种类，以报佛恩。"遂担《青龙疏钞》出蜀。

至澧阳路上，见一婆子卖饼，因息肩买饼点心。婆指担曰："这个是什么文字？"师曰："《青龙疏钞》。"婆曰："讲何经？"师曰："《金刚经》。"婆曰："我有一问，你若答得，施与点心。若答不得，且别处去。《金刚经》云：'过去心不可得，现在心不可得，未来心不可得。'未审上座点那个心？"师无语。

遂往龙潭，至法堂曰："久向龙潭，及乎到来，潭又不见，龙又不现。"潭引身而出曰："子亲到龙潭。"师无语，遂栖止焉。

一夕,侍立次,潭曰:"更深,何不下去?"师珍重便出,却回曰:"外面黑。"潭点纸烛度与师。师拟接,潭复吹灭。师于此大悟,便礼拜。潭曰:"子见个什么?"师曰:"从今向去,更不疑天下老和尚舌头也。"

至来日,龙潭升座谓众曰:"可中有个汉,牙如剑树,口似血盆,一棒打不回头,他时向孤峰顶上,立吾道去在。"师将《疏钞》堆法堂前,举火炬曰:"穷诸玄辩,若一毫置于太虚;竭世枢机,似一滴投于巨壑。"遂焚之。

于是礼辞,直抵沩山,挟复子上法堂,从西过东,从东过西,顾视方丈曰:"有么?有么?"山坐次,殊不顾盼。师曰:"无,无。"便出,至门首乃曰:"虽然如此,也不得草草。"遂具威仪,再入相见。才跨门,提起坐具曰:"和尚!"山拟取拂子,师便喝,拂袖而出。沩山至晚问首座:"今日新到在否?"座曰:"当时背却法堂,着草鞋出去也。"山曰:"此子已后向孤峰顶上,盘结草庵,呵佛骂祖去在。"

师住澧阳三十年,属唐武宗废教,避难于独浮山之石室。大中初,武陵太守薛廷望,再崇德山精舍,号"古德禅院",将访求哲匠住持。聆师道行,屡请,不下山。廷望乃设诡计,遣吏以茶盐诬之,言犯禁法,取师入州,瞻礼,坚请居之。大阐宗风。后人传为德山棒、临济喝。

像他这样,何愁生死不休?德山下来出岩头、雪峰,雪峰下出云门、法眼,又出德韶国师、永明寿祖等,都是一棒打出来的。历朝以来的佛法，都是宗门下的大祖师为之撑架子。诸位在此打七，都深深地体解这一最上的道理，直下承当，了脱生死是不为难的。假如视为儿戏，不肯死心塌地，一天到晚在光影门头见鬼，或在文字窟中作计，那么生死是休不了的。大家努力精进吧！

初七第四日　正月十二日
（2 月 25 日）

七天的辰光已去了四天，诸位都很用功，有的做些诗偈到我那里来问，这也很难得。但是你们这样的用功，把我前两天说的都忘却了。昨晚说："修行无别修，只要识路头。"我们现在是参话头，话头就是我们应走的路头。我们的目的是要成佛了生死，要了生死，就要借这句话头作为金刚王宝剑，魔来魔斩，佛来佛斩，一情不留，一法不立，那里还有这许多妄想来作诗作偈、见空见光明等境界？若这样用功，我不知你们的话头到那里去了？老参师父不再说，初发心的人，要留心啊！

我因为怕你们不会用功，所以前两天就打七的缘起，及宗门下这一法的价值和用功的法子，一一讲过了。我们用功的法子就是单举一句话头，昼夜六时，如流水一般，不要令它间断，要灵明不昧，了了常知，一切凡情圣解，一刀两断。

古云："学道犹如守禁城，紧把城头战一场。不受一番寒彻骨，怎得梅花扑鼻香？"这是黄檗禅师说的，前后四句，有二种意义。前两句譬喻，说我们用功的人，把守这句话头，犹如守禁城一样，任何人不得出入，这是保守得非常严密的。因为你我每人都有一个心王，这个心王即是第八识。八识外面还有七识、六识、前五识等。前面那五识，就是那眼、耳、鼻、舌、身五贼，六识即是意贼，第七识即是末那，它（末那）一天到晚，就是贪着第八识见分为我，引起第六识，率领前五识，贪爱色、声、香、味、触等尘境，缠惑不断，把八识心王困得死死的，转不过身来。

所以我们今天要借这句话头（金刚王宝剑），把那些劫贼杀掉，使八识转过来成为大圆镜智，七识转为平等性智，第六识转为妙观察智，前五识转为成所作智。但是，最要紧的就是把第六识和第七识先转过来，因为它有领导作用。它的力量，就是善能分别计量。现在你们作诗作偈、见空见光，就是这两个识在起作用。我们今天要借这句话头，使分别识成妙观察智，计量人我之心为平等性智，这就叫做转识成智，转凡成圣。要使一向贪着色、声、香、味、触、法的贼不能侵犯，故曰如守禁城。

后面的两句，"不受一番寒彻骨，怎得梅花扑鼻香"的譬喻，即是我们三界众生沉沦于生死海中，被五欲所缠，被尘劳所惑，不得解脱，故拿梅花来作譬喻。因为梅花是在雪天开放的，大凡世间万物都是春生夏长、秋收冬藏的。冬天的气候寒冷，一切的昆虫草木都已冻死或收藏，尘土在雪花中也冷静清凉，不能起飞了。这些昆虫草木、尘土灰浊的东西，好比我们心头上的妄想分别、无明、嫉妒等三毒烦恼。我们把这些东西去掉了，则心王自然自在，也就是如梅花在雪天里开花吐香了。

但是，你要知道，这梅花是在冰天雪地里而能开放，并不是在春光明媚或惠风和畅的气候而有的。你我要想，心花开放也不是在喜怒哀乐和人我是非之中而能显现的。因为我们这八种心若一糊涂，就成无记性；若一造恶，就成恶性；若一造善，就成善性。无记有梦中无记和空亡无记。梦中无记，就是梦中昏迷时，惟有梦中一幻境，日常所作一无所知，这就是独头意识的境界，也就是独头无记。空亡无记者，如我们现在坐香，静中把这话头亡失了，空空洞洞的，糊糊涂涂的，什么也没有，只贪清净境界，这是我们用功最要不得的禅病，这就是空亡无记。

我们只要二六时中把一句话头，灵明不昧、了了常知的，行也如是，坐也如是。故前人说："行也禅，坐也禅，语默动静体安然。"寒山祖师曰："高高山顶上，四顾极无边。静坐无人识，孤月照寒泉。泉中且无月，月是在青天。吟此一曲歌，歌中不是禅。"你我大家都是有缘，故此把这些用功的话再与你们说一番，希望努力精进，不要杂用心。

我再来说一公案。昔日鸡足山悉檀寺的开山祖师，出家后参礼诸方，办道用功，非常精进。一日寄宿旅店，闻隔壁打豆腐店的女子唱歌曰："张豆腐，李豆腐，枕上思量千条路，明朝仍旧打豆腐。"这时这位祖师正在打坐，听了她这一唱，即开悟了。可见得前人的用功，并不是一定要在禅堂中才能用功，才能悟道的。修行用功，贵在一心，各位切莫分心散乱，空过光阴，否则，明朝仍旧卖豆腐了。

初七第五日　正月十三日
（2 月 26 日）

修行一法，易则容易，难则实难。易者，只要你放得下，信得实，发坚固心和长远心，就可成功。难者，就是你我怕吃苦，要图安乐，不知世间上的一切有为法，尚且要经过一番学习才能成功，何况我们要学圣贤，要成佛作祖，岂能马马虎虎就可成功？

所以第一要有坚固心，因为修行办道的人，总是免不了魔障。魔障就是昨天讲的色、声、香、味、触、法等尘劳业境，这些业境就是你我的生死怨家。故每每许多讲经法师，也在这些境界中站不住脚，这就是道心不坚固的原因。

次之则要发长远心。我们人生在世，造业无边，一旦要来修行，想了生脱死，岂能把习气一时放得下呢？古来的祖师，如长庆禅师坐破蒲团七个。赵州八十岁还在外面行脚，四十年看一"无"字，不杂用心，后来大彻大悟。燕王和赵王非常崇拜他，以种种供养。至清朝雍正皇帝，阅其语录高超，封为古佛。这都是一生苦行而成功的。

你我现在把习气毛病通身放下，澄清一念，就与佛祖同等。如《楞严经》云："如澄浊水，贮于净器，静深不动，沙土自沉，清水现前，名为初伏客尘烦恼。去泥纯水，名为永断根本无明。"你我的习气烦恼，犹如泥滓，故要用话头。话头如清矾，能使浊水澄清（即是烦恼降伏）。如果用功的人到了身心一如、静境现前的时候，就要注意，不要裹脚不前。须知这是初步功夫，烦恼无明尚未断除。这是从烦恼心行到清净，犹如浊水澄成了清水。

虽然如此，水底泥滓尚未去了，故还要加功前进。古人说："百尺竿头坐得人，虽然得见未为真。若能竿头重进步，十方世界现全身。"如不前进，则是认化城为家，烦恼仍有生起的机会，如此则做一自了汉也很为难。故要去泥存水，方为永断根本无明，如此才是成佛了。到了无明永断的时候，可以任你在十方世界现身说法，任你淫房酒肆、牛马骡胎、天堂地狱，都是自由自在、无拘无束的了。否则，一念之差，就是六道轮回。昔者秦桧曾在地藏菩萨前做过香灯，只因他长远心不发，无明烦恼未能断了，故被嗔心所害。这是一例。

假如你信心坚固，长远心不退，则不怕你是怎样的一个平常人，也可以即身成佛。昔日漳州有一贫苦的人在寺出家，心想修行，苦不知如何为是。无处问津，每日只做苦工。一日遇着一位行脚僧到那里挂单，看他每日忙忙碌碌的，问他日常作何功课。他说："我一天就是做些苦事，请问修行方法。"僧曰："参念佛是谁。"如是他就照这位客师所教，一天在工作之中把这"谁"字蕴在心里照顾。后隐于石岩中修行，草衣木食。这时候他家里还有母亲和姐姐，闻知他在岛岩中修行很苦，其母乃教其姐拿一匹布和一些食物送给他。其姐姐送至岛岩中，见他坐在岩中，动也不动，去叫他，他也不应。其姐姐气不过，把这些东西放在岩中回家去了。但是他也不睬也不瞧，老是坐在洞中修行。过了一十三年，他的姐姐再去看他，见那匹布仍是在那儿未动。

后来有一逃难的人到了那里，腹中饥饿，见了这位和尚衣服破烂的住在岩中，乃近前问他，向他化乞。他便到石岩边拾些石子，置于釜中，煮了一刻，拿来供食，犹如洋薯。其人饱餐而去。去之时，他与之言曰："请勿外与人言。"又过了些时，他想我在此修行这许多年了，也要结结缘吧。如是走到厦门，在一大路旁，搭一茅蓬，做施茶工作。这时是万历年间，皇帝的母亲皇太后死了，要请高僧做佛事。先想在京中请僧，因此时京中无大德高僧，皇太后乃托梦于万历皇帝，谓福建漳州有高僧。皇帝乃派人至福建漳州，迎请许多僧人进京做佛事，这些僧人都把行装整理进京，恰在这路边经过，其僧问曰："诸位师父今日这样欢喜，到那里去啊？"众曰："我们现在奉旨进京，替皇帝做佛事，超荐太后去。"曰："我可同去否？"曰："你这样的苦恼，怎能同去呢？"曰："我不能念经，可以替你们挑行李。到京中去看看也是好的。"如是就同这些僧人挑行李进京去了。

这时皇帝知道他们要到了，乃叫人将《金刚经》一部埋于门槛下。这些僧人都不知道，一一的都进宫去了，唯有这位苦恼和尚行到那里，双膝跪下，合掌不入。那里看门的叫的叫，扯的扯，要他进去，他也不入，乃告知皇帝。此时皇帝心中有数，知是圣僧到了，遂亲来问曰："何以不入？"曰："地下有金刚，故不敢进来。"曰："何不倒身而入？"其僧闻之，便两手扑地，两脚朝天，打一个筋斗而入。

皇帝深敬之，延于内庭款待，问以建坛修法事。曰："明朝五更开坛，坛建一台，只须幡引一幅，香烛供果一席就得。"皇帝此时心中不悦，以为不够隆重，犹恐其僧无甚道德，乃叫两个御女为之沐浴。沐浴毕，其下体了然不动。御女乃告知皇帝，帝闻之益加敬悦，知其确为圣僧，乃依其示建坛。

次早升座说法，登台打一问讯，持幡至灵前曰："我本不来，你偏要爱。一念无生，超升天界。"法事毕，对帝曰："恭喜太后解脱矣！"帝甚疑惑，以为如此了事，恐功德未能做到。正在疑中，太后在空中曰："请皇上礼谢圣僧，我已得超升矣。"帝惊喜再拜而谢，于内庭设斋供养。此时其僧见帝穿着花裤，目不转瞬，帝曰："大德欢喜这裤否？"遂即脱下赠之。僧曰："谢恩。"帝便封为龙裤国师。斋毕，帝领至御花园游览。内有一宝塔，僧见塔甚喜，徘徊瞻仰。帝曰："国师爱此塔乎？"曰："此塔甚好！"曰："可以将此塔敬送于师。"正要人搬送漳州修建，师曰："不须搬送，我拿去就是。"言说之间，即将此塔置于袖中，腾空即去。帝甚惊悦，叹未曾有。

诸位，请看这是什么一回事呢？只因他出家以来，不杂用心，一向道心坚固。他的姐姐去看他也不理，衣衫破烂也不管，一匹布放了十三年也不要。你我反躬自问，是否能这样的用功？

莫说一天到晚，自己的姐姐来了不理做不到，就是在止静后，看见监香行香，或旁人有点动静，也要瞅他一眼。这样的用功，话头怎样会熟呢？诸位只要去泥存水，水清自然月现，好好提起话头参看！

初七第六日　正月十四日
（2月27日）

古人说："日月如梭，光阴似箭。"才说打七，明天就要解七了。依规矩，明天早上要考功了，因为打七是克期取证的办法。证者证悟，见到自己本地风光，悟到如来的妙性，故曰证悟。考功就是要考察你在七天当中的功夫到了何等程度，要你向大众前吐露出来。平常在这个时候向你们考功，是叫做"讨包子钱"，人人要过的，就是我们打七的人人要开悟，人人可以弘扬佛法，度尽众生的意思。现在不是说人人开悟，就是一人开了悟，也可以还得这些包子钱，所谓"众人吃饭，一人还帐"。如果我们发起一片精进的道心，是可以人人开悟的。

古人说："凡夫成佛真个易，去除妄想实为难。"只因你我无始以来贪爱炽然，流浪生死，八万四千尘劳，种种习气毛病放不下，不得悟道，不像诸佛菩萨常觉不迷。是故莲池说："染缘易就，道业难成。不了目前，万缘差别。只见境风浩浩，凋残功德之林；心火炎炎，烧尽菩提之种。道念若同情念，成佛多时；为众如为己身，彼此事办。不见他非我是，自然上恭下敬。佛法时时现前，烦恼尘尘了脱。"这十几句话，说得何等明白和真切！

染者，染污义。凡夫的境界，总是贪染财色名利，嗔恚斗争，对"道德"二字，认为是绊脚石。一天到晚，喜怒哀乐，贪爱富贵荣华，种种世情不断，道念一点没有。所以功德林被凋残，菩提种子被烧尽。假如把世情看得淡淡的，一切亲友怨家视为平等，不杀、不盗、不邪淫、不妄语、不饮酒，视一切众生平等无二。视人饥如己饥，视人溺如己溺，常发菩提心，则可与道念相应，亦可立地成佛。故曰："道念若同情念，成佛多时。"

诸佛圣贤应化世间，一切事情都是为众服务，所谓拔苦与乐，兴慈济物。你我都能克己复礼，什么也不为自己作享受，那么人人都无困苦，事事都能办到了，同时你自己也随之得到圆满果实的报酬。如江河中的水涨了，船必自高了，你能以一种慈悲心、恭敬心对人，不自高自大，不骄傲虚伪，则人见到你一定会恭敬客气。否则，只恃一己之才，老气横秋的，或口是心非的，专为声色名利作计，那么就是人家恭敬你，也恐是虚伪的。故孔子曰："敬人者，人恒敬之。爱人者，人恒爱之。"六祖曰："他非我不非，我非自有过。"所以我们切莫要生是非之心，起人我之别，如诸佛菩萨为人服务一样，则菩提种子处处下生，美善的果实，时时有收获，烦恼自然缚不着你了。

世尊所说三藏十二部经典，也是为了你我的贪嗔痴三毒。

所以三藏十二部的主要就是戒定慧，就是因果，使我们戒除贪欲，抱定慈悲喜舍，实行六度万行，打破愚迷邪痴，圆满智慧德相，庄严功德法身。若能依此处世为人，那真是处处总是华藏界了。

今天参加打七的多是在家大德，我们要好好降伏其心，赶紧去离缠缚。我再说一公案作为诸位的榜样，因为你们都是发了很大的信心而来到这宝所，我不与你们解说，恐怕你们得不到宝，空手而回，不免辜负信心，希望静心听着。

昔者唐朝一居士，姓庞名蕴，字道玄，湖南衡阳人。世本业儒，少悟尘劳，志求真谛。贞元初，闻石头和尚道风，乃往谒之。问曰："与万法为侣者是什么人？"石头以手掩其口，庞由是豁然有省。

一日，石头问曰："子见老僧以来，日用事作么生？"庞曰："若问日用事，即无开口处。"乃呈偈曰："日用事无别，唯吾自偶谐。头头非取舍，处处没张乖。朱紫谁为号，丘山绝点埃。神通并妙用，运水及搬柴。"石头然之，曰："子以缁耶？素耶？"庞曰："愿从所慕。"遂不剃染。后参马祖，问曰："不与万法为侣者是什么人？"祖曰："待汝一口吸尽西江水，即向汝道。"庞于言下，顿领玄旨，乃留驻参承二载。

居士自从参透本来人后，什么也不做，一天到晚单单织漉篱过活。家中所有的万贯金银，也一概抛于湘江之中。

一日，两夫妇共说无生的道理。玄曰："难、难、难，拾担芝麻树上摊。"其妇曰："易、易、易，百草头上祖师意。"

其女灵照闻之笑曰："你们二老人家，怎么说这些话来了？"玄曰："据你怎样说？"曰："也不难，也不易，饥来吃饭困来睡。"自尔机辩迅捷，诸方响之。

因辞药山，山命十禅客相送至门首，玄乃指空中雪曰："好雪片片，不落别处。"有全禅客曰："落在什么处？"玄遂与一掌。全曰："也不得草草。"玄曰："恁么称禅客，阎罗老子未放你在！"全曰："居士作么生？"玄又掌曰："眼见如盲，口说如哑。"

玄尝游讲肆，随喜听《金刚经》，至"无我无人"处，致问曰："座主，既无我无人，是谁讲谁听？"主无对。玄曰："某甲虽是俗人，粗知信向。"主曰："只如居士意作么生？"玄以偈答曰："无我复无人，作么有疏亲？劝君休历座，不似直求真。金刚般若性，外绝一纤尘。我闻并信受，总是假名陈。"主闻欣然仰叹。

一日，居士问灵照曰："古人道'明明百草头，明明祖师意'，如何会？"照曰："老老大大，作这个语话！"玄曰："你作么生？"照曰："明明百草头，明明祖师意。"玄乃笑。

玄将入灭，谓灵照曰："视日早晚，及午以报。"照观竟，回报曰："日则中矣，惜天狗蚀日，父亲何不出去一看呢？"玄以为事实，乃下座出户观之，其时灵照即登父座，跏趺合掌坐脱。玄回见灵照已亡，叹曰："我女锋捷，先我而去。"于是更延七日。

州牧于公顿问疾次，玄谓之曰："但愿空诸所有，慎勿实诸所无。好住世间，皆如影响。"言讫，枕于公膝而化，遗命焚弃江湖。其夫人闻之，即告知其子。子闻之，将锄头撑其下颌，立地而去。此时其母见如此光景，亦自隐去。

你看他们一家四口，都能如此神通妙用，可见你们为居士的多么高尚！到现在，莫说你们居士没有这样的人才，就是出家二众，也都是与我虚云差不多，这是多么倒架子。大家努力吧！

初七圆满日　正月十五日

（2 月 28 日）

恭喜诸位，七天功德，今日圆满！证悟过来了的，照规矩应该升堂。如朝中考试，今天正是揭榜的一天，应该要庆贺。但是常住很慈悲，明天继续打七，使我们可以加功进步。诸位老参师父都知道，这种因缘殊胜，不会空过光阴。各位初发心的人，要知人身难得，生死事大。我们得了人身，更要知道佛法难闻，善知识不易值遇。今天诸位亲到宝山，要借此良机努力用功，不要空手而归。

宗门下一法，我已讲过，是世尊拈花示众，一代一代的从根本上传流下来的。所以阿难尊者虽是佛的堂弟，又随侍佛出家，而他在世尊前，未能大彻大悟。待佛灭后，诸大师兄弟不准他参加集会。迦叶尊者曰："你未得世尊心印，请倒却门前刹竿着。"阿难当下大悟。迦叶尊者乃将如来心印付之，是为西天第二祖。历代相承，至马鸣、龙树尊者后，天台北齐老人，观其《中观论》，发明心地，而有天台宗，这时宗门下特别大兴。后来天台衰落，至韶国师由高丽翻译归来，再行兴起。

达摩祖师是西天二十八祖，传来东土，是为第一祖。自此传至五祖，大开心灯。六祖下开悟四十三人，再经思祖、让祖至马祖，出善知识八十三人，正法大兴，国王大臣莫不尊敬。是以如来说法虽多，尤以宗下独胜。如念佛一法，亦由马鸣、龙树之所赞扬。自远公之后，永明寿禅师为莲宗六祖，以后多由宗门下的人所弘扬。密宗一法，经一行禅师发扬之后，传入日本，我国即无相继之人。慈恩宗是玄奘法师兴起，不久亦绝。独以宗门下源远流长，天神皈依，龙虎归降。

八仙会上的吕洞宾，别号纯阳，京兆人。唐末三举不第，无心归家，偶于长安酒肆遇钟离权，授以延命之术。洞宾依法修行，后来乃飞腾自在，云游天下。一日至庐山海会寺，在钟楼壁上书四句偈云："一日清闲自在身，六神和合报平安。丹田有宝休问道，对境无心休问禅。"未几，道经黄龙山，睹紫云成盖，疑有异人，乃入谒。值黄龙击鼓升座，吕遂随众入堂听法。黄龙曰："今日有人窃法，老僧不说。"洞宾出而礼拜，问曰："请问和尚，如何是一粒粟中藏世界，半升铛内煮山川？"黄龙骂曰："这守尸鬼！"洞宾曰："争奈囊中自有长生不死药。"黄龙曰："饶经八万劫，未免落空亡。"洞宾忘了"对境无心莫问禅"的功夫，大发嗔心，飞剑斩黄龙。黄龙以手一指，其剑落地，不能取得。洞宾礼拜悔过，请问佛法。黄龙曰：

"半升铛内煮山川即不问，如何是一粒粟中藏世界?"洞宾于言下顿契玄旨，乃述偈忏曰："弃却瓢囊击碎琴，从今不恋汞中金。自从一见黄龙后，始觉当年错用心。"此是仙人皈依三宝、求入伽蓝为护法的一例。

道教在洞宾之手亦大兴起来，为北五祖。紫阳真人又是阅《祖英集》而明心地的南五祖，故此道教亦是为佛教宗门所续启。孔子之道传至孟子失传，直至宋朝周濂溪先生从宗门发明心地；程子、张子、朱子等，皆从事佛法。故宗门有助儒、道一切之机。现在很多人把宗门这一法轻视，甚至加以毁谤，这真是造无间业。

你我今天有此良缘，遇期胜因，要生大欢喜，发大誓愿，人人做到龙天皈依，使正法永昌。切莫视为儿戏，好好精进用功。

次七第一日　正月十六日
(3月1日)

虚云到常住打扰一切，蒙和尚及各位班首师父特别优待，已深为抱歉。今天又要我做主法，这个名目，我实不敢承认。现在应慈老法师年高腊长，应归他来领导才合理。同时常住上的法师很多，都是学德兼优。我是一个水上浮萍，全然无用的一个人。今天以我年纪大，要加诸客气，这实在是误会了。在世法尚且不以年龄的大小而论，如过去朝中赴科考的人，不管你年纪多大，而对于主考者，总是称为老师，都要尊敬他，不能讲年龄的，在佛法中更加不能了。如文殊菩萨，过去久远，业已成佛，曾教化十六王子，阿弥陀佛是十六王子之一，释迦牟尼也是他的徒弟。到了释迦成佛的时候，他便为之辅弼。可见佛法是平等一味、无有高下的，故此请诸位不要误解了。

现在我们在参学方面来讲，总要以规矩法则为尊。常住上的主事人发起道心，讲经打七，弘扬佛法，实为稀有难得的因缘。诸位都不避风尘，不惮劳倦，这样的忙碌，也自愿的来参加，可见都有厌烦思静的心。本来你我都是一个心，只因迷悟有关，故有众生，终日忙碌，无一日休闲，稍作思惟，实乃无益。

但是，有种人一生在世，昼夜奔忙，痴想丰衣足食，贪图歌台舞榭，唯愿子孙发富发贵，万世的荣华，到了一气不来，做了一个死鬼，还要想保佑他的儿女，人财兴旺。这种人真是愚痴已极。还有一种人，稍知一些善恶因果，要做功德，但是只知打斋供僧，或装佛像，或修庙宇等一些有漏之因，冀求来生福报。因他不解无漏功德的可贵，故偏弃不行。

《妙法莲华经》云："若人静坐一须臾，胜造恒沙七宝塔。"因为静坐这一法，可以使我们脱离尘劳，使身心安泰，使自性圆明，生死了脱。一须臾者，一刹那之间也。若人以清静心，返照回光，坐须臾之久，纵不能悟道，而其正因佛性已种，自有成就之日。若是功夫得力，一须臾之间，是可以成佛的。故《楞严经》中阿难尊者曰："不历僧祇获法身。"但是你我及一般人，平常总是在尘劳里，在喜怒里，在得失里，在五欲里，在一切图快活享用里过活。而今一到禅堂中，一声止静，则视之不见，听之不闻。六根门头，犹如乌龟息六样的，任什么境界也扰你不动，这是修无为法，也是无漏法。故以金银等七种实物造塔，如恒河沙数之多，犹不能及此静坐一须臾之功德也。

乌龟息六是一譬喻，因为海狗喜食鱼鳖，一见乌龟在海滩上爬，它就跑去吃它。乌龟知其要吃它，便把四只脚、一个头、一条尾，统统缩进壳里去。海狗见之咬它不着，空费一番辛苦，弃而他去，此时乌龟亦脱其险。我们人生在世，无钱的为衣食忙得要死，有钱的贪婪色欲不得出离，正如被海狗咬着。若知其害，便把六根收摄，返照回光，都可以从死里得生的。

前两晚说过，宗门下这一法是正法眼藏，是如来心法，是了生脱死的根本。如讲经等法门，虽然是起人信解，但是大都是枝叶上的文章，不容易大开圆解的。如要想以讲经等法子来了生脱死者，还须要经过行证，是很为难的。故从来听到讲经等及其他法门中显现神通与立地悟彻者，比宗门下少。因为宗门下不但说是比丘和居士有不可思议的手眼，就是比丘尼也有伟大的人才。

昔者灌溪尊者，是临济的徒弟，在临济勤学多年，未曾大彻大悟，乃去参方。至末山尼僧处，其小尼僧告知末山。末山遣侍者问曰："上座是为游山玩景而来，抑是为佛法而来？"灌溪只得承认为佛法而来。末山曰："既是为佛法而来，这里也有打鼓升座的法则。"遂升座。灌溪初揖而不拜。末山问曰：

"上座今日离何处?"曰:"路口。"末山曰:"何不盖却?"溪无对,始礼拜。溪问:"如何是末山?"末山曰:"不露顶。"曰:"如何是末山主?"曰:"非男女相。"溪乃喝曰:"何不变去?"末山曰:"不是神,不是鬼,变个什么?"灌溪不能答,于是伏应,在该处作园头三年,后来大彻大悟。

灌溪上堂有云:"我在临济爷爷处得半勺,末山嬢嬢处得半勺,共成一勺,吃了,直至如今饱不饥。"故知灌溪虽是临济的徒弟,亦是末山的法嗣。可见尼众中也有这样惊世的人才,超人的手眼。现在你们这样多的尼众,为什么不出来显显手眼,替前人表现正法呢? 须知佛法平等,要大家努力,不要自生退堕,错过因缘。

古人说:"百年三万六千日,不放身心静片时。"你我无量劫来流浪生死者,只为不肯放下身心,清静修学,而感受轮回,不得解脱。所以要大家放下身心,来静坐片时。希望漆桶脱落,共证无生法忍。

次七第二日　正月十七日

(3月2日)

今日是两个七的第二天。在这短短的时间里,各位来参加的日益增多,可见上海地方的人善心纯厚,福德深重,更可见人人都有厌烦思静、去苦趋乐的要求。本来人生在世,苦多乐少,且光阴迅速,数十年眨眼就过去了。纵如彭祖住世八百载,在佛法中看来，甚为短促。在世人看来，是人生七十古来稀了。你我现在知道这种如幻如化的短境，无所留恋，来此参加这个禅七，真是夙世善根。

但是，修行一法，贵在有长远心。过去一切诸佛菩萨，莫不经过多劫修行，才能成功。《楞严经·观世音菩萨圆通章》曰："忆念我昔无数恒河沙劫，于时有佛，出现于世，名观世音。我于彼佛发菩提心，彼佛教我从闻思修入三摩地。"由此可见，观世音菩萨不是一天两天的时光就成功了的。同时他公开地将他用功的方法讲给我们听。他是楞严会上二十五圆通的第一名，他的用功法子是从闻思修，而得耳根圆通，入三摩地。三摩地者，华言正定。故他又说："初于闻中，入流亡所。"这种方法，是以耳根反闻自性，不令六根流于六尘，是要将六根收摄流于法性。故又说："所入既寂，动静二相，了然不生。"又说："如是渐增，闻所闻尽，尽闻不住。"这意思即是要我们把这反闻的功夫不要滞疑，要渐次增进，要加功用行，才能得"觉所觉空，空觉既圆，空所空灭，生灭既寂，寂灭现前"这种境界。既自以反闻闻自性的功夫，把一切生灭悉皆灭已，真心方得现前，即是说"狂心顿歇，歇即菩提"。观世音菩萨到了这种境界，他说："忽然超越世出世间，十方圆明，获二殊胜：一者，上合十方诸佛本妙觉心，与佛如来同一慈力；二者，下合十方一切六道众生，与诸众生同一悲仰。"

我们今天学佛修行，也要这样先把自己的功夫做好，把自性的贪嗔痴慢等一切众生度尽，证到本来清净的妙觉真心。然后上行下化，如观世音菩萨这样的三十二应，随类化度，才能有力量。所以观世音菩萨，或现童男童女身，化现世间。世人不知观世音菩萨业已成佛，并无男女人我之相，他是随众生的机而应现的。但世间人一闻观世音菩萨之名，都觉得有爱敬之心。这无非是过去生中持念过他的圣号，八识田中有这种子，乃起现行。故经云："一入耳根，永为道种。"

你我今天来此熏修，当依诸佛菩萨所修所证之最上乘法。现在这种法，是要明本妙觉心，即是说见性成佛。假如不明心地，则佛不可成。要明心地，须行善道为始。我们一天到晚，诸恶莫作，众善奉行，则福德自此增长；加一句话头，时刻提起，一念无生，当下成佛。诸位把握时间，莫杂用心，好好提起话头参去。

次七第三日　正月十八日
（3月3日）

今天第二七的三天又过去了，功夫做纯熟了的人，动静之中都有把握，有什么心去分别他一七、二七、三天、两天呢？但是初发心的人，总要努力精进，莫糊糊涂涂地打混，把光阴错过了。我现在再说一譬喻给你们初发心的听，希望好好听着。

诸方禅堂中所供的一位菩萨，是一位圣僧，他是释迦如来的老表，名阿若憍陈如尊者。世尊出家时，他的父王派父族三人、母族二人，往雪山照顾他。此尊者是母族二人之一。世尊成道后，初至鹿野苑为之说四谛法，这位尊者最初悟道，同时此尊者是世尊诸大弟子中第一位出家者，故名圣僧，又名僧首。他的修行方法在《楞严经》中说得很明显："我初成道，于鹿园中，为阿若多五比丘等及汝四众言：'一切众生不成菩提及阿罗汉，皆由客尘烦恼所误。'汝等当时因何开悟，今成圣果？"这是佛告诉我们不成菩提及阿罗汉的原因，并追问当时在会诸大弟子的开悟，是用何法而成功的。这时候独有侨陈如尊者了解这个法子，所以他在这会中站立起来，答复世尊曰："我今长老，于大众中，独得解名，因悟'客尘'二字成果。"他说了之后，再对世尊解释说："世尊，譬如行客，投寄旅亭，或宿或食，宿食事毕，俶装前途，不遑安住。若实主人，自无攸往。如是思惟，不住名客，住名主人，以不住者，名为客义。又如新霁，清旸升天，光入隙中，发明空中，诸有尘相，尘质摇动，虚空寂然。如是思惟，澄寂名空，摇动名尘，以摇动者，名为尘义。"

他这一说，把"主客"二字，说得何等明显！但是你要知道，这是一个譬喻，是告知我们用功下手的方法。即是说，我们的真心是个主，他本是不动的，动的是客，即是妄想。妄想犹如灰尘，灰尘很微细，它在飞腾之时，要在太阳照入户牖时，或空隙之中，才看得见。即是说，我们心中的妄想，在平常的动念中并不知道，一到清静修行、静坐用功的当中，才知道许多的杂念在不断的起伏。在这妄念沸腾的当中，如果你功夫不得力，那就作不得主，故不得悟道，流浪生死海中。今生姓张，再生又姓李，如客人投宿旅店一样，经常要换地方。但我们的真心，却不是这样，它总是不去不来、不生不灭的常住不动，故为主人。这个主人，好比虚空法尘飞出，虚空总是寂然不动。又如旅店里的主人，他老住在店中，不到其他地方去的。

在名相上讲，尘者尘沙，是烦恼之一，要到菩萨的地位，才能断得了；妄者妄惑，惑有见惑八十八使、思惑八十一品。见惑由五钝使而来。修行的人，先要把见惑断尽，才能证入须陀洹果。但这步功夫非常的难，断除见惑，如断四十里的逆流。可见我们用功的，是要有甚深的力量。思惑断尽，才能证到阿罗汉果。这种用功是渐次的，我们现在只借一句话头，灵灵不昧，了了常知，什么见惑思惑，一刀两断，好似青天不挂片云，清旸升天，即是自性的光明透露。这位尊者，悟了这个道理，认识了本有的主人。

你我今天用功第二步，要把客尘认识清楚。客尘是动的，主人是不动的。如不认清，则功夫无处下手，依旧在打混，空过光阴。希望大家留心参看。

次七第四日　正月十九日
（3月4日）

"无上甚深微妙法，百千万劫难遭遇。"这回玉佛寺打禅七，真是因缘殊胜。各方信心男女居士们这样踊跃的来参加，种下这一成佛的正因，可说是稀有难得。释迦牟尼佛说《妙法莲华经》云："若人散乱心，入于塔庙中，一称南无佛，皆共成佛道。"人生在世数十年的光阴，不知不觉地过了。在这当中，有钱的人，或贪酒色财气；无钱的人，都为衣食住行而劳碌奔波，很少有一清闲自在的，真是苦不堪言。但是这种人，偶一走到佛寺里，见此寂静庄严的梵刹，心生欢喜，或见佛菩萨形象而随口声称佛名者，或心生清静而起感慨，称赞如来吉祥而生稀有者，这都是过去生中有甚深善根，由此皆得成佛。

因为人们平时眼中见到的风花雪月，耳中听到的歌舞欢声，口里贪着的珍馐美味等，而引起惑染思想。这惑染思想是散乱心，是生死心，是虚妄心。今天能够在塔庙中称一声佛号，这是觉悟心，是清净心，是成佛的菩提种子。佛者，梵语佛陀，华言觉者。觉者，觉而不迷，自性清静，即是有觉悟心。我们今天不为名利而来，也是觉悟力的作用。但是有许多恐是闻其打禅七之名，而不知其打禅七之义，以一种稀奇心而来看热闹的。这不是上上心。现在既到此地，如人到了宝山，不可空手而回，须发一无上的道心，好好地坐一枝香，种一成佛的正因，将来大家成佛。

昔日释迦牟尼佛有一弟子，名须跋陀罗，家里贫穷孤独，无所依靠，心怀愁闷，要随佛出家。一日至世尊处，刚巧是世尊外出。诸大弟子为之观察往昔因缘，八万劫中，未种善根，乃不收留，叫他回去。此时须跋苦闷已极，行至城边，忖思业障如此深重，不如撞死为好。正要寻死，不料世尊到来，问其所以，须跋一一答之，世尊遂收为徒弟，回至其所，七日之中证阿罗汉。诸大弟子，不解其故，请问世尊。世尊曰："你们只知八万劫中之事，八万劫外，他曾种善根。他那时亦很贫穷，采樵为活。一日在山中遇虎，无所投避，急忙爬于树上。虎见他上树，就围绕而齧树。树欲断了，他心中甚急，无人救援，忽而思惟大觉佛陀有慈悲力，能救诸苦，乃口称'南无佛，快来救我'。虎闻南无佛声，乃远避之，未伤其命。由此种下正因佛种，今日成熟，故证果位。"诸大弟子闻此语已，心怀喜悦，叹未曾有。

你我今天遇此胜缘，能来此坐一枝静香，则善业已超过多倍，千万勿为儿戏。若为热闹而来，那就错过机会了。

次七第五日　正月二十日

（3月5日）

深具信心的人，在这堂中当然是努力用功的。老参上座师父们功夫当然已很纯熟，但是在这纯熟之中，要知道回互用功，要穷源彻底，要事理圆融，要静动无碍，不要死坐，不要沉空守寂，贪着静境。如果贪着静境的话，不起回互之助，即是死水中鱼，无有跳龙门的希望，也就是挟冰鱼，那是无用的。

初发心用功的，要痛念生死，要生大惭愧，把万缘通身放下，才能用功有力量。如果放不下，生死是决定不了的。因为你我无始以来，被七情六欲所迷，现在从朝至暮，总是在声色之中过日子，不知常住真心，所以沉沦苦海。现在你我已觉悟世间上的一切都是苦恼，可以尽情放下，立地成佛。

次七第六日　正月二十一日

（3月6日）

这次参加来打七的，以我看起来，初发心的男女们占多数，所以规矩法则都不懂，举足动步，处处打人闲岔。幸常住很慈悲，成就我们的道业。诸位班首师父们，也发了无上的道心来领导，使我们可以如法修持。这是万劫难逢的机会，我们要勇猛精进，要内外加修。

内修，即是单单的的参一句"念佛是谁"的话头，或念一句"阿弥陀佛"。不起贪、嗔、痴、恚种种其他念头，使真如法性得以透露。外修，即是戒杀放生，将十恶转为十善，不要一天到晚酒肉熏天，造无边的罪业。须知佛种从缘起，恶业造得多，堕地狱是必定的；善业培得多，福利的果实自然会给你来享受。古人教我们"诸恶莫作，众善奉行"，就是这个道理。你看昔琉璃大王诛杀释种的因缘就知道了。

近来世界人民遭难，杀劫之重，皆是果报所遭。每每劝世人要戒杀放生、吃斋念佛者，也就是要大家免遭因果轮回之报。诸位须当信奉，种植善因，成就佛果。

次七第七日　正月二十二日
（3月7日）

"浮生若梦，幻质非坚，不凭我佛之慈，曷遂超升之路。"我们在这如梦如幻的生活中，颠颠倒倒地过日子，不知佛的伟大，不思出离生死，任善恶以升沉，随业力而受报。所以世间上的人，总是做善者少，造恶者多，富贵者少，贫贱者多。六道轮回，苦楚万状，有的朝生暮死，或数年而死者，或多年而死者，都不能自己作主。故须凭佛陀的慈悲主义，才有办法。因佛与菩萨有慈悲喜舍等行愿力量，能够令我们出离苦海，达到光明的彼岸。

慈悲者，见一切众生有甚痛苦，以怜悯爱护之心去救度，令其离苦得乐；喜舍者，见一切众生做一切功德，或发一念好心，都要随喜赞叹，对一切众生有所需求者，都要随其所需而施与之。世尊在因地修行时，总是行的舍头脑骨髓的菩萨道，所以他老人家曾说："三千大千世界，无有一芥子许地不是我舍身埋骨的地方。"今天诸位要努力把话头看住，不要把光阴空过了。

解七　正月二十三日
（3月8日）

恭喜诸位两个禅七圆满，功德已毕，马上就要解七，要与诸位庆贺了。以古人来说，本没有什么结七解七，一句话头参到开悟为期。现在你们悟了未悟，我们总依规矩而做。

在这半月中，诸位不分昼夜，而目的是为开悟，是为佛门中培植人才，如果是打混把光阴空过，那是辜负了这段时光。今天常住上的大和尚与各位班首师父，依古人规则，来考察你们的功夫，希望不要乱说，只要真实将自己的功夫见地，当众答一句，相当者常住为你们证明。

古人说："修行三大劫，悟在刹那间。"功夫得力，一弹指顷，就悟过来了。昔者琅琊觉禅师，有一女弟子亲近他参禅，琅琊禅师叫她参"随他去"。这女子依而行之不退。一日，家中起火，其女曰："随他去。"又一次，他的儿子掉在水中，旁人叫她，她曰："随他去。"万缘放下，依教行之。又一日，在家中炸油条，其夫在烧火。她将面条向锅中一抛，炸声一响，当下悟道，即将油锅向地下一倒，拍手而笑。其夫以为疯了，骂曰："你如此作甚么，不是疯了吗？"曰："随他去。"即往觉禅师处求证。觉禅师为之证明，已成圣果。

诸位今日悟了的，站出来道一句看！（久之，无人敢答，老人即出堂，继由应慈老法师等考问。待止静后，老人再进堂，一一警策毕，开示云：）

红尘滚滚，闹市纷烦，那有功夫和心思来到这里静坐参话头呢？只以你们上海人的善根深厚，佛法昌盛，因缘殊特，才有这样一回大事因缘。中国的佛教，自古以来虽有教、律、净、密诸宗，严格的检讨一下，宗门一法，胜过一切，我早已说过了。只以近来佛法衰微，人才未出。我过去也曾到各处挂单，看起来现在更加不如昔日了。说来我也很惭愧，什么事也不知道，承常住的慈悲、各位的客气，把我推在前面了，这应该要应慈老法师承当才对。他是宗、教兼通的善知识，真正的前辈老人家，不必要我来陪伴了。我现在什么事也不能做了，愿各位要好好的追随前进，不要退堕。

沩山祖师云："所恨同生像季，去圣时遥，佛法生疏，人多懈怠，略伸管见，以晓后来。"沩山，德号灵祐，福建人。亲近百丈祖师，发明心地。司马头陀在湖南看见沩山地势很好，要出一千五百个人的善知识所居之地。时沩山在百丈处当典座，司马头陀见之，认为是沩山主人，乃请他老人家去沩山开山。沩山老人是唐朝时候的人，佛法到唐朝只是像法之末叶，所以他自己痛恨生不逢时，佛法难晓，众生信心渐渐退失，不肯下苦心修学，故佛果无期。

我们现在距沩山老人又千多年了，不但像法已过，即末法亦已过去九百余年矣。世人善根更少了，所以信佛法的人很多，而真实悟道的人很少。我以己身来比较一下，现在学佛法是方便多了。在咸、同之时，各地寺庙统统焚毁了，三江下惟有天童一家保存。至太平年间，由终南山一班老修行出来重兴。那时候，只有一瓢一笠，那有许多啰嗦？后来佛法渐渐昌盛，各方始有挑高脚担的，直到现在，又有挑皮箱的了，对佛法真正的行持，一点也不讲了。过去的禅和子要参方，非要走路不可。现在有火车、汽车、轮船、飞机，由此都想享福，不想吃苦了，百般的放逸也加紧了。虽然各方的佛学院也随时宣导，法师们日渐增多，可是根本问题从此弃之不顾，一天到晚专在求知解，不求修证，同时也不知修证一法是解决问题的根本。

《永嘉证道歌》云："但得本，莫愁末，如净琉璃含宝月。……嗟末法，恶时世，众生福薄难调制。去圣远兮邪见深，魔强法弱多怨害。闻说如来顿教门，恨不灭除令瓦碎。作在心，殃在身，不须怨诉更尤人。欲得不招无间业，莫谤如来正法轮。……吾早年来积学问，亦曾讨疏寻经论。分别名相不知休，入海算沙徒自困。却被如来苦呵责，数他珍宝有何益？"他老人家去参六祖，大彻大悟，六祖号之为"一宿觉"。所以古人说，寻经讨论，是如入海算沙；宗门下的法子，是如金刚王宝剑，遇物即斩，碰锋者亡，是立地成佛的无上法门。

且如神赞禅师，幼年行脚，亲近百丈祖师开悟。后回受业本师处，本师问曰："汝离吾在外，得何事业？"曰："并无事业。"遂遣执役。一日，本师澡浴，命赞去垢。神赞拊其背曰："好所佛堂，而佛不圣。"本师未领其旨，回首视之。神赞又曰："佛虽不圣，且能放光。"又一日，本师在窗下看经，有一蜂子投向纸窗，外撞求出。赞见之，曰："世界如许广阔，不肯出，钻他故纸驴年去！"并说偈曰："空门不肯出，投窗也太痴。百年钻故纸，何日出头时？"本师闻之，以为骂他，置经问曰："汝出外行脚如许时间，遇到何人？学到些什么？有这么多话说！"神赞曰："徒自叩别，在百丈会下，已蒙百丈和尚指个歇处。因念师父年老，今特回来欲报慈德耳。"本师于是告众，致斋请赞说法。赞即升座，举唱百丈门风曰："灵光独耀，迥脱根尘。体露真常，不拘文字。心性无染，本自圆成。但离妄缘，即如如佛。"本师于言下感悟曰："何期垂老，得闻极则事。"于是遂将寺务交给神赞，反礼神赞为师。请看，这样的容易，是何等洒脱！

你我今天打七打了十多天，何以不会悟道呢？只因都不肯死心塌地地用功，或视为儿戏，或者认为参禅用功，要在禅堂中静坐才好。其实这是不对的。真心用功的人，是不分动静营为和街头闹市，处处都好。昔日有一屠子和尚，在外参方。一日行至一市，经过屠户之门，有许多买肉的都要屠户割精肉给他们。屠户忽然发怒，将刀一放，曰："那一块不是精肉呢？"屠子和尚闻之，顿然开悟。可见古人的用功，并不是坐在禅堂中方能用功的。今天你们一个也不说悟缘，是否辜负光阴，请应慈老法师与大和尚等再来考试考试。

解七法语

云公老人出堂，应慈老法师一一考问，开示后，各照座位坐定。云公再进禅堂，在静中又复一一警策毕，坐下说开示一番。开静茶点毕，各各站立。云公著海青入堂，平坐佛前，以竹篦打一"〇"相云：

"才结七，又解七，解结忙忙了何日？一念亡缘诸境息，摩诃般若波罗蜜。心境寂，体用归，本自圆明无昼夜，那分南北与东西？万象随缘观自在，鸟啼花笑月临溪。即今解七一句，作么生道？钟板吼时钵盂跳，谛观般若波罗蜜。解！"

（注：虚公在云居山禅七中的开示稿因于"文革"中毁失，无从搜集，故仅将五三年正月于上海玉佛寺中的禅七开示录上，以飨读者。）

虚云老和尚云居山方便开示

（1955 年）

乙未年闰三月十一日

释迦如来说法四十九年，谈经三百余会，归摄在三藏十二部中。三藏者，经藏、律藏、论藏是也。三藏所诠，不外戒、定、慧三学。经诠定学，律诠戒学，论诠慧学。再约而言之，则"因果"二字，全把佛所说法包括无余了。"因果"二字，是一切圣凡、世间出世间都逃不了的。因是因缘，果是果报。譬如种谷，以一粒谷子为因，以日光风雨为缘，结实收获为果。若无因缘，决无结果也。

一切圣贤之所以为圣贤者，其要在于明因识果。明者，了解义。识者，明白义。凡夫畏果，菩萨畏因。凡夫只怕恶果，不知恶果起于恶因，平常任意胡为，以图一时快乐，不知乐是苦因。菩萨则不然，平常一举一动，谨身护持，戒慎于初，既无恶因，何来恶果？纵有恶果，都是久远前因。既属前因种下，则后果难逃，故感果之时，安然顺受，毫无畏缩，这就叫明因识果。

例如古人安世高法师，累世修持，首一世为安息国太子，舍离五欲，出家修道，得宿命通，知前世欠人命债，其债主在中国，于是航海而来，到达洛阳。行至旷野无人之境，忽觌面来一少年，身佩钢刀，远见法师，即怒气冲冲，近前未发一言，即拔刀杀之。法师死后，灵魂仍至安息国投胎，又为太子。迨年长，又发心出家，依然有宿命通，知今世尚有命债未还，债主亦在洛阳。于是重来，至前生杀彼身命者家中借宿。饭罢，问主人曰："汝认识我否？"答曰："不识。"又告曰："我即为汝于某年某月某日在某旷野中所杀之僧是也。"主人大惊，念此事无第三者能知，此僧必是鬼魂来索命，遂欲逃遁。僧曰："勿惧，我非鬼也。"即告以故，谓："我明日当被人打死，偿宿生命债，故特来相求，请汝明日为我作证，传我遗嘱，说是我应还他命债，请官不必治误杀者之罪。"说毕，各自安睡。次日，同至街坊，僧前行。见僧之前，有一乡人挑柴，正行之间，前头之柴忽然堕地，后头之柴亦即堕下，扁担向后打来，适中僧之脑袋，立即毙命。乡人被擒送官，讯后，拟定罪。主人见此事与僧昨夜所说相符，遂将该僧遗言向官陈述。官闻言，相信因果不昧，遂赦乡人误杀之罪。其僧灵魂复至安息国，第三世又投胎为太子，再出家修行，即世高法师也。

因此可知虽是圣贤，因果不昧，曾种恶因，必感恶果。若明此义，则日常生活逢顺逢逆，苦乐悲欢，一切境界，都有前因。不在境界上妄生憎爱，自然能放得下，一心在道，什么无明贡高习气毛病，都无障碍，自易入道了。

闰三月十二日

古人为生死大事，寻师访友，不惮登山涉水，劳碌奔波。吾人从无始来，被妄想遮盖，尘劳缚着，迷失本来面目。譬喻镜子，本来有光明，可以照天照地，但被尘垢污染埋没了，就不见原有光明。今想恢复原有光明，只要用一番洗刷磨刮功夫，其本有光明，自会显露出来。吾人心性亦复如是，上与诸佛无二无别，无欠无余，何以诸佛早已成佛，而你我现在还是生死苦海里的凡夫呢？只因我们这心性，被妄想烦恼种种习气毛病所埋没，这心性虽然与佛无异，也不得受用。

今你我既已出家，同为佛子，要想明心见性、返本还源的话，非下一番苦工夫不可。古人千辛万苦，参访善知识，即为要明己躬下事。现在已是末法，去圣时遥，佛法生疏，人多懈怠，所以生死不了。今既知自心与佛相同，就应该发长远心、坚固心、勇猛心、惭愧心，二六时中，如切如磋，如琢如磨，朝于斯，夕于斯，努力办道，不要错过时光。

闰三月十三日

古人说："若论成道本来易，欲除妄想真个难。"道者，理也。理者，心也。"心佛众生，三无差别"，人人本具，个个现成，在圣不增，在凡不减。"若人识得心，大地无寸土。"一切世出世间，若凡若圣，本来是空，何生死之有呢？故曰"成道本来易"。

此心体虽然妙明，但被重重妄想所盖覆，光明无由显现，而欲除此妄想就不容易了。妄想有二种：一者轻妄，二者粗妄。又有有漏妄想与无漏妄想之分。有漏者，感人天苦乐果报；无漏者，可成佛作祖，了生脱死，超出三界。粗妄想感地狱、饿鬼、畜生三途苦果；轻妄想就是营作种种善事，如念佛、参禅、诵经、持咒、礼拜、戒杀放生等等。粗妄想与十恶业相应，意起贪、嗔、痴，口作妄言、绮语、恶口、两舌，身行杀、盗、淫，这是身口意所造十恶业。其中轻重程度，犹有分别，即上品十恶堕地狱，中品十恶堕饿鬼，下品十恶堕畜生。总而言之，不论轻妄粗妄，皆是吾人现前一念，而十法界都是这一念造成的，所谓"一切唯心造"也。

若就本分来讲，吾人本地风光，原属一丝不挂、纤尘不染的。粗妄固不必言，即或稍有轻妄，亦是生死命根未断。现在既说除妄想，就要借重一句话头或一声佛号，作为敲门瓦子，以轻妄制伏粗妄，以毒攻毒，先将粗妄降伏，仅余轻妄，亦能与道相应。久久磨炼，功纯行极，最后轻妄亦不可得了。

我们个个人都知道妄想不好，要想断妄想，但又明知故犯，仍然打妄想，跟习气流转，遇着逆境，还是打无明，甚至好吃懒做、求名贪利、思淫欲等等妄想都打起来了。既明知妄想不好，却又放他不下，是什么理由呢？因为无始劫来，习气薰染浓厚，遂成习惯，如狗子喜欢吃粪相似，你虽给它好饮食，它闻到粪味仍然要吃粪的，这是习惯成性也。

古来有一则公案，说明古人怎样直截断除妄想的。大梅山法常禅师初参马祖，问："如何是佛？"祖曰："即心即佛。"师大悟，遂往四明梅子真旧隐缚茅住静。祖闻师住山，乃令僧问："和尚见马大师得个什么，便住此山？"师曰："大师向我道'即心即佛'，我便向这里住。"僧曰："大师近日佛法又别。"师曰："作么生？"曰："又道'非心非佛'。"师曰："这老汉惑乱人未有了日，任他非心非佛，我只管即心是佛。"其僧回，举似马祖。祖曰："梅子熟也。"

古来祖师作为，如何直截了当，无非都是教人断除妄想。现在你我出家，行脚参学，都是因为生死未了，就要生大惭愧心，发大勇猛心，不随妄想习气境界转。"假使热铁轮，于我顶上旋，终不以此苦，退失菩提心。"菩提即觉，觉即是道，道即妙心。当知此心本来具足圆满，无稍欠缺，今须向自性中求，要自己肯发心。如自己不发心，就是释迦如来再出世，恐怕也不奈你何。在二六时中，莫分行住坐卧，动静一相，本自如如，妄想不生，何患生死不了？若不如此，总是忙忙碌碌，从朝至暮，从生到死，空过光阴，虽说修行一世，终是劳而无功。腊月三十日到来，临渴掘井，措手不及，悔之晚矣。我说的虽是陈言，但望大家各自用心体会这陈言罢！

闰三月十四日

《楞严经》云"若能转物，即同如来"，谓一切圣贤，能转万物，不被万物所转，随心自在，处处真如。我辈凡夫，因为妄想所障，所以被万物所转，好似墙头上的草，东风吹来向西倒，西风吹来向东倒，自己不能做得主。有些人终日悠悠忽忽，疏散放逸，心不在道，虽做功夫，也是时有时无，断断续续，常在喜怒哀乐、是非烦恼中打圈子。眼见色，耳闻声，鼻嗅香，舌尝味，身觉触，意知法，六根对六尘，没有觉照，随他青黄赤白、老少男女，乱转念头。对合意的则生欢喜贪爱心，对逆意的则生烦恼憎恶心，心里常起妄想。其轻妄想，还可以用来办道做好事，至若粗妄想，则有种种不正邪念，满肚秽浊，乌七八糟，这就不堪言说了。

白云端禅师有颂曰："若能转物即如来，春暖山花处处开。自有一双穷相手，不曾容易舞三台。"又《金刚经》云："应如是降伏其心。"儒家亦有"心不在焉，视而不见，听而不闻，食而不知其味"的说法。儒家发愤，尚能如此不被物转，我们佛子，怎好不痛念生死，如救头燃呢？应须放下身心，精进求道，于动用中磨炼考验自己，渐至此心不随物转，功夫就有把握了。

做功夫不一定在静中，能在动中不动，才是真实功夫。明朝初年，湖南潭州有一黄铁匠，以打铁为生，人皆呼为"黄打铁"。那时正是朱洪武兴兵作战的时候，需要很多兵器，黄打铁奉命赶制兵器，日夜不休息。有一天，某僧经过他家，从之乞食，黄施饭。僧吃毕，谓曰："今承布施，无以为报，有一言相赠。"黄请说之。僧曰："你何不修行呢?"黄曰："修行虽是好事，无奈我终日忙忙碌碌，怎能修呢?"僧曰："有一念佛法门，虽在忙碌中还是一样修。你能打一锤铁，念一声佛，抽一下风箱，也念一声佛，长期如此，专念南无阿弥陀佛，他日命终，必生西方极乐世界。"

黄打铁遂依僧教，一面打铁，一面念佛，终日打铁，终日念佛，不觉疲劳，反觉轻安自在，日久功深，不念自念，渐有悟入。后将命终，预知时至，遍向亲友辞别，自言往生西方去也。到时把家务交代了，沐浴更衣，在铁炉边打铁数下，即说偈曰："叮叮当当，久炼成钢。太平将近，我往西方。"泊然化去。当时异香满室，天乐鸣空，远近闻见，无不感化。我们现在也是整天忙个不休息，若能学黄打铁一样，在动用中努力，又何患生死之不了呢!

我以前在云南鸡足山，剃度具行出家的事，说给大家听听。具行未出家时，吸烟喝酒，嗜好很多，一家八口，都在祝圣寺当小工。后来全家出家，他的嗜好全都断除了，虽然不识一字，但很用功，早晚课诵、《普门品》等，不数年全能背诵。终日种菜不休息，夜里拜佛拜经，不贪睡眠。在大众会下，别人欢喜他，他不理会；厌恶他，他也不理会。常替人缝衣服，缝一针，念一句"南无观世音菩萨"，针针不空过。后朝四大名山，阅八年，再回云南。是时我正在兴建云栖寺，他还是行苦行，常住大小事情都肯干，什么苦都愿意吃，大众都欢喜他。临命终时，将衣服什物变卖了，打斋供众，然后向大众告辞，一切料理好了。在四月时收了油菜籽，他将几把禾秆，于云南省云栖下院胜因寺后园自焚化去。及被人发觉，他已往生去了。其身上衣袍钩环，虽皆成灰，还如平常一样没有掉落，端坐火灰中，仍然手执木鱼引磬，见者都欢喜羡叹。他每天忙个不休息，并没有忘记修行，所以生死去来，这样自由。动用中修行，比静中修行，还易得力。

闰三月二十日

引《虚云和尚全集》编者按云：这一节开示，曾被岑学吕居士单独抽出，冠以《答禅宗与净土》之名，并略作删节，作为附录，置于《年谱》中。具体内容见《答禅宗与净土》。此不复录。

闰三月二十一日

古人修行，道德高尚，感动天龙鬼神，自然拥护，因为道德是世上最尊贵的，所以说："道高龙虎伏，德重鬼神钦。"鬼神和人，各有各的法界，各有所尊，何以诸天鬼神会尊敬人法界呢？本来灵明妙性，不分彼此，同归一体的。因为无明不觉，昧了真源，则有四圣、六凡十法界之分。如果要从迷到悟，返本还源，则各法界的觉悟程度，亦各不相同。人法界中，有觉有不觉，知见有邪有正，诸天鬼神皆然。人法界在六凡中，超过其他五法界，因为六欲天耽爱女色，忘记修行；四禅天单耽禅味，忘其明悟真心之路；四空天则落偏空，忘正知见；修罗耽嗔；地狱、鬼、畜苦不堪言，皆无正念，哪能修行？人道苦乐不等，但比他界则易觉悟，能明心见性，超凡入圣。

诸天鬼神虽有神通，都尊重有道德的人，其神通福报大小不同，皆慕正道。元珪禅师在中岳庞坞住茅庵，曾为岳神授戒，如《景德传灯录》所载。

一日，有异人者，峨冠袴褶而至，从者极多，轻步舒徐，拜谒大师。师睹其形貌，奇伟非常，乃谕之曰："善来仁者，胡为而至？"彼曰："师宁识我耶？"师曰："吾观佛与众生等，吾一目之，岂分别耶？"彼曰："我此岳神也，能生死于人，师安得一目我哉？"师曰："吾本不生，汝焉能死？吾视身与空等，视吾与汝等，汝能坏空与汝乎？苟能坏空及坏汝，吾则不生不灭也。汝尚不能如是，又焉能生死吾耶？"神稽首曰："我亦聪明正直于余神，讵知师有广大之智辩乎？愿授以正戒，令我度世。"师曰："汝既乞戒，即得戒也。所以者何？戒外无戒，又何戒哉？"神曰："此理也，我闻茫昧，止求师戒我身为门弟子。"

师即张座、秉炉、正几，曰："付汝五戒，若能奉持，即应曰能，不能即曰否。"神曰："谨受教。"师曰："汝能不淫乎？"曰："亦娶也。"师曰："非谓此也，谓无罗欲也。"曰："能。"师曰："汝能不盗乎？"曰："何乏我也，焉有盗取哉？"师曰："非谓此也，谓缘而福淫，不供而祸善也。"曰："能。"师曰："汝能不杀乎？"曰："实司其柄，焉曰不杀？"师曰："非谓此也，谓有滥误疑混也。"曰："能。"师曰："汝能不妄乎？"曰："我正直，焉能有妄乎？"师曰："非谓此也，谓先后不合天心也。"曰："能。"师曰："汝能不遭酒败乎？"曰："能。"师曰："如上是谓佛戒也。"又言："以有心奉持，而无心拘执；以有心为物，而无心想身。能如是，则先天地生不为精，后天地死不为老，终日变化而不为动，毕竟寂寞而不为休。悟此，则虽娶非妻也，虽缘非取也，虽柄非权也，虽作非故也，虽醉非昏也。若能无心于万物，则罗欲不为淫，福淫祸善不为盗，滥误疑混不为杀，先后违天不为妄，昏妄颠倒不为醉，是谓无心也。无心则无戒，无戒则无心，无佛无众生，无汝及无我，无汝孰为戒哉？"

神曰："我神通亚佛。"师曰："汝神通十句，五能五不能。佛则十句，七能三不能。"神悚然避席跪启曰："可得闻乎？"师曰："汝能戾上帝、东天行而西七曜乎？"曰："不能。"师曰："汝能夺地祇、融五岳而结四海乎？"曰："不能。"师曰："是谓五不能也。佛能空一切相，成万法智，而不能灭定业；佛能知群有性、穷亿劫事，而不能化导无缘；佛能度无量有情，而不能尽众生界。是谓三不能也。定业亦不牢久，无缘亦谓一期。众生界本无增减，且无一人能主有法。有法无主是谓无法，无法无主是谓无心。如我解佛，亦无神通也，但能以无心通达一切法尔。"

神曰："我诚浅昧，未闻空义。师所授戒，我当奉行。今愿报慈德，效我所能。"师曰："吾观身无物，观法无常，块然更有何欲？"神曰："师必命我为世间事，展我小神功，使已发心、初发心、未发心、不信心、必信心五等人，目我神踪，知有佛、有神，有能、有不能，有自然、有非自然者。"师曰："无为是，无为是。"神曰："佛亦使神护法，师宁骤叛佛耶？愿随意垂诲。"师不得已而言曰："东岩寺之障，荞然无树，北岫有之，而背非屏拥。汝能移北树于东岭乎？"神曰："已闻命矣，然昏夜间，必须喧动，愿师无骇。"即作礼辞去。

师门送而且观之，见仪卫逶迤，如王者之状。岚霭烟霞，纷纶间错，幢幡环佩，凌空隐没焉。其夕果有暴风吼雷，奔云震电，栋宇摇荡，宿鸟声喧。师谓众曰："无怖，无怖，神与我契矣。"诘旦和霁，则北岩松栝，尽移东岭，森然行植。师谓其徒曰："吾殁后无令外知，若为口实，人将妖我。"

观此岳神虽有神通，还不及有道德的人，这就是德重鬼神钦。没有道德的人，要被鬼神管辖，受其祸害。要有道德，就要明心见性，自然会感动鬼神了。古来禅师大德，惊天动地，白鹿衔花，青猿献果，天魔外道、诸仙鬼神，都来归依。如真祖师归依观音，财神归依普贤，洞宾仙师归依黄龙，王灵官归依地藏，文昌归依释迦牟尼佛等等。

所以宋朝仁宗皇帝的《赞僧赋》说："夫世间最贵者，莫如舍俗出家。若得为僧，便受人天供养，作如来之弟子，为先圣之宗亲，出入于金门之下，行藏于宝殿之中。白鹿衔花，青猿献果。春听莺啼鸟语，妙乐天机；夏闻蝉噪高林，岂知炎热；秋睹清风明月，星灿光耀；冬观雪岭山川，蒲团暖坐。任他波涛浪起，振锡杖以腾空；假饶十大魔军，闻名而归正道。板响云堂赴供，钟鸣上殿讽经。般般如意，种种现成。生存为人天之师，末后定归于圣果矣。偈曰：空王佛弟子，如来亲眷属。身穿百衲衣，口吃千钟粟。夜坐无畏床，朝睹弥陀佛。朕若得如此，千足与万足。"

这篇赞文，我们要拿它来比照一下，看哪一点与我们相应，哪一点我们还做不到。如果每句话都与我相符，就能受鬼神尊重。假如"波涛浪起"，而不能"振锡杖以腾空"，无明一起，就闹到天翻地覆，那就惭愧极了。十大魔军，就在般般不如意、种种不现成处能降伏他，则五岳鬼神、天龙八部，都尊敬你了。

闰三月二十四日

这几天有几位同参道友，发心要把我说的话记录下来，我看这是无益之事。佛的经典、祖师的语录，其数无量，都没有人去看。把我这东扯西拉的话，流传出去，有什么用呢？

佛教传入中国至今，流传经律论和注疏语录等典章为数不少，最早集成全藏，始于宋太祖开宝四年（971），命张从信往四川雇工开雕，至太宗太平兴国八年（983），凡历十三年而告成，号为蜀版，世称为北宋本，最为精工，惜久已散佚。此后宋朝续刻大藏经四次，最末一次，系理宗绍定四年（1231），于碛砂之延圣院开雕藏经，至元季方告成，世称为碛砂版。此藏见者尤少，唯陕西西安开元、卧龙两寺犹存孤本，尚称完璧。于是朱庆澜等发起影印，并于民国二十一年（1932），在上海组织影印宋版藏经会，筹画款项，积极进行。先派人赴陕西点查册数，计共六千三百十卷，所残缺者仅一百余卷，以北京松坡图书馆所贮之宋思溪藏残本补之，不足，又托我将鼓山涌泉寺《碛砂藏》内《大般若经》《涅槃经》和《宝积经》补足之。于是这埋没数百年之瑰宝，遂又流通于全国矣。但本子和账簿一样，翻阅不便，这是缺点。

明代紫柏老人，发起刻方册佛经。嘉兴版方册经书流通后，阅者称便。最近杭州钱宽慧、秦宽福两人，看见僧人卖经书给老百姓做纸用，他们便发心，遇到这些经书就尽力购买，寄来云居。我山现有《碛砂藏》《频伽藏》和这些方册经书，已经足够翻阅的了。

本来一法通时法法通，不在乎多看经典的。看藏经，三年可以看完全藏，就种下了善根佛种。这样看藏经，是走马看花地看。若要有真实受用，就要读到烂熟，读到过背。以我的愚见，最好能专读一部《楞严经》，只要熟读正文，不必看注解，读到能背，便能以前文解后文，以后文解前文。此经由凡夫直到成佛，由无情到有情、山河大地、四圣六凡、修证迷悟、理事因果戒律，都详详细细地说尽了，所以熟读《楞严经》很有利益。

凡当参学，要有三样好：第一要有一对好眼睛，第二要有一双好耳朵，第三要有一副好肚皮。好眼睛就是金刚正眼，凡见一切事物，能分是非、辨邪正、识好歹、别凡圣；好耳朵就是顺风耳，什么话一听到都知道他里面说的什么名堂；好肚皮就是和弥勒菩萨的布袋一样，一切好好丑丑所见所闻的，全都装进袋里，遇缘就机，化生办事，就把所见所闻的从袋里拿出来，作比较研究，择其善者而从之，其不善者而改之，就有所根据了。你我要大肚能容撑不破，大布袋装满东西，不是准备拿来作吹牛皮用的，不要不会装会，猖狂胡说。

昨夜举沩山老人的话"出言须涉于典章，谈论乃旁于稽古"，所以典章不可不看，看典章会有受用。我胡言乱语，拿不出半句好话来。少时虽爱看典章，拿出来只供空谈，实在惭愧。

世上流传的《西游记》《目莲传》，都是清浊不分，是非颠倒，真的成假，假的成真。《目莲传》说目莲尊者，又扯到《地藏经》去，把地藏变成目莲等等，都是胡说。玄奘法师有《大唐西域记》，内容所说，都是真实话。唯世间流传的小说《西游记》，说的全是鬼话。这部书的来由是这样的：北京白云寺白云和尚讲《道德经》，很多道士听了都做了和尚。长春观的道士就不愿意了，以后打官司，结果长春观改为长春寺，白云寺改为白云观。道士做一部《西游记》小说骂佛教。看《西游记》的人要从这观点出发，就处处都看出他的真相。最厉害的是，唐僧取经回到流沙河，全部佛经都没有了，只留得"南无阿弥陀佛"六个字，这就把玄奘法师所翻译出来的佛经全部抹煞了。世人相信这部假的《西游记》，而真的《西域记》埋没了。针对《西游记》而作的一部《封神榜》，是和尚骂道士的。从这观点看他，就看出处处都是骂道士的，譬如说道士修仙必有劫数，要挨刀刃。看这两部小说，如果不明白他是佛道相骂的关系，便会认假为真，所以看书要明是非，辨邪正。

《白蛇传》说水浸金山寺的故事，儒书中有载，佛书中没有，可见不是事实。金山现在还看得到法海洞，小说又把它拉到雷峰塔和飞来峰上去，更是无稽之谈。还有相传说高峰禅师有一个半徒弟，断崖是一个，中峰是半个。这故事典章中没有记载。古人的《释氏稽古略》《禅林宝训》《弘明集》《辅教编》和《楞严经》可以多看，开卷有益。

闰三月二十六日

佛法教典所说，凡讲行持，离不了信、解、行、证四字。

经云："信为道源功德母。"信者，信心也。《华严经》上菩萨位次由初信到十信，信个什么呢？信如来妙法，一言半句，都是直指人心、见性成佛的言语，千真万确，不能改易。修行人但从心上用功，不向心外驰求，信自心是佛，信圣教语言，不妄改变。

解者，举止动念，二谛圆融，自己会变化说法，尽自己心中流出，放大光明，照见一切，这就是解。

虽然明白了，不行也不成功，所以要口而诵，心而惟，心口相应，不相违背。不要口上说得锦上添花，满肚子贪嗔痴慢，这种空谈，决无利益。心惟是什么呢？凡有言语，依圣教量，举止动念，不越雷池一步。说得行得，才是言行无亏。若说得天花乱坠，所做男盗女娼，不如不说。行有内行外行，要内外相应。内行断我法二执，外行万善细行。

证者，实证真常。有信有解，没有行就不能证，这叫发狂。世上说法的人多如牛毛，但行佛法的，不知是哪个。禅师、法师，什么人都有一些典章注解，如《心经》《金刚经》《八识规矩颂》，乃至《楞严经》等。其中有些人只是要鼻孔，虽然注了什么经，而行持反不如一个俗人，说食不饱。

动作行为，有内行、外行之分，内行要定慧圆融，外行在四威仪中严守戒法，丝毫无犯。这样对自己有受用，并且以身作则，可以教化人。教化人不在于多谈，行为好，可以感动人心。如怡山文所说："若有见我相，乃至闻我名，皆发菩提心，永出轮回苦。"你行为好，就是教化他，不要令人看到你的行为不好，而生退悔心，这会招堕、无益。

牛头山法融禅师在幽栖寺北岩石室住静，修行好，有百鸟衔花之异。

唐贞观中，四祖遥观此山气象，知有异人，乃躬自寻访，问寺僧曰："此间有道人否？"僧曰："出家儿那个不是道人？"祖曰："阿那个是道人？"僧无对。别僧曰："此去山中十里许，有一懒融，见人不起，亦不合掌，莫是道人么？"祖遂入山，见师端坐自若，曾无所顾。祖问曰："在此作什么？"师曰："观心。"祖曰："观是何人？心是何物？"师无对，便起作礼，曰："大德高栖何所？"祖曰："贫道不决所止，或东或西。"师曰："还识道信禅师否？"祖曰："何以问他？"师曰："向德滋久，冀一礼谒。"祖曰："道信禅师，贫道是也。"师曰："因何降此？"祖曰："特来相访，莫更有宴息之处否？"师指后面曰："别有小庵。"

遂引祖至庵所，唯见虎狼之类，祖乃举两手作怖势。师曰："犹有这个在！"祖曰："这个是什么？"师无语。过一回，祖却于师宴坐石上书一"佛"字。师睹之悚然。祖曰："犹有这个在!"师未晓,乃稽首请说真要。

祖曰："夫百千法门,同归方寸;河沙妙德,总在心源。一切戒门、定门、慧门,神通变化,悉自具足,不离汝心。一切烦恼业障本来空寂,一切因果本如梦幻。无三界可出,无菩提可求。人与非人,性相平等。大道虚旷,绝思绝虑。如是之法,汝今已得,更无缺少,与佛何殊?更无别法,汝但任心自在,莫作观行,亦莫澄心,莫起贪嗔,莫怀愁虑,荡荡无碍,任意纵横。不作诸善,不作诸恶,行住坐卧,触目遇缘,总是佛之妙用,快乐无忧,故名为佛。"

师曰："心既具足,何者是佛?何者是心?"祖曰:"非心不问佛,问佛非不心。"师曰:"既不许作观行,于境起心时,如何对治?"祖曰:"境缘无好丑,好丑起于心。心若不强名,妄情从何起?妄情既不起,真心任遍知。汝但随心自在,无复对治,即名常住法身,无有变异。吾受璨大师顿教法门,今付于汝,汝今谛受吾言,只住此山。向后当有五人达者,绍汝玄化。"

牛头未见四祖时,百鸟衔花供养,见四祖后,百鸟不来。这是什么道理呢?佛法不可思议境界,天人散花无路,鬼神寻迹无门,有则生死未了,但无又不是。枯木岩前睡觉,一不如法,工夫便白费了。我们就不如古人,想天人送供,天人不管你,因为我们没有行持。真有行持的人,十字街头、酒肆淫坊,都是办道处所。但情不附物，物岂碍人？如明镜照万象，不迎不拒，就与道相应。着心迷境，心外见法就不对。

我自己也惭愧，还是摩头不得尾。谁都会说的话，说出来有何用处？佛祖经论，你注我注，注到不要注了。讲经说法，天天登报，但看他一眼，是一身狐骚气，令人退心招堕。所以说法利人，要以身作则。要以身作则吗？我也惭愧。

闰三月三十日

这几天我没有进堂讲话，请各位原谅。我不是躲懒偷安，因为身体不好，又没有行到究竟，只拿古人的话和大众互相警策而已。我这几天不讲话，有两个原因。第一是有病，大家都知道我力不能支。众人会下讲话，不提起气来，怕大家听不见。提起气来，又很辛苦，所以不能来讲。第二是说得一尺，不如行得一寸。你我有缘，共聚一堂，但人命无常，朝存夕亡，石火电光，能保多久？空口讲白话，对于了生脱死有何用处？纵然有说，无非是先圣前贤的典章。我记性不好，讲不完全，就算讲得完全，光说不行，也无益处。出言吐语，自己要口诵心惟，要听的人如渴思饮，这样则说者听者都有受用。我业障重，一样都做不到。古德是过来人，我没有到古德地位，讲了打闲岔，不如不讲了。现当末法时代，谁能如古德那样，在一举一动、一棒一喝处，披肝见胆，转凡成圣？

我十九岁出家，到今百多岁，空过一生。少时不知死活，东飘西荡，学道悠悠忽忽，未曾脚踏实地，生死到来就苦了。沩山文说："自恨早不预修，年晚多诸过咎。临行挥霍，怕怖憧惶；壳穿雀飞，识心随业。如人负债，强者先牵；心绪多端，重处偏坠。"年轻修行不勇猛，不死心，不放下，在名利烦恼是非里打滚。听经、坐香、朝山、拜舍利，自己骗自己。那时年轻，不知好歹，一天跑百几里，一顿吃几个人的饭，忘其所以，所以把宝贵的光阴混过了。而今才悔"早不预修"，老病到来，死不得，活不成，放不下，变为死也苦，活也苦。这就是"年晚多诸过咎"。修行未曾脚踏实地，临命终时，随业流转，如鸡蛋壳破了，小鸡飞出来，就是"壳穿雀飞，识心随业"。作得主者，能转一切物，则四大皆空，否则识心随业，如人负债一样，他叫你"快还老子的钱！"那时前路茫茫，未知何往，才晓得痛苦。但悔之已晚，举眼所见，牛头马面，不是刀山，便是剑树，那里有你说话处！

同参们！老的比我小，年轻的又都是身壮力健，赶紧努力勤修，打叠前程。到我今天这样衰老，要想修行就来不及了。

我空口讲白话，说了一辈子，没有什么意味。少年时候曾在宁波七塔寺讲《法华经》，南北东西，四山五岳，终南、金山、焦山、云南、西藏、缅甸、暹罗、印度，到处乱跑，闹得不休息。那时年轻，可以强作主宰，好争闲气，及今思之，都不是的。

同参道友们！参禅要参死话头。古人说："老实修行，接引当前秀。"老实修行，就是参死话头，抱定一句"念佛是谁"作为根据，勿弄巧妙，巧妙抵不住无常。心坚不变就是老实，一念未生前是话头，一念已生后是话尾。生不知来，死不知去，就流转生死。如果看见父母未生以前，寸丝不挂，万里晴空，不挂片云，才是做功夫时。

善用心的人，禅净不二，参禅是话头，念佛也是话头。只要生死心切，老实修行，抱住一个死话头，至死不放，今生不了，来生再干，"生生若能不退，佛阶决定可期"。赵州老人说："汝但究理，坐看三二十年，若不会，截取老僧头去。"高峰妙祖住死关；雪峰三登投子，九上洞山；赵州八十犹行脚，来云居参膺祖。赵州比膺祖大两辈，是老前辈了。他没有我相，不耻下问，几十年抱住一个死话头不改。

莲池大师入京师，同行的二十多人，诣遍融禅师参礼请益，融教以"无贪利，无求名，无攀缘贵要之门，唯一心办道"。既出，少年者笑曰："吾以为有异闻，乌用此泛语为？"大师不然，曰："此老可敬处正在此耳。渠纵讷言，岂不能掇拾先德问答机缘一二，以遮门户？而不如此者，其所言是其所实践，举自行以教人，这是救命丹。"若言行相违，纵有所说，药不对症，人参也成毒药。你没有黄金，买不到他的白银。有黄金就是有正眼，有正眼就能识宝。各自留心省察，看看自己有没有黄金。

四月初三日

《金刚经》上须菩提问世尊："善男子、善女人，发阿耨多罗三藐三菩提心，云何应住？云何降伏其心？”佛说：“应如是住，如是降伏其心。”所谓降者，就是禁止的意思，使心不走作就是降伏其心。所说发菩提心，这个心是人人本具、个个不无的，一大藏教只说此心。世尊夜睹明星，豁然大悟、成等正觉时，叹曰：“奇哉！一切众生，皆有如来智慧德相，但以妄想执著，不能证得。”可见人人本来是佛，都有德相，而我们现在还是众生者，只是有妄想执著罢了，所以《金刚经》叫我们要“如是降伏其心”。佛所说法，只要人识得此心。《楞严经》说：“汝等当知，一切众生，从无始来生死相续，皆由不知常住真心，性净明体，用诸妄想，此想不真，故有轮转。”达摩西来，只是直指人心，见性成佛，当下了然无事。法海禅师参六祖，问曰：“即心即佛，愿垂指谕。”祖曰：“前念不生即心，后念不灭即佛；成一切相即心，离一切相即佛。”智通禅师看《楞伽经》约千余遍，不会三身四智，礼六祖求解其义。祖曰：“三身者，清净法身，汝之性也；圆满报身，汝之智也；千百亿化身，汝之行也。若离本性，别说三身，即名有身无智；若悟三身无有自性，即名四智菩提。”

马祖说：“即心即佛。”三世诸佛、历代祖师，都说此心；我们修行，也修此心；众生造业，也由此心。此心不明，所以要修要造，造佛造众生，一切唯心造。四圣、六凡十法界，不出一心。四圣是佛、菩萨、缘觉、声闻，六凡是天、人、阿修罗、畜生、饿鬼、地狱。这十法界中，佛以下九界都叫众生。四圣不受轮回，六凡流转生死，无论是佛是众生，皆心所造。

"若人识得心，大地无寸土"，那里来个十法界呢？

十法界皆从一念生。一乘任运，万德庄严，是诸佛法界；圆修六度，总摄万行，是菩萨法界；见局因缘，证偏空理，是缘觉法界；功成四谛，归小涅槃，是声闻法界；广修戒善，作有漏因，是天道法界；爱染不息，杂诸善缘，是人道法界；纯执胜心，常怀嗔斗，是修罗法界；爱见为根，悭贪为业，是畜生法界；欲贪不息，痴想横生，是饿鬼法界；五逆十恶，谤法破戒，是地狱法界。

既然十法界不离一心，则一切修法，都是修心。参禅、念佛、诵经、礼拜、早晚殿堂，一切细行，都是修心。此心放不下，打无明、好吃懒做等等，就向下堕；除习气，诸恶莫作，众善奉行，就向上升。自性本来是佛，不要妄求，只把贪嗔痴习气除掉，自见本性清净，随缘自在。犹如麦子一样，把它磨成粉之后，就千变万化，可以做酱、做面、做包、做饺、做麻花、做油条，种种式式，由你造作。若知是麦，就不被包、饺、油条等现象所转。馎馎、馒头，二名一实，不要到北方认不得馒头，到南方认不得馎馎。说来说去，还是把习气扫清，就能降伏其心。行住坐卧，动静闲忙，不生心动念，就是降伏其心。认得心是麦、面，一切处无非面、麦，就离道不远了。

四月初五日

《楞严经》说："理则顿悟，乘悟并销；事非顿除，因次第尽。"理者，是理性，即人人本心、本来平等之性。天台宗的六即，是圆教菩萨的行位。一理即，是说一切众生皆有佛性，有佛无佛，性相常住也。凡夫唯于理性与佛均，故云理即。二名字即，闻说一实菩提之道，于名字中通达了解，知一切法皆为佛法，一切皆可成佛。三观行即，心观明了，理慧相应，所行如所言，所言如所行。四相似即，始入别教所立之十信位，发类似真无漏之观行。五分证即，始断一分无明而见佛性。开宝藏，显真如，名为发心住；此后九住乃至等觉四十一位，分破四十一品无明，分见法性。六究竟即，破第四十二品元品无明，发究竟圆满之觉智，即妙觉也。

理即虽说众生是佛，佛性人人具足，但不是一步可即。古德几十年劳苦修行，于理虽已顿悟，还要渐除习气，因清净本性染了习气就不是佛，习气去了就是佛。既然理即佛了，我们与佛有何分别呢？自己每天想想，佛是一个人，我也是一个人，何以他那么尊贵，人人敬仰，我们则业识茫茫，作不得主？自己也不相信自己，怎能使人相信呢？

我们与佛不同，其中差别，就是我们一天所作所为，都是为自己，佛就不是这样。《金光明经》上说：于大讲堂众会之中，有七宝塔从地涌出。尔时世尊，即从座起，礼拜此塔。菩提树神白佛言："何因缘故，礼拜此塔？"佛言："善天女！我本修行菩萨道时，我身舍利安止是塔，因由是身，令我早成阿耨多罗三藐三菩提。"世尊欲为大众断疑网故，说是舍利往昔因缘："阿难！过去之世，有王名曰摩诃罗陀。时有三子，见有一虎，适产七日，而有七子，围绕周匝，饥饿穷悴，身体羸瘦，命将欲绝。第三王子，作是念言：'我今舍身，时已到矣。'是时王子，勇猛堪任，作是大愿，即自放身，卧饿虎前，而以竿竹，刺头出血，于高山上，投身虎前。是虎尔时，见血流出，污王子身，即便舐血，啖食其肉，唯留余骨。尔时大王摩诃罗陀及其妃后，悲号涕泣，悉皆脱身服御璎珞，与诸大众往竹林中，收其舍利，即于此处，起七宝塔，是名礼塔往昔因缘。"

你看这是佛的行为和我们不同之处。舍身饲虎，不知有我，我相既除，怎能不成佛呢？我惭愧得很，跑了几十年，还未痛切加鞭，放不下。不讲别的，只看二六时中，遇境逢缘，看打得开打不开。少时在外挂单，不以为然，至今才知错过了。在教下听经，听到讲得好的就生欢喜，愿跟他学；听讲小座，讲得不如法的，就看不起人，生贡高心，这就是习气毛病。在坐香门头混节令，和尚上堂说法，班首小参，秉拂讲开示，好的天天望他讲，不好的不愿听，自己心里就生障碍。其实他讲得好，我又学不到，行不到，他好与不好，与我何干？讲人长短的习气难除。上客堂里闲春壳子，说那里过冬，那里过夏，那里茶饭如何如何，那里的僧值如何如何，维那、和尚如何如何，说这些无聊话，讲修行就是假的了。

名利两字的关口也难过。常州天宁寺一年发两次犒劳钱，平常普佛，每堂每人赒钱十二文，他扣下二文，只发十文；拜《大悲忏》每堂每人六十文，他扣下十文，只发五十文。七月期头，正月期头，凡常住的人，一律平等发犒劳钱，就有人说多说少的，这是利关过不得。一到八月十五日大请职，别人请在前头，请不到我或请小了，也放不下，这是名关过不得。既说修行，还有这些名利，修的是什么行呢？

事要渐除，就是要除这些事。遇着境界，放不下的也要放下，眉毛一动，就犯下了祖师规矩。听善知识说过了，就勿失觉照，凡事要向道上会。道就是理，理者心也；心是什么？心就是佛。佛者，不增不减，不青不黄，不长不短。如《金刚经》所云："若见诸相非相，即见如来。"透得这些理路，即和佛一般。以理治事，什么事放不下？以此理一照，就放下了。"凡所有相，皆是虚妄。"烦恼是非从何处来呢？要想修行，过不去的也要过去，会取法性如如。各人打起精神来！

四月初九日

达摩祖师曰："明佛心宗，行解相应，名之曰祖。"行解相应就是说得到行得到。古人有说得到行不到的，亦有行得到说不到的。说属于般若慧解，行属于实相理体，二者圆融无碍，就是行说俱到。小乘守偏空见法身，行人惑未破尽，理未打开，所以说不到五品位后。讲得天花乱坠，行不到，不能断惑证真。而今我们说的多，行的少，这就为难了。说的是文字般若，从凡夫位说到佛位，如何断惑证真，怎样超凡入圣，都分得开，临到弄上自己分下，就行持不了。这是能说不能行。

《沩山警策》说"若有中流之士，且于教法留心"，也算好的。我们不但行不到，连说也说不到。古人一举一动，内外一如，念念不差，心口相应。我们的习气毛病多，伏也伏不住，更谈不到断了，只是境风浩浩，无真实受用。要说也拿不出来，从经论、语录、典章上和平时听到的，拿来讲，年纪大了，记性不好，讲前忘后，讲后忘前，讲也讲不到。既然行解不相应，空活在世就苦了，一口气不来，未知何往。我正在这个时候了，一入梦就不知什么妄想，就不能作主。生死到来，更无用了，日日被境风所吹，无时放得下。既作不得主，讲也无用。我今多活几天，和你们说，还是泥菩萨劝土菩萨，但你们受劝是会获益的。只要莫被境转，如牧牛要把稳索子，牛不听话就给他几鞭，常能如此降伏其心，日久功深，就有到家消息。

四月十一日

这两天老朽打各位的闲岔。旧厕所拆了，新的未完工，各位解手有些不便。你我在世上做人都是苦，未明白这个道理变化，这里不适意，那里也不适意。看清楚了，总是动植二物互养。一切动物都有粪，若嫌它不净，就着色、香、味，在五色、五味、香臭等处过日子，在好丑境缘上动念头。修行人也离不得衣食住，虽是吃素，五谷蔬菜没有肥料就没有收成。屎尿和得好，才有好庄稼。植物吸收屎尿愈多愈长得好，人吃了这些植物，岂不是吃屎尿吗？吃饱了又屙，又作肥料，又成植物，又拿来吃。这就是动物养植物，植物养动物。屙了食，食了又屙，何以食时只见其香不见其臭呢？食既如此，衣住也是一样。织布的棉花，架屋的木料，都要肥料。可见我们穿也是粪，住也是粪，何臭之可嫌呢？未等新厕所修好便拆旧厕所的用意，是要利用旧厕所的材料来修新厕所和牛栏。如果现在不用，后来用在别处就怕它污秽，若弃却不用，又恐成浪费招因果。其实说秽，则身内身外皆秽。明得此理，一切皆净皆秽，亦不净不秽。

僧问云门："如何是佛？"门曰："干屎橛。"屎橛是佛，佛是屎橛，这是什么意思呢？这些理路看不清，就被色相所转；看穿了就如如不动，一切无碍。要想不被境转，就要用功，动静无心，凡圣情忘，则何净秽之有？古人言句，我们虽会拿来说，做是做不到，其意义也不易了解。何以拿干屎橛来比极尊贵的佛呢？明心见性的人，见物便见心，无物心不现。了明心地的人，动静净秽都是心。

僧问赵州："如何是佛？"州曰："殿里底。"曰："殿里者岂不是泥龛像？"州曰："是。"曰："我不问这个佛。"州曰："你问那个佛？"曰："真佛。"州曰："殿里底。"对这问答明白了，你就知道一切唯心造、见物便见心的道理，举止动念就有下手处、有着落了。若净秽凡圣心不忘，就把本来处处是道场变成处处是障碍了。你试试看，上佛殿、下毛厕的时候反照一下。

四月十五日结夏安居

昨夜库房职事对我说，明天结夏的节令要吃普茶，买不到果子等物，库房什么都没有，怎样办呢？我说：我在这里住茅蓬，不知什么时候，只知月圆是十五，看不见月亮就是三十。草生知春，雪落知冬，吃茶吃水我不管。

我这"不管"就惭愧了。年轻时到处跑，搅了几十年，至今白首无成，这些过时节的把戏看多了。怎样吃普茶，这是和尚当家的事。每年时节，各宗不同。宗下二季，是正月十五日和七月十五日，谓冬参夏学。律下四季，是正月十五日解冬，四月十五日结夏，七月十五日解夏，十月十五日结冬。这就是大节日。律下今天结夏安居，坐吉祥草，行筹结界，九十天不能出界外一步。佛制结夏安居，有种种道理的。夏天路上多虫蚁，佛以慈悲为本，怕出门踏伤虫蚁，平常生草也不踏，夏天禁足是为了护生。又夏日天热汗多，出外化饭，披衣汗流，有失威仪，故禁足不出。同时夏热，妇女穿衣不威仪，僧人化饭入舍亦不方便，所以要结夏安居。

昔日文殊三处过夏，迦叶欲白槌摈出，才拈槌，乃见百千万亿文殊，迦叶尽其神力，槌不能举。世尊遂问："迦叶，拟摈那个文殊？"迦叶无以对。这可见大乘、小乘理路不同，菩萨、罗汉境界不同。若宗下诸方丛林，昨夜起就有很多把戏，上晚殿时传牌，班首小参秉拂。今朝大殿祝圣，唱"唵捺摩巴葛瓦帝"三遍，又祝四圣，下殿礼祖，三槌磬白日子，顶礼方丈和尚毕，对面展具，大众和合普礼三拜后，又礼影堂，到方丈听和尚升座说法。这个早上闹得不亦乐乎。下午吃普茶，和尚住在斋堂讲茶话。律下不用升座。古来丛林有钟板的才叫常住，否则不叫常住。云居山现在说是茅蓬，又像丛林，文不文，武不武。不管怎样，全由方丈、当家安排。他们不在，我来讲几句，把过去诸方规矩讲给初发心的听。

既然到此是住茅蓬，就要痛念生死，把"生死"二字挂在眉毛尖上，那里搅这些把戏！参学的人要拿得定主宰，不要随时节境界转。古人老婆心切，正是教人处处识得自己，指示世人于二六时动静处，不要忘失自己。镇州金牛和尚，每日自做饭供养众僧，至斋时界饭桶到堂前作舞，呵呵大笑曰："菩萨子，吃饭来。"僧问云门："如何是超佛越祖之谈？"门曰："胡饼。"后人有诗曰："云门胡饼赵州茶，信手拈来奉作家。细嚼清风还有味，饱餐明月更无渣。"这是祖师在你一举一动处点破你，使你明白一切处都是佛法。

衢州子湖岩利纵禅师于门下立牌曰："子湖有一只狗，上取人头，中取人心，下取人足，拟议即丧身失命。"僧来参，师便曰："看狗。"五台山秘魔岩和尚，常持一木叉，每见僧来礼拜，即叉其颈曰："那个魔魅教汝出家？那个魔魅教汝行脚？道得也叉下死，道不得也叉下死。速道！速道！"吉州禾山无殷禅师，凡学人有问，便答曰："禾山解打鼓。"其余还有祖师专叫学人抬石挑土等等不一的作风。会得了，一切处都是道；

会不了的，就被时光境界转，这里不如法，那里不适意。只见境风浩浩，摧残功德之林；心火炎炎，烧尽菩提之种。生死怎样能了呢？般般不如意，种种不现成，正好在这里降伏其心，在境上作不得主就苦了。

说得行不得固然不对，但我们连说也说不得，就更加惭愧了。苏东坡在镇江，一日作了一首赞佛偈曰："圣主天中天，毫光照大千。八风吹不动，端坐紫金莲。"将此偈寄到金山给佛印禅师印证。师看完，在诗后批了"放屁放屁"四字，便寄回苏东坡。东坡见批就放不下，即过江到金山，问佛印说："我的诗那里说得不对？"佛印曰："你说八风吹不动，竟被两个屁打过江来。"我们说得行不得，也和东坡一样，一点小事就生气了，还说什么八风吹不动呢？

出家人的年岁计算和俗人不同，或以夏计，过了几个夏，就说僧夏几多；或以冬计，过了多少冬，就说僧腊若干。今天结夏，到七月十五解夏，十四、五、六三日名自恣日，梵语钵剌婆剌拏，旧译自恣，新译随意。这天使他清众恣举自己所犯之罪，对他比丘忏悔，故曰自恣；又随他人之意恣举自己所犯，故曰随意。这就是佛制的批评和自我批评。现在佛门已久无自恣，对人就不说直话了。这里非茅蓬、非丛林，不文不武、非牛非马的。今天结夏，也说几句东扯西拉的话应个时节。

四月十六日

今天雨水纷纷，寒风彻骨，大家不避艰辛的插秧，为了何事呢？昔日百丈惟政禅师向大众说："你为我开田，我为你说大义。"后来田已开了，师晚间上堂，僧问："田已开竟，请师说大意。"师下禅床行三步，展手两畔，以目示天地云："大义田即今存矣。"大家想想，百丈老人说了什么呢？要用心体会圣人的指点。我这业障鬼骗佛饭吃了数十年，还是摩头不得尾，现在又不能陪大家劳动，话也没有可说的，勉强应酬讲几句古人的话，摆摆闲谈。

志公和尚《十二时颂》中《辰时颂》曰："食时辰，无明本是释迦身，坐卧不知元是道，只么忙忙受苦辛。认声色，觅疏亲，只是他家染污人。若拟将心求佛道，问取虚空始出尘。"既然坐卧都是道，开田自然也是道。世法外无佛法，佛法与世法无二无差别。佛法是体，世法是用。庄子也说"道在屎溺"，所以屙屎放尿都是道。

高峰老人插秧偈曰："手执青秧插满田，低头便见水中天。六根清净方为道，退步原来是向前。"佛法非同异，千灯共一光。你们今日插秧，道就在你手上。坐卧是道，插秧也是道，低头就是回光返照。水清见天，心清就见性天。六根是眼耳鼻舌身意，和色声香味触法打交道，便不清净，就没有道了。佛性如灯光，房子一灯光满，房内虽有千灯亦皆遍满，光光不相碍。宇宙山河，森罗万象，亦复如是，无所障碍。能回光返照见此性天，则六根清净，处处是道。要使六根清净，必须退步，退步是和《楞严经》所说一样，"尘既不缘，根无所偶。反流全一，六用不行。十方国土，皎然清净"，这就是"退步原来是向前"。若退得急，就进得快，不动是不成的。根不缘尘，即眼不被色转、耳不被声转等，作得主才不被转。

但如何才能作得主呢？沩山老人说："但情不附物，物岂碍人？"如今日插秧，能不起分别心，无心任运，就不生烦恼。心若分别，即成见尘，就有烦恼，就被苦乐境界转了。孔子曰："心不在焉，视而不见，听而不闻，食而不知其味。"心不在，即无分别；无分别，就无障碍，食也不知其味了。鼓山为霖道霈禅师精究《华严》，以《清凉疏钞》和《李长者论》文字浩繁，不便初学，乃从《疏》《论》中纂其要者，另辑成书。由于专心致志，不起分别念故，有一次侍者送点心来，置砚侧，师把墨作点心了也不知。侍者再至，见师唇黑，而点心犹在案上。这就是心无分别，食而不知其味。我们今天插秧，能不起分别心、不生烦恼心吗？若能，则与道相应，否则"坐卧不知元是道，只么忙忙受苦辛"，长期在烦恼中过日子就苦了。烦恼即菩提，要自己领会。

四月十七日

世界上人，由少至老，都离不了衣食住三个字。这三个字就把人忙死了，衣服遮身避寒暑，饮食少了就饥渴，若无房子住，风雨一来无处躲避，所以这三个字一样也少它不得。人道如此，其余五道亦是一样。飞禽走兽、虎狼蛇鼠，都要安身住处，要羽毛为衣，也要饮食。衣食住三事本是苦事情，为佛弟子不要被它转。佛初创教，要比丘三衣一钵，日中一食，树下一宿，虽减轻了衣食住之累，但还是离不了他。现在时移世易，佛弟子也和世人一样为衣食住而繁忙，耕田插秧一天到晚泡在水里，不泡就没有得食。春时不下种，秋到无苗岂有收？可见一粥一饭，来处不易，要花时间、费工夫、劳心力，才有收成。为佛弟子，岂可端然拱手，坐享其成？

古人说："五观若明金易化，三心未了水难消。"出家人不能和俗人一样，光为这三个字忙，还要为道求出生死，因为要借假修真，所以免不了衣食住。但修道这件事，暂时不在，如同死人。古云"道也者，不可须臾离也"，所以道人行履，一切处、一切事勿被境转。

修道如栽田，谷子变秧，插秧成稻，割稻得米，煮米成饭。佛性如种子，众生本性与佛无异，自心是佛，故曰佛性。这种子和秧稻米饭相隔很远，不要以为很远，就不相信这种子会成饭。成佛所以要先有信心，即把种子放在田里，等它发芽变秧，这时间又怕焦芽败种，错过时光，就是说修行要学大乘，勿误入小乘，耽误前途。插秧了以后要薅草，等于修道要除习气毛病，把七情六欲、十缠十使、三毒十恶、一切无明烦恼都除净，智种灵苗就顺利长成，以至结果。

修行要在动用中修，不一定要坐下来闭起眼睛才算修行。要在四威仪中，以戒定慧三学，除贪嗔痴三毒，收摄六根如牧牛一样，不许它犯人苗稼。美女在前，俗人的看法是，前面一枝花；禅和子的看法是，迷魂鬼子就是她。眼能如是不被色尘所转，其余五根都能不被尘转，香不垂涎，臭不恶心，什么眉毛长、牙齿短、张三李四、人我是非都不管。拾得大士传的弥勒菩萨偈曰：

老拙穿衲袄，淡饭腹中饱。补破好遮寒，万事随缘了。
有人骂老拙，老拙自说好。有人打老拙，老拙自睡倒。
涕唾在面上，随他自干了。我也省气力，他也无烦恼。
者样波罗蜜，便是妙中宝。若知者消息，何愁道不了？
也不论是非，也不把家办。也不争人我，也不做好汉。
跳出红火坑，做个清凉汉。悟得长生理，日月为邻伴。

这是一切处都修道，并不限于蒲团上才有道。若只有蒲团上的道，那就要应了"四料简"的"阴境若现前，瞥尔随他去"。

人生在世，人与人之间，总免不了有时说好说歹的，打破此关，就无烦恼。说我好的生欢喜心，就被欢喜魔所惑——三个"好"，送到老。说我不好的，是我的善知识，他使我知过必改，断恶行善。衣食住不离道，行住坐卧不离道，八万细行不出四威仪中。古人为道不虚弃光阴，睡觉以圆木作枕，怕睡久不醒，误了办道。不独白日遇境随缘要作得主，而且夜间睡觉也要作得主。睡如弓，要把身变成弓一样，右手作枕，左手作被，这就是吉祥卧。一睡醒就起来用功，不要滚过去滚过来，乱打妄想以致走精。妄想人人有，连念佛也是妄想。除妄想则要做到魔来魔斩，佛来佛斩，这才脚踏实地。"不怕念起，只怕觉迟"，如此用功，久久自然纯熟。忙碌中、是非中、动静中、十字街头、婊子房里，都好参禅，不要只知忙于插秧，就把修行扔到一边为要。

四月二十一日

佛说三藏教，谓诸修行人修因证果，要经历三大阿僧祇劫的时期，才能成功。独禅门修证很快，可以"不历僧祇获法身"。两相比较，前者要经千辛万苦才能成功，真是为难；后者只要识自本心，见自本性，当下顿断无明，就可立地成佛，快得很。其实条条蛇都会咬人，不论小乘、大乘，渐教、顿教，想真正到家都不容易。诸位千山万水，来到云居，都是为办道讲修行而来，总以为打了叫香，在蒲团坐下来，止了静就叫修行；开静的鼓声响了去睡觉，打三板起来上早殿，又是修行；开梆吃粥后，坐早板香，又是修行；打坡板出坡，掘地种田，搬砖挑土，屙屎放尿，认为打闲岔，就忘记修行了。

《坛经》说："自性能含万法是大，万法在诸人性中。"若单以坐香上殿为修行，出坡劳动时功夫往那里去了呢？坐香上殿时功夫又从何处跑回来呢？以出坡劳动为打闲岔，有一处不能用功，则处处都不是话头，都不能用功了。古人说："道向己求，莫从他觅。"我年轻时，在外面梯山航海，踏破铁鞋，也是为了修行办道看话头。心中只求贪多，如猿猴摘果一般，摘了这个，丢了那个，摘来摘去，一个都不到手。现在眼光要落地了，才知道以前所为都是不对。楚石老人《净土诗》云："人生百岁七旬稀，往事回观尽觉非。每哭同流何处去，抛却净土不思归。香云玛瑙阶前结，灵鸟珊瑚树里飞。从证法身无病恼，况餐禅悦永忘饥。"人生七十，古来已稀，更难望人人百岁。几十年中，所作所为，人我是非，今日回想过去的事，尽觉全非。何以觉得非呢？

拿我来说，自初发心，为明自己的事，到诸方参学。善知识教我发大乘心，不要作自了汉，于是发心中兴祖师道场，大小寺院，修复了十几处，受尽苦楚烦恼磨折，天堂未就，地狱先成。为人为法，虽是善因而招恶果，不是结冤仇，就是闹是非，脱不了烦恼。在众人会下，又不能不要脸孔，鹦鹉学语，说几句古人典章，免被人见笑，而自己一句也做不到。现在老了，假把戏不玩了，不再骗人了，不造地狱业了，去住茅蓬吧。就来到云居，结果又是业障缠绕逃不脱，仍然开单接众造业。说了住茅蓬，又搅这一套。就是说得到，做不到，放不下，话头又不知那里去了，脱出那个牢笼，又进这个罗网。

寒山大士诗曰："人问寒山道，寒山路不通。夏天冰未释，日出雾朦胧。似我何由届，与君心不同。君心若似我，还得到其中。"夏天冰未释，就是说我们的烦恼放不下。即如前几天总组长为了些小事闹口角，与僧值不和，再三劝他，他才放下。现在又翻腔，又和生产组长闹起来，我也劝不了。昨天说要医病，向我告假。我说："你的病不用医，放下就好了。"

我这些话只会说他人，不会说自己，岂不颠倒？修行虽说修了几十年，还是一肚子烦恼，食不下，睡不着，不知见什么鬼，误了自己还是误谁。临插秧他就去了。我自己也不是的，说易行难，莫造来生业，回头种福田。前生没有脚踏实地做功夫，没种好善因，所以今生冤家遇对头，都来相聚了。年轻人要留心，不要学我放不下。我痴长几岁，有点虚名，无补真参实学。各位要种好因，须努力自种福田。

四月二十二日

出家人天天讲修道，如何谓之修道呢？修是修造，道是道理，理是人人的本心。这心是怎样的呢？圣言所表，心如虚空。说一个空字有点儱侗。空有顽、真之分，我们眼所见的虚空，就是顽空；那不变随缘、随缘不变、灵明妙用、随处自在、能含一切万物的，才是真空。修行人要明白这样的真空，识自本心，见自本性，清清白白，明见无疑，就是见道。

拿北京来作比喻，若从地图看北京，有方的圆的、横的竖的、宫殿街道、南海西山等等名目，看到能背得出，终不如亲到北京一次，随你提起那里，他不用看图就能说得清清楚楚。

只看图而未曾到过北京的人，别人问起来虽然答得出，但不实在，而且有很多地方答不出的。修行人见道之后，如亲到北京，亲见"本自清净，本不生灭，本自具足，本无动摇，能生万法"的本性，不同依文解义的人，只见北京图而未亲到北京。空，就能摆得开，无挂无碍；不空，就摆不开，就有挂碍，所说和所作就不一样。所以说："空可空，非真空，色可色，非真色。无名名之父，无色色之母。"色空原来无碍，若实在明见此理，则任他天堂地狱，随缘不变，不变随缘，无挂无碍。不明此理的人，虽能说得天花乱坠，也无真实受用。

古来有一位老修行，在大众会下住了多时，度量很宽，待人厚道，常能劝人放下放下。有人问他："你这样劝人教人，你自己做到没有？"他说："我在三十年前就断无明了，还有什么放不下的呢？"后来觉得在大众会下，还是有些不自由自在，所以就跑到深山住茅庵去。这回独宿孤峰，无人来往，自由自在，以为就真无烦恼了。谁知有一天在庵中打坐，听到门外有一群牧童，吵吵闹闹的说到庵里去看看。有说不要动修行人的念头，又有说既是修行人，念头是不会动的。后来牧童都进去了，老修行坐在蒲团没有理他。他们找喝的找吃的，闹个不休，老修行不动不声。牧童以为他死了，摇他也不动，但摸他身上还有暖气。有人说："他入定了。"有人说："我不相信。"于是有人拿根草挑他的腿，老修行还是不动，挑他的手也不动，挑他的肚脐也不动，挑他的耳朵亦不动。挑他的鼻孔，老修行忍不住，打了一个喷嚏，于是大骂道："打死你这班小杂种！"那时观世音菩萨在空中出现说："你三十年前断了无明的，今天还放不下吗？"

可见说得一丈，不如行得一尺；说得一尺，不如行得一寸，不被境转真不容易。憨山大师《费闲歌》说："讲道容易修道难，杂念不除总是闲。世事尘劳常挂碍，深山静坐也徒然。"我们既为佛子，若不下一番苦心，徒然口说，是无补于实际的。

四月二十三日

佛教的月刊上常说，佛门遭难，滥传戒法，规矩失传，真理埋没。这些话我也常讲。前几十年我就说，佛法之败，败于传戒不如法。若传戒如法，僧尼又能严守戒律，则佛教不致如今日之衰败。我自己惭愧，初出家时不知什么是戒，只知苦行，以为吃草不吃饭等等就是修行，什么大乘小乘、三藏十二部都不知道。鼓山是福建省的名胜地方，有几百僧人，有丛林，有茅蓬，远近闻名。我就到鼓山出家。鼓山戒期只有八日，实际传戒工作只有四五天，从四月初一日新戒挂号进戒堂后，马上就教规矩，省略了很多手续，又没有比丘坛，新戒受戒什么名目都不知，初八日在头上燃了香，戒就算受完了。后来我到各处一跑，传戒的情形各有不同：天台山国清寺戒期五十三天，尽是小和尚受戒。普陀山戒期十八天，名叫罗汉戒。天童寺戒期十六天，宝华寺戒期五十三天，安徽宁国府戒期三天。徽州某寺戒期更快，一昼夜就完事，名叫"一夜清"。

后来看经律，才知这样苟且传戒是不如法的。《楞严经》说："若此比丘，本受戒师，及同会中，十比丘等，其中有一不清净者，如是坛场，多不成就。"可见三师七证这十师中，有一不清净者，戒就白传。《楞严》又说："从三七后，端坐安居，经一百日，有利根者，不起于座，得须陀洹。纵其身心，圣果未成，决定自知，成佛不谬。"近代传戒，不问清净不清净、如法不如法了。

中国佛教，自汉明初感腾、兰二尊者初来此土，不得受具，但与道俗剃发，披服缦条，唯是五戒十戒而已。高贵卿公，昙摩迦罗乞行受戒法，沙门朱士行为受具足戒之始。梁武帝约法师受具足戒，太子公卿道俗从师受戒者四万八千人。此应受菩萨戒。唐高宗宣律师于净业寺建石戒坛，为岳渎沙门再受具戒，撰《戒坛图经》。宋真宗升州崇胜寺，赐名甘露戒坛，诏京师立奉先甘露戒坛。天下诸路皆立戒坛，凡七十二所。

皇帝立的戒坛，受戒的人要经过考察的。初受沙弥戒。梵语沙弥，华言息慈，谓息恶行慈也。七岁至十三岁，名驱乌沙弥。初小儿出家，阿难不敢度，佛言："若能驱食上乌者听度。"十四岁至十九岁，名应法沙弥，谓正合沙弥之位，以其五岁依师调练纯熟，堪以进具也。二十岁至七十岁，叫名字沙弥，本是僧之位，以缘未及，故称沙弥之名。比丘戒要年满二十岁才能受，很严格的。有未满者，佛听从出世日算至现在，以闰年抽一月，以大月抽一日补足，助成二十岁。古有许多大祖师，未拘定年龄者也不少。

清代以来，皇帝多是菩萨应世，如顺治出家，康熙、雍正都受菩萨戒。由国主开方便，凡是僧人，不经考察，都能受戒，不知慈悲反成不好。以前传戒还可以，如宝光寺、昭觉寺、宝华寺、福州鼓山、怡山等处，犹尚慎重。其他丛林小庙都在传戒，乃至城隍土地、会馆社坛，都传起戒来。我因此在《三坛正范·后跋》略云："更有招帖四布，煽诱蛊惑，买卖戒师，不尊坛处，即淫祠社宇、血食宰割之区，乱为坛地，彼此迷惑。窃名网利，袭为贸易市场。本是清净佛土，翻为地狱深坑。"

近来《弘化月刊》指责滥传戒法的话，说得更不好听。我过去每年也在传戒，地狱业造了不少，其中有点缘故，欲想挽回后进，不得已而为之。我初到云南鸡足山，看不到一个僧人，因为他们都穿俗服，所以认不出谁是僧人。他们全不讲修持，不进殿堂，连香都不烧，以享受寺产、用钱买党派龙头大哥，以为受用。我看到此情形，就发心整理鸡足山。开禅堂、坐香、打七，无人进门；讲经，无人来听；后来改作传戒。从前僧家未有传戒受戒者，这回才初创，想用戒法引化，重新整理，因此传戒期限五十三天，第一次就来八百多人，从此他们才知有戒律这一回事。慢慢的劝，他们也就渐渐和我来往，渐知要结缘，要开单接众，要穿大领衣服，要搭袈裟，要上殿念经，不要吃烟酒荤腥，学正见，行为逐渐改变。我借传戒，把云南佛法衰败现象扭转过来。

鼓山以前传戒只八天，只有比丘、优婆塞进堂，没有女众。各处远近寄一圆与传戒师，给牒。在家人搭七衣，称比丘、比丘尼，名为寄戒。我到鼓山改为五十三天，把这寄戒不剃发、搭衣等非法风气都改了。很多不愿、反对的，弄到有杀人放火的事件发生，岂非善因反招恶果？请慈舟法师来鼓山办戒律学院，他自己行持真是严守戒律，我很敬重他的。办道这事，总在自己，不在表面。

古来三坛戒法，每一坛都要先学足三年，才传授的。佛灭后，上座部分至五百部，事情复杂多了。佛在世时亦方便，有十七群比丘，年未满二十而受比丘戒的祖师亦多。如不讲忏悔，纵至百岁亦是枉然，每见几十岁的老法师不守戒的也不少。这些情况，老禅和子都知道。

初发心的要谨慎护戒，学习大小乘经律论，以求明白事理。清净觉地，本来不染一尘，但佛事门中就不舍一法。出家受戒，先受沙弥十戒。此十戒中，前四是性戒，后六是遮戒。次受比丘戒，有二百五十戒，尼众有三百四十八戒，不离行住坐卧四威仪和身口七支。菩萨三聚净戒：一、摄律仪戒，无恶不断，起正道行，是断德因，修成法身；二、摄善法戒，无善不积，起助道行，是智德因，修成报身；三、摄众生戒，无生不度，起不住道，是恩德因，修成化身。持戒有小乘、大乘之别：小乘制身不行，大乘制心不起；小乘在三千威仪、八万细行中制身不犯，大乘连妄想都打不得，一打妄想就犯戒。大乘讲虽容易，行起来就难了。

舍利弗过去在因地中想行菩萨道，离开茅庵，不做自了汉，发大愿心，入世度众生，到十字街头打坐去。有一天，见一女人大哭而行，舍利弗问她何故如此伤心。女曰："我母亲有重病，医生说要世人活眼睛才医得好。这事难办，我感到失望，所以伤心痛哭。"舍利弗曰："我的眼睛给你好不好？"女曰："谢谢你！真是菩萨，救苦救难。"舍利弗遂把右眼挖出给她。女曰："错了，医云须用左眼才对。"舍利弗勉强又把左眼挖出给她。这女人拿起左眼闻一闻，说："这眼是臭的，不能用。"弃之而去。舍利弗觉得众生难度，便退了菩萨心，六十小劫变蛇。你看修行菩萨道难不难！

受比丘戒时，戒和尚问："汝是丈夫否？"答曰："是丈夫。"受菩萨戒时，戒和尚问："汝是菩萨否？"答曰："是菩萨。"问："既是菩萨，已发菩提心未？"答曰："已发菩提心。"既如此说，就要做得到。否则，脚未踏实地，被人骂一句就放不下，动起念头，就招堕了。既受了三坛大戒，你我想想，像不像沙弥、比丘、菩萨呢？自检讨去。

四月二十五日

我今天在过堂的时候，看见各人吃饭，渐渐有些散乱。吃饭时候容易散乱，亦正好对治散乱。

世人不知人身之宝贵，《大涅槃经》偈曰："生世为人难，值佛世亦难，犹如大海中，盲龟遇浮孔。"《杂阿含经》曰："大海中有一盲龟，寿无量劫，百年一遇出头。复有浮木，只有一孔，漂流海浪，随风东西。盲龟百年一出，得遇此孔，凡夫漂流五趣海，还复人身，甚难于此。"《显扬论》曰：一日月之照临，名一世界。这一世界，九山八海和四洲。九山是须弥山、持双山、持轴山、担木山、善见山、马耳山、障碍山、持地山、小铁围山。八海是七个香水海和一个大咸水海。须弥山与持双山之间，乃至障碍山与持地山之间，当中都有一重香水海，八山之间，共七香水海。最后持地山与小铁围山之间，有一重大咸水海。此海中有东西南北四洲，盲龟在大咸水海，百年一出头，要碰入这飘流不停的浮木之孔。《四教仪》说：在因之时，行五常五戒，中品十善，感人道身。四洲中北洲无贵贱；余三洲有轮王、粟散王、百僚、台奴、竖子、仆隶、姬妾之分，皆有五戒十善之因，有上中下不同，故感果为人，有贵贱不等。

我们现在已得人身，又闻佛法，就要依教奉行，依戒定慧种种法门降伏其心。如照律下修行，则一天到晚，持《毗尼日用》五十三咒，"佛制比丘，食存五观，散心杂话，信施难消。大众闻磬声，各正念"。维那在斋堂念了《供养咒》之后，呼此偈。说毕，比丘吃饭时要存五观：

一、计功多少，量彼来处（一钵之饭，作夫汗流）；二、忖己德行，全缺应供（缺则不易，全乃可受）；三、防心离过，贪等为宗（离此三过，贪嗔痴也）；四、正事良药，为疗形枯（饥渴病故，须食为药）；五、为成道故，应受此食（不食成病，道业何从）。

"五观若明金易化，三心未了水难消。"要常存惭愧心，莫失正念，闻声悟道，见色明心，不要心外见鬼。各存正念者，一声磬念一声佛也，不说人我是非、散心杂话。"施主一粒米，大如须弥山。若不自了道，披毛戴角还。"修因感果如种田，水养禾苗，如智水润心田。能念念在道，则处处都是道场。善用心者，心田不长无明草，处处常开智慧花。既然人身已得，佛法已闻，要努力修行，勿空过日。

四月二十六日

凡在三界之内，都要六道轮回。六道之中，分三善道、三恶道。天、人、阿修罗是三善道，畜生、饿鬼、地狱是三恶道。六道之中，每一道都有千品万类，贵贱尊卑各各不同。故经云："譬如诸天，共器饮食，随其福德，饭色有异。上者见白，中都见黄，下者见赤。"

欲界诸天有淫欲，四天王天与人间同，忉利天淫事与人间略异，只过风不流秽。夜摩天则执手成淫，兜率天但对笑为淫，化乐天以相视为淫，他化天以暂视成淫。《楞严经》说："如是六天，形虽出动，心迹尚交，自此已还，名为欲界。"色界已无淫欲，还有色身。《楞严经》说："是十八天，独行无交，未尽形累，自此已还，名为色界。"但无粗色，非无细色。《净名疏》云："若不了义教，明无色界无色；若了义教，明无色界有色。"《涅槃》云：无色界色，非声闻、缘觉所知。《楞严经》

云："是四空天，身心灭尽，定性现前，无业果色，从此逮终，名无色界。"

"三界轮回淫为本，六道往返爱为基。"可见有淫就有生死，断淫就断生死了。三界六道，身量寿命，长短不同。非非想处天，寿长八万大劫，还是免不了生死轮回。"三界无安，犹如火宅"，我们打算出火宅，就要好好的修行。

四月二十七日

有一件事要嘱咐各位的，近日各处来信问本寺是否传戒。大家知道的，我在这里是住茅蓬，各位有缘，所以共住在一块。现在要响应政府号召，自给自食，若人多了，一时生产不及，粮食就买不到。各位向外通信，切不要说这里传戒，因为这里不能多住人。本寺的新戒曾要求我说戒，我看时节因缘，或在这里说方便戒是可以的，但不能招集诸方新戒。若人过多，食住都成问题。现在农事忙到了不得，幸而秧已插了，但还有很多事要忙的。天天要吃，若不预为计画，就没有得吃。老鼠都有隔年粮，我们也要有打算。

时光迅速，又快到夏至了，夏至后日渐短，夜渐长，阳气收了。人身造化和天地一般，身心动静，行住坐卧，要顺时调护。动中有静，静中有动，动勿被动转，静勿被静转。定是体，慧是用，真是静，俗是动，二谛圆融，与天地之气一般。修行办道，无非调停动静而已。动静如法，随心所安；动静不如法，被境所迁。欢乐苦日短，忧愁叹日长。时光长短，唯心所造；一切苦乐，随境所迁。

昔日有一禅和子在鼓山挂单。有一生癞病僧，别人看见都讨厌他，这禅和子年纪才二十多岁，很慈悲细心招呼病僧。病僧好了，与禅和子一同起单。病僧曰："我多谢你的照顾，病才医好，否则我早就死了。你和我一齐到我小庙去住住吧。"禅和子说："我先朝五台，将来再到你小庙去。"禅和子朝完五台，回到鼓山，访那病僧。那病僧就在一金丝明亮的寺门边迎接他说："等你很久了，这么迟到。"便倒一杯开水给他喝。禅和子说："路上未吃饭呢！"病僧说："请稍等一下，饭就送来。"病僧便去牵牛、犁田、播种、拔秧、插秧、薅草、割稻子、碾米、作饭。不知怎样搞的，顷刻间饭就弄好了。饭吃完之后，禅和子想告假去，病僧请留一宿。迨天明下山，则江山依旧，人事全非，已改朝换代过了很多年了。我们苦恼交煎，日子非常难过。他上山住一日夜，吃一顿饭下山，就改了朝代，过了很多年月。

罗浮山沙门慧常，因采茶入山洞，见金字榜罗汉圣寺，居中三日而出，乃在茅山，人间五年矣。你看时间长短，是不是唯心所造呢？只要你能定慧圆融，二谛融通，深入三昧，一念无生，则见"无边刹境，自他不隔于毫端；十世古今，始终不离于当念"。行住坐卧不要心外见法，每天不被境转，任你暑去寒来，与我不相干。如如不动，念念无生，这就是不被境转，修行就不错过时光了。

四月二十八日

同参道友们来问话，不要客气，直道些好。本来诸方丛林问话的规矩，要恭恭敬敬，搭衣持具顶礼后，问讯长跪，才请开示的。这里是茅蓬境界，不讲究这些。

什么道理呢？我现在一天到晚在烦恼中过日，你们多礼，我就更麻烦了。随便随时，那里都可以问，可以说，禅和子在巷里牵牛，直来直去。譬如说点灯，用的是香油，就说是香油，是洋油，就说是洋油。你用功是念佛，就谈念佛，是参禅，就谈参禅。有那样便说那样，洒洒脱脱的好。若说我样样都不晓得，请你慈悲开示，这就是虚伪了。如德山隔江招手，他也知你的长短。

本来法法都是了生死的，参禅、念佛、看经、礼拜，种种法门，对机而说，你是什么机，对你说什么法。"佛说一切法，为度一切心。若无一切心，何用一切法？"如君臣药，配合妥当，吃了出一身大汗，病就好了。病好了，药就不要了。

古人说："但尽凡心，别无圣解。"凡夫心尽，当下是佛，不用向外驰求。向外驰求，即是外道。心外一无所得，自心是佛。凡夫心就是执著心，生气、生欢喜、毁誉动心、贪色、贪财、穿好、吃好、偷懒、打无明、不上殿等等习气毛病，甚至想成佛，都是凡夫心。若能凡圣双忘，一切处如如不动，不向外求，则见自心是佛。辞亲割爱，以参禅、念佛等法门除此等凡心，以毒攻毒，病去药除。

同参们请开示，常说妄想多。这不要紧，不参禅、不念佛，你还不知有妄想，因为用功回光返照，就知道有妄想。识得妄，你不要理会它，如如不动。若生心动念，就见鬼了。日久功深，水滴石穿，口诵心惟，自然归一。参禅可以悟道，念佛忘了我也能悟道。一念不生，直下承当，这里正好用功。希望各位百尺竿头更进一步！

四月二十九日

讲起办道，诸佛菩萨只叫除习气。有习气就是众生，无习气就是圣贤。圣贤的妙用，识得则烦恼是菩提，识不得则菩提成烦恼。烦恼与菩提，如反掌覆掌。这些话说是容易，行就为难。所以鸟窠禅师说："诸恶莫作，众善奉行"八个字，"三岁孩儿虽道得，八十老人行不得"。虚云惭愧万分，习气深了，不能回头，不能放下，到这里住茅蓬，本想"柳栗横担不顾人，直入千峰万峰去"的。常住的事不要我理，理了就是多管闲事。

从前当过两天家，习气难除，至今放不下，事情看不过去的偏爱讲。当家说过，今早不出坡，我还叫出坡。有人说我这就是封建，是多管。这件事公说公有理，婆说理更多。当家说大众太辛苦了，休息一下是对的。但国家号召我们努力生产，我们借了政府几万斤米，怎能不响应号召努力生产呢？虽然要大家吃苦，这是有理由的，我要开腔多嘴，是怕下半年买不到米。因为我们每人每日买米一斤半，现在木匠买米已节约，减了三两，我看我们也快要减的。米少了又不增产就不够食。若今天休息，明天是初一又休息，后天若下雨，那就一连休息三天不出坡，岂不误了生产？有此原因，你们说我封建就封建，但我封建中有不封建，专制中有不专制，和有强权无公理的不同。现在春雨土松，若不趁此时候多辛苦一点，请问下半年吃什么呢？虽说辛苦，但我们比山下的老百姓已经好得多了。他们这几天帮我们插秧，才有大米饭吃；每天光头淋雨还不敢躲懒，一懒我们就不用他。所以这么苦，他们还要干。我们没他们这么苦，何以还说苦呢？

端　午

今天端午节，本是世俗的纪念日，佛门不在这里执著。虚云以前也随顺世情，住近城市也有人送粽子，常住也随俗过节。现在云居山没有人送粽子来。粽子本来是给鬼吃的，我们何必要包粽子？包粽子费工夫，所以只煮糯米应节算了。人生世上，总宜流芳千古，切勿遗臭万年。国家所重的是忠义节烈，佛门弟子，一念无生，认识本来面目，谁管他什么吉凶祸福？但未见无生的，就逃不出吉凶祸福。

这几天闹水灾，去年闹水灾也在这几天，今年水灾怕比去年更坏。我放不下，跑出山口看看，只见山下一片汪洋大海，田里青苗比去年损失更多，人民粮食不知如何，我们买粮也成问题，而且买粮的钱也没有，所以要大家刻苦度过难关。这次没有米卖，幸蒙政府照顾，买到谷子。以前买米每人每天一斤半，现已减了四两，只能买二十两米。以谷折米，要打七折八折，一百斤谷子作七十斤米，要多买也不行。买谷比买米吃亏，买麦面一担二十几元，一担面粉等于两担米钱，更花得多了，但不买又不行，所以要和大家商量节约省吃，从此不吃干饭，只吃稀饭。买谷怕买不到，自己种的又未长成，先收些洋芋掺在粥里吃。洋芋每斤一角二分，价比米贵。好在洋芋是自己种的，不花本钱，拿它顶米度过难关。我们要得过且过。

五月十五日

丛林布萨，一个月内黑月、白月两回；《梵网经》《四分戒本》，每月本来都要诵两次。今只半月诵《梵网经》，半月诵《四分戒本》，已省略了。梵语布萨，华言净住、善宿，又曰长养，谓每月集众说戒经，使比丘住于净戒中，能长养善法也。佛观一切众生，苦恼轮回，背觉合尘，习气除不了，故方便制戒，使众生断除习气，背尘合觉。

佛所说的戒律，梵语称毗奈耶，华言曰灭，或曰律，新译曰调伏。戒律灭诸过非，故曰灭。如世间之律法，断决轻重之罪者，故云律。调和身语意之作业，制伏诸恶行，故曰调伏。戒律条文多少，怕你忘记，所以每月二戒都要诵二次。

菩萨戒是体，比丘戒是用，内外一如，则身心自在。诵戒不是过口文章，要说到行到。讲到持戒，也是实在为难，稍一仿佛就犯了戒。持戒这事，如头上顶一碗油似的，稍一不慎，油便漏落，戒就犯了。半月诵戒，诵完要记得。口诵心惟，遇境逢缘，就不犯戒，不起十恶，佛制半月诵戒之意在此。初发心的格外要慎重，很多人年老还靠不住，果能一生直到进化身窑，那时都不犯律仪，才算是个清净比丘。戒律虽有大小性遮之分，皆要丝毫不犯。持戒清净如满月，实不容易，不可不小心。未曾受戒的，别人诵戒不能往听，只能诵戒前在斋堂听和尚嘱咐。不要忘记出家根本。论到出家，表相不难，不比过去要剃发，现在很多俗人都是光头的，出家只穿上大领衣就名僧人。但谁是真的僧人呢？如人饮水，冷暖自知，务望各自精进。

五月十六日

昨夜说的黑月、白月诵两重戒法，这是世尊金口所宣。佛将涅槃时，阿难尊者问佛："未来比丘以何为师？"佛曰："汝等比丘，于我灭后，当尊重珍敬波罗提木叉。如暗遇明，贫人得宝，当知此则是汝等大师。若我住世，无异此也。"波罗提木叉，华言别解脱，谓身口七非、五篇等戒，不犯则能解脱。以波罗提木叉为师，即以戒为师也。戒条既多，怕会忘记，故黑月、白月都要诵戒，以便记持不犯。曾受某戒，许诵某戒，听某戒；未曾受过的戒，不许诵，不许听。未受而诵而听就不合法，故诵戒法师在诵菩萨戒前问曰："未受菩萨戒者出否?"
维那答曰："此中无有未受菩萨戒者。"诵比丘戒也要这样问。

佛门弟子共有七众：一、比丘，二、比丘尼，这是男女之受
具足戒者；三、式叉摩那，此云学戒女，习学六法故；四、沙
弥，五、沙弥尼，这是男女之受十戒者；六、优婆塞，七、优婆
夷，此是男女之受五戒者。沙弥不许听诵比丘戒，怕沙弥见比
丘犯戒而生我慢贡高，轻视比丘。故诵戒之前，沙弥进斋堂，
顶礼长跪，上座抚尺云："诸沙弥谛听，人身难得，戒法难闻，
时光易度，道业难成。汝等各净身口意，勤学经律论，谨慎莫
放逸。"沙弥答曰："依教奉行。"上座又说："既能依教奉行，
作礼而退。"沙弥一拜起，问讯出堂。沙弥出堂之后，才开始
诵戒。

受了佛戒，当下即得清净戒体，即得解脱，即入佛位，位
同大觉，是真佛子。受佛戒，是难得稀有之事，所以受戒后，
要谨慎护戒，宁可有戒而死，不可无戒而生。《僧祇律》云：
"波罗脂国有二比丘，共伴来诣舍卫，问讯世尊。中路口渴无
水，前到一井。一比丘汲水便饮，一比丘看水见虫，不饮。饮
水比丘问言：'汝何不饮?'答言：'世尊制戒，不得饮虫水
故。'彼复劝言：'长老但饮，勿自渴死，不得见佛。'答言：
'我宁丧身，不毁佛戒。'遂便渴死，即生忉利天上，天身具
足。是夜先到佛所，礼足闻法，得法眼净。饮水比丘，后日乃
到佛所。佛知而故问：'汝从何来? 为有伴否?'彼即以上事
答。佛言：'痴人! 汝不见我，谓得见我，彼死比丘，已先见

我。若比丘放逸懈怠，不摄诸根，虽共我一处，彼离我远，彼虽见我，我不见彼。若有比丘，于海彼岸，能不放逸，精进不懈，敛摄诸根，虽去我远，我常见彼，彼常近我。'"

和这位持戒比丘比较一下，我们是一天到晚乌烟瘴气，和猪八戒一般，那里像佛的弟子呢？佛制比丘喝水，要用滤水囊，把水滤过才喝，中国现在谁用滤水囊呢？佛又方便，喝水时只许用肉眼观水，不许用天眼观水，因为用天眼观，则水中虫多，皆喝不得，勉强喝了，又犯戒故也。所以不管你看见水中有虫无虫，照《毗尼日用》规定，凡饮水都要持偈念咒，偈曰："佛观一钵水，八万四千虫，若不持此咒，如食众生肉。"咒曰："唵缚悉钵罗摩尼莎诃。"

"时光易度"者，一日十二时辰，昼六时，夜六时，一天二十四小时，一小时四刻，一刻十五分钟，一分六十秒。时间是刹那刹那地过，刹那刹那地催人老。你们沙弥，自出娘胎至今，转眼就二三十岁，你看时光是不是易过？"道业难成"，初出家的道心都好，日子久了，就懈怠起来，所以说："出家一年，佛在眼前；出家二年，佛在西天；出家三年，问佛要钱。"既道心不长，道业就难成了。露水般的道心，怎能了生死呢？所以最后就嘱咐你们说："汝等各净身口意，勤学经律论，谨慎莫放逸。"勤者精进不后退，如孔子所说"学而时习之"，不分昼夜，行住坐卧，朝于斯，夕于斯，磨炼身心，清净三业。经者，径也，即了生脱死之路径。律者，戒律，即五戒、十戒、比丘、菩萨等戒也。论者，佛大弟子发扬经律之妙义的著作。

汝等沙弥，既发心为道，就要勤学经律论，勿空过日。

五月十七日

昔日赵州问南泉："如何是道？"泉曰："平常心是道。"州曰："还可趣向也无？"泉曰："拟向即乖。"州曰："不拟争知是道？"泉曰："道不属知，不属不知。知是妄觉，不知是无记。若真达不疑之道，犹如太虚，廓然荡豁，岂可强是非耶？"州于言下悟理。

我们说古人的空话，说平常心，人人都有，但怎能见得他是道呢？只要识得平常心，则一切处都是道；不识这平常心，就颠颠倒倒了。何故呢？我们不能回光返照，向外驰求，背觉合尘，朝朝暮暮，随境迁流，背道而驰，摸不着自己的脸孔。怎样叫平常心呢？平常就是长远，一年到头，一生到死，常常如此，就是平常。譬如世人，招待熟客，只用平常茶饭，没有摆布安排。这样的招待，可以长远，就是平常。如有贵客到了，弄几碗好菜，这就是不平常的，只能招待十天八天。家无常礼，故不平常的招待，是不能长久的。修心人能心无造作，无安排，无改变，无花言巧语等，这就是平常心，就是道，也就是"直心是道场"的意思。六祖谓智隍禅师曰："汝但心如虚空，不著空见，应用无碍，动静无心，凡圣情忘，能所俱泯，性相如如，无不定时也。"这些话，也是说的平常心。与这些话不相应的，是在鬼窟里作活计，就不平常了。

昨夜说戒律，初发心的，初生信心，归依三宝，求受五戒。再进步的，知人生是苦，而舍俗出家，入山修道，知比丘尊贵，而受具足戒。又发大心，而受菩萨戒。在戒堂听引礼师苦口叮咛，说到"寒心而生惭愧"，那时怕六道受苦而发道心，闻法泪下。问"某戒能持否"，都答曰"能持"，但受戒完了，过些时候，老毛病复发，就退道心，就不平常，反以贪嗔痴为平常了。

明道的人，动静无心，善恶无念，性空即无心，无心即道。初出家人，不知佛法如何，规矩如何，修行如何，须知欲了生死，先要循规蹈矩。如孔子之制礼作乐，亦无非教人规矩，与佛戒律无异。执身即除习气，身得自由，则心有依处。古人在行住坐卧四威仪中，有执身次序的偈语曰："举佛音声慢水流，诵经行道雁行游。合掌当胸如捧水，立身顶上似安油。瞻前顾后轻移步，左右回视半展眸。威仪动静常如此，不枉空门作比丘。"

以冰清玉洁的音声，称念诸佛圣号，这是念佛法门。进一步问"念佛的是谁"，就是参禅了。若不回光返照，只口念佛而心打妄想，随念迁流，这样念佛就无用。念佛要口念心惟，以智观照，声音不缓不急，如水慢流，口念耳听，不打妄想，念念流入萨婆若海。一声佛号有无量功德，只此一声佛号就能度无量众生。诵经，或照经文直诵，或背诵，或跪诵，或端坐而诵，或默念皆可，随文观想，看经中说的什么道理。行道即经行，一步一步不乱，不东歪西倒，如空中雁行有次序，一个跟一个，不紧不疏地行，一切处都是用功。

合掌两手不空心,十指紧密,不偏不倒,如捧水一般,若一偏侧,水就倾泻了。站如松,两脚八字,前宽八寸,后宽二寸。身直,头不偏不倚,后颈靠衣领,如顶一碗油在头上一般,不正则油泻了。行如风,要照顾前后,轻轻移步,鞋不拖地,行楼板不要响,生草不踏,爱护生物。开眼看东西,只展半眼,所看不过三五七尺远。行住坐卧,能具威仪,使人一望生敬。若不先自检责,何以化导群机?既自治之行可观,则摄化之门不坠。有道无道,举止如何,别人一看便知。

心能平常则始终不变,经历风波险阻,此心如如不动,如憨山老人者,就是我们的模范。他老人家生于明朝嘉靖二十五年丙午十月十二日,十二岁请于母出家,礼南京报恩西林和尚为师,受具戒于无极和尚。二十岁,西林和尚寂后,房门大小事,众皆听憨山决之。后从云谷大师在天界坐禅。二十八岁游五台,见憨山甚佳,因以为号。二十九岁阅《肇论》,悟不迁义。妙峰谓之曰:"且喜有住山本钱矣。"三十岁发悟,说偈曰:"瞥然一念狂心歇,内外根尘俱洞彻。翻身触破太虚空,万象森罗从起灭。"自披剃至七十一岁冬,游双径,上堂说法,启口数千言,不吃一字。侍前传录,疲于奔命,目不暇给。其详细史实具载《年谱》中。他老人家一生历史,数十年中,环境千变万化,千辛万苦而道心始终不变,这就是平常心、长远心,就是我们的模范。他遣戍雷阳时,作《军中吟》云:"缁衣脱却换戎装,始信随缘是道场。纵使炎天如烈火,难消冰雪冷心肠。"他把自己坚固不变的心都吐露出来。

佛法到今日更衰微，起过不少风波。解放前，全国僧尼还有八十万，去年只余七万多，还俗的十占其九，这就是无长远心，无坚固心，烈火一烧，就站不住脚。若是真佛弟子，就要立志，具铁石心肠，先学威仪，循规蹈矩。不怕人说你脑筋不醒，要死心崇奉佛的教诫。由于多劫种下善根，此生才得入佛门，就要努力求道去习气，不入名利场，不当国王差，把心中的习气，一点一点的除去，即是大修行人。得入理体，坚固心历久不变，平常心动静一如。

五月十八日

《禅门日诵》上载有憨山大师《费闲歌》十首，讲十件难事。这十件事办不到，就是空费力，就是闲无用，故曰《费闲歌》。若把这十事做到，就了生死。十件难事是：体道难，守规难，遇师难，出尘难，实心难，悟道难，守关难，信心难，敬心难，解经难。

我与古人一比，自知惭愧，不敢多舂壳子。别人把我当古董看待，以为我有道德。我不敢多说话，别人认为我装憨。此事如人饮水，冷暖自知，并非我客气。古人说："画虎画皮难画骨，知人知面不知心。"我内心的惭愧谁能知道呢？我骗佛饭吃，比你们多几年。你们不相信苦恼业障，我的苦恼又说不出，现在只吃空饭，讲话也讲不好，讲的又不是自己的，只是前人的典章，或诸方的口水，都是眼见耳闻的，自己肚里一点也没有。古圣先贤，千佛万佛，传一心印，不说一语，佛祖相传，无非如此。古人说得到，行得到。别人不知我的苦恼，还以为我了不得。明眼人会说我："你何不自己讲讲自己？"

前天杭州某人来一封隐名信指责我说："抑其有以宗匠自命者，咸多墨守偏空，纵有满腹知解，对本分上一点不能相应。阿附权贵，广收门徒，虽名喧一时，亦不足重。……故有秘戒，不许滥传于不道不明不圣不贤之人。若遇其人而不传，则必受其殃；若传非其人，亦受其殃。未审大师遇有应传而不传、不应传而传者之事否？……一、和尚蓄须，沙门败类，开千古破戒之风，留后人讥讽之玷；二、云门罹难，不明事机，徒以宿业果报而自慰，造成三僧失踪，一僧身亡，空前未有之惨闻。有此二事，足以证明大师功过深浅矣。"孔子说："丘也幸，苟有过，人必知之。"这封信指责我，就是我的善知识，我很感谢他。可惜他的信不署名，又没有回信地址。他说："盖以大师之神明，当可知也。倘有缘分，请一回示为祷。"因此我写信到杭州托心文法师打听这封信是谁写的，想和他通个信。他说我"以宗匠自命"，又说"就学人所知者，其能行解相应作法门之龙象、不愧为人天眼目者，舍大师其谁能当之"等语。他最初责我以宗匠自命，我何尝敢以宗匠自命？继又赞叹我舍大师其谁能当之，这些话我实不敢当。问我传法之事，我自己应不应得法也不知，那里敢说传不传呢？

谈到和尚蓄须这件事，旁人对我是不清楚的。我初出家时，误学头陀留须发、带金箍，那时不明教理，早就错了，后来被善知识一骂就剃了。以后每年剃一次头，每逢除夕洗一次脚，平生不洗澡。既然一年才剃一次头，平常不剃头就不剃胡子，我不是有意养胡子的。照佛制度，应该剃除须发。中土风俗，以须眉男子为大丈夫相，认为身体发肤受之父母，所以中土祖师亦有顺俗留胡子的。说到云门罹难，责我不明事机，这事亦与我无干。谁失踪，谁身亡，我也不知，古来酬还夙业果报而罹难的祖师很多。

以上的话，由于我放不下而说的。平常会说古人的话来劝人，遇到境界，自己就打不开，真所谓"能信不行空费力，空空论说也徒然"。我长年害病，无力行持，不能如古人那样要死就死，要活就活，来去自由。初发心同参们，不要提我的虚名，不要听我的空话，要各人自己努力。自不努力，向外求人，都靠不住的。行持不限出家在家，都是一样。

讲个典章你们听。云南有一位秤锤祖师，明朝人，姓蔡，住昆明小东门外。父母去世，遗下财产田园，生活过得很好，勤俭劳动，自种菜蔬出卖作零用。妻年轻貌美，好吃懒作，和野汉子私通，蔡虽明知此事也不说她。日子久了，她更胆大，天天和野汉子私通，毫无顾忌了。有一天，蔡很早就出门卖菜，预计野汉尚未离家，就买好酒肉带回家。这时野汉尚未离去，只好躲在床下。蔡入厨弄饭菜，妻觉得不好意思，就去洗脸并帮丈夫弄饭菜。饭菜弄好了，蔡叫她摆碗筷，她摆了两套碗筷，蔡叫她摆三套："我今天请客。"她摆好了，蔡叫她请客出来喝酒。她说："客在那里？"蔡曰："在房里。"她说："你不要说鬼话，房里那有客?"蔡说:"不要紧，不要害怕，你请他出来好了。若不出来，我就给他一刀。"妻不得已，就叫野汉子出来。蔡请野汉子上座，向他敬酒。野汉子以为有毒，不敢喝。蔡先喝了，再请他喝，野汉子才放心。酒菜吃饱了，蔡向野汉子叩头三拜，说:"今天好姻缘，我妻年轻，无人招呼，得你照顾很好。我的家财和我的妻，都交给你，请你收下吧。"妻和野汉子都不肯，蔡持刀说:"你们不答应，我就要你们的命。"二人没法，只好答应下来。

蔡于是只身空手出门，往长松山西林庵出家，一面修行，一面种菜，后来用功有了见地。再说野汉子财色兼收以后，好吃懒做。老婆天天挨打挨骂，吃不消，她悔恨了，跑到西林庵请蔡回家，想重寻旧好，蔡不理她。后来野汉子把家财吃光了，弄到她讨饭无路。她想起蔡的恩情，想报答他。蔡平时好吃昆阳的金丝鲤鱼，她就弄好了一盘金丝鲤鱼，送到西林庵给蔡吃。蔡收下说:"我领了你的情了，这些鱼我拿去放生。"妻曰:"鱼已煮熟了，不能放生。"蔡即将鱼放在水里，鱼都活了。直到现在，昆明黑龙潭古迹，还有这种鱼。蔡是俗人，对妻财子禄能放得下，所以修道能成功。奉劝各位，都把万缘放下，努力修行，期成圣果吧!

五月二十日

佛所说法，千经万论，总是要叫众生明自己的心，"若人识得心，大地无寸土"。众生无量劫来，被物所转，都是心外见法。不知自性，本来无一物，万法了不可得，妄执心外有法，成邪知邪见。既然说识得心、无寸土，那就算了，何必还说许多名堂，什么三归五戒、三千威仪、八万细行等等？说这么多法门，无非对治众生的心而已。众生习气毛病，有八万四千烦恼，所以佛就有八万四千法门来对治，这是佛的善巧方便。你有什么病，就给你什么药——"佛说一切法，为度一切心。若无一切心，何用一切法？"

众生无量劫来，被无明烦恼污染了真心，妄认四大为自身相，不知此身毕竟无体，和合为相，实同幻化。今欲返本还源，要先调身，断除习气，把粗心变为细心，从有为到无为，在自性清净身上用功。行住坐卧，一天到晚，如切如磋，如琢如磨，小心谨慎，断除习气。胆要大，心要细。胆大包身，不被境转，心细则气细，否则粗心浮气。这种情形，可以自己检查。一般人在劳苦奔波、忙忙碌碌时，就气喘息粗。有定力功夫的人，再忙也不喘气，一天到晚，总是心平气和的。一心不乱就是定，妄无本体，有定就无妄，就能复本心源。

功夫从外头做起，先讲威仪教相，行住坐卧都有威仪。不要说忙得要死，还讲什么威仪。既然作如来之弟子，先圣之宗亲，出入于金门之下，行藏于宝殿之中，就要做到"任他波涛浪起，振锡杖以腾空。假饶十大魔军，闻名而归正道"，怎能因为忙了就不讲威仪呢？昔日浮山远录公谓其首座曰："所以治心，须求妙悟。悟则神和气静，容敬色庄，妄想情虑，皆融为真心矣。以此治心，心自灵妙，然后导物，孰不从化？”所以有“眼”的人，看你一举一动，威仪怎样，就知你有道无道。

佛在世时，舍利弗初为婆罗门，路逢马胜比丘，见他威仪很好，心生恭敬，从之问法。马胜比丘说："诸法从缘生，诸法从缘灭，我师大沙门，常作如是说。"舍利弗闻偈得法眼净，归与亲友目连宣说偈言，亦得法眼净。即时各将弟子一百，往诣竹园求愿出家。佛呼："善来，比丘！"须发自落，袈裟被身，即成沙门。你看马胜比丘只是行路威仪好，便成如此功德。这就是以威仪导物，孰不从化的例子。

初发心的同参们，要向古人习学，一心观照自己，行住坐卧，二六时中，一切无心，不被物转。若不如此，不守本分，随妄流转，何异俗人？虽说出家办道，都是空话。各人留心。

五月二十一日

《楞严经》上佛说："如我按指，海印发光。汝暂举心，尘劳先起。"我们和佛就如此不同。《楞严》一经，由阿难发起，作我们的模范。全经着重说"淫"字，由这"淫"字，说出很多文章来。最初由阿难示现："因乞食次，经历淫室，遭大幻术。摩登伽女以娑毗迦罗先梵天咒，摄入淫席，淫躬抚摩，将毁戒体。如来知彼淫术所加，斋毕旋归。王及大臣，长者居士，俱来随佛，愿闻法要。于时世尊，顶放百宝无畏光明，光中出生千叶宝莲，有佛化身，结跏趺坐，宣说神咒，敕文殊师利，将咒往护，恶咒消灭，提奖阿难及摩登伽，归来佛所。阿难见佛，顶礼悲泣，恨无始来，一向多闻，未全道力，殷勤启请十方如来得成菩提妙奢摩他、三摩禅那最初方便。"佛应阿难之请，就说出一部《楞严经》来。

阿难遇摩登伽女，并非做不得主，这是菩萨变化示现世间，非爱为本，但以慈悲，令彼舍爱，假诸贪欲，而入生死。《圆觉经》说："一切众生从无始来，由有种种恩爱贪欲，故有轮回。若诸世界一切种性——卵生、胎生、湿生、化生，皆因淫欲而正性命，当知轮回爱为根本。"所以说："三界轮回淫为本，六道往还爱为基。"世人有在家，有出家，有为道，有不为道。凡自性不明的，都在五欲中滚来滚去。五欲就是财、色、名、食、睡。由此五欲，生出喜、怒、哀、乐、爱、恶、欲七情。七情又捆五欲，因此生死不了。

如经所说："南阎浮提众生，以财为命。"人的投生，起首于淫欲，及至出生后，就以财为主。广慧和尚劝人疏于财利，谓："一切罪业，皆因财宝所生。"所以五欲第一个字就是财。人有了钱财，才有衣食住，才想女色娶妻妾。人若无财，什么事都办不成，可见财的厉害了。世人总以有财为乐，无财为苦。无财想有财，少财想多财，有了白银，又想黄金，不会知足的。既为自己打算，又为子孙打算，一生辛苦都为钱忙。不知有钱难买子孙贤，无常一到，分文都带不去，极少能把钱财看穿的。

从前有三个乞丐，一人手上拿一条蛇，一人手上拿一个莲花落，一人手上拿一个粪袋，同时行路，看见地上一文钱。头一个乞丐看见就拾起这文钱。第二个说："我先看见的，这文钱应该归我。"第三个也说："我先看见的，这文钱应该归我。"三个乞丐就为这一文钱，在路上打起来。衙门差人经过，看见他们打得凶，恐怕打出人命，就把三人带进衙门见官，判断是非。官坐堂上，问明原由，便说道："这一文钱作不得什么用，不要争了。"三人都说："我穷到一文钱都没有，对此一文怎能不争?"官说："你们各自说出穷的情形，待我看那个最穷，就判这文钱归那个。"第一个说："我最穷了。屋漏见青天，衣破无线联，枕的是土砖，盖的是草垫。"第二个说："我比他更穷。青天是我屋，衣裳无半幅，枕的是拳头，盖的是筋骨。"第三个说："他们都不如我这样穷。我一饿数十天，一睡大半年，死得不闭眼，只为这文钱。"官听了大笑。这出戏是讥贪官污吏的。世尊说法，讲钱迷人的多得无比，出家也很多被钱迷的。从前是钱，现在是纸，更累死了，离了它就不能过日。你要生产就要有工具，没有钱买不到工具，就种不出东西。我们整天忙，是不是也为这文钱呢?

世人衣食足了之后，又贪色，这个"色"字不知害了多少人，古来帝王由于贪色而致亡国的也不少。昔夏桀伐有施，得妹喜为妻，由此荒淫无道，为商汤所灭。商朝的纣王爱妲己，嗜酒好色，暴虐无道，周武王伐之，兵败自焚死。古时没有电话电报，边防告警，则举烽燧。其法，作高土台，台上作桔皋，桔皋头上有笼，中置薪草，有寇即举火燃之以相告，曰烽。又多积薪，寇至即燔之，望其烟，曰燧。昼则燔燧，夜乃举烽。此台烽燧既作，邻台即相继递举，以告戍守之兵。周幽王宠褒姒，不好笑，王百计悦之，仍不笑。王乃举烽火以征诸侯，诸侯至，而无寇，褒姒乃大笑。后西夷犬戎入寇，王举火征兵，诸侯不至，犬戎遂弑王于骊山之下，并执褒姒以去。这事叫"烽火戏诸侯"。贪色之祸，无量无边，说不完了。

利和名是相连的，名有好有坏，或是流芳百世，或是遗臭万年。三皇五帝，是圣君贤王的典型。禹受治水之命，八年于外劳心焦思，三过家门而不敢入，开九州，通九道，陂九泽，度九山，遂竟全功，乃定九州之贡赋，立五服之制，四夷宾服。汤王出，见罗者方祝曰："从天下者，从地出者，四方来者，皆入吾罗。"汤曰："嘻！尽之矣。"乃命解其三面，留其一面，而告之曰："欲左者左，欲右者右，不用命者，乃入吾网。"这就是圣君贤王流芳百世的德泽。王莽、曹操、秦桧等就遗臭万年。诸佛菩萨、诸大祖师有真道德，虽不求名而名留千古。善星比丘、宝莲香比丘尼，生堕地狱，罪业深重，自然遗臭万年。

这个名真害人，说你好，有道德，难行能行，就欢喜，就是好名；被骂不高兴，也是为名。说好不好，总被名转。眼前枪易躲，背后箭难防。从前禅堂午后吃了点心粥，有礼佛的，有到监值寮开茶话会的。说你的功夫用得好，就生欢喜，说不好，脸就放下来了。讲小座也是一样，说你好就欢喜，说你不好就不愿意，也是被名转。

食也有利有害。"君子食无求饱，居无求安。"古人一心在道，野菜充饥，心定菜根香。如潭州龙山和尚那样，"一池荷叶衣无数，满地松花食有余。刚被世人知住处，又移茅屋入深居"。世人贪食，专在酸甜苦辣咸淡甘辛里打滚，务求珍馐美味，肆意伤生害命以资口腹。也有吃素的人，弄斋菜还叫荤菜名，什么捆鸡、油肉丸等等名目。这是习气不忘，杀心还在，虽不是真吃荤，也犯了戒了。好好丑丑，到肚里都变为屎，何必食求美味，争夺不休呢？好的吃得多，屁也多屎也多，有什么好处呢？

睡觉更了不得了，贪睡的人更多了。一年三百六十日，一天二十四小时，白天做事，夜里睡觉，平均一年睡了一百八十天。可见睡觉这事，浪费不少光阴，真害死人。真修行人爱惜光阴，依《佛遗教经》说："昼则勤心修习善法，无令失时；初夜后夜亦勿有废；中夜诵经，以自消息，无以睡眠因缘，令一生空过，无所得也。"故有睡用圆枕及不倒单等法克服睡魔的。不发道心、不知惭愧、好吃懒做的人，特别贪睡。左边睡醒了又右边睡，而且日以继夜的睡，看经听法、坐香念佛都睡，把大好光阴全都浪费了。

究竟出家所为何事呢？古德云："闻钟卧不起，护法善神嗔。现世减福慧，死后堕蛇身。"沩山老人云："如斯之见，盖谓初心慵惰，饕餮因循，荏苒人间，遂成疏野。"又说："感伤叹讶，哀哉切心。岂可缄言，递相警策。"希望有心求道、愿出生死的人，切勿再被五欲七情所转，努力勤修，莫空过日。

五月二十三日

世上军令严肃，令行如山倒，谁也不能违它。佛所说法，亦如军令一般，为佛弟子，只有依教奉行，决不能丝毫违犯。前几天说的布萨时上座对沙弥说："汝等各净身口意，勤学经律论，谨慎莫放逸。"既已出家，就要痛念生死，如救头燃，怎敢放逸呢？

勤学经律论三藏圣教，寻求了生脱死的途径和方法。经律论名为三藏者，因此三者皆包藏文义也。经说定学，律说戒学，论说慧学，故三藏亦即三学。梵语素怛缆藏，或曰修多罗藏，译曰綖，谓佛之言说，能贯穿诸法，如綖之贯花鬘也。又译曰经，经者具常、法二义，且经之持纬，恰具綖义。梵语毗奈耶藏，或曰毗尼藏，译曰灭，谓灭三业过非也。梵语阿毗达磨藏，旧作阿毗昙藏，译曰对法，以对观真理之胜智而名。又译无比法，谓胜智无比也。别名优婆提舍，译曰论，论诸法之性相而生胜智，故别名为论。

既受三坛大戒者，便是大丈夫和菩萨，又发了菩提心，就要做大丈夫和菩萨的事。梵语菩提，此译为道，道者是心是理。心之妙理，体同虚空，遍三界十方，包罗万象。发如是菩提心，就是菩萨大丈夫。诸佛慈悲说三乘法，重重指明。就戒律言，佛制比丘，五夏以前，专精戒律，五夏以后，方许听教参禅，可见学戒守戒是佛弟子最重要的事。

《梵网》律有十重四十八轻，犯十重是波罗夷罪。波罗夷，此译为弃，或曰退没，或曰不共住，或曰堕不如意处，或曰断头、无余、他胜等，是戒律中最严重之罪也。律中有开有遮，小乘与大乘不同。开者许之义，遮者止之义，许作曰开，禁作曰遮。开要看时节因缘，是额外方便，没有因缘是不开的；遮则一遮永遮。小乘与大乘有很多相反的，小乘持即大乘犯，大乘持即小乘犯。其详细条章，可看《毗尼止持》《毗尼作持》等书。

具足戒中，比丘有二百五十戒，比丘尼有三百四十八戒，分为五篇。一曰波罗夷罪，译曰断头，其罪最重，如断头不能复生，不复得为比丘也。此篇比丘有四戒，比丘尼有八戒。二曰僧残罪，梵名僧伽婆尸沙。僧者僧伽之略，残为婆尸沙之译，谓比丘犯此戒，殆濒于死，仅有残余之命，因此而向于僧众忏悔此罪，以全残命，故名僧残。此篇比丘有十三戒，比丘尼有十七戒。三曰波逸提罪，译曰堕，谓堕地狱也。此篇比丘有一百二十四戒，比丘尼有二百零八戒。四曰提舍尼罪，具云波罗提舍，译曰向彼悔，向他比丘忏悔罪便得灭也。此篇比丘有四戒，比丘尼有八戒。五曰突吉罗罪，译曰恶作，其罪轻。此篇比丘有百众学法，另有二不定法、七灭净法，共一百九戒。比丘尼有百众学法、七灭净法。比丘除在三际四威仪中严守二百五十戒、成三千威仪外，还要在二六时中遵照《毗尼日用》，持诵五十三咒，如是降伏其心，制身不行。

又有三聚圆戒之说，每一戒皆具摄律仪戒、摄善法戒、摄众生戒之三聚也。如不杀生一戒即具三聚者，谓离杀生之恶是摄律仪，为长慈悲心是摄善法，为保护众生是摄众生。

《楞严经》云："若诸比丘，不服东方丝绵绢帛，及是此土靴履裘毳、乳酪醍醐。如是比丘，于世真脱，酬还宿债，不游三界。"小乘有因缘可吃牛奶，菩萨吃不得，丝绵裘毳等亦然。这是小乘、大乘开遮持犯的不同。又比丘不拿银钱，不存一米，不吃隔宿饮食，当天化饭吃不完的不留；菩萨开了拿银钱不犯。酒是五根本戒之遮重戒，大乘、小乘不准开，惟大病非酒不治者，白众后可用。戒律开遮因缘微细，要深入研究才能明白。

佛门兴衰，由于有戒无戒。犯戒比丘，如狮子身中虫，自食狮子肉。所以佛将入灭说《涅槃经》，叫末世比丘以戒为师，则佛法久住。

佛又说四依法：一、粪扫衣；二、常乞食；三、树下坐；四、腐烂药。此四种法是入道之缘，为上根利器所依止，故名行四依，又名四圣种。此法能入圣道，为圣之种。粪扫衣又名衲衣，凡火烧、牛嚼、鼠咬、死人衣、月水衣，为人所弃，与拾粪之秽物同者，比丘拾之，浣洗缝治为衣，曰粪扫衣。又补衲粪扫之衣片而着用之，故曰衲衣。比丘着此粪扫衣，不更用檀越布施之衣，在于离贪着也。乞食，梵语分卫。《十二头陀经》曰：食有三种，一受请食，二众僧食，三常乞食。若前二食，起诸漏因缘。所以者何？受请食者，若得请，便言我是福德好人；若不请，则嫌恨彼，或自鄙薄，是贪忧法，则能障道。若僧食者，当随众法，请主事人，料理僧事，心则散乱，妨废行道。有如是恼乱因缘，应受乞食法。树下坐，不住房屋，日中一食，树下一宿也。腐烂药者，比丘有病不请医，不吃新药，只拾别人所弃之腐烂药来吃，病医得好不好，听其自然。今世比丘，谁能守之？一有疾病，中医西医，特效药、滋补品都来了，四依法久无人行了。

梵语比丘，此云除馑，又云乞士、破恶、怖魔。比丘为世福田，人若供一饭、闻一法，能除一切饥馑之灾，故曰除馑。云乞士者，上从如来乞法以长慧，下就俗人乞食以资身，故名乞士。乞法谓乞四念处、四正勤、四如意足、五根、五力、七觉支、八正道等三十七道品之法也。破恶是把身口意所造十恶业破除之，转为十善业也。怖魔谓比丘出家，脱离魔眷，魔震动惊怖也。我们既成了比丘，谁能名符其实为真比丘呢？既出家为了生死，就要依法行持，口而诵，心而惟，朝于斯，夕于斯，不要留恋世上的贪嗔痴爱，不要人我是非，好吃懒做。

五月二十六日

孔子《论语》二十篇，第一句说："子曰：学而时习之。"子者，孔夫子；曰者，说也。孔子教人将学过的东西，时常温习，语默动静，念念不忘；若所学仿佛大意，功夫就不相应、不究竟了。世法、佛法都是一样，要学而时习之。佛法是体，世法是用。体是理，是真谛；用是事，是俗谛。要知"二谛融通三昧印"的道理，不融通就落于偏枯，如离体表用，是凡夫凡情；离事讲心，是不明心地。真俗二谛，名目很多，真是体，俗是用，戒定慧体用都得，都是一个心地中生出种种名字。若能融会贯通，则条条大路透长安。昔有僧问赵州："如何是道？"州曰："墙外底。"曰："不问这个道。"师曰："你问那个道？"曰："大道。"师曰："大道透长安。"这里说的是什话呢？请参究参究。

那个是道？会过来的处处都是佛法，不明就滞在名相上，一天到晚劳碌奔波，种田博饭吃，与俗人何异？现在世人多是光头，僧人穿的也是俗服，此外何处与俗不同呢？古人说："心田不长无明草，性地常开智慧花。"这就是透长安的大道，也就是与俗人不同处。耕种的人，田里有草如不拔去，就难望收成。修行人把心里的无明草薅了，那智慧花就长得好、开得好。只要你不被境转，情不附物，无明草就不长了。智慧花一开，则粗言及细语，总是说无生。

古人行到说到，无空话讲，一问一答，答在问处，吐露心机，都是妙用。我们心不在道，故被物转，而无智慧。若能痛念生死，全心在道，不分世出世法，是男是女，好看不好看。若一动念，即出鬼，被情转了；不分别即不随情转，作得主。

古人说："你有柱杖子，我与你柱杖子。"这是表法，你妄想多了，就是你有柱杖子。为了除你的妄想，就教你修数息观、不净观、念佛观，念佛看经、礼佛看话头，给你修行的法门，就是与你柱杖子。你如用功到有把握，就落在无事甲里，又成障碍，是要不得的。这就是"你无柱杖子，我夺你柱杖子"。

病好不用药，就是夺柱杖子，不如是则执药成病。

大阳老人说："莫守寒岩异草青，坐着白云宗不妙。"参禅念佛，都要时时刻刻口诵心惟，开言吐语，不分别是非，终朝解脱，不烦恼、不生心动念，是有功夫。若无把握而被境转，就苦恼了。用功不得受用，处处波浪滔天。

昔佛印禅师入室次，苏东坡适至。师曰："此间无坐处。"苏曰："暂借佛印四大为座。"师曰："山僧有一问，学士道得即请坐，道不得即输玉带。"苏欣然请问。师曰："四大本空，五阴非有，居士向什么处坐？"苏遂施带，师答以一衲。苏述偈曰："病骨难将玉带围，钝根仍落箭锋机。欲教乞食歌姬院，且与云山旧衲衣。"东坡虽聪明，答不出话，是他脚未踏实地。同参们，如何能脚踏实地呢？只有口诵心惟、朝斯夕斯的做。

六月初二日

佛灭度后，法住世间有三阶段：正法一千年，像法一千年，末法一万年。《善见论》云："由度女人出家，正法唯有五百岁，由世尊制比丘尼行八敬法，正法还得千年。问：千年已，正法为都灭耶？答：不都灭。于千年中得三达智，复千年中得爱尽罗汉，无三达智，复千年中得阿那含，复千年中得斯陀含，复千年中得须陀洹，总得一万年。初五千岁学而得道，后五千岁学而不得道，于一万岁后，一切经书文字灭尽，但现剃头袈裟法服而已。"沩山老人说："所恨同生像季，去圣时遥。"沩山老人在唐朝，去佛已千余年，是像法时期。一切事情变迁，水久虫生，法久成弊。

《付法藏经》云："阿难比丘，化诸众生，皆令度脱，最后至一竹林之中，闻有比丘诵《法句经》偈云：'若人生百岁，不见水潦鹤，不如生一日，而得睹见之。'阿难闻已，惨然而叹：'世间眼灭，何其速哉！烦恼诸恶，如何便起？违反圣教，自生妄想。此非佛语，不可修行……汝今谛听，我演佛偈：若人生百岁，不解生灭法，不如生一日，而得解了之。'尔时比丘，即向其师说阿难语。师告之曰：'阿难老朽，智慧衰劣，言多错谬，不可信矣。汝今但当如前而诵。'阿难后时闻彼比丘犹颂前偈……即入三昧，推求胜德，不见有人能回彼意，便作是言：'异哉！无常甚大，劫猛散坏，如是无量贤圣，令诸世间，皆悉空旷，常处黑暗，怖畏中行，邪见炽盛，不善增长，诽谤如来，断绝正教，永当沉没，生死大河，开恶趣门，闭人天路，于无量劫，受诸苦恼，我于今日，宜入涅槃。'"

《楞严经》指出：末法时代，"邪师说法如恒河沙"；"阿难当知，是十种魔，于末世时，在我法中，出家修道，或附人体，或自现形，皆言已成正遍知觉，赞叹淫欲，破佛律仪，先恶魔师，与魔弟子，淫淫相传。如是邪精，魅其心腑，近则九生，多逾百世，令真修行，总为魔眷，命终之后，必为魔民，失正遍知，堕无间狱"。经中说九生百世者，一生一百年，一世三十年，今佛历已是二千九百八十二年，就是百世魔王出现之时。佛灭不久，《法句经》偈就有诵为水潦鹤的，时至今日，其讹误更多了。水潦鹤，就是鹭鸶鸟，见这有何意义？解生灭法，能离苦海，故有百岁不解，不如一日能解，所谓"有智不在年高，无智空长百岁"也。末世邪师，各各自谓是善知识，当参学的人，若无试金石，必从邪沦堕，只见"境风浩浩，摧残功德之林；心火炎炎，烧尽菩提之种"。末世求道，真不容易。

沩山老人说："远行要假良朋，数数清于耳目；住止必须择伴，时时闻于未闻。"故云："生我者父母，成我者朋友。亲附善友，如雾露中行，虽不湿衣，时时有润。"孔子亦曰："三人行，必有我师焉。择其善者而从之，其不善者而改之。"他好跟他学，不会带坏你。不相干的人，种种习气，臭不可闻，和他接近日久，自己也会臭。近朱者赤，近黑者黑，近香染香，近臭染臭。善友粗言及细语，皆归第一义，故宜亲近。

末法行人，如我们者，比魔外的本领也比不上。《楞严经》说：色阴尽者，"于其身内，拾出蛲蛔，身相宛然，亦无伤毁……于时忽然，十方虚空，成七宝色，或百宝色，同时遍满，不相留碍……忽于夜合，在暗室中，见种种物"。受阴尽的，能反观其面，各有十种禅那现境，叫着五十种阴魔。迷不自识的，则谓言登圣，大妄语成，堕无间狱。老子说的"其中有精"和孔子说的"空空如也"，是见到识阴的道理。罗汉五阴俱尽，已出三界。我们色阴未尽，与道隔得很远。

我忏悔，不过比你们痴长几岁，弄到一个虚名。你们以为我有什么长处，以我为宗，就苦了。我比《楞严》所说的妖魔外道都不如，比祖师更不如，所以每每叫你们参学的要带眼识人，又要有双好耳，听法能辨邪正。然后将所见所闻的，放进一个好肚里，比较他的是非得失，修行就不会走错路，不上伪善知识的当。

现正是末法时代，你到那里访善知识呢？不如熟读一部《楞严经》，修行就有把握，就能保绥哀救，消息邪缘，令其身心，入佛知见，从此成就，不遭歧路。又全经前后所说，着重在一个"淫"字。如经中说："若诸世界，六道众生，其心不淫，则不随其生死相续。汝修三昧，本出尘劳，淫心不除，尘不可出。纵有多智，禅定现前，如不断淫，必落魔道。"看《楞严经》，若不归宗，跑马看花，就不中用，要读到烂熟，就能以后文消前文，以前文贯后文，前后照应，则全经义理，了然在目，依经作观，自得受用。

古来行人，从此经悟道的很多。温州仙岩安禅师，因看"知见立，知即无明本；知见无，见斯即涅槃"，于此忽有悟入。后人语师云："破句读了也。"师云："此是我悟处。"毕生读之不易，人称之曰"安楞严"。希望同参们，无论老少，常读《楞严》。此经是你的随身善知识，时闻世尊说法，就和阿难作同参。

六月初三日

古人说："勿待老来方学道，孤坟多是少年人。"人到年老时，百般痛苦，耳不聪，眼不明，四肢无力，吃不得，睡不得，行不得，这种苦处，年轻人是不晓得的。我年轻时和你们一样，看见老来呆，总不愿意，说话他听不到，眼泪水和鼻涕，看见就恶心，怕和老人一块住。现在我老了，才知道老的苦。人老了就一天不如一天，我从云门闹事后，也是一天不如一天，久已是"一朝卧疾在床，众苦萦缠逼迫"。朝夕思忖，前路茫茫，道业未成，生死不了，一口气不来，又要投生，"万般将不去，惟有业随身"。少年不修，晚年就会如此。

你我现在都是堂堂僧相，容貌可观，皆是宿植善根，感斯异报，就不要把这善根种子打失了。洞山问僧："世间什么物最苦？"僧云："地狱最苦。"山云："不然。向此衣线下不明大事始是苦。"能明大事，即无地狱因，故地狱未为苦，而不了自心最为苦也。

想明大事，就要努力精进，不要悠悠忽忽，兀兀度时。白天应缘遇事要作得主；白天能作主，梦中才作得主；梦中作得主，以至病中作得主，则临命终时才作得主。这几样作得主，是由平时能强作主宰而来的。能强作主宰，就易悟道、了生死；不悟道，生死不能了。

悟道不难，总要生死心切，具长远坚固向道之心，至死不退。今生能不退，虽未悟，来生再努力，何有不悟之理？《楞严经》二十五圆通，位位都是经过久远劫来长期修习才成功的。我们生死心不切，不发长远心，病来知念生死，病好道念就退了。所以《楞严经》说，凡夫修行，如隔日疟。病时有道，病退无道。无明起时如疟，退则好人。故要努力精进，生忏悔心、坚固心，不要今日三、明日四。修行要一门深入，以一门为正，诸门为助。各修一门，彼此不互谤。谤法、轻法、慢法都不对。欲想佛法兴，除非僧赞僧，互谤是佛法的衰相。

佛子专心向道，痛念生死，衣不足，食不足，睡不足。昔裴休丞相，送子出家，子是翰林，拜沩山祐祖，名法海，训以《警策箴》云："衣食难，非容易，何必千般求细腻？清斋薄粥但寻常，粗布麻衣随分际。别人睡时你休睡，三更宿尽五更初，好向释迦金殿内。"沩山老人要他每天挑水供养大众。有一天，他挑水挑得太累了，心里说："和尚吃水翰林挑，纵然吃了也难消。"回来时，沩山老人问他："你今天说什么话？"法海答曰："没有说什么。"后来沩山老人揭穿他心里的话，并说："老僧一打坐，能消万担粮。"所以出家人不管你出身怎样富贵，到了佛门，就要放下一切，专心向道，才算是本色禅和。

六月十六日

佛说一大藏经，无非讲"因果"二字。详细分析起来，就无穷无尽。营事比丘，宁自啖身肉，终不杂用三宝之物作衣钵饮食。我以前化缘，随人欢喜布施，除多补少，颠颠倒倒的用。今在此妄作妄为，建法堂，起茅蓬，修厕所、牛栏等等，所用的钱，从何处来呢？我守法令不敢剥削，不写信号召化缘，做什么功德。除铸铁瓦有人代化过缘，也没有化够。他们监工的拿去旁的地方用，我也不准，怕遭报应。窑上烧砖，为修大殿用的，如拿去作别处用，也怕招因果。经上说："上物下用报应重，下物上用报应轻。"如塑佛像的用去作殿宇，作殿宇的用去作僧寮，这就是上物下用，相反的就是下物上用。上下之分要认真。年轻人修不修放在一边，因此要紧。

《云居山志》上载，即庵慈觉禅师，蜀人。初出川行脚时，欲上云居，先宿瑶田庄，梦伽蓝安乐公告曰："汝昔在此山，曾肩一担土，今来只有一粥缘。"次日午后上山，晚粥罢，值旦过寮相诤，闻于寺司。凡新到例遭斥逐，觉心窃疑讶。逾十年，得法于卧龙先禅师。有南康太守张公，亦蜀人，与师亲旧，适云居虚席，请师开法。师欣然应之，以为前梦不验矣。卜次日上山，当晚宿麦洲庄，忽然迁化，塔至今存焉。近为水淹，一石尚存。他这件事迹，留给后人看，证明因果丝毫不错。

昨夜的空话，本可不讲的，因为政府根究，所以不得不说。不是我享受了供众之物，有信在此，可以查看。所化九百五十三元三角中，无衣服款，除买袈衣、缝纫机及支付运费外，所余五百元，作买米用了。以前悟源当家，大家说他不理事，大众袜子都没得穿了，要开会讨论，调整调整，决定每人每年犒劳两套衣服，分上半年一套，下半年一套。通过决议后，去信广州缝七十套衣服给大众师用。回信说：买布有限制，待办好托人带来。最近已带来了，为什么还不发给大家呢？因为初定规章发衣服，以后改定发单钱，给各人自己去做衣服。已拿买米的钱发给大家了，所以现存的衣服，留待下半年才发，并且现在不止七十人，故七十套衣服不够发，也不能发了。直纯的信，还说有鞋袜，都被一人收下了。这也因为人多鞋袜少，不够发就不发，等将来凑够数才发。既知一粥之缘都有因果，我岂敢错因果？怕大家不明真相，所以又讲讲这些空话。

现在国家公布了兵役法，年轻人都有些心不安了。要知因果不昧，当不当兵都有前因，着什么急呢？从前几朝都有僧兵，如少林、五台等处是也。查唐太宗李世民为秦王时，曾用少林寺僧兵平王世充，及后封有功僧十三人，封昙宗为大将军，仍不去僧号。至明成祖赐姚广孝名，始易冠服，而广孝退食，仍穿僧衣。至今北京姚少师祠，于纱帽红袍上，仍覆袈裟也。

至满清入关后，中国有青衣僧、黄衣僧之分。汉僧是青衣，蒙藏是黄衣。国家重用黄衣，清朝僧兵不用青衣，改用黄衣兵，亦有名无实，未曾出过役，只领兵费。现在政府也看重黄衣僧，我们青衣僧也沾黄衣僧的光。从前丽江、五台山、少林寺，是招集僧兵的地方。明太祖以少林寺僧有武术，也在少林招僧兵。清朝把喇嘛定居在五台山，北京旃檀寺封提督军门。五台山菩萨顶、靖海寺也有喇嘛提督军门都统的职位，受国家的饷。北京雍和宫也领饷。义和团起义，有很多喇嘛僧兵，起初打胜仗，烧天主耶稣教堂，后来失败，由教徒烧杀旃檀寺。这是一报还一报。

民国三十年，湖南、湖北各省就抽僧兵，当时我向中央申辩，才得免抽。现在公布兵役法，僧人不当兵是不可能的了。日本全国皆兵，分为现役兵、预备兵等，人人皆替国家服务，无一人吃空饭的。我国似日本，将来也是全国皆兵。和平运动和得了，当兵是空话，和不了，难免不打仗。兵者不祥之物，不得已而用之，当必须用兵之时，谁也躲不脱。

民国三十一年我在云门，时局紧张，年轻人怕当兵，百多僧人同住。我无主宰了，我死不要紧，要把年轻人安置好才对。即到后山与山上瑶人相商，因他们向与政府来往。我和他们联络，想到他们那里盖茅蓬，以便年轻人有躲避当兵之所。我上山时大雨倾盆，给他们散供养，他们很欢喜，答应我们来盖茅蓬，祖师肉身也好保护。后来就在山上分散开盖了几处茅蓬，准备有灾难就上山去，过了几年，都没有事。这是自己无主宰，空耽心过虑。后来寺中帮工知道山上有茅庵，去报告政府，给我大帽子戴，说我造反、该死。现在兵役问题又来了，听天由命，不要惊慌，前生若种了当兵的因，今生决逃不了当兵的果。而且一切唯心，法法都能成圣贤，当兵也一样修行。僧俗都是这一个色壳子，所不同者，有没有酒色财气而已。

草堂和尚颂曰："乐儿本是一形躯，乍作官人乍作奴。名相服装虽改变，始终奴主了无殊。"戏子只一个身，忽而变男，忽而变女，忽而扮官，忽而扮奴。贫富贵贱，千奇百怪，虽服装不同，还只是一个戏子。八识心王，等于戏子，众生色身，如戏台上人物。识得戏子，做什么也好，决不随境分别，妄生憎爱，处处都是道场。关云长是兵，也成了武圣人。不学好的，如秦桧、曹操，虽是状元、宰相，也下地狱。心好处处好，心坏处处坏。当兵不当兵，何必介意？

六月二十三日

办道这一法，说难也难，说易亦易，难与不难是对待法。古人真实用心，一点不为难，因为此事本来现成，有什么难呢？信不及就为难了。若真正为求了生脱死而办道，能把自身看轻，了身如幻，一切事情看得开，不被境转，办道就容易。

人没有不想学好，谁也想成圣贤，谁都怕入地狱。但想是一回事，做又是另外一回事。很多人行起来就为难，何以呢？比如世人说好话"恭喜发财、富贵荣华"，谁都欢喜；若说你"家败人亡"等不吉祥话，谁都不愿意。可见人人都想好。但何以偏向坏处跑呢？这只由放不下罢了。

古来各城市都有城隍庙，檐下挂一个大算盘，是要和人算善恶账的。有一匾额写道："你又来了。"两柱有一副对联："人恶人怕天不怕，人善人欺天不欺。"又："天堂有路，人人不肯去；地狱无门，个个要进来。"凡人常动机谋、弄巧妙，吃不得亏，事事都计较合算不合算。恶人谁也不敢近，怕吃他的苦头，让他忍他散场了。但因果报应，天是不怕恶人的。

我们坐禅念佛，本为了生死，由于无明贡高，不能忍辱，不除习气，虽有修行善因，还免不了苦果，生死不了，随业受报，所以说"你又来了"。本来在地狱受苦已毕时，十殿阎王吩咐过，叫你不要再来，再来没有好事。由于你放不下，所以依旧犯罪，去了又来。

世人愚迷，作恶不行善，遂招苦果。出家人是不是想出苦呢？如不想脱苦，何必入空门？入空门则了无一物可得，万事皆休，还有什么天堂地狱？但如不证得四大皆空，五阴非有，就不算得入空门。要入空门，最好多多研读《楞严经》。全经前前后后，所说不离五阴，其中开五阴而说六入、十二处、十八界，内而身心，外而器界，不出色受想行识五阴。经中说凡说圣，说悟说魔，皆是阐明五阴非有，教我们照破五蕴皆空，最后说知有涅槃，不恋三界，指出五阴魔邪，无一不是说五阴。色阴上，淫色是生死根本，杀盗淫妄是地狱根本。五阴照空，即脱生死，不复轮回。

如何照呢？照是觉照，时时刻刻依经所说，用智慧观照五阴，照得明明白白的，就见五蕴皆空了。在观照之初，未能全无妄想，这不要紧。古人说："不怕念起，只怕觉迟。"若妄念一起，你能觉照，就不随妄转；不能觉照的，坐香怕腿痛，礼佛怕腰酸，躲懒偷安，天堂路不通，自然要进地狱。

寒山大士诗云："人问寒山道，寒山路不通。夏天冰未释，日出雾朦胧。似我何由届，与君心不同。君心若似我，还得到其中。"寒者寒冷，冷到夏天冰还未释，日出还雾。我这一片冰心，与君不同，君若似我，就能到寒山中，否则寒山路不通。学道之人，要见五蕴皆空，首先要灰心冷意，纵使炎天如烈火，难消冰雪冷心肠，才能与道相应。

昔阎丘胤出牧丹邱，临途之日，乃萦头痛，医莫能治。乃遇一禅师名丰干，言从天台山国清寺来，特此相访，乃命救疾。师乃舒容而笑曰："身居四大，病从幻生，若欲除之，应须净水。"时乃持净水上师，师乃噀之，须臾祛疹，乃谓胤曰："台州海岛岚毒，到日必须保护。"胤乃问曰："未审彼地当有何贤，堪为师仰？"师曰："见之不识，识之不见。若欲见之，不得取相，乃可见之。寒山文殊，遁迹国清；拾得普贤，状如贫子，又似疯狂，或去或来，在国清寺库院走使，厨中着火。"师言讫辞去。

胤乃进途，至任台州，不忘其事。到任三日后，亲往寺院，躬问禅宿，果合师言。……到国清寺，乃问寺众："丰干禅师院在何处？并拾得、寒山子现在何处？"时僧道翘答曰："丰干禅师院在经藏后，即今无人住得，每有一虎时来此吼。寒、拾二人，现在厨中。"僧引胤至丰干禅师院，乃开房。唯见虎迹。……遂至厨中灶前，见二人向火大笑，胤便礼拜。二人连声喝胤，自相把手，呵呵大笑叫唤，乃云："丰干饶舌饶舌，弥陀不识，礼我何为？"僧徒奔集，递相惊讶，何故尊官礼二贫士？时二人乃把手出寺……即归寒岩。胤乃重问僧曰："此二人肯止此寺否？"乃令觅访，唤归寺安置。

胤乃归郡，遂置净衣二对、香药等物持送供养。时二人更不返寺，使乃就岩送上。寒山子高声喝曰："贼！贼！"退入岩穴，乃云："报汝诸人，各各努力。"入穴而去，其穴自合，莫可追之。拾得又迹沉无所，乃令僧道翘等，具往日行状。唯于竹木石壁书诗，并村墅人家厅壁上所书文句三百余首，及拾得于土地堂壁上书言偈，并纂集成卷，流通世上。

据寒山自己说："五言五百篇，七字七十九。三字三十一，都来六百首。一例书岩石，自夸云好手。若能会我诗，真是如来母。"又云："家有寒山诗，胜汝看经卷。书放屏风上，时时看一遍。"拾得诗云："有偈有千万，卒急述应难。若要相知者，但入天台山。岩中深处坐，说理及谈玄。共我不相见，对面似千山。"寒山、拾得的诗，流传到今，一向受人尊重，儒家亦多爱诵之。他两大士出口成文，句句谈玄说理，不要把他作韵语读，若作韵语读，则对面隔千山了。

六月二十五日

地藏王菩萨发大誓愿："众生度尽，方证菩提。地狱未空，誓不成佛。"一切菩萨也如此发心。我们每天上晚殿也发愿说："众生无边誓愿度，烦恼无尽誓愿断，法门无量誓愿学，佛道无上誓愿成。"凡佛弟子，无不发此誓愿。证果深浅大小不同，皆由愿力深浅，依愿行持大小而定。佛由众生修成，众生能依愿行持，就是菩萨，就能成佛。

既然成佛人人有份，何以一切菩萨发愿度众生，度来度去，总度不尽呢？因众生之"众"字，由三个"人"字合成，三人成众，众生之数，无穷无尽。十法界中，除佛法界外，其余九法界都属众生。上三界是圣人，已出生死苦海，不受轮回，余六界都未出生死。九法界内有三圣法界，尚有微细习气未尽，所以都属众生。习气有深浅，上三界浅，下六界深，习气深重、业障众故，故叫苦恼众生。这些众生，死去生来，不得休息，势难穷尽，其数量亦复难知。

嵩岳元圭禅师对岳神说："佛七能三不能。佛能空一切相，成万法智，而不能即灭定业；佛能知群有性，穷亿劫事，而不能化导无缘；佛能度无量有情，而不能尽众生界，是为三不能也。"又说："定业亦不牢久，无缘亦是一期。众生界本无增减，且无一人能主有法。有法无主，是谓无法。无法无主，是谓无心。如我解佛，亦无神通也，但能以无心通达一切法尔。既众生界本无增减，则度众生亦无所谓尽不尽也。"

《六祖坛经》解释"四弘誓愿"曰："众生无边誓愿度……所谓邪迷心、诳妄心、不善心、嫉妒心、恶毒心，如是等心，尽是众生。各须自性自度，是名真度……又烦恼无尽誓愿断，将自性般若智，除却虚妄思想心是也。又法门无量誓愿学，须自见性，常行正法，是名真学。又佛道无上誓愿成，既常能下心，行于真正，离迷离觉，常生般若。除真除妄，即见佛性，即言下佛道成。"

佛果禅师曰："究竟佛亦不立，唤甚作众生？菩提亦不立，唤甚作烦恼？儵然永脱，应时纳祐。"古人如此说话，何以我们做不到呢？只是不肯除习气，放不下，做不得主，没有觉照，在不妄中自生虚妄，但能动静忘怀，则水清月现了。

政和二年，嘉州奏风雷折古树，中有定僧，爪发被体。诏舆至禁中，译经三藏金总持令击金以觉之。询其名，曰："我庐山远法师弟慧持也，因游峨嵋至此。"问欲何归。曰："陈留古树中。"诏以礼送之，因图形制赞云："七百年来老古锥，定中消息许谁知？争如只履西归去，生死何劳木作皮。"

达摩祖师，梁朝普通七年，由西天航海到中国，因梁武帝问法机缘不契，便渡江，居洛阳少林寺，面壁而坐。越九年，以正法眼藏传付二祖。化缘既毕，遂端居而逝，葬熊耳山，起塔定林寺。其年，魏使宋云葱岭回，见祖手携只履，翩翩而逝。云问："师何往？"师曰："西天去。"云归，具说其事，及门人启圹，棺空，惟只履存焉。诏取遗履少林寺供养，后人图祖师像，亦画手携只履。达摩面壁，慧持入定，功夫深浅不同，七百年定功，不可谓不深矣，犹不及只履西归。我们比慧持定功，又相隔甚远，定功一点都没有，怎能度众生呢？努力放下用功吧！

六月二十七日

佛未出世时，为邪法而在真理之外的外道，印度计有九十六种，谓外道六师。各有十五弟子，师弟子之数相加，共九十六也。又称九十五种外道者，谓九十六种中，有一与佛法通，故除去此一而称九十五也。九十五种外道，各各宗旨不同，都说修行。理路都搞不清楚，议论颠颠倒倒，还有人跟他学。中国古代轩辕黄帝，访崆峒山广成子，也说修道；伏羲画八卦，也说是道；李老君为周朝柱下史，也讲道。中外古今讲道的人很多，而有浅深不同，与佛相较，就差得很远。

谈起佛教的缘由是这样的：教主释迦牟尼佛，姓刹利，父净饭王，母摩耶。刹利氏自天地更始，阎浮洲初辟以来，世代为王。佛历劫修行，值燃灯佛授记，于此劫作佛。后于迦叶佛世，以菩萨成道，上生睹史陀天，名护明大士。及应运时，乃降神于摩耶，当此土周昭王二十四年甲寅四月初八日，自摩耶右胁诞生。生时放大光明，照十方世界，地涌金莲承足，一手指天，一手指地，周行七步，目顾四方，曰："天上天下，唯吾独尊。"

年十九，二月八日，欲求出家，而自念言："当复何遇？"即游四门，见老病死等事，心生悲厌，作是思惟："此老病死，终可厌离。"于是夜子时，有净居天人，于窗牖中叉手言曰："出家时至，可去矣。"于是诸天捧所乘马足，超然凌虚，逾城而去，曰："不断八苦，不成无上菩提，不转法轮，终不还也。"

入檀特山修道，始于阿蓝迦蓝处三年，学不用处定，知非便舍。复至郁头蓝弗处三年，学非非想定，知非亦舍。又至象头山，同诸外道，日食麻麦，经于六年。然后夜睹明星，豁然大悟，成等正觉。

二月八日，世尊前行至波罗奈国鹿野苑中，度五比丘。初为侨陈如说四圣谛法："汝今应当知苦断集，证灭修道。"当佛三转四谛十二行法轮时，侨陈如得法眼净。世尊重为四人广说四谛，亦得法眼净。时五人白佛，欲求出家，世尊呼彼五人"善来，比丘"，须发自落，袈裟着身，即成沙门。佛复为说五阴无常，苦空无我，皆漏尽意解，成阿罗汉。于是世间始有五阿罗汉。

以后又度耶舍长者子朋党五十人，优楼频螺迦叶师徒五百人，那提迦叶师徒二百五十人，伽耶迦叶师徒二百五十人，舍利弗师徒一百人，大目犍连师徒一百人。此一千二百五十人，先事外道，后承佛之化度而得证果，于是感佛之恩，一一法会，常随不离。故诸经之首列众，多"云千二百五十人俱"。

我们跟佛学，现在都是出了家。但出家有四种：一、身出家心不出家，身参法侣，心犹顾恋；二、身在家心出家，虽受用妻子，而不生耽染；三、身心俱出家，于诸欲境，心无顾恋；四、身心俱不出家，受用妻子，心生耽染。我们自己检查一下，看这四料简中是那一类呢？

我惭愧，身虽出家，几十年骗佛饭吃。表面出了家，内心未入道，未证实相理体，未能四大皆空，未能如如不动，这就是心未出家。我就是这样苦恼，还有和我一样的，可见身心俱出家就为难了。古来身在家、心出家的大居士，如印度的维摩诘、月上女、末利夫人、韦提希夫人，中国的庞蕴、宋仁宗、张襄阳，都是深通佛法，居尘不染尘。身心俱出家的大祖师多了，都是佛门模范，为后人钦式，弘法利生，作大佛事，功德无量。清朝顺治皇帝，六岁登基，二十四岁出家，这是身心俱出家的。其身心俱不出家的就不要说了。

真出家的实在难，能成大器的更不易。扣冰古佛说："古圣修行，须凭苦节。"黄檗老人说："不是一番寒彻骨，怎得梅花扑鼻香？"故出家人能做到底也不容易。了生脱死，门路很多，《楞严经》有二十五圆通，就有二十五法门。门路虽多，总不出宗、教、律、净。宗是禅宗，教是讲经，律是持戒，净是念佛，这四法最当机。禅宗虽是直下明心见性，动静一如，头头是道。就禅来说，差别也多，还有邪正大小，种种不一。讲经也一样，要到大开圆解，一念三千，性相融通，事理无碍。念佛亦要念到一心不乱，当下亲证唯心净土、自性弥陀，入萨婆若海。

一切法门，都离不了持戒。《楞严经》说：摄心为戒，如不断淫，必落魔道；如不断杀，必落神道；如不断偷，必落邪道；若不断其大妄语者，因地不真，果招纡曲。"我今先说入三摩地修学妙门，求菩萨道，要先持此四种律仪，皎如冰霜，自不生一切枝叶，心三口四，生必无因。"佛门旧制，比丘出家，五夏以前，专精戒律；五夏以后，方许听教参禅。何以如此呢？因为修行以戒为体，戒是出生死的护身符。没有戒，在生死苦海中就会沉沦汩没。佛曾以戒喻渡海浮囊，不能有丝毫破损，浮囊稍破，必定沉溺。所以宗、教、净三家，及一切法门，都以戒为先。但戒定慧三法不能偏废，要三法圆融，才得无碍。持戒若不明开遮，不通大小乘，不识因时制宜、种种妙用，死死守戒，固执不精，成为错路修行。三学圆明，才得上上戒品。

种种法门，皆不出一心。所以一法通则万法通，头头物物尽圆融；一法不通则一切不通，头头物物黑洞洞。一心不生，万法俱悉，能如是降伏其心，则参禅也好，念佛也好，讲经说法，世出世间，头头是道，随处无生，随处无念。有念有生，就不是了。修行人要先除我相，若无我相，诸妄顿亡。我执既除，更除法执。我执粗，法执细。平常讲话，开口就说"我什么、我什么"，若无我，则什么都瓦解冰消，哪一法都无碍。由能无我，也就无人，习气毛病也无有了。

既为佛子，正信出家，求出离法，就要努力忘我，勿为境转，勿在烦恼中过日子。佛子若不降伏其心，则一念错误，"毫厘有差，天地悬隔"，一失足成千古恨。如救头燃，严守律仪，如保护渡海浮囊，不容有一点破损。

七月初八日

我是一个闲人，常住什么事都与我不相干，与大众有缘，在堂里摆摆闲谈。百丈大智老人，以禅宗肇自少室，至曹溪以来，多居律寺，虽别院，然于说法住持未合规度，于是别立禅居。古人一片婆心，为了培育人才，而定规矩、立次序。时至今日，认为这一套是老腐败，压制人才，要铲除他、打倒他，若留恋旧规矩的就是脑筋未醒。新旧二法，彼此冲突，今古不相容。佛世制戒，为除习气。法流东土，因时制宜，百丈创清规，用以辅助戒律而设。既有规矩，得成方圆，一举一动，不越雷池一步。一切威仪次序，人情礼节，动止施为，勤除习气。百丈清规，至今千多年，水久虫生，法久成弊。世道不古，借清规舞弊，所以有人起来反对，另创新规矩。

究竟是规矩不好，还是人不好呢？若人不好，有再好的规矩也无用；若人好，何用更立什么新规矩呢？可见规矩本无好丑，只是人有好丑罢了。禅和子参禅，禅是静虑，要在静中思虑好歹，择善而从。一切在我，法法皆妙；我若不好，什么法都会成弊。世间法也是一样，法本不坏，由于人心坏、习气多，好法都成为坏法了。凡事能三思而后行，就不至于胡作妄为。

立法不是死的，如医生一样，要对症下药，药不对症，就要吃死人，所以医生治病，死执古方是不行的。古云："药不在贵贱，愈病者良。"先圣建丛林，立清规，定次序，安职位，如国家立法一般，非常周密。今天七月初八日，诸位职事首领，照丛林规矩，要到方丈向和尚客客气气地退职。

这里不是丛林，又无钟板，何以要搞这套把戏呢？我是一个野人，什么事都与我不相干，还和你颠倒什么？你们说也有理，认为职事有请就有退，是老规矩。每年正月初八、七月初八都是退职日子；初十请职，十二复职，十三送职，十六出堂。当职当了一期，辛辛苦苦，退了职，好歇歇气。丛林下小请职、大请职等等规矩很好，初发心的可以参学参学。请职有序职、列职先后次序，又有有请有退、有请无退之别。肯发心的人，不管这些。

古来丛林住持，由国家送的多，公举的也有，但不多。现代没有这把戏，住持一当就不退，就在方丈养老，当家也是一当当几十年。天宁寺定老和尚，传几位法徒。高朗当家当到死。冶开和尚当督监许多年，光绪二十一年当方丈当到死。英与和尚光绪十二年当方丈当到死。霜亭和尚，光绪二十二年受戒，直到方丈，几十年没有退职，还不是由你发心。妙湛当司水二十一年，当维那十八年，后升首座没有退。湖南超胜，在江天寺当僧值十三年，别人退职他不退，常住大众欢喜他，说他是活菩萨。丛林下的把戏会用就好，不会用就变成死法。大家有缘在一块，有粥吃粥，有饭吃饭，出坡开田，如自己小庙一样，有什么职可请？有什么职可退？有什么班首班脚呢？放下吧，不要玩这套假把戏了，还讲什么方丈、扁丈等等空话。我只是吃空饭，和你们一样，向我退职做什么？

昔一老宿，畜一童子，并不知规则。一日，有一行脚僧到，乃教童子礼仪。晚间老宿外归，遂去问讯。老宿讶，问童子："阿谁教你？"童曰："堂中某上座。"老宿唤僧来问："上座傍家行脚，是什么心行？这童子养来二三年了，幸自可怜生，谁教上座教坏伊？快束装起去！"黄昏雨淋淋地被赶出。法眼云："古人恁么显露些子家风，甚怪，且道意在于何？"一有动作威仪，就不是本来面目了，圣也不可得，何凡之有？腾腾任运，动静无心，圣凡能所，智慧愚痴，烦恼菩提，皆是如如之道。大众会得么？执著便刺手。

七月初十日

今日有几位广东居士入山礼佛，供斋结缘，请我上堂说几句话。我是空空如也的，谨略述《四十二章经》一部分的故事，与各位结缘。

佛言，人有二十难：贫穷布施难，豪贵学道难，弃命必死难，得睹佛经难，生值佛世难，忍色离欲难，见好不求难，被辱不嗔难，有势不临难，触事无心难，广学博究难，除灭我慢难，不轻未学难，心行平等难，不说是非难，会善知识难，见性学道难，随化度人难，睹境不动难，善解方便难。谁能过此难关，谁就了脱生死。

生值佛世，何以说难呢？若无善根福德因缘，不说遇着佛，遇菩萨罗汉也难。《智度论》云：舍卫城有九亿家，三亿明见佛，三亿信而不见，三亿不见不闻。佛二十五年在彼尚尔，若得多信，利益无穷。佛在舍卫城二十五年，尚有三亿家不见不闻的，以其无善根福德因缘，故虽生值佛世，尚不见不闻；与佛同时在世，相隔很远，不见佛不闻佛的人更多。故无善根之人，虽生佛世也无用处。而且就算在佛身边，为佛弟子，若不依教奉行，也会招堕。如提婆达多是佛的兄弟，善星比丘为佛侍者二十年，不修行还堕地狱。城东老母与佛同年同月同日同时生，与佛无缘，不愿见佛。可知见佛闻法之难了。

现今佛不在世，善知识代佛弘法，亲近之也能了生脱死，但善根浅薄的，会善知识也难。纵有缘见面闻法，不明所说之义，也无益处。华严初祖杜顺和尚是文殊菩萨化身，有弟子亲近很久，不知他的伟大。一日告假，要朝五台山，礼文殊去。师赠以偈曰："游子漫波波，台山礼土坡。文殊只这是，何处觅弥陀？"弟子不会意，及至五台山脚，见一老人，谓之曰："文殊今在终南山，杜顺和尚是也。"弟子趋归，师已于十一月十五日坐亡。至今关中于是日作文殊忌斋。不具眼识人，虽在善知识面前，也认不得他是善知识。又大阳警玄禅师座下，平侍者心地不好，结果叛师离道，收场在三岔路上被老虎吃掉。已会善知识可算不难了，但不依教修行，虽会善知识也无用处。

"贫穷布施难，豪贵学道难"，因贫穷的虽欲布施，有心无力，勉强布施，就会影响自己的生活，所以为难；豪贵人家，有力布施，不能放下身心去学道，也是为难。难易是对待法，精进勇猛，有大愿力，难的会变为易；疏散放逸，悠悠忽忽，易的也变为难。难之与易，在人不在法，贵能融通，则一切无碍。贫的是前世不施，故感今果，正应尽力布施；豪贵的人身份高，办事不为难，正好学道。

佛弟子阿那律，此云无贫，或曰如意。他过去劫中贫穷，一日在田里干活，其妻送来稗子饭，适有一辟支佛僧向他化饭。他说："这饭很粗，不堪供养大德，请到我家另供养好饭吧！"僧曰："现已正午，若到汝家便过了午，过午我不能吃，就化你这稗子饭吃好了。"他就以稗子饭供养此僧，因此功德，感果九十一劫生天为天王，世世无贫，世世如意。做人王、天王不稀奇，由供养僧种下善根，得为释迦佛座下弟子，闻法悟道成罗汉，天眼第一，这更难得。以一饭之因，就有如是好果，贫穷布施比富贵布施功德更大。可见能打破难关，则贫穷布施亦非难也。

菩萨修六波罗蜜，以布施波罗蜜为首。布施之义，说来很多，略说有三：一财施，舍财济贫也；二法施，说法度他也；三无畏施，救人之危难也。又一净施，谓布施时不求世间之名誉福利等报，但为资助出世之善根及涅槃之因，以清净心而布施也；二不净施，谓以妄心求福报而行布施也。身尚能舍，身外之物更不屑说了。

来的四位广东居士，千山万水，朝山礼佛，布施结缘，已经难得。既为求出离法而来，则要发长远心，有进无退，恭敬三宝，不要分相，见好的固然要敬，见不好的也莫起憎心。有憎爱心，就有烦恼，就脱不了生死。憎心一起，道心就退，不可不慎。

七月十一日

昨日说《四十二章经》中的二十难，会过来，难会变易。难易是对待法，难中有易，易中有难，在各人所用不同。不讲别的，就讲贫穷布施难吧！佛弟子行菩萨道，布施为六度之首。施者舍也，四无量心——慈悲喜舍，舍就是布施，舍就能解脱。因为一切皆非我有，能内外尽舍，自然解脱，布施又有什么难？

佛在世时，有一双穷夫妻，穷到不得了，住的是破草房，勉强能避风雨；穿的两人仅共一条下裙，没有上身衣服，出门只能一人穿裙，一人赤身露体留在家里。所以二人每日轮流出门乞食，也就轮流穿这一条下裙。化饭化得多，二人吃得饱就欢喜，也常有化不够、吃不饱的时候，甚至化不到而饿肚子也有。

有一比丘，已证罗汉果，知他二人多生多劫未种善根，所以这生贫穷到此地步，特来度他，向他化缘，令他种福。这对夫妻见此比丘在门外化缘，男的招呼他在外稍等，回来和妻子商量道："我二人前世不修，今生如此贫苦。今生若再不修，将来必然更苦。但想布施种福，又没有东西可供布施。二人只共有这一条裙，若布施了，便不能出门，二人都要饿死。但若不布施，生亦无用，不如以此仅有之物，诚心供僧，种种善根，死亦值得。"其妻同意。男子于是从破房洞中，伸出头来，向比丘说："大德，请慈悯我，望将此裙代我送去供佛。"比丘悯而受之，持供世尊。时世尊正与频婆娑罗王说法，受此供养，即向大众宣布彼夫妻往劫因缘。他们虽未种善根，只今以一念诚心，尽其所有，施下此裙，其福无量。王闻此事，着二人前往看彼夫妻，见其裸体饿睡地上，因救护之，给以衣食，同诣佛所，见佛闻法，即证果位。

他二人穷是穷极了，但能把布施难这一关打破，就获如此利益。可见难不难在乎一念，没有一定的。

昔明代罗殿撰有《醒世诗》曰："急急忙忙苦苦求，寒寒暖暖度春秋。朝朝暮暮营家计，昧昧昏昏白了头。是是非非何日了，烦烦恼恼几时休。明明白白一条路，万万千千不肯修。"这虽是浅白文章，似乎没有很深的道理，但全把我们业障鬼一生的行为描写出来。谁人能脱离这诗的窠臼，谁就是大解脱人。

七月十七日

就以我自己而言，一生感果苦得很，常生惭愧，怕错因果，还落因果。少年就想住茅蓬，放下万缘，偷安度日，结果还是放不下，逃不掉因果。

庚子年随光绪皇帝到陕西，嫌市朝太烦，故第二次又上终南，到嘉五台结庐，改名隐迹，把茅庐弄好，以为可以安居不动了，但因果不由你，还是隐不住。只得如充军一样，远远的跑，跑到云南鸡足山。那里万里无云的境界，以为躲脱世事了，岂知又出头兴丛林。事情弄好了，还是站不住脚，又跑到大理府还宿债。地方弄好了，又到昆明。昆明弄好了，又跑到福建鼓山，革除弊习，结大冤仇，遭昧良者弄出杀人放火来反对。才把事情平息，以为从此可以放下无事得安静了，讵料又跑到广东南华寺，千辛万苦把房子修好了，又撞到云门，恢复祖庭，还是还债。那里想到会祸从天降，逼得我不跑也要跑。可见世上做人，业障是有定数的。

进北京装乌龟就好了，又伸出头来，辅助和平会，发起中国佛教协会，把大领衣、旧规矩保存下来。可已了愿，其时多次夜梦举手拉木头、竖柱子，由于失觉照，妄想纷飞。在京留不住，又到上海、杭州、苏州办和平法会。后来到庐山避暑，还梦上梁修造。因听议将云居划为林场，不忍祖庭废灭，又来还宿债。才知屡梦上梁竖柱，受报有定。

直纯的私信，我是不管的。试想我们出家人，还是贪名贪利，人我是非，比俗人不如，好不惭愧。家丑扬出去，被人轻慢，这就可耻了。

一九二九年十月二十一日在上海世界佛教居士林请普说

今承众位居士邀请，略谈佛学。论到此事，老衲抱愧万分，盖缘自己毫无实行，虽然浮谈浅说，无非古人剩语，与我本没交涉。

想我佛为一大事因缘降世，垂训八万四千法门，总皆对病开方，果若无病，药何用施？倘有一病未愈，则不可不服其药。其方在我华夏最灵验者，莫过于宗、律、教、净，以及诵持密咒。以上数方，在此土各光耀一时，目下兴盛见称者，无越江浙，于台、贤、慈恩、东西密教，大展风光。诸法虽胜妙，唯于宗、律二法，多不注意。

嗟兹末法，究竟不是法末，实是人末。因甚人末？盖谈禅说佛者，多讲佛学，不肯学佛，轻视佛行，不明因果，破佛律仪，故有如此现象。大概目下之弊病，莫非由此。既然如是，你我真为生死学佛之人，不可不仔细，慎勿暴弃。

法门虽多，门门都是了生死的，故《楞严经》云："归元性无二，方便有多门。"所以二十五圣各专一门，故云一门深入。若一圣贪习多门，犹恐不得圆通，故持六十二忆恒河沙法王子名，不及受持一观音名号也。

凡学佛贵真实不虚，尽除浮奢，志愿坚固，莫贪神通巧妙，深信因果，懔戒如霜，力行不犯，成佛有日，别无奇特。

本来心、佛、众生原无差别，自心是佛，自心作佛，有何修证！今言修者，盖因迷悟之异，情习之浓，谬成十界区分。倘能了十界即一心，便名曰佛。故不得不尽力行持，消除惑业；习病若除，自然药不需要。

古云："但尽凡情，别无圣解。"喻水遭尘染，一经放入白矾，清水现前。故修学亦如是，情习如尘，水如自心，矾投浊水，浊水澄清。凡夫修行，故转凡成圣也。

但起行宜辨正助，或念佛为正，以余法作助，余法都可回向净土。念佛贵于心口不异，念念不间。念至不念自念，寤寐恒一，如是用功，何愁不到极乐？

若专参禅，此法实超诸法，如拈花微笑，遇缘明心者，屈指难数，实为佛示教外之旨，非凡情之所能解。假若当下未能直下明心之人，只要力参一句话头，莫将心待悟，空心坐忘，及贪玄妙、公案、神通等，扫尽知见，抱住一话头，离心意识外，一念未生前，直下看将去，久久不退，休管悟不悟。单以这个疑情现前，自有打成一片、动静一如的时候。触发机缘，坐断命根，瓜熟蒂落，始信与佛不异。沩山云："生生若能不退，佛阶决定可期。"岂欺我哉！

每见时流不识宗旨，谬取邪信，以诸狂禅邪定，讥毁禅宗，不识好恶，便谓禅宗如是。焉知从古至今，成佛作祖，如麻似粟，独推宗下，超越余学。若论今时，非但禅门，此外获实益作狮吼者，犹罕见之，其余诸法，亦不无弊病。要知今日之人未能进步者，病在说食数宝，废弃因果律仪，此通弊也。

若禅者以打成一片之功夫来念佛，如斯之念佛，安有不见弥陀？如念佛人将不念自念、寤寐不异之心来参禅，如斯参禅，何愁不悟？总宜深究一门，一门如是，门门如是。果能如此用功，敢保人皆成佛，那怕业根浓厚，有甚习气不顿脱乎？此外倘更有他术能过此者，是则非吾所能知也。

每叹学道之士，难增进胜益，多由偷心不歇，喜贪便宜，今日参禅，明日念佛，或持密咒，广及多门，不审正助，刻刻转换门庭。妄希成佛，毫无佛行，造诸魔业，共为魔眷，待至皓首无成，反为讪谤正法。古云："欲得不招无间业，莫谤如来正法轮。"

今逢大士胜会，同心庆祝，各各须识自家观自在大士，从闻思修，入三摩地，阿难纵强记，不免落邪思。"将闻持佛佛，何不自闻闻？反闻闻自性，性成无上道。"虚云一介山野之夫，智识浅薄，因承列位厚意邀来，略叙行持损益云尔。

今朝九月正十九，共念观音塞却口。

大士修从耳门入，眼鼻身意失所守。

失所守，绝所有，切忌有无处藏身，当下观心自在否？

民国三十二年一月十七日在重庆慈云寺开示

今日诸位发心来归依三宝，老衲甚为欣慰。诸位远道过江来此，无非希望得些益处。但若想得益，自须有相当行持，如徒挂空名，无有是处。诸位须知，现既归依，即为佛子。譬如投生帝王之家，即是帝王子孙，但能敦品励行，不被摈逐，则凤阁鸾台，有分受用。自今以后，须照佛门遗教修持。

要晓得世间万事如幻，人之一生，所作所为，实同蜂之酿蜜，蚕之作茧。吾人自一念之动，投入胞胎，既生以后，渐知分别人、我，起贪嗔痴念。成年以后，渐与社会接触，凡所图谋，大都为一己谋利乐，为眷属积资财，终日孳孳，一生忙碌，到了结果，一息不来，却与自己丝毫无关，与蜂之酿蜜何殊？而一生所作所为，造了许多业障，其所结之恶果，则挥之不去，又与蚕之自缚何异？到了最后镬汤炉炭，自堕三途。

所以大家要细想，要照佛言教，宜吃长素，否则暂先吃花素，尤不可为自己杀生。杀他之命，以益自己之命，于心何忍？试观杀鸡，捉杀之时，彼必飞逃喔叫，只因我强彼弱，无力抵抗，含冤忍受，积怨于心，报复于后。以较现在武力强大之国，用其凶器，毁灭弱小民族，其理正同。

诸位既属佛子，凡悖理之事，不可妄作。佛法本来没甚稀奇，但能循心顺理，思过半矣！

许多人见我年纪虚长几旬，见面时每有探讨神通之情绪，以为世外人能知过去未来，每问战事何日结束，世界何日太平。其实神通一层，不但天魔外道有之，即在鬼、畜俱有五通，此是性中本具，不必注意。我们学佛人，当明心见性，解脱生死，发菩提心，行菩萨道。从浅言之，即诸恶莫作，众善奉行。不但不可损人利己，更宜损己利人。果能切实去做，由戒生定，由定生慧，一切自知自见，自不枉今日归依也。

方才有几位询问《楞严经》意旨，兹乘大众在此机缘，略说概要。此经原有百卷，而此土所译，只有十卷。初四卷示见道，第五、第六等卷示修行，第八、第九卷渐次证果，最后并说阴魔妄想。

阿难尊者为众生示现询问，而佛首明诸法所生，惟心所现。因阿难尊者见佛三十二相，如紫金光聚，心生爱乐，佛问其将何所见？阿难尊者白佛言："用我心目，由目观见如来胜相。"佛问："心目何在？"阿难尊者白佛言："纵观如来青莲华眼，亦在佛面，我今观此浮根四尘，只在我面，如是识心，实居身内。"佛告：心不在内，不在外，亦不在中间。若一切无着，亦无是处。"诸修行人，不能得成无上菩提……皆由不知二种根本……一者，无始生死根本，则汝今者与诸众生，用攀缘心为自性者；二者，无始菩提涅槃元清净体，则汝今者识精元明，能生诸缘，缘所遗者。由诸众生遗此本明，虽终日行而不自觉，枉入诸趣。"

应知诸法所生，惟心所现，一切因果，世界微尘，因心成体。而一切众生不成菩萨，皆由客尘烦恼所误。色声香味触法为六尘，眼耳鼻舌身意为六根，是为十二处；加眼识、耳识、鼻识、舌识、身识、意识六识，为十八界；另地、水、火、风为四大，再加空大、见大、识大为七大，合为二十五数，由二十五位贤圣分别自陈宿因、入道途径。

至于六道轮回，淫为其本；三界流转，爱为之基。阿难尊者为众生示现，历劫修行，几难免摩登伽之难，所以示罪障之中，淫为首要。因淫损体，遂杀生补养，而盗、妄等恶，亦随之而生。阿难见了如来三十二相，如紫金光聚，对摩登伽之美色，而不爱乐。男子见了女子，或可观想自己亦作女子；女子见了男子，或可观想自己亦作男子，以杜妄想。自己终日思想，确可转移心境。譬如我从前幼时在家垂辫发，衣俗衣，终日所触、所想无非俗事，晚上做梦，无非姻亲眷属，种种俗事。后来出家所作所思，不出佛事，晚上做梦，亦不外念佛等等。至葱蒜五辛，不可进食，为免助长欲念。所谓除其助因，修其正性，更加精勤增进，自能渐次成就。

更须自己勤奋，不可依赖他人。阿难尊者以王子佛弟，舍其富贵，出家从佛，希望佛一援手，即得超登果位，讵知仍须自己悟修，不能假借。不过吾人如能发心勤修勿怠，则由十信、十住、十行、十回向以至十地，亦自得步步进益，以达等觉妙觉。而三界七趣，无非幻妄所现，原本不出一心；即一切诸佛之妙明觉性，亦不出一心。是以心佛众生，三无差别。香严童子可说即是我鼻，侨梵菩萨可说即是我舌，二十五位圣贤因地虽有不同，修悟并无优劣。

不过现在时机，发心初学，似以第二十四之大势至菩萨及第二十五之观世音菩萨二种用功方法或更相宜。观世音菩萨于阿弥陀佛退位时，补佛位；而大势至菩萨，则候观世音菩萨退位时，补佛位。大势至菩萨以念佛圆通，吾人学习，应念阿弥陀佛，"都摄六根，净念相继，得三摩地"，因"十方如来，怜念众生，如母忆子，若子逃逝，虽忆何为？子若忆母，如母忆时，母子历生，不相违远。若众生心，忆佛念佛，现前当来，必定见佛"。至于观世音菩萨，则从闻思修，入三摩地，上合十方诸佛同一慈力，下合六道众生同一悲仰。若遇男子乐持五戒，则于彼前，现男子身而为说法，令其成就；若有女子五戒自居，则于彼前，现女子身而为说法，令其成就；如是或现天人，或现声闻、缘觉以至佛身，所谓三十二应，以及十四无畏、四不思议，经无量劫，度无量众生，众生无尽，悲愿无尽。诸位善体斯意可也。

民国三十五年在香港东莲觉苑讲

　　机缘难得，开示有愧。各位善知识！本人此次来广州之因缘，是张发奎将军及罗卓英主席，为超荐大战及内战之阵亡将士、殉难同胞，故本人来广州作一水陆法会；承香港佛教同人之约，本人亦欲与港地之护法旧弟子相见，故来港一行。今日得与诸位共处一堂，机缘颇为难得。若说到开示法要，本人感到十分惭愧，原因一为言语不通，彼此隔阂；二为自己尚不能开示自己，何敢开示他人？故只能说与诸位随便谈谈。

　　佛法常闻，港人之福。吾辈佛教徒当知佛法难闻，但港方常有各大法师在各佛教场所讲解经论，是诚不可谓非香港人之福。讲经法师多，明教理者亦多，重要是教人不可着于外相。如经云："凡所有相，皆是虚妄。"又云："大地众生，皆有如来智慧德相。"众生具有如来智慧德相而不能成佛，全由尘劳烦恼之所迷惑。佛陀福德智慧圆满，是不迷常住真心。常即不变，住即不动，真即不假，此不变不动不假、能觉悟了知一切法者，名常住真心。起惑作业，无量痛苦。众生因迷住真心故，起惑作业，纷纷扰扰，此纷扰中即有无量痛苦在。

　　如《大乘起信论》云："无明不觉生三细，境界为缘长六粗。"粗即可见诸事实之粗相。目前世间之现象，是贪嗔痴及杀盗淫种种恶业充满。由此恶业，引起流转受报，致有众生相续、世间相续（轮回）。推此轮回之因，为心对外境迷执（无明）而起。如能觉悟，返妄归真，即能息除流转轮回之苦。

何以有贪嗔痴，即能起杀盗淫种种恶业？人各净心，世安民乐。如一家庭，父母养有子女数人，父母对之必加爱护。有爱即有贪，贪其所爱者，常得快乐及美好之享受。如贪求而不得，则嗔心随起，嗔心炽盛，则起争斗。小者则家与家争，大者则国与国争，战事爆发矣。故欲世界安宁、人民和乐，必须各净其心。贪嗔痴犹若人之心病，欲使去除此心病，必须良医开示妙药。佛即一切众生心病的良医，一切佛法是妙药之单方。众生心病有多种，故治心病之法门亦多。

佛学必须注意实行。如能信医服药，自必药到病除。但信医之药方而不依方服药，故虽有良医妙药，以不服故，病亦依然。故学佛而欲修净自心者，必须注重于实行。复有不得不注意者，佛为治各种不同心病，故设有多种法门。如治嗔心重者教修慈悲观，治散乱心重者教修止观，治业障重者教修念佛观。一切如来三藏十二部经典，皆不可思议，不得于此中有所偏轻偏重。

不离本宗，专心信赖，只能选择何法门与本人最相应，即以此一法为正，余法为副。专门修学，行住坐卧，不离本宗。如念佛则随时随地不忘念佛，试观经中有："受持六十二亿恒河沙菩萨名号，与一心称念观世音菩萨名号，其功德正等无异。"皆为勉励众生专心信赖所宗，作如是说。设学佛者，无有主宰，不专心修学，结果必一无所得。

努力破除一切妄想。又修学者，必须依佛戒，"戒为无上菩提本"。如依佛戒，则不论参禅、念佛、讲经，无一不是佛法；若离佛戒，纵参禅、念佛、讲经，亦与佛法相违，入于外道。学佛修行，本非向外寻求，目的只为除去自己业障，使不致流转生死。若了生死，无须行持。故经云："佛说一切法，对治一切心。若无一切心，即无一切法。"此心即指妄想，其经中意，如无病即不须药。又学佛者最要具足自信心，《梵网经》云："我是已成佛，汝是当成佛。常作如是信，戒品已具足。"意谓人人如能自信具有佛性，当来成佛，必努力解除一切客尘妄想。

有如演戏，人生若梦。自信自身本来是佛故，一切烦恼、一切相、一切障，皆是颠倒妄想。故修行者，切不可执著，应当放下，所谓万法皆空，一无所得。《金刚经》云："一切有为法，如梦幻泡影，如露亦如电，应作如是观。"何以一切世间有为法是如幻无实？此以喻明之，犹如演剧，台上鼓乐奏时，戏子则扮演男女老少种种角色，演出喜怒哀乐等情节；台上之天子，威风凛凛，及至台后问之，则彼必答曰："戏也。"台上之杀人凶犯，惊怖忧愁，及至台后问之，彼亦曰："戏也。"

设能觉了，何有苦乐？演戏时情节逼真，下台后则一无所得，众生亦复如是。烦恼未了时，荣华富贵，喜怒哀乐，般般出现。人人本来是佛，犹如戏子本身。烦恼流转时，犹如扮演剧中人。设能觉了世间原是剧场，则处天堂亦不为乐，在地狱亦不为苦。男本非男，女本非女，本来清净，佛性一如。世人不觉，常在梦中分别是我、是他、是亲、是怨，迷惑不息。其有出家者，虽离亲戚眷属，但又分别此是我居之寺院，是师、是徒、是同窗、是法友，亦属执迷。

返妄归真，自利利他。故在家者被俗情迷，出家者亦有法友法眷之迷，皆未得真觉。如能脱离一切迷惑，返妄归真，方可成佛。故六祖大师听人念《金刚经》至"应无所住而生其心"之处，顿然有所觉悟。此八字，如从言语上解当不可得，必须心内领会。佛教真理，虽不可以言说论表，但若全废言说，则又有所不能，理必依文字方能引见义故。今之学佛者，应研习一切教理，而以行持为根本，宣扬佛法，使佛法灯灯相续。"将此身心奉尘刹，是则名为报佛恩。"希望一切学佛者，皆以此二语，以为自利利他之标准可也。

民国三十六年九月廿七日在广州联义社演说

善知识！虚云此次由港还山，路经此地，辱承各位相邀叙谈，莫非累劫之缘。

善知识！讲到"佛法"两字，实与世间一切善法，等无差别。豪杰之士，由于学问修养的成就，识见超常，先知先觉，出其所学，安定世间。诸佛祖师，由于历劫修行的成就，正知正觉，发大慈悲，普度三界。世出世间贤圣，因行果位，一道齐平。

善知识！佛法就是人人本分之法，总要步步立稳脚根，远离妄想执著，便是无上菩提，古德所谓"平常心是道"。只如孔子之道，不外"中庸"。约理边说，不偏是谓中，不易之谓庸。约事边说，中者中道，凡事无过无不及；庸者庸常，远离怪力乱神，循分做人，别无奇特。佛法也是一样，吾人须是从平实处见得亲切，从平实处行得亲切，才有少分相应，才不至徒托空言。

平实之法，莫如十善。十善者，戒贪、戒嗔、戒痴、戒杀、戒盗、戒淫、戒绮语、戒妄语、戒两舌、戒恶口。如是十善，老僧常谈，可是果能真实践履，却是成佛作祖的础石，亦为世界太平、建立人间净土之机枢。

六祖说"心平何劳持戒"，是为最上根人说。上根利智，一闻道法，行解相应，如香象渡河，截流而过，善相且无，何有于恶？若是中下根人，常被境风所转，"心平"二字，谈何容易！境风有八：利、衰、毁、誉、称、讥、苦、乐，名为八风。行人遇着利风，便生贪着；遇着衰风，便生愁懊；遇着毁风，便生嗔恚；遇着誉风，便生欢喜；遇着称风，居之不疑；遇着讥风，因羞成怒；遇着苦风，丧其所守；遇着乐风，流连忘返。如是八风飘鼓，心逐境迁，生死到来，如何抵敌？曷若恒时步步为营，从事相体认，举心动念，当修十善。事相虽末，摄末归本，疾得菩提。

复次佛门略开十宗、四十余派，而以禅、净、律、密四宗，摄机较广。善知识！佛境如王都，各宗如通都大路，任何一路，皆能觐王。众生散处四方，由于出发之点各个不同，然而到达王所，却是一样有效。《金刚经》云："是法平等，无有高下。"但吾人若今日向这路一逛，明日又向那路一逛，流离浪荡，则终无到达之期。

六祖云："离道别觅道，终身不见道。波波度一生，到头还自懊。"垂诫深矣！所以吾人要一门深入，不可分心，不可退转，如鼠龁棺材，但从一处用力，久自得出。若欲旁通余宗，自须识其主伴。禅宗的行人，便应以禅宗法门为主，余宗教理为伴；净土宗的行人，便应以净土法门为主，余宗教理为伴；

律宗、密宗亦复如是，方免韩卢逐块之弊。

佛门戒律，各宗皆须严持。识主伴如行路知方向，持戒律如行路有资粮。宗趣虽然不同，到头还是一样，所谓"归元性无二，方便有多门"也。今日座中皆上善人，与佛有分，虚云唠叨移时，亦不过为虚空着楔而已。珍重！

在广州佛教志德医院演讲

（1947 年 9 月 27 日）

善知识！今天是佛教志德医院成立日子，承各位邀虚云主持开幕典礼。这事甚为稀有，广州医院，冠上"佛教"两字者，尚属初见。

善知识！人生八苦，病居其一。我佛出世，原为众生离苦得乐，所以五明之学，有医方明；禅门晚课愿文，有"疾疫世而化药草"之句。菩萨为众生救疗沉疴，不惜身命，如药王菩萨，以众香涂身，自焚供佛。供佛即是供众生，"心佛与众生，是三无差别"。《华严》了义，其理可思。诸佛时时念着众生，如母念子。众生心有贪嗔痴三病，佛为说戒定慧三法以治之；众生身有风寒暑湿之病，佛为演医方明以治之。《净名经》所谓众生病故，菩萨病，同体大悲，慈眼如是。

善知识！世间贤圣，亦同此心，亦同此理，只如神农尝百草，亦是为众生而尝。菩萨在因地修行，现种种身而为说法。神农氏即是菩萨，现医王身而为说法。

善知识！人类的病，五欲为因，或属宿业，无始亦由五欲。疾病发作，需他救治。目前无力求医者，实非少数。各位善长发心倡办此院，赠医赠药，此心便是菩提心，正是我佛慈悲本怀。

善知识！菩提者，正觉也。正觉之心，不落人我、善恶二边，平等布施，冤亲无间。医着我的眷属固然留心，医着他人眷属亦同样尽道。善人恶人，入到院来，等心看护。我佛过去生中，尝舍身饲虎，其义可思也。

此院深赖梁董事长及陈院长热心毅力，乃有今天的成就。古语说："莫为之先，虽善不彰；莫为之后，虽美弗扬。"座上大众，今后总要有钱的出钱，有力的出力。六祖说："佛法在世间，不离世间觉。离世觅菩提，恰如求兔角。"大众努力！开此院是大慈大悲工作，实现我佛"方便为究竟"的真谛，虚云不胜馨香顶祝之至也。

答蒋公问法书

民国三十二年（1943）癸未

　　佛教者，实今日周旋国际、趋进大同之惟一大教也。目下世界有两种力——唯神论与唯物论，否认轮回果报之说，故其影响所及，不可说不可说。基督教之唯神论，虽有为善者神给与快乐报酬、为恶者神施以痛苦惩罚之说，然以神之存在，认为自然，而不知其所以然，故不能令人深信，且贻唯物论者极大口实。此基督教所以不能维系世界和平之故。

　　实则神即是物，物即是心，心亦是神；然神亦非神，物亦非物，心亦非心。佛明三界（宇宙）本无一法（事物）建立，皆是真心起妄，生万种法。真心亦不过因有妄物对待而立之假名，究其实，所谓真心亦非是。譬如大海，心是水，万法（万事万物）是波浪，平静者称为水，汹涌者称波浪，波浪平静时仍是水，水汹涌时又成波浪；又因有汹涌之波浪，故称不汹涌者为平静之水。假使根本不有汹涌之相，波浪之假名固不能立，平静之假名亦何由生立？亦不过吾人随意立之假名，相信鱼类或称水为空气。故知物即是心，有即是无，色即是空，妄即是真，烦恼即菩提，众生即诸佛。

一念迷惑时，心成物，无成有，空成色，真成妄，菩提成烦恼，诸佛成众生，如水汹涌时即波浪。若一念觉悟时，物不异心，有不异无，色不异空，妄不异真，烦恼不异菩提，众生不异诸佛，如波浪不汹涌时，仍是平静之水。又因迷惑而起物、有、色、妄、烦恼、众生等对待，故立心、无、空、真、菩提、诸佛等假名。若根本不有迷，则物、色、妄、有、烦恼、众生等假名固不能立，即心、无、空、真、菩提、诸佛等假名亦何有立？所谓唯心、唯物，有神、无神，皆是识心分别计度耳！

或云："若是，佛学亦唯心论耳。"佛学虽说唯心，然与哲学上之唯心论悬殊。哲学上之唯心论，于心执有，于物执无，释迦所谓以攀缘心为自性，执生死妄想认为真实者。唯物论者，于物执有，于心执无，释迦所谓颠倒行事，误物为己，轮回是中，自取流转者。唯神论者，划分物质实体与灵魂实体为截然不同之两个世界，释迦所谓惑一心于色身之内，认一沤体目为全潮者。各执偏见，或因近视，认牛之影像为牛；或以管窥牛，见牛角者则认牛角为牛，见牛头者则认牛头为牛，本无不是，弊在不见真牛全体。佛教则溯本究源，将真实白牛清楚指出，若因指观牛，未有不见真牛全体者。故欲救唯心、唯物论之偏弊，舍佛教莫属。

佛教所言"明心性"（或称常住真心、真如、觉性、法身、实相等，皆是真理之别名），清净本然，离诸名相，无有方所，体自觉，体自明，是本有自尔之性德。绝诸能（即今称主观、主动等）所（即客观、被动等）对待，本无所谓十方（东、南、西、北、东南、东北、西南、西北、上、下，即今称空间）、三世（过去、现在、未来，即今称时间），更无所谓大地、人畜、木石、地狱、天堂等等。只以妄立一念，致起诸有为法（宇宙间万事万物）。如《楞严经》（此经几无法不备，无机不摄，究佛学、哲学者均不可不参究）释尊答富楼那问"觉性清净本然，云何忽生山河大地"云：

性觉必明，妄为明觉；觉非所（客观）明，因明立所（客观）。所既妄立，生汝妄能（主观）。无同异中，炽然成异。异彼所异，因异立同，同异发明，因此复立无同无异。如是扰乱，相待生劳，劳久发尘，自相浑浊，由是引起尘劳烦恼，起为世界，静成虚空，虚空为同，世界为异，彼无同异，真有为法！

觉明空昧，相待成摇，故有风轮，执持世界。因空生摇，坚明立碍，彼今宝者，明觉立坚，故有金轮，保持国土。坚觉宝成，摇明风出，风金相摩，故有火光，为变化性；宝明生润，火光上蒸，故有水轮，含十方界。火腾水降，交发立坚，湿为巨海，干为洲潬（滩）。以是义故，彼大海中，火光常起，彼洲潬（滩）中，江河常注。水势劣火，结为高山，是故山石，击则成焰，融则成水；土势劣水，抽为草木，是故林薮，遇烧成土，因绞成水。交妄发生，递相为种，以是因缘，世界相续（星云之说恐亦不及此说之详）。

复次，富楼那！明妄非他，觉明为咎，所妄既立，明理不逾。以是因缘，听不出声，见不超色，色香味触，六妄成就。由是分开，见闻觉知，同业相缠，合离成化，见明色发，明见想成，异见成憎，同想成爱，流爱为种，纳想为胎，交遘发生，吸引同业，故有因缘生羯罗蓝、遏蒲昙（胞胎中受生之质）等。胎卵湿化，随其所应，卵唯想生，胎因情有，湿以合感，化以离应（佛在二千多年前指出），情想合离，更相变易。所有受业，逐其飞沉，以是因缘，众生相续。

富楼那！想爱同结，爱不能离，则诸世间父母子孙，相生不断，是等则以欲贪为本；贪爱同滋，贪不能止，则诸世间胎卵湿化，随力强弱，递相吞食，是等则以杀贪为本；以人食羊，羊死为人，人死为羊，如是乃至十生之类，死死生生，互来相啖，恶业俱生，穷未来际，是等则以盗贪为本。汝负我命，我还汝债，以是因缘，经百千劫，常在生死。汝爱我心，我怜汝色，以是因缘，经百千劫，常在缠缚。惟杀盗淫，三为根本，以是因缘，业果相续。

富楼那！如是三种颠倒相续，皆是觉明，明了知性，因了发相，从妄见生，山河大地诸有为相，次第迁流，因此虚妄，终而复始。

真如觉性，既立真妄，于是有不变与随缘之别。平等不变，离差别相，无圣无凡，非善非恶，真实如常，不变真如也。随缘生灭，起差别相，有圣有凡，有善有恶，随缘真如也。就不变真如言，万法即真如，非心非物非神也。就随缘真如言，真如即万法，即心即物即神也。

唯心论者，错认识神，就随缘真如，以为即是真心，而倡唯心论。唯物论者，囿于边见，就随缘真如，即物之见，而倡唯物论；又据唯物而倡无神论。唯神论者，亦囿于边见，妄生分别，就随缘真如，即物与神之见，而倡唯神论。殊不知心即物，物即神，心物与神同一理体。有物则有心有神，无心则无神无物。然此"有"非"有无"之有，乃非有而有之妙有；此"无"非"断绝"之无，乃超有无之妙无（此"妙有""妙无"与下说之"无生之生"与"有生之生"，其义颇奥，非语言文字可到，故为禅门要关）。唯心论、唯物论、唯神论者，均未明斯义，互相攻击，实则皆无不是，亦皆非是。一研佛学，自可涣然冰释矣。

佛学对于宇宙本体之研究，除前述外，其他对于世界之构造与成坏、人身器官之组织，及其他种种问题，在《楞严经》及诸经论，多有详细论列与说明，且大多与后来哲学、科学发现者相合，现未及详指。其于人生价值，则大菩萨之行愿，已非他圣贤可及，经典上在在处处可见之，于此可知佛教之神妙及伟大处。

然佛教绝非标奇立异以炫人，亦非故弄玄虚以惑众。其一言一行，皆从戒定慧三学亲履实践得来。何谓戒定慧？防非止恶曰戒；六根涉境，心不随缘曰定；心境俱空，照觉无惑曰慧。防止三业之邪非，则心水自澄明，即由戒生定；心水澄明，则自照万象，即由定生慧。儒家亦有"定而后能静，静而后能安，安而后能虑，虑而后能得。物有本末，事有终始"之言，即哲学家亦莫不沉思竭虑，以从事所学者。然儒者及哲学、科学者，则以攀缘心思宇宙万物，不知宇宙万物亦是攀缘心所造成。能虑所虑，俱是攀缘心。欲而探求真理，等于趺坐椅上，欲自举其椅，势不可能。此今哲学者对于认识论聚讼纷纭，莫衷一是，终无结论者，因此故也。佛则离言绝虑，以智慧觉照宇宙万事万物，如下座举椅，故任运如如。此佛教括哲学、科学、宗教三者一炉共冶，又皆先知先觉者，盖有由来也。日本以佛为国教，近世之兴，其维新诸贤，得力于禅学不少，为众所周知之事。若非其军阀迷信武力，与道全乖，以杀戮为功，以侵略为能，安有今日之败？

或疑佛教为消极、为迷信，不足以为国教，此特未明佛教者之言。实则佛法不坏世间相，岂是消极者！佛法步步引人背迷合觉，岂是迷信者！考佛梵名佛陀，义译觉者，自觉觉他，觉行圆满，谓之为佛。菩萨梵名菩提萨埵，义译觉有情，有出家、在家二种，乃发大心为众生求无上道，一面自修，一面化他者。其积极与正信，恐无有出其上。佛教依折、摄二义，立方便多门。何谓折？折者，折伏恶人。昔石勒问戒杀于佛图澄，澄曰："子为人王，以不妄杀为戒杀义。"盖在家大权菩萨，为折恶利生故，虽执刀杖，乃至斩其首，于戒亦无犯，反生功德。

因恶意而杀人，皆知不可；因善意而杀人，固是在家大权菩萨之金刚手眼也。何谓摄？摄者，摄受善人。佛菩萨为利益众生故，不避艰危，有四摄法：一、布施摄。若有众生乐财则施财，乐法则施法，使生亲爱心而受道。二、爱语摄。随众生根性而善言慰喻，使生亲爱心而受道。三、利行摄。起身口意善行，利益众生，使生亲爱心而受道。四、同事摄。以法眼见众生根性，随其所乐而分形示现，使同其所作沾利益，由是受道。佛菩萨之积极为何如！

何谓方便？方便者，量众生根器，施诸权巧而度之也。前述之四摄法，亦是方便之门。《法华经·化城喻品》云："譬如险恶道，迥绝多毒兽，又复无水草，人所怖畏处。无数千万众，欲过此险道，其路甚旷远，经五百由旬。时有一导师，强识有智慧，明了心决定，在险济众难。众人皆疲倦，而白导师言：我等今顿乏，于此欲退还。导师作是念：此辈甚可愍，如何欲退还，而失大珍宝？寻时思方便，当设神通力，化作大城郭：汝等入此城，各可随所乐。诸人既入城，心皆大欢喜……此是化城耳。我见汝疲极，中路欲退还，故以方便力，权化作此城。汝今勤精进，当共至宝所！"

观此可知释尊分时设教、权施方便之深意。故最上根者与言禅，上根者与言教，重分析者与言唯识，普通者与言净土，权设大乘小乘，不论出家在家，务求普化群机，使一切众生咸沾法益也。近人观佛子之对像跪拜，及净土之持名念佛，即以其无神论立场，谓为迷信，不知跪拜与对长上致敬何异！念佛对于修心，有莫大之功，且持名念佛，不过方便初机之简捷法门，更有观像念佛、观想念佛、实相念佛等法门。净土自有无穷妙用者，人自不会耳，岂迷信哉！

或谓基督教亦脱胎于净土宗《阿弥陀经》。试观耶稣身上搭衣，与佛相同；《阿弥陀经》说西方极乐世界，耶氏亦说天国极乐；净土往生分九品，耶教李林《天神谱》亦言天神分九品；《阿弥陀经》说不可以少善根福德因缘得生彼国，耶氏亦言你不在人间立功，上帝不许你到天国；净宗二六时念佛名号，求佛接引，耶氏亦以早晚祈祷上帝哀祐；至佛门有灌顶之法，耶氏亦有洗礼之仪。观此耶氏教义，与净土宗趣，大致相同。而耶氏诞生于释迦后千有余年，当是曾受佛化，得《阿弥陀经》之授，归而根据之另行创教，似无疑义。且耶氏曾晦迹三年，当是赴印度参学。事虽无据，而迹其蛛丝马迹，似非厚诬云云。其言良非向壁虚构。不过表面上看来，耶氏虽类似净宗初机之持名念佛，实际则远逊之。耶教著于他力，明其然而不明其所以然，迹近勉强。持名念佛，则重他力，自他相应，如《楞严经·大势至圆通章》云："……十方如来，怜念众生，如母忆子，若子逃逝，虽忆何为？子若忆母，如母忆时，母子历生，不相违远。若众生心，忆佛念佛，现前当来，必定见佛，去佛不远，不假方便，自得心开。……我本因地，以念佛心，入无生忍；今于此界，摄念佛人，归于净土。"有因有果，故理事无碍。且耶教说永生，净宗则云往生净土，见佛闻法，悟无生忍。永生之生，以灭显生，有生对待，终有灭时；无生之生，则本自无生，故无有灭，此所以称为"无量寿"——阿弥陀译名也。

愿行菩萨行、求无上道者，非必出家而后可行，在家亦无不可。不过出家所以别国主、离亲属、舍家庭者，意在脱离情欲之羁绊，舍私情而发展佛力之同情，舍私爱而为伟大之博爱，以度一切众生为忠，以事一切众生为孝，此大同之义也。

孙中山先生尝曰："佛教乃救世之仁，佛学是哲学之母。宗教是造成民族和维持民族一种最雄大之自然力，人民不可无宗教之思想。研究佛学，可补科学之偏。"今公亦以佛教之输入中国，有裨益于中国之学术思想，故称佛教为今日之周旋国际、趋进大同之唯一大教，岂徒言哉！且今日信教自由，不能强人以迷信，只可令人心悦诚服而生正信，然则舍佛教其谁与归？

摘自岑学吕居士原编《年谱》

茗山法师：聆虚云禅师开示记

按：此文乃茗山法师所记1942年10月虚云老和尚于南岳祝圣寺所讲之开示，摘自《佛化新闻》1943年7月29日第292期，收录于净慧老和尚所编《虚云和尚全集》，为岑学吕居士原编《虚云老和尚年谱法汇》中所未收录者。

民国三十一年农历十月初六日，余因送宝生老和尚灵龛入塔，特由耒阳金钱山到南岳上封寺，恰巧我们久仰的禅宗大德虚云禅师也因中央请往重庆，顺便道来岳。当时祝圣寺大众曾请他老人家讲开示，我也随众参叩听讲，特提笔录之，以饷读者。

是当天的晚上，在南岳祝圣寺的大讲堂中，坐着六七十位热心向学的僧青年，情绪紧张而严肃，静静地没有一点声音，使偌大一个讲堂，全部陷于沉寂的气氛里。

不久，灵涛法师手提一盏玻璃灯笼，引着云公来到讲堂。"起立！"一个突然的声音，自灵根同学口里发出，于是，全体同学都站立起来。先由灵涛法师略略介绍了几句之后，云公从容走上讲台，在预置的马凳上结跏趺坐，慢慢说道：

"各位同学！虚云业障深重，知识浅薄，承灵涛法师要我来说几句话，真惭愧苦恼极了！你们都是夙植慧根的人，能在这混乱的世界，安居此地读书，真是最胜因缘。你们既得此最胜因缘，就要保持下去，不要空过光阴，应勇猛精进修学！哎，我年纪老了，病又才好些，说话提不起气来，要我说些甚么呢？"

他这样谦虚地说了几句，沉默一会，便继续开示法要，大概可分为三点：

一、解要圆，行要方。他说："我们修学佛法的人，解要圆，行要方。何谓圆呢？就是圆融无碍。因为佛法竖穷三界，横遍十方，放之则弥六合，收之则退藏于密。搬水运柴，无非学道；松风水月，俱可参禅。所以宗门下人，不可谤学教为说食数宝、学教无益；也不可谤参禅为空心忌坐。要知宗即无言之教，教乃有言之宗，宗教本无二致，无非体用而已。况佛祖方便，说种种法门，悉为对症药方。如是观者，即为圆解。何谓方呢？就是中正不倚，当作则作，当止则止，当任即任，当灭则灭，规规矩矩，恭恭敬敬，一毫不苟，一丝不乱。所以修行的人，要贫贱不移，威武不屈。古来许多大德，功成德立，皆缘志行坚决，始终不渝。如是修者，斯为方行。"

二、戒、定、慧之要义。停了一会，又说道："本师释迦牟尼佛，谈经三百余会，说法四十九秋，无非悲悯众生，应病与药。众生有甚么病呢？如贪嗔痴是。佛陀有甚么药呢？如戒定慧是。我们修戒，要修比丘、菩萨之净戒，不要奉那些外道邪戒，有损无益。我们修定，要修如来、祖师之真定，不要学那些凡小外道定，因为那是不究竟禅，仍须堕落的。我们修慧，要修如来金刚妙慧，不要学那些星相阴阳、世智聪辩、凡外邪说，自取流转，反而为祸。更要知道戒定慧贯通之要义。戒是止恶防非之义，恶非既止，定慧自生；定是制心一处之义，内心不乱，戒慧全彰；慧是随缘觉照之义，觉照一切，戒定双融。举三即一，举一即三，只在修学的人，善加体会与力行罢了。"

三、放下着。"哎，"他又叹口气说道，"我们罪障深重，都是吃了放不下的亏！放不下，就是耐不得烦，吃不得苦，好面子，想出风头。我们无始以来，所有我慢、贡高、贪嗔、嫉妒等种种习气毛病，总是放不下来，以致流转六道，无有出期。记得有一次，佛在说法时，有一仙人，两手执花献佛。佛说：'仙人，放下着。'仙人乃将左手拿的花放下。佛又说：'放下着。'仙人又把右手拿的花放下。佛又说：'放下着。'仙人惊问道：'世尊！您先教我放下，我已放下左手的花；后教放下，我又放下右手的花；现在两手皆空，又教放下，我不知道放下个甚么呢？'佛说道：'我要你放下的，并不是手内的花，而是要你放下外六尘，放下中六根，放下内六识呀！'仙人当下大悟，就证阿罗汉果。诸位同学，也要学仙人一样，放下六尘，放下六根，放下六识才对！"

最后，他又道："末了，我有两句家常话，贡献各位，就是'诸恶莫作，众善奉行'。这两句话，三岁小孩虽能说出，而八十老翁行不得。希望各位终身行之不懈，就好了。"

他说话的语气，一句一停，余音常带了"啊"，因为他老人家带着病，仍不惮苦口婆心，谆谆教诲，实在令人感动。

次晨饭后，陪云公往各地参观，并于祝圣寺门前，集合全体僧众，摄影留念。午后，由南岳到衡阳，又陪赴大罗莲寺参观。略坐片刻，送往赈济会休息，以便今晚搭车赴桂转渝。临别时，云公对我道一句："有缘再会。"我真想"再会"，只希望他日"有缘"哩！

摘自《佛化新闻》1943 年 7 月 29 日第 292 期

灵源法师：师公老和尚的开示

民国三十六年冬，禅七中，我上方丈请开示。

师公问我："你用什么功夫？"

我说："亦念佛，亦参禅，禅净双修。"

问："你既念佛，如何能参禅呢？"

我说："我念佛时，意中含有'是谁念佛'的疑情，虽在念佛，亦即是参禅也。"

问："有妄想也无？"

答："正念提起时，妄念亦常常在后面跟着发生。正念放下时，妄念也无，清净自在。"

师公说："此清净自在，是懒惰懈怠，冷水泡石头，修上一千年，都是空过。必定要提起正念，勇猛参究，看出念佛的究竟是谁，才能破参。你须精进的用功才是。"

问："闻说师公在终南山入定十八天，是有心入呢，无心入呢？"

答："有心入定，必不能定。无心入定，如泥木偶像。制心一处，无事不办。"

问："我要学师公入定，请师公传授。"

答："非看话头不可。"

问："如何叫话头呢?"

答："'话'即是妄想，自己与自己说话。在妄想未起处，观照着，看如何是本来面目，名看话头。妄想已起之时，仍旧提起正念，则邪念自灭。若随着妄想转，打坐无益。若提起正念，正念不恳切，话头无力，妄念必起。故用功夫须勇猛精进，如丧考妣。古德云：'学道犹如守禁城，紧把城头守一场，不受一翻寒彻骨，怎得梅花扑鼻香?'（这几句话，每次打七师公都要说的。）若无妄想，亦无话头，空心静坐，冷水泡石头，坐到无量劫亦无益处。参禅不参则已，既决心参，就要勇猛精进。如一人与万人敌，直前毋退，放松不得。念佛亦是如此，持咒亦是如此，生死心切，一天紧似一天，功夫便有进步。"

末法僧徒之衰相

1953 年 4 月，中国佛教协会正式成立。大会中有提议毁戒者，师诃之，撰文寄慨。

俗有言："秀才是孔子之罪人，和尚是佛之罪人。"初以为言之甚也，今观末法现象，知亡六国者六国也，非秦也；族秦者秦也，非天下也；灭佛法者，僧徒也，非异教也。今因答客问，一发所蕴。

问：现今更改佛历年月，不用四月初八日为浴佛节，当否？

答曰：释迦佛的法运，有正、像、末三期。正法、像法各一千年，末法一万年。正、像时期已过了，末法到现在已经过了九百八十二年了。末者，没也。法怎么会没得了呢？拥护佛法的人多，佛法就万古长存。事相虽有正、像、末，但人正则末法时期也是正法；若自生退屈，则正法时期也成末法。

末法，经上所说种种衰相，现在都出现了。僧娶尼嫁、袈裟变白、白衣上座、比丘下座，这些末法衰相都出现了。释迦佛的法，到人寿三十岁时，大乘法就灭了；人寿二十岁，连小乘法也灭了；人寿十岁时，只剩"南无阿弥陀佛"六字。法末之时，佛所说的法，都要灭的。先从《楞严经》灭起，其次就

是《般舟三昧经》。如欧阳竟无（按：应为吕澂）居士以他的
见解作《楞严百伪说》，来反对《楞严》。还有香港某法师说
《华严》《圆觉》《法华》等经和《起信论》都是假的，这就是
法末的现象。

过去迦叶佛入灭后，诸天把他的三藏圣教收集归藏，建塔
供养。唐时，天人与宣律师说：于渭南高四台暨终南库藏圣迹，
均是迦叶佛末法时经像所藏之处，今现有十三位圆觉菩萨在谷
内守护。至今每逢年腊月，空中有天鼓响。

前年中国佛教协会开成立大会，大家议论：佛法之灭，是
佛弟子自己灭的，政府不管你灭不灭。开会时候，政府派员出
席，会中许多教徒纷纷讨论。所谓教徒者，竟提出教中《梵网
经》《四分律》《百丈清规》这些典章害死了许多青年男女，应
该取消。又说大领衣服是汉人俗服，不是僧服，现在僧人应当
要改革，不准穿，如其再穿，就是保守封建制度。又说信教自
由，僧娶尼嫁，饮酒食肉，都应自由，谁也不能管。我听说这
番话，大不以为然，与他们反对。

他们对浴佛节也有不同说法，不承认四月初八日为浴佛
节。我凭《法本内传》及摩腾法师对明帝曰："佛以甲寅之岁
四月八日生，此当周昭王二十四年。"《魏书》沙门昙谟最曰：
"佛以周昭王二十四年四月八日生，穆王五十二年二月十五日
灭。"这样年月，多少朝代都遵奉不改。周昭王甲寅到现今已
二九八二年了，现在他们要改为二五零二年。本来孔子、老子
生在佛后，今他把孔、老摆在佛先。

我当时在大会上和他们争论，戒律、年号、汉服不准毁。（《虚云和尚全集》编者注：此年号为佛历，计算方法为佛历减去 1027 年即西元年历。如虚云老和尚当时为佛历二九八二，即西元一九五五年。）把佛法传入中国的印度摩腾、竺法兰二尊者，去佛灭的年代还不远。当时白马寺东，夜有异光，摩腾指出为阿育王藏佛舍利之处，明帝建塔其上。佛道角试优劣，摩腾踊身虚空，广现神变，法兰出大法音，宣明佛法。二尊者的智慧神通，难道说不清年月？后来的高僧，如罗什、法显、玄奘、道宣，虽有几种传说，也没有确定改变。及至民国二年，章太炎等居士在北京法源寺召开无遮大会，讨论佛的纪念日，议决四月初八日为浴佛节。

现在世界多用耶历，而政府亦没有叫佛教改用耶历。我主张应用自己的佛历，是与不是，还以遵古为宜，改了不好。而他们硬要把二月八日、四月八日、二月十五日、腊月八日古有的纪念日都不要了。他们不用四月八日作浴佛节，改四月十五才是浴佛节。《梵网律》属华严时，《四分律》属阿含时，都要被他们毁了。《百丈清规》由唐至今，天下奉行，他们要改；汉朝到今，穿的大领衣也要改。你看是不是末法？

因此和他们争论，说你们要改，你改你的。佛是印度人，印度一年分三季，一季四个月。我国一年分四季，一季三个月。我国有甲子分年号，印度没有，所以改朝换代，未免不错乱，故弄不清楚。玄奘在印度十八年，也未曾确定了年代。前人行了一两千年的四八浴佛、腊八粥，一旦改了不方便，我们何苦自己要改呢？

我和李任潮商量，说这些坏教徒要改佛制，政府如不作主，任纵这些教徒乱为，便能使国际间的佛徒发生怀疑。政府叫我入京，招待国际佛教友人的，岂由他们乱改佛制规律！李任潮等叫我忍辱。政府见闹得不可开交，就问改制的原故。有人说僧尼要穿坏色衣。政府问："何为坏色？"能法师说："袈裟才是坏色，其他不是。"大家听了齐声说："只留袈裟，取消其他。"

我说能法师说的不错。梵语袈裟，华言坏色，有五衣、七衣、大衣三种，并一里衣和下裙。印度用三衣裙就是我们此土的衣裤。此衣裙随身，睡以为被，死亦不离。佛说法在印度，气候暖，中国气候冷，所以内穿俗服，不准彩色，将俗衣染成坏色。如做佛事外搭袈裟，袈裟便不常着，看为尊敬了。宋、金、元朝代把汉衣改了，僧人至今未改，汉衣成了僧衣，故说这个大领衣就是坏色衣。若说划清界限，就不要改，若将大领衣改了，则僧俗不分了，就是僧俗界线分不开。

政府听我此说，赞成同意我说，并说佛律祖规不能改动，加以保留，暂告结局。你看这是不是僧人自毁佛法？云老矣，无力匡扶，惟望具正知见的僧伽共挽狂澜，佛法不会灭的。

（一九五九年，^上虚^下云老和尚临圆寂前，对身边的随侍弟子言："我近十年来，含辛茹苦，日在危疑震撼中，受谤受屈，我都甘心。只想为国内保存佛祖道场，为寺院守住祖德清规，为一般出家人保存此一领大衣。即此一领大衣，我是拼命争回的，你各人今日皆为我入室弟子，是知道经过的。你们此后如有把茅盖头，或应住四方，须坚持保守此一领大衣，但如何能够永久保守呢，只有一字，曰戒。"

光阴荏苒，今年已值老和尚示寂五十周年，温习开示，历历在耳。惟愿我等后世弟子，莫辜负老和尚的广大悲心，殷殷嘱咐。时至今日，佛教业已经历了一些变革，然无论外界如何变化，只要遵循佛陀遗教，以戒为师，如来正法就会久住世间。）

摘自岑学吕居士原编《年谱》

莫向名场立，山中梦亦微

原题：一九五八年十月十九日师于方便说法中向众开示

古人说："莫向名场立，山中梦亦微。"世上利锁名缰，层层缠缚，去了一层又一层。习气毛病，笼罩到转不得身。有觉照的人，不随他去，无觉照的都随他去了。故做人有种种为难处。古德每每说："比丘住山佛欢喜，住在闹市佛担忧。"比丘应住阿兰若。《大日经疏》曰："阿兰若，名为意乐处，谓空寂行者所乐之处。或独一无侣，或二三人。于寺外造限量小房，或施主为造，或但居树下空地皆是。"比丘常居阿兰若，不住于外，是十二头陀行之一。城厢闹市，骡马交加，名利二字，把人萦绊系缚，终日是非闹不清。所以古来祖师，居山者多。

释迦世尊出家修道，于雪山苦行六年。在家、在城市不是一样修行吗？何必定要到雪山去呢？因为雪是冷的，下雪在腊月间，万物收藏的时候，山河大地，成了银色世界，万种色彩多封闭了。这种境界，就是道人的境界：叫你二六时中，冰冷冷地万念俱灰，不为境转，这就叫雪山。不在世间叫出家，不打妄想叫落发。佛修行都要躲到雪山去，我们凡夫，何以反敢在闹市里过日？

古德一住深山，就不染世缘，任你皇帝来请也不下山。昔日汾州无业禅师说："古德道人得意之后，茅茨石室，向折脚铛中煮饭吃，过三二十年，名利不干怀，财宝不为念。大忘人世，隐迹岩丛。君王命而不来，诸侯请而不赴。岂同我辈贪名爱利，汨没世途，如短贩人！"他这些话说了，也做到了。

唐宪宗屡召，师皆辞疾不赴。暨穆宗即位，思一瞻礼，乃命两街僧录灵阜等赍诏迎请，至彼，作礼曰："皇上此度恩旨不同常时，愿和尚且顺天心，不可言疾也。"师微笑曰："贫道何德，累烦圣主，且请前行，吾从别道去矣。"乃澡身剃发，至中夜，告弟子惠愔等曰："汝等见闻觉知之性，与太虚同寿，不生不灭。一切境界，本自空寂，无一法可得。迷者不了，即为境惑。一为境惑，流转不穷。汝等当知，心性本自有之，非因造作，犹如金刚，不可破坏。一切诸法，如影如响，无有实者。经云：'唯此一事实，余二即非真。常了一切空，无一物当情。'是诸佛用心处，汝等勤而行之。"言讫跏趺而逝。茶毗日，祥云五色，异香四彻。所获舍利，璨若珠玉。

由于他不向名场立，全心在道，所以来去自由，不被生死所转。一般人就不同了，以为陪皇帝行过就了不起。

我平生很苦，一世背时，多难多障，多魔多病，几十年骗空门饭吃，南来北往，生惭愧心。因自己一生下，母亲就去世，我这不孝，怕遭雷打，所以发心为母作功德，拜舍利、拜五台，遇文殊灵感，虽是向外驰求，也有些好处。第二回再朝五台，遇庚子年义和团起义。我想到陕西，去不成。回北京，又遇八国联军之役，皇帝逃难，亲人、熟人一同走，太后娘娘也能一日走几十里路，徒步无轿。走到阜平县，才得甘藩岑春煊带三千兵来接驾，才乘轿出玉门关，走口外，进雁门关。我出入陪帝一路。若是清平无事，皇帝威势最大，每逢出宫，起身时先鸣炮九声，经过的街道，两旁店铺都要关门，留出一条肃静无人的御路，路心铺黄土，一切人不准看。这回逃难，急急忙忙，摆不起架子，没有轿子坐，跑也跑得，苦也能吃，见他也好见，话也好说，没有什么尊贵了，什么都放下了。到了陕西西安，岑春煊为陕西巡抚。李鸿章在北京与联军讲和，在西华门立德国公使纪念碑，要中国人八个人头祭坟，拿假人头抵数了事，李鸿章才请皇帝回北京。当时我在陕西，住卧龙寺，一天到晚和宰官来来去去，落在名利场中，烦烦恼恼的，哪有功夫可用！那时行住不安，怕说错话丢了头壳。你看在名利场中有什么好处？

我怕烦累，所以入终南山去隐名，还躲不了。又走太白山，山高一百八十里，上山后还是有人，我不能住。又跑到云南，以为没事了，不久还出是非。天下抽提寺产，众推晋京告上状，又请藏经，是非更多了。皇帝因我一齐和他逃过难，给我嘉奖，我就走进名窠。到民国成立初期，因为我在满清时代的历史，就以我为敌，要办我。李根源派兵入鸡足山捉我，山上迦叶祖师显圣，大难过去了。以后在上海办佛教总会，又入京见孙中山、袁世凯。然后在贵州、云南、西藏，设佛教分会，颠三倒四。旧政府去，新政府来，就疑我是旧政府那一党那一派。现政府也疑我，因为曾在重庆和林森等往来，办过祈祷世界消灾和平法会。

正值三十二年正月甲午初一子时立春，这是个好年份，吉祥如意。那年各国取消不平等条约，以后日本投降，中国胜利。李任潮在桂林当行营主任，我也走进了名场，又搅不清楚了，因此引起云门一场祸事。在湖北又出头，又晋京。离京后，政府又屡次要我再回京。骑坐虎背上，怎样死法还不知，现在又叫我晋京。省统战部来了人，我不去，叫我派代表，慈藏、性福二人去了，与我何干？昨天又来了信，不去，心中有疙瘩。

想起古人说"莫向名场立，山中梦亦微"，才悔以前出头无益。一般人总以为和贵人来往就了不得，而不知祸福相倚，如影随形，战战兢兢。劝你年轻人及早努力，道心坚固，不染世法，有好收场。世人做人真不易。昔日圭峰宗密禅师，是六祖下神会四世孙，与华严宗有缘。见清凉《华严疏钞》，十分崇奉，后入清凉之门，成华严宗第五祖。那时国家崇佛，封清凉为国师，圭峰亦被看重，因此常和士大夫来往，与李训莫逆。后因李造反失败，逃到圭峰处避难，峰以故情难却，欲留之，大众不许。这人到凤翔就捕被杀，圭峰也被捉。对案说他们有来往，圭峰无所畏，说："不错。佛教冤亲平等，见一切人有难皆当相救。今既有罪，请依法处置好了。"大丈夫无畏精神，有哪样说哪样，犯罪不避刑罚。政府认为难得，就放了他。后代佛教徒与圭峰有成见，不喜欢他，也有说他来去分明很好的。我们没有他这样的功夫、志向和胆量。

我这生经受的灾难多了，八国联军拿枪吓过我。反正时，李协统带兵到鸡足山捉我，七八百出家人都走光了，剩我不走。土匪杨天福、吴学显拉我拷打。后唐继尧和龙云斗争，云栖寺僧人被捕，曾责我敌友不清。民国人责我与清朝皇帝大臣来往。我怎能分清谁是人，谁是贼，任你怎样办都好，他们就赦了我。这次我不晋京，各方弟子来信，责我不识时务，不顾佛法。我想以前进京，因为事情闹得不能下台，我不得不进京。现今大体已定，信教自由，这件大领衣保存了，戒律丛林规矩仍然照旧，可以不必再去。我长年的老病，也就藏身散场了。诸位珍重！

虚云老和尚点滴开示

按：本辑开示选自《虚云和尚全集》，标题为编者所加。

若人但念阿弥陀，是为无上深妙禅

吾（刘瞻明）友慧章法师，为大师入室弟子，尝为余言："大师既发明心地，隐于终南，每入定，辄累月不起于坐。敝衲芒履，日中一食，数十年如一日。遇海内名刹之颓废者，募资修复，躬亲其役。既成，委诸主僧，萧然远引。如是者不知若干处。其接引后进也，单提正令，不稍假借。每于一机一境上，随事指点，俾闻者当下获益。"

慧公在云门时，一日侍师共食。大师举箸云："分别美恶是凡夫，不知香臭是木石。离此两边，试道一句。"众罔措。又一日，师将下山，有阇黎云："月黑路崎，师年高，防颠蹶，曷笼灯而往？"大师笑曰："光明炯然，遍周沙界，你道何处是黑暗？"拂袖而去。闻者吐舌。其他类此者不胜枚举。

说法数十年，融通性相，入不二门，无分毫门户之见。有参学者，先试以禅，不契，则诏以念佛三昧。南华寺于禅堂外，别立念佛堂，专修净土。其归依帖四围，均印小圈，注明每圈念佛一千声，加一点，丹黄数次，则念佛千万。

尝言："禅宗虽一超直入，非上根利智不能修。末法众生，障深慧浅，惟依持名念佛法门，得了生死，往生极乐国土。初入手与禅是二，及其成功，二而不二。惟念佛须摄心观照，句句落堂。落堂者，着实之谓也。句句着实，念念相应，久之自成一片。由事一心，而至理一心，能所两忘，自他不二，与参禅有何差别？故经云：'若人但念阿弥陀，是为无上深妙禅。'中峰大师曰：'禅者，净土之禅；净土者，禅之净土。'彼念口头佛、参口头禅者，同一自欺，生死关头，如何了脱？"闻者皆为之动容。

摘自刘瞻明《滔天一筏之虚云大师》，
见岑学吕原编《虚云和尚年谱》

不食众生肉，方能与佛法相应

师主玉佛寺法会，辄示众曰："学佛当以明心见性为本，断恶修善为行。须知佛心无殊，众生一体。至于杀生食肉之事，尤万万不可也。"

一日，有居士谒师，问曰："弟子有善根否？"师曰："若无善根，安得到此？"又问："弟子将来能成佛否？"师曰："一切众生毕竟成佛，汝亦当成。"其人欢喜礼谢。师乃问曰："汝持长斋否？"答云："尚未。"师乃谕谓："食众生肉者，断大悲种。今后宜力持长斋，方能与佛法相应。"其人欢喜信受而去。

摘自大照《慈悲心愿菜根香》，见岑学吕原编《年谱》

未解不二法，谤佛冤赵州

虚老说："今天参禅的人，多不了解禅净不二的法门，每谤净土为小乘，这是错误的。禅、净功夫入门虽有不同，到家是一样的。一般人只知赵州禅师说的'念佛一声，漱口三日；佛之一字，吾不喜闻'的前面几句机锋话，就经常拿来作为反对念佛的根据，这是误会的。要知道后面还有几句话，就是有人问赵州禅师：'你的师是谁？'赵州说：'十方诸佛。''十方诸佛之师是谁？'赵州说：'阿弥陀佛。'可见阿弥陀佛是十方诸佛之师。今天参禅人不了解赵州禅师前面说的几句机锋话，同时又不了解赵州后面说的几句话。参禅的人以赵州的话来谤念佛法门，真是冤枉了赵州。假使今天遇到了赵州，一定要受到他的棒喝。各位佛弟子，请老老实实地从十方诸佛之师阿弥陀佛，至诚恳切地念去罢。"

摘自开眼《我领受了虚云老和尚的当头棒喝》，

见岑学吕原编《年谱》

参禅下死力，学教要认真

记得那年（民国三十一年），云老同我们打了冬季禅七，他才去重庆。在禅七中，他有一次讲开示，说了一段令人发噱的话。

他说："参禅要下死力去参，才有禅；学教也要认真地学，才能通达教理。我每每看到有些参禅的人，高兴时，盘上腿参一下；不高兴时，又把它放下，像'打摆子'（疟疾）一样，忽冷忽热，时松时紧。像那样参禅，就算有所得，也不过得个树枝上的'蝉'。学教的人，也是这样，心血来潮时，鼓起精神，一天到晚在书本里面啃；懒劲一发作，就把经本扔在床上当枕头，有时置之高阁，让它生虫。紧时，连撒尿放屁都不管，恨不得马上悟入佛之知见；松的时候，像一根油条。像那样学教，即或学上十年、八载，能说会道，也不过是学得像鸡子'叫'罢了。"这话虽近于诙谐，语意却大堪玩味。

摘自乐观《虚云和尚印象记》

汝是那个分身？

去岁戊戌（1958年）春三月，予（圣一法师）往云居，谒老人于茅蓬中。礼拜毕，老人拈花生，予合掌先问曰："禅宗如何用功？"老人曰："食花生。"予意老人不我闻，再问老人。又曰："食花生。"予茫然不解。

两日后，复申前问。老人叹曰："近代禅宗看话头，话头是何物？能看是何人？"予会意，叹老人慈悲方便指示。

次日，予问老人曰："《妙法莲华经·多宝品》云，释迦佛有无数分身佛，未卜十方世界那一尊佛是释迦分身？"老人曰："汝是那个分身？"予闻语，惊惶不解而去。

次日，复问分身义。老人曰："汝适从藏经楼来，此就是分身。"吾默然首肯。又问："《法华经·如来寿量品》释迦成佛时云，无量劫以前成佛。我等将来成佛之时，亦是无量劫以前成佛否？"老人曰："一佛一切佛，心是如来地。"

予所问毕，作礼而归。不意云公老人今秋寂灭，再见无期。悲夫！

摘自圣一法师《一九五八年戊戌三月参礼老和尚请示法要》

若妄心去尽，成佛已多时

岑学吕老居士亲侍老人，所记开示法语两则：

住云门两月，日侍老人，深获启爱。一夕问法："情想爱憎，是生死根本，此义我亦知之，但如何能除？"老人谓："只一情字，已堕百劫千生；杂以爱憎，互为因果，皆妄心为之耳！如果妄心去尽，成佛已多时！我辈历劫多生，习气至重，在随时观照，以除习气为第一要旨。"我谓："情可随时忏，爱憎亦可随时遣；但既有心念，如何能不想？"老人谓："何不想向佛国去？观想成就，佛亦成就，此净土法也。"

临别时，复请法，老人谓："居士佛法知解，已塞破腹子矣！譬如盲目，业已开眼，一条大路在眼前，只要能行；如果不行，站在途中东张西望，与盲时何异？"闻之悚然！

摘自詹励吾《悼虚云老人》

情不附物，物岂碍人

云公为当代禅宗巨擘，这是海内外佛教同人所一致公认的，但他毫无门户之见。在接引学人时，总是因机施教，于念佛一法提倡尤力。他说："法无高下，贵在契机。"并力陈分门别户的恶习对教内团结的害处。

此次云公莅鄂说法，最使我（汪青云）感恩不尽的是，农历六月初六日，叩询"拈花悟旨"的一段因缘。我问："释迦佛在灵山会上，拈花示众，迦叶尊者破颜微笑，意旨如何？"老人默然不语，举起右手所执芭蕉扇，竖对我的面部。当时我亦寻伺路绝，无言可对，只是寂然微笑。老人遂曰："汝笑即是。"又问："虽然如是，怎奈业识茫茫，随时应物仍难作主！"

老人示曰："情不附物，物岂碍人！"寥寥八字，字字千斤，信手拈示，受用不尽。

摘自汪青云《武昌闻法记略》

禅宗一法，原不以定为究竟

光绪二十七年（1901）秋，法忍老人有赴终南之举。先命月霞法师去营办道场，余（戒尘法师）与复成上座随侍月公往终南。

适有虚云上座在山结茅自居，因与之相谈禅理，口若悬河，机语不让。

虚曰："汝此强辩，阎罗老子未放你在，孽镜台前不怕人多口！须知古时人障轻，可重见处，不问功夫。故六祖云：惟论见性，不论禅定解脱。今之人习染深厚，知见多端，纵有一知半解，皆识心边事。须从真实功夫朴实用去，一日彻底掀翻，从死中得活，方为真实受用。纵得小小受用，生死之际，依然不能作主。纵悟门已入，智不入微，道难胜习，舍报之际，必为业牵。须以绵密功夫，坐断微细妄想，历境验心，不随境转，一旦悬崖撒手，百尺竿头，再进一步，方为自在人。此亦不过是小歇场，还有后事在。"

余曰："我亦亲近德公、修公、大老、赤山来，自谓道契无生，更有谁耶？"

虚曰:"汝所谓道契无生者,作么生契耶?"

余曰:"若人识得心原无念,则知生自妄生,灭自妄灭,生灭灭尽处,自契无生。"

虚曰:"此是古人的,如何是你的无生?"

余无语。

虚曰:"汝乃学语之流,口头禅而已,只骗瞎眼汉。不信你我同坐一时,始见真实功夫。"

虚一坐七日,余则妄念波腾,加以八识田中有漏种子发现,到此全不得力,半日亦坐不住,自愧向来所学之禅不济事。

待其起定而问之曰:"汝在定中,为有知耶?为无知耶?若有知者,不名为定;若言无知,自是枯定,所谓死水不藏龙。"

虚曰:"须知禅宗一法,原不以定为究竟,只求明悟心地。若是真疑现前,其心自静。以疑情不断故,不是无知;以无妄想故,不是有知。又虽无妄想之知,乃至针杪堕地皆知之,但以疑情力故,不起分别;虽不分别,以有疑情不断故,不是枯定;虽不是枯定,乃是功用路途中事,非为究竟。又此七日,只是觉得一弹指顷;一落分别,便起定也。须以此疑情,疑至极处,一日因缘时至,打破疑团,摩着自家鼻孔,方为道契无生。"

是年山中请月公法师讲《楞严》,余与虚兄皆在座听讲。一日,虚兄复讲《大势至菩萨圆通章》,力赞念佛宗旨。余与之辩驳曰:"《楞严》宗旨,文殊只选观音耳根圆通,如何偏赞念佛,岂不违背经义乎?"彼此相辩者数日。月公闻之,呵止乃已。

摘自释戒尘《关中寱语·我与虚云上座》

学人到此无开口处

民国三十六(1947)年丁亥二月,(惠光法师)因辞脱兴华寺住持等职,恭诣广东南华寺,参见虚云老和尚,正遇云公与五百新戒在说法传比丘千佛大戒。

翌夕,蒙惟因知客、素根书记、应真监院、天性法师等介绍,导至公前,礼座已,云公命坐而问曰:"大德曾在哪些常住得益来?"师曰:"亲近长沙明印老和尚十又三年。"公问:"明印老和尚有何嘉示?"师曰:"明公示众曰:'出山不动草,入海不扬波。处处无踪迹,本分事如何?'"又问:"明老以何为宗旨,以何为体用?"师曰:"以'无念为宗、不妄为旨、清净为体、妙智为用'。"云公指杯中茶问曰:"明老家中有这个么?"答曰:"有。"问:"如何施用?"曰:"平常给与干慧饮。"问:"如何接引咧?"师曰:"折、摄齐举,棒、喝交驰!"云公曰:"真是婆心过切的作家。大德佛法胀破肚皮,应是满载而来?"师曰:"学人空无所有。"公曰:"既有这个,何为空无所有?"师曰:"本无一物,有个甚么?"曰:"您何必到我这个苦老子这里来讲客气?"师曰:"老和尚垂丝千尺,意在深潭，学人到此无开口处。"如是问答中，老和尚机流激辩，有若锋刀解体似的。数次勘验后，蒙许入室参请。

摘自惠光法师《禅学指南》

另有一日拜见老和尚，公曰："大德佛法胀破肚皮，应是满载而来。"师曰："学人空无所有。"公曰："即有这个，何谓空无所有？"师曰："这个即本，本无一物。""何必又讲客气？""老和尚垂丝千尺，意在深潭，学人到此无开口处。""哈哈，我不是船子和尚。""老和尚与船子同行共止，有何分别？""大德与夹山共坐同居，汝未睡落吗？""既然如是，妄谓佛法胀破肚皮？""汝作么生会？""佛法胀破虚空。""待老僧烧烂虚空，免他胀破。""莫烧烂老和尚的袈裟。""汝在那里？""在最高峰顶。""何不同行？""老和尚到顶久矣。""向后如何？""披衣吃饭足矣。""西河一对金毛狮子打架打落水底，直至于今无消息。""消息何来？""无所从来。"师即三拜而出，云公唤曰："大德！转来。"师曰："无所从来。"

四月十四日晚，云公聘师为戒律佛学院经学教授，十七日开学典礼，二十四日开讲经学，公返云门。

摘自《惠公禅师年谱》

三关与见处

虚云老和尚丁未（净慧长老批注：丁未误，应是丁亥，1947 年）春在南华寺讲开示三关与见处的关系云：

"下手的功夫屡有变迁，唐宋以前的禅德多是由一言半句就彻悟了道，师徒授受，不过以心印心，并没有甚么实法不实法。平日的参问酬答，也不过随方解缚，就病与医而已。宋代以后的人们之根器就陋劣了，虽讲了很多，一点也做不到，要他放下一切，善恶莫思，但他一点也放不下，不思善就思恶，到那时，佛祖亲临亦无法可施。实不得已，采取以毒攻毒的方法，教人看话头，甚至要咬定个死话头，咬得紧紧的，一刹那间都不要放松他，才是得力处；又如老鼠啃棺材，啃定一处，啃不穿则不止，一但啃穿了，就有出路。即是制心一处，以一念抵制万念，以万念的力量集中一处，总成一念，来参这个'是谁'，或专参'拖这死尸来行的是谁'，或参'坐的卧的是谁'，或专参'父母未生前谁是我的本来面目'，或参'念佛是谁'，或参'拜佛的、持咒的、诵经的、穿衣的、吃饭的、起妄想的、动念头的、讲话的、欢喜的、静的、动的、笑的是谁'，或专参'本心是谁'，或专参'自性是谁'……总而言之，行住坐卧，一切时、一切处、时时处处都要看住他。看他到底是谁？究竟是谁？要参穿他，要抓住他。这才是大丈夫看公案。乃至看屙屎放尿的是谁？把他看到底，看他究竟是谁？

是佛？是魔？是心？是众生？以我不动的话头，如金刚王宝剑，佛来斩佛，魔来斩魔，心来斩心，众生来斩众生。即是要绵绵密密地参去，惺惺寂寂地看住，看他到底是谁？是我？不是我？'我'字是这个的代名词，实非真我，连真我的念头尚不可得，然则究竟是谁咧？

"要有这样的疑情才有进步，要通身都发疑情，才算是真参实学的功夫！发真疑情方有办法，一到机缘成熟时，看清了，参透了，忽然惺惺寂寂的化境现前，即是顿寂寂底，骇悟大彻！即是悟寂的化境，哈哈大笑而已，如人饮水，冷暖自知，不许人知。到那时天人尽忙煞了，天龙八部互相报曰：'人间某比丘今日成道，都去散花供养吧，求说妙法！'这样一来已打破了本来的面目，已得了深深的见处。未破本参的禅德有这样的彻悟，是破本参的见处；破了本参的人有这样的彻悟，是透重关的见处；透了重关的人有这样的彻悟，是出生死牢关的见处；出了生死牢关的人有这样的彻悟，是踏祖关的见处；乃至是八相成道、入般涅槃的大见处。这样的见处也不难，也不易，只要功夫纯熟，大相应、大得力，就能做到。

"你们想要功夫大相应，先在跑香的时候返观观自心，自心本净；返闻闻自性，自性本空，明明历历参到底！集中审问：到底是谁？究竟是谁？大发疑情了，再登座参，更要深深审问，直到五蕴皆空了，身心俱寂了，了无一法可得，直见自性本体，这才是大好相应、大得力处。从此已后，昼夜六时，行住坐卧，身心稳寂，寂寂惺惺，寂参惺悟，日久月深，菩提稳固，一旦大彻大悟，死如幻了矣！到那时才知道实无一关可过，尘劳佛事，幻化法门。上无佛道可成，下无众生可度；无修、无证、无作、无为，任他安名立号，唤佛唤魔，皆与本分上毫无交涉。到那时彻底明白老僧不骗你们，讲的是假，悟的是真，除去真假两头，大家参看！"

摘自惠光法师《宗门讲录》

本来无修无证，无住无为，假名修证

一日，惟因知客领导四位大德上方丈，请老和尚上堂说法，（惠光法）师亦临时参加。

云公升座，拈香请圣毕，扶杖曰："一华五叶随拈出，体用原来本一家。千枝万派同根本，不脱曹溪一雨华。"又云："如金作器，器器皆金；似火分灯，灯灯是火。虽然枝叶繁茂，其根本乎一体，汝等智眼顿明，自然了法无二。临济家风，白拈手段，机势如电卷山崩；棒喝交驰，赤毒似杀人追命；照用齐行，宾主历然，人境纵夺，一切差别名相，不离向上一着。今有上座定慧、佛果、素根、安性、惠光等五位大德，同参向上，各立门庭，挂本来衣，不离方寸；中边不住，格外提撕，应物全真，随流得妙；但用心亲切，参究认真，忽尔身心一如，慧光顿发，觑破空劫以前，亲到本觉之地，有口难宣，有笔难述，如人饮水，冷暖自知。欲开方便之门，显示本心之体，须假言辞，旁通譬喻。今有猛虎喉中雀，骊龙颔下珠，二名一体，实相无形，贵买贱卖，估价底谁?"

良久，素根问曰："如何是顿悟、渐修，不离修证?"

公曰："顿悟证理，渐修证事，事理圆融，心含广大。顿悟渐修而来，渐修终必顿悟。本来无修无证，无住无为，病愈药除，假名修证。祖祖默授，佛佛心传，无非点破你自己家珍，锥穿你心光明藏。无始尘根没断，偷心未死，是故不离修证；顿悟事理，合头合辙，悟在刹那，迷经累劫。若得偷心死尽，狂妄始歇，歇即菩提，非生非灭。"

问："立何为宗体?"

答："唯此真心立为宗体。"

问："佛祖过去，正法谁传?"

答："心正法正立为宗体。老僧授汝不二法门，斯体清净，本自圆明，顺流不染，逆流不净，居凡不减，在圣不增，处类虽殊，其心不二，智慧了之光明显，烦恼尽之妙体彰。离此别修，终成魔外。赐汝法名宽素，保任圣婴。"素根恭诚礼谢。

安性问曰："宗、教本一，如何分二?"

公曰："宗即无字之教，教乃有字之宗。"

问："何为教外别传?"

答："教以语言文字，渐悟妙解；宗离语言文字，顿悟自心。"

问："何能契会?"

公曰："六祖示慧明有云：'屏息诸缘，勿生一念。'良久又云：'不思善，不思恶，正恁么时，那个是明上座本来面目？'慧明当即言下大悟。此即偷心死尽者，顿悟契会。"安性当下心惊意骇，忽然见新，自肯承当，契悟本性。云公赐名宽性。

佛果问曰："如何是向上宗旨？"

公曰："云门家风古。"

问："云何是孤危耸峻？"

曰："高高山顶立。"

问："云何是格外提撕？"

曰："剪除情境。"

问："如何是方便度人？"

曰："以古人之棒喝、机锋，折摄、转语、默契等，是为无上伽陀，方便有余。赐汝宽佛。"佛果礼谢。

惠光问曰："海阔天空本无一物，生佛体用不一不殊，尽虚空、遍法界，无非一个无缝塔。若随机不变，以何为体？不变随缘，以何为用？体用本宗，以何为旨？"

云公执杖向空中画一个圆"○"相曰："圆同太虚，无欠无余，是为本体本用、体用圆融为宗旨。"良久，公曰："三句关键，一字机锋，金风露体，北斗藏身，自家宝藏与佛相同。宗乘一唱，三藏绝诠，祖道才兴，十方坐断。诸大德！那个是佛？"

惠光曰："我与十方诸佛把手同行，亦不知那个是佛？"

公曰："三三了了，两两明明；听吾偈曰：净白传心印，随缘接后昆。当机密摄众，缘尽隐深林。转世常住世，悲愿莫违愿。定慧等亦然，吾与常见面。赐汝法号佛光，派名宽照。再听一偈曰：宽身横卧妙高峰，照破乾坤万象新。佛日烁空宗大振，光明绝顶自家风。"公复曰："定慧名佛慧，佛慧派宽心，诸位他时传佛心印。"说毕下座。

公复赐惠光圆相意旨，命常入室参请，机锋转语犹若锋刃解体、利剑活人的相似。已而命惠光于戒律佛学院讲课年余。

摘自惠光法师《禅学指南》

入此门来，无你用心处

当晚，老人上堂，予与了师亦随众参学。老人以狮子声，作大哮吼，曰："狮子林中狮子吼，象王行处绝行踪。大德，入此门来，无你用心处。古圣云：'才有是非，纷然失心。'又云：'至道无难，唯嫌拣择；但莫憎爱，洞然明白。'老衲一生苦恼，百无所知，更不如他耆宿，广谈般若，详解名相。如要求知求解，即请他去。其若不然，但能当下休歇，佛说即是菩提。"良久，振锡一声云："会么？"

摘自乞士《礼谒云门虚老记》

念到一心不乱，心境一如，那就是参禅

在印光老法师生西十二周年纪念那天，虚老和尚在玉佛寺丈室为印老弟子开示。他和印老法师一样，教人老实念佛，他说："念佛要如细水长流，念念不断。念到一心不乱，心境一如，那就是参禅。"

录自《虚云大师印象记》，《觉有情》

专刊十四卷第一期，又见《年谱》

朱镜宙居士参虚老

民国三十六年丁亥（1947），虚老一百有八岁。春，仍赴南华传戒、讲经。期间，有朱镜宙居士，系章太炎之婿，传章唯识学，好禅宗，远来谒师。朱与师论禅宗问答之辞，附录于后。

弟子宽镜问："老和尚座下，修持有心得者究有几人？"

师叹息曰："现在连找一个看门人竟不可得，遑言其他！南华至今，丈席犹虚，即可概见。"

宽镜又问："知幻即离，能所双忘，正这么时，是否与六祖告明上座'不思善，不思恶，正与么时，那个是明上座本来面目'相契合？"

师曰："这是六祖勘问之语。知幻即离，尚有所在，不能谓为能所俱忘也。"

又问："天台宗三观之义，是否与三性之义相合？"

师言："台宗设三观以为用功次第，而禅宗无次第。"

语已，出观源居士撰《质疑》一书见示。

最后论及《金刚经》，师笑曰："《金刚经》注释多至数百种。"

宽镜曰："然，但弟子读经，从未读注。"

师曰："不读注亦好，熟能生巧。只要科判明白，久读而能了悟。读注反易受其左右。"

宽镜归读《质疑》竟，而后知一切拟议皆是戏论，未证而说，开口便错，不禁汗下，深自忏悔。

憨山大师云："依经解义，三世佛冤。离经一字，即同魔说。"说法之难有如是者。

摘自岑学吕居士原编《年谱》

你心里面打几个妄想我都知道

他老人家中午休息时，有时也打昏沉，头向前俯，甚至打鼻鼾。有一次，我们听到他在打鼻鼾，便偷偷地离开，拿着房里面的果品到外面边吃边玩。当他醒后，就逐件事来骂我们。我们问："刚才您老人家不是睡着了、打鼻鼾吗？您怎么会知道呢?"他说:"你心里面打几个妄想我都知道;你拿东西到外面吃,我会不知道吗?"自此以后,我们才相信悟道、了生死的人,已经破了五蕴。见他是睡着了,其心思却是明明了了、清清楚楚的。

摘自绍云法师《虚云老和尚在云居山的事迹点滴》

明师是法身父母,恩德超过生身父母

民国三十五年(1946),老人寿辰日,自然亦不能例外。所不同的,是日下午,老人秘密传法。因老人每感宗门衰落,后起乏人,是以在日常,便很细心的观察,谁人能作法门龙象,荷担如来家业,所谓续佛慧命,继祖心灯,使正法久住世间,利济后昆。经三年来之暗中审察,认为能受此"正法眼藏,涅槃妙心,实相无相"微妙之旨,已有六人。故事先把法牒写好,到了下午,便由侍者个别暗中传命,至丈室楼上佛前,每次二人。老人命受法人穿袍、搭衣、展具,礼佛三拜后,跪在佛前。之后,将传法由来、源流,开示大意,略述于后:

禅宗一法,古来祖师,实重亲证,以心印心。例如,某禅人已经悟道,自不知已证何程度,便去请问大善知识,为作证明。将己实证说出,由明眼知识引证。如释尊于灵山会上,拈花示众,八万人天,茫然无知,惟有摩诃迦叶破颜微笑,以为禅宗初祖,乃至唐朝六祖,全重实证,不重外形。不过,末法的今天，若是执定非悟不传，那末，宗门一法，我想早已断绝。是以后来大德，渐开方便之门，认为此人具法器之才，能严守戒律，扶持佛法，接引后昆，真心为佛门做事，便传法嗣，使其安心拥护道场。

这样一来，所以有今日宗门衰落，全由后人滥传法嗣的现象。今日我传法给你们，因见你们平日真心为常住，道心亦很不错。若能百尺竿头再进一步，前程不可限量。由于你们都很年轻，而不以公开方式，而暗中传法，并不是像外道有什么秘密法，不给旁人知道；主要是常住人多，假如公开，恐怕人人要求传给他们，便成滥传法了。有几位菩萨，好几次私来我房，跪在地上，要求我传法，我都不答允。

当时我和惟贤二人跪着，静听开示源流之后，老人命我们合掌，将法卷开了。把历代祖师传至老人的法卷上所写，念给我们听，并加一一解释清楚之后，才将法卷交给我们。再礼佛三拜、礼谢老人，这样便成了老人门下的法徒。我是传曹洞正宗第四十八代圣扬复华禅人。表信偈曰：

复还本有真空体，华开见佛觐心皇。
圣智圆明常不昧，扬和梅绽遍界香。

这是法牒上老人自做的一首偈。

回想那时，年方十九，而老人则另具慧眼器重，为授荪记。虽心内暗自荣幸，却至今十三四年，从未向人说过我是老人法徒。自觉德学全无，尤其对佛门事业，毫无建树，仍然故我，是以不向人说，以免有辱师德。但老人则常对我说："佛法中，是一法、二戒、三剃度。你能明心见性，了生脱死，超凡入圣，全由明师以宗门最上一乘妙法，开导起修，始能克期取证。故此法师，乃是法身父母，恩德超过生身父母。"我今日得此法身长养，他日成佛作祖，全凭吾师尊老人之赐也。

摘自怀西法师《师尊对我一生的影响——
为纪念虚云老人上生内院百日而作》

一生的志愿

老人亦常谈及自己一生志愿：一不做现成的住持；二不创建新寺；三不住城市闹镇；四不修自己子孙小庙；五不重兴没历史名胜古迹及祖师道场；六不私蓄储钱财，凡信徒供养果仪，全归常住公用；七不接受任何一个施主供养及建寺功德。这是老人自己毕生的志愿。

老人亦常开示后学说：一个出家人，不论你住丛林或小庙，如能做到下列几条，走遍天下，不但任何恶人莫奈你何，同时还受人恭敬：一、不任意伤害生命；二、不贪图意外之财；三、不贪女色；四、不饮酒食肉；五、不赌钱吸烟；六、和睦待人，不以自有学识轻视未学。这是老人教后学做人应行的方法。其实这些不但出家僧人应如是行，就是社会上如果真正的一个正人君子，亦已具备这几个条件，何况出家僧人，为人天师表，更不应说了。

摘自怀西法师《师尊对我一生的影响——
为纪念虚云老人上生内院百日而作》

修行人，怎可把这个色壳子看得这么重！

在（云门寺）方丈室后之假石山上，种了不少奇花异草。假石山本是靠后山墙而筑，地下还挖了一水池，约七八尺深，终年从地底涌出水来，满满一池。时当十一二月，雨水很少，种在假山之花草，每日必须淋水。侍者多数年轻人，整天为常住公事累到身疲力倦，有时记起，便去淋一二桶水，有时记不得，便由它干枯。

老人事事均不肯叫人效劳，亦很体恤侍者们为常住公事的辛苦，所以自己有空，便去拔草、添泥、浇水。有一次，爬上假石半山，手中挽了一大桶水，一时不慎，右脚踏空，便从高约丈余的假石山腰跌下，落在地下水池中，全身尽湿。附近担泥工人听到"卜通"声响，才发觉老人失脚跌下石山，浸入水池。老人既不惊呼，亦不慌忙，自己跌到，自己爬上水池，回房换去湿衣。等大众收坡后，始知老人又被跌伤，躺在床上休息。经过一天之后，便又照常料理寺务。

有人劝他多休息一两天，还被呵责，谓："修行人，怎可把这个色壳子看得这么重！要知道，你越把它看重，它便越作怪。所以我常常说，人是贱骨头，你不理它，万事皆休。你愈关心它，病痛愈多。记得八国联军陷北京，慈禧太后和郑亲王为了逃命，一天能步行数十里。一日，饥饿非常，向村人讨得一碗蕃薯，他们还吃到津津有味。等她安抵长安，和谈之后，回北京时，又恢复了在皇宫的习惯。可见人是不能太过看重了这臭皮囊。尤其修行人，第一就要破我执，如果处处执著，生死何日才了！若不先看破这色壳子而另说修行，这是骗人和自欺的话。希望人们常常记住。至要！至要！"

摘自怀西法师《广东云门山大觉寺中兴的经过——
为纪念师尊虚公老人上升兜率一周年而作》

说有次第，是名次第；
渐修顿证，一道齐平

大众！今日人们闻着"佛法"两字，脑中便起奇特和神秘的幻想，至少亦以为是很深邃难解的一回事。其实诸佛的道法，皆是众生本分上的东西，就是三身四智、五眼六通，亦是众生本来具足，并非从外边跑进来的，亦非诸佛祖师替我们加得微尘许的。大众只须遵守佛门的戒律，着实行持，"诸恶莫作，众善奉行"，久而久之，恶染渐渐捐除，身口意习气渐渐清净，智慧光明，"不勉而中，不思而得"，无师智、自然智皆能通利。所以《楞严经》说："由戒生定，由定生慧。"戒、定、慧名三无漏学。无漏者，谓这三种学问，不使烦恼渗入，不漏落六道轮回。大众能体会斯意，三学等持，或时触着碰着，顿见自家本来面目，原来与诸佛祖师一样都是鼻直眼横，别无奇特。

一册《佛遗教经》，不够两千字，公开流通，别无神秘。五戒十善人人可晓，人人可行，别无深邃难解地方，看来佛法简直是家常便饭。所以释迦牟尼在雪山苦行六年，于夜见明星时，忽然觉悟，便道："奇哉！奇哉！一切众生，皆有如来智慧德相，只以妄想执著而不证得。"这是释迦示现成正觉时的真语实语。

大众！迷为众生，觉即是佛，心佛众生，三无差别。众生在迷，妄想不停，如江流洶涌，动荡混浊，水的本明，不能映照；倘若息却妄想，心如澄潭止水，明净如镜，那么日月星辰，人物好丑，皆能鉴照。众生在迷，执著四相，执著我法，像穿袍衣入荆棘稠林，随处钩牵，不能走动。倘能将这执著成见，以智慧力，照破人、我、众生、寿者，任运随缘，不起爱憎，不落分别，历历孤明，如如不动，如天马行空，自由自在，所欲从心，一切妙用神通，亦是家常便饭。

大众！总要信得及，心佛众生，三无差别，实无奇特，要先持戒修行，踏实地步，立稳脚跟，自然入妙。若说一念顿超，上齐诸佛，不假修持，这话是为最上根人。老朽懒懒一生，岂不能嘴漉漉地胡哼高调？可是阳春白雪，起而和者，能有几人？老朽今天不是牵高就矮，若是个汉，也许会得由戒生定，由定生慧，三学等持。说有次第，即非次第，是名次第；渐修顿证，一道齐平。珍重！

一还居士记，摘自净慧法师《虚云和尚法汇续编》

念佛应该记数，日有定课

一九二六年春，大师和王九龄居士，由云南鸡足山来厦门。青眼与道友王碧莲前往礼拜，并请开示。大师问："向来做什么功夫？"王答："学禅。"青眼答："念佛。"大师说："禅很难学。自唐以来，久将绝响。不如专修念佛三昧，较易成功，且稳当。"王请讲《心经》。大师举要略讲。讲完，又说："读诵般若大乘经，很好，但应兼念佛。"又问青眼："汝念佛，记数否？"答："没有。"师说："念佛应该记数，日有定课。初入门，理应如此。"后来大师主持鼓山，青眼又往求开示。大师示教，仍是念佛法门，并令参观寺内佛堂。

摘自叶青眼《虚云大师闽南弘法略记》

仁德法师参虚老

这是一九五七年的春天。仁德法师在蒙蒙的春雨中走进了真如寺。……知客师悄悄来到仁德的单室，说："老人家看了朗照法师的信函，说要单独见你。你随我来吧！”仁德法师更是激动万分。他匆匆穿上海青，然后持具搭衣，随着知客师，款款走进老和尚的丈室。老人正在法座上读一本经文。眼前的老人，那高洁的风骨、那安然的神态，与昨日所见，更有不同。于是仁德法师倒地便拜。

老人放下经文，容仁德法师三拜既毕，说：“你从哪儿来呀？”

“弟子从终南山来。拜见老和尚是弟子长久以来的愿望。”

“终南山？那是个好地方。”老人家像是沉入到一种长久的记忆当中，稍顷，老人又说：“终南山有那么多的老修行，你在那儿，一定收益不浅吧！”

仁德法师说：“是的，那儿有许多的大德。但是，弟子从高旻寺到终南山，又从终南山到云居山，弟子一路追寻老和尚的足迹，就是想得到老和尚的开示。弟子虽出家多年，但在修行的路上，还有许多不解的地方。”

老人说：“平常的日用，皆在功夫中行。大千世界，处处都是道场；芸芸众生，人人都是吾师。懂得这些道理，在哪儿修行都是一样。”

仁德法师说：“弟子只求了脱生死，请问修哪个法门更适合弟子？”

老人说：“参禅也好，念佛也好，不过是名相上的差别，实际都是不二的。六祖不是说过吗，法无顿渐，见有迟疾。而石头希迁说得更为直截：‘人根有利钝，道无南北祖。’法门、法门，法虽只有一，门却有许多。所以我认为，每一个法门皆可修持，你与哪一个法门相宜，便修持哪一个法门。"

老人停了停又说："你平时是怎样用功的?"

仁德法师说："弟子当寺务繁忙时，便忙里偷闲，持名号念佛。当妄念纷扰，犯执著大病时，便守观其心，紧问念佛是谁。"

老人笑了笑说："一切都是你自己心上的功夫。只要一门深入，久了，功夫就有了，需知自性清净即佛土净。"

听着这样的声音，仁德法师觉得十分受用。虚云老和尚是主张顿悟的，顿悟禅认为"一开口便是错"，正所谓"言语道断"，所以老人平时一般不会有太多的说教，一切让禅者自己去做，去实践，去体会。但仁德法师到底还是感到有些不满足，于是又说："我不知道老和尚对当今的佛法有些什么看法，可否开示一二?"

果然，老和尚挥一挥手说："你且先在常住发发心吧，参加一些生产劳动。如今新社会的僧人，更要本着百丈禅师的禅风，一日不作，一日不食。这样很好，既能调润色身，又能增长慧命。"

当日下午，仁德法师便与僧友一起撩起裤腿下田劳作……

过了几天，又逢雨日，因不能外出劳作，于是便又聚会于禅堂，听虚云老和尚给大家开示："……有人认为禅是第一的，甚至认为，佛教初传伊始即是有禅无净土。这真是荒谬至极啊!难道佛法有二吗? 当初释迦牟尼逾城出家，苦行林中六年麦麻生涯，最后却在菩提树下得益，明心见性，廓然大悟，成正等正觉，最后拈花微笑，再付法于迦叶，说过一个什么'禅'字吗？佛法如纯乳，卖乳的人日日加些水分，以致后来全无乳性，这就是禅净分家的祸端，也是中国佛教的祸端。"

摘自黄复彩《仁德法师传》

若一向举扬宗乘，法堂前草深三尺

只如虚云老和尚，乃世所共仰之当代宗匠。回忆一九四八年憩锡广州太平莲社，一夕客散后，座中只李宽某（忘其名，抗日时在省署当过署长者）、刘宽汉及学人。学人请益曰："老和尚出世以来，棒头上打着几人？"云公摇首叹曰："一个都没有啊！"李插言曰："有，滇中某和尚呢（某和尚亦是云公入室弟子）！"云公笑顾李曰："某和尚是汝为他证据的么？"李赧愕默然。观云公弟子，单粤籍者亦累万盈千，他老人家百分之九十九皆示向念佛，入室启请向上事者不过一二人而已。古德说："如果老僧一向举扬宗乘，法堂前草深三尺。"此事确如船子德诚所谓："钓尽江波，金鳞始遇。"

《融熙法师丛书》第 138 页《与无修居士论禅台净宗》

一句截流，是偷心死机，不是他力边事

瑛在距今三十年前，看《六祖坛经》得个入处，至今只循分造人，随缘护法而已。民国三十七年始，正式皈依云公老和尚座下。一夕，在广州文德南路太平莲社，客散后，入室启请，以古德每每对来机反诘，一句截流，当人便悟，疑是将心印心，力涵加被。云公不俟言毕，即曰："否！这是当人偷心死尽耳，不是他力边事。"（凡有求菩提涅槃心，求佛力加被心，求善知识接引心，乃至求解求证心，才起丝毫念虑情计，皆属偷心——见《中峰语录》。）瑛当下如闻霹雳，数十年所蕴胜解，一时冰销云散，信知此事不从人得，饶是释迦再世，也不能"惠我三昧"。

《融熙法师丛书》总第 599 页《葛藤集拾遗》第 129 页
《致金弘恕居士书》

书信文记篇

覆邵武双泉寺沿山上人问《楞严》第六征心文"非知不知"义

　　昨接大札，谓前有赐教，责未奉覆，抱歉良深。因老朽去岁往渝数月，今春始返。还山后，即将南华常住职责交卸，移住云门。因与曹溪交通不便，所有函件，诸多延滞。又因老病侵寻，文字缘薄，早经屡次申明，凡各处所来函件，辞谢不答。今仁者为法心切，谘询《楞严》妙义。朽智识浅薄，徒负虚名，倘若置之，恐辜盛意，不得已聊循经文，略叙鄙意。

　　函问"非知不知"之义，以鄙见，依经顺文，解释甚多。其明显处，如尊者谓眼色为缘，生于眼识，其意执定此心有相有处，向来认执此心。今上文既五处皆破，都无现量，疑此心决在根与尘之中间，故佛以两种斥破心不在根尘之中，设立二问审定。

　　一、佛言：心若在根尘之中，此之心体，为复与根尘兼二？为复与根尘不兼二？上以二种问定，下正分破。一先破兼二。佛言：阿难，汝以此心，一半兼根、一半兼尘之二者，而此物与体，两下杂乱，何以？物是尘，本非有知；体是根，原本有知。即今此物与体，一是有知，一是无知。物是根，尘是体，根与尘，成其两立。汝执心在根尘之中，即中不成，兼二即不成，故云仍为中。二破此心不兼根、不兼尘云。

二、佛言：阿难，汝若执此心不兼根、不兼尘之二种，即成非知不知。何以？汝此心体，既非根有知，又非根尘之无知。汝执心在中间，即今中无体性，故云中何为相。总之一落方所，即有障碍。冥心合道，圣人以知为众妙之门，否则知却成闭塞，由人自妙用耳。

此不过略述数言，还祈教正。

覆岐山海清大师关中书

来书质疑，本拟早覆，奈因老病，对各处函件，均稽答覆，情不得已也。至问用功境界，略循来意，聊叙其端。

处报众生之类，皆由妄想夙业，及习气厚薄，招感升沉，生出森罗境界，障闭无明，透露无期，被妄埋久矣。又复不信自心，本自具足，圆满普遍，绝诸障碍，不属迷悟、善恶、好丑者。须知圆妙本体，亘古灵明，绝诸名言对待，了无一法可得。而众生妄想颠倒，昼夜痴狂。今者初心进修，一门深入。《楞严》二十五圣，修持行门各别，皆证圆通。至于禅宗一法，捷出一切，故称教外别传，不落言诠功勋，只在当下识得自心，并无奇特巧妙。

今之学者，每多偷心，博览古今言教，驰骋不舍，蕴集胸中，认作实法，误为家珍，障塞悟门不浅。汝今先誓立一个决志，把这臭皮囊觑破，实非我的，通身放下，了诸世境，如梦幻泡影。于四威仪中，心若冰霜，单提一念话头，不管此世他生，悟与不悟，扫灭这些杂念，独顾疑情现前，绵绵无间，寂照分明，无堕沉浮，及空顽无记，密密打成一片，勿贪玄妙空幽，聪慧神异，总有悟彻时期。如其胸中尚有丝毫凝滞，尽落今时，总为魔境。

覆鼎湖山巽海上座

　　老益精进，为道殷勤，饱餐法味，至慰。云龙钟残朽，视听失聪，徒负虚名，炫惑听众。今为偿债祖庭，事繁任重。昨承法谕，谦询般若深义。如斯妙典，实欠精研。向以文字缘薄，疏忽迟覆，诸乞谅之。

　　师持《金刚经》，皆因夙植多种善根，而得如是。然世人有如理如事者，深浅不同。若得理益，证实相般若；若得事益，证文字般若。如六祖闻"应无所住"，在黄梅三鼓入室，所证者，即与诸佛齐等，实相般若也。如德山祖师，初讲《金刚经》开悟世人，自至龙潭，一场憹懔，斯即文字般若也。法达禅师持《法华经》见六祖，祖不允许。首山在风穴诵《法华》，受心即此。略举古人获益之概，至论《楞严》云：理虽顿悟，事乃渐除。尊者谓：希更审除微细惑。故古人以理去事，打扫现业流识，切须仔细。究竟此事，如人饮水，冷暖自知。师年高德重，深契般若，大有因缘，甚为难得。乞善保任。

覆陶冶公居士

承示，撝谦过当，虽君子善颂，然云何敢当！佛谓豪贵学道难，广学博究尤难。居士于"心生法生、心灭法灭"之旨，既有入处，现又恰寓重庆歇马乡高台丘第二号，正好体会。果能狂心顿歇，选佛场中，称第一法门，则透过禅关。在世间则高耀名宿，然后广度有情。虽云落在第二，方之终去一丘，此乃居士之愿也。

谓遇境恒为物转，望点化垂询，云实惭惶。敢借古德遗训，互相研味。《宗镜录》末后垂示有偈云："化人问幻士，谷响答泉声。若问吾宗旨，泥牛水上行。"赵州老人上堂云："金佛不度炉，木佛不度火，泥佛不度水，真佛内里坐。菩提涅槃，真如佛性，尽是贴体衣服，亦名烦恼，实际理地甚么处着？一心不生，万法无咎。汝但究理，坐看三二十年，若不会，截取老僧头去！"重蒙垂询，即是前义。谬为取法名宽冶，字佛炉，并付归依牒一纸，望检收。玉老昔时与云同参江天禅寺，丁丑示寂，闻之惕然。五阴虚幻，三界无安，愿与居士共勉之。

答陶冶公居士十二问

（一）

问：经云理可顿悟，若人信得自心之理，可称悟否？抑属知解，不名为悟？

答：顿悟断惑亲见，名正见。由闻入信，惑业未脱，名为知解。

（二）

问：所谓实悟者，果别有一番境界，刹那真性流露耶？

答：喻以二人：一人亲到缙云山，一目了然；一人未到，依图表说，疑惑不无。

（三）

问：小疑小悟，大疑大悟，其界说如何？亦同三关否？

答：由习有厚薄，权有关辨之说。若本具自性，但有言说，都无实义。

（四）

问：祖云"若人一念顿了自心，是名为心"，作何解说？

答：果真明自心，如伶人登台，一任悲喜，如人饮水，冷暖自知。

（五）

问：参话头，看起看落，执者为当。真参实学下手功夫如何？

答：若真用功人，法法皆圆。若初心人，返观能参看者是谁。

（六）

问：欲塞意根，除着看话头，尚有其他方便否？

答："放下"一着。

（七）

问：吾人日常见色闻声，是真性起用否？抑系识用事耶？

答：是则总是，非则皆非。

（八）

问：欲在一念未生前着力，有何方便？

答：早生了也。

(九)

问：宗云何离心意识参？意识当离，心性亦应离乎？离之云者，殆即无住心之谓欤？

答：是离离者。

(十)

问：欲做反闻闻自性功夫，但耳不能如眼之可以闭而不见，有何方便？

答：心不逐境，境不碍人，返是何物？

(十一)

问：独头意识从何而来？起时如何对治？

答：来亦是幻，对治什么？

(十二)

问：若人信得及即心即佛，平日但做保任功夫，不令走作攀缘，不参话头可乎？

答：知即便休。参与不参，妄想怎么？

扬州邓契一居士问念佛

答：世人若真为生死念佛，贵先放下万缘。果能放下，情不恋世，于二六时中，将一句弥陀放在心里，念念不间，念来念去，心口如一，不念自念，念至一心不乱，休管生与不生，莫问佛接不接，直至临终，寸丝不挂，自然决定往生无疑矣。

又问：参禅念佛同否？以偈答云：佛说一切法，莫非表显心。安得禅净门，妄自别浅深？一称南无佛，心光自发宣。了此话头源，当下达本宗。识兹佛来去，参禅证无生。动静是如如，净土即此间。又云：时人念佛愿生西，生贵信行愿力坚。忏悔现前犹放下，恒忆佛号在心田。四句百非一齐遣，直使妄念绝所缘。行人志能力行去，西方此土一齐圆。

示王居士竹村宽禅说性

处此身中者，谓之性，而不知生天地、备万物皆性也。是天地万物者，此性之现量也。大其性，则尽虚空法界，居吾性内。故曰："空生大觉中，如海一沤发。"佛为一大事出现于世，不过教人明此道、复此性而已。

覆昆明孙乐佛海居士

　　昨由南华转来大函，敬悉。与子别去二十余寒暑矣，音问难详，念念于怀。朽老矣，目昏手颤，笔墨早弃，对诸函札，少有相酬。阅大作数张甚佳，虽然如是，但此事于文墨，虽非即离，究竟实际，非语言文字，所谓说十分，不如行证一分。昔夹山答法身之语，及至华亭，半点用不着。故古人一一从境缘丛里，经数十年练磨，百折不挠，自信无疑，方能自由自在，尚有脱不去东瓜印子者。今人心浇薄，时势失纯，苟不深穷，恐宿栈道。望子努力，珍重！

覆陈殊贤居士

来书云《坛经》说"东方人造罪求生西方"等语，与莲宗有无冲突一节。如今不说冲突与不冲突，试问自己疑他做甚么？若疑诸佛菩萨说法有冲突，岂能垂教万古？实在自己不能体会经义。若悟第一义，则无开口处。说个明心见性，已属方便，岂有冲突之理？至此业已答复，若不会，且看世尊唤阿难托钵去。

若依座主见解，不免依文解义。盖当时，六祖为韦刺史说"世尊在舍卫国城中说西方引化经文，分明去此不远；若论相说，数有十万八千，即身中十恶八邪便是"等语，六祖言"世尊在舍卫城西方引化经文"，可知已明白净土法门，断无故违佛说。不过他随缘说法，叫人了自性，识身中净土，不可愿东愿西，向外驰求，应随其心净，即佛土净。后再曰"人有两种，法无两般"，即《法华经》所谓"惟此一事实，余二即非真"也。所以当时得旨嗣法者，四十三人，宏化天下，至今五灯灿耀，岂徒然哉？

你我自惭，不能领会玄旨，不是祖师有过。夫上天下雨，无私润于枯林；佛愿虽广，难度无缘。阿难为佛侍者，多闻第一。上有父为国王，已不富而自贵。兄为世尊，有吾不自修不能成佛之感。是知大地众生，虽有佛性，要随顺修行，譬如金在矿里，须经锻炼，方得受用也。

再考我佛在天竺说西方，华夏之人便指天竺为西方。菩萨说法无法，令人背尘合觉。而众生知见，多是背觉合尘，不能随处解脱。喻如劝人不可心外觅佛，其人便执心为佛，岂知法尚应舍，何况非法？《弥陀经》云，若人念佛七日，一心不乱，弥陀便来接引。一心不乱者，即是离念也。能做到离念功夫，何处不是净土？故《坛经》云"悟人在处一般"，佛言"随所住处恒安乐"，此之谓也。

今劝善知识先除十恶，即行十万；后舍八邪，乃过八千。念念见性，常行平直，到如弹指，便觐弥陀。及夫见了弥陀，又不生欢喜之心，则无时不在净土；若在净土，又无人、我、众生、寿者四相，则是真实菩萨。到那时，不管东西南北，无不自在矣。专覆断惑。

覆孙语默书

语默大居士慧察：

敬覆者，手书及佳作，伏读甚善。循是行去，自多法益。从性起修，如扬顺帆。但当缄秘自持，步步踏着鼻孔。若见道人，无净秽可舍，西方只在脚跟下也。古人云：威音王前，无师自悟者，悉属魔外。盖此蹊径，四维上下，举足皆非。见道方修者，但可与言此处无东瓜印子；纵印，亦不能留痕迹于大火聚中。俟有缘时，重为商讨。假令盲目肯定，是则违背祖范，非则获咎靡追。经教住世，圣贤可量，消归自己，莫作能想。阅语录则须具择法眼，尽信书不如无书，校其与佛祖未说法前之原天书无异方可。七十为法，珍重！珍重！

覆屈（映光）居士问法书

文六老居士道鉴：

（上略）承询成佛，究为三身齐现，具足一切神变功德，抑为自心透脱，便算究竟等义。谨以薄识，略叙大概。

论到此事，不无权实修证深浅因果之殊，至如实际理地，本无名言说相，但一法性身，常居法性土，离四句，绝百非，有何开口处？但有言说，都无实义。如世尊掩室，文殊挥剑，净名杜口，丹霞火烧，赵州谓不喜闻，德山以喝，云门以棒，从上佛祖，无非显兹妙义。不过宗门以直捷示人，截断葛藤，故六祖答智通问："清净法身，汝之性也。圆满报身，汝之智也。千百亿化身，汝之行也。"祖已明示三身四智，神通妙用，不欠丝毫。至于权变方便，说个"佛"字，皆是不得已也。

宗门但论见性，不重禅定解脱。悟心之人，自解作活计，翻转本体作功夫，终日使得十二时辰，是为全性起修，全修在性，善能调熟，不离当生，即证圣果。六祖曰："终身不退者，定入圣位。"古云："顿悟初心，即究竟圆极，寂灭真如。"

《宗镜录》："问：一心成佛之道，还假历地位修证否？答：此无住真心，实不可修，不可证，不可得。……非取果，故不可证；非着法，故不可得；非作法，故不可修。……若论地位，即在世谛行门，亦不失理。以无位中论其位次，不可决定有无之执。经明十地差别，如空中鸟迹，若圆融门，寂灭真如，有何次第？若行布门，对治习气，升进非无。……若得直下无心，量出法界之外，何用更历阶梯？若未顿合无心，一念有异者，直以佛知见治之……究竟成佛果。"不可偏执一见，成儱侗病也。

昔皓月供奉问长沙岑曰："天下善知识，证三德涅槃也未？"岑曰："大德问果上涅槃？因中涅槃？"曰："果上涅槃。"岑曰："天下善知识未证，功未齐于诸圣。"曰："未证何名善知识？"岑曰："明见佛性，亦名善知识。"问："未审功齐何道，名证大涅槃？"岑曰："摩诃般若照，解脱甚深法，法身寂灭体，三一理圆常，欲识功齐处，此名常寂光。"又问："如何是因中涅槃？"岑曰："大须知见地了彻，直与佛祖把手同行，但得因中涅槃。其多生炽然之结习，须次第尽，方得超出三界。"

《楞严》云："理则顿悟，乘悟并销；事非顿除，因次第尽。"惟宗下用功，水到渠成，超证十地等妙，有不期然而然也。阿难尊者云："不历僧祇获法身。"永嘉云："证实相，无人法，刹那灭却阿鼻业。"又云："弹指圆成八万门，刹那灭却三祇劫。"奈何行人，习有轻重，证有深浅不同。在诸大祖师，证与佛齐，人法空，能所寂，烦恼菩提、生死涅槃、佛魔、凡圣等，悉是假名。经云"但以假名字，引导于世间"，如伶人舞戏相似。终日吃饭，不曾咬着一粒米；终日穿衣，未曾沾得一缕纱。凡所施设，一切事务，如寿祖云："修习空花万行，宴坐水月道场。降伏镜里魔军，大作梦中佛事。"余或未及者，须由功业励行为本修因。若不降心，而取证者，无有是处。

致马来亚麻坡刘宽正居士函三则

其　一

惠书及装佛金功德，均收，谢甚。居士既徘徊于禅净之门，则何妨合禅净而双修？于动散之时，则持名念佛；静坐之际，则一心参究念佛是谁。如斯二者，岂不两全其美？居士眼目有疾，则宜称念观世音菩萨圣号，以求大士慈光照触，翳障消除。

其　二

遥来云笺，蒙惠修寺功德净资，于二月十八日收讫，荷谢无任。居士处此扰扰尘寰，独能道播麻地，可谓火中青莲，诚为难得！令堂以古稀之年，信向念佛。而居士曲尽子道，善能喻慰，尤难得也。夫众生真心本体，般若光明，堂堂独露，但以妄想习气（即粗浮贪、嗔、痴、慢等）时时发现，自障妙明。但将冷眼看破，放下便是，不必别求也（能一心专念观音圣号，净念相续，便是放下第一法）。遇难忍处须忍得过，难行处要行得过，惟净业可修便修，于幻缘得过且过，习气销尽，菩提圆成矣！

其 三

连惠两书收悉，惊闻融熙逝世，不胜伤悼。惟人生有死，亦乃世间常态，三界无安，当深生怖畏，直须痛念无常，信愿念佛，求生净土。"此身不向今生度，更向何生度此身？"伏惟珍重！

覆星洲卓义成居士

承问关于静坐之事，云亦是门外汉，今本同舟共济精神，略伸管见如下：

（一）静坐不过是教行人返观自性的一种方便方法。简言其要，则在于系念一句佛号（或阿弥陀佛或观世音菩萨皆可），心心相契，念念相续，由心而出，从耳而入，莫令间断。果能如斯，则更无余缘杂入矣。若能久久不退，弥勤弥专，转持转切，不分行住坐卧，岂觉动静闲忙，便可一直到家，永生安养。居士才觉得有些定明澄澈之境，便生心动念而执著之，宜其不能进步。

（二）静坐宜取乎自然，身体有病，宜适当调养，不必勉强支持。修行用功不拘于行住坐卧也。

（三）悟道不一定皆从静坐得来，古德在作务行动中悟道者，不可胜数。悟道仅为真正修道的开始，由修而证，则神通不待求而自得矣。若专为求得神通而修行，是魔见，为学佛人所不齿者。

（四）参禅、念佛、持咒等一切法门，皆教众生破除妄念，显自本心。佛法无高下，根机有利钝，其中以念佛法门比较最为方便稳妥。居士受持《佛说阿弥陀经》，熟览《印光法师文钞》，若能依而行之，则净土现成，万修万去。

（五）荤食造杀害生，大违慈旨，令人智昧神昏，增长贪嗔淫欲，身后业案如山，冤怨债报，宁有了日！静坐修行的目的，要了生死。荤食则增加无边生死，漏瓶盛油，虚劳精神，智者可以自审矣。莲池大师《戒杀放生文》，当熟览谛受。

（六）静坐如法，可使四大匀调，促进健康。

（七）"归元性无二，方便有多门。"八万四千法门，对治众生八万四千烦恼，莫不殊途同归，惟当择其契理契机者而修持之。

（八）云居山目前尚无传戒条件，云颓衰尤甚，恐不克举行矣。

（九）中国佛教在宗教政策保护下，提高了地位，纯洁了组织，大有发展气象。

（十）请照归依证所示，随宜随分，遵行修持之。综观所问情形，以居士程度，最好熟览《净土十要》《印光法师文钞》《龙舒净土文》等，当可获得实际利益。常阅《云栖法汇》，可融会一切法门。再阅《净土十要》《龙舒净土文》，使专门进步，万无一失矣。

致柬埔寨宣圣（心明）法师函五则（其一）

欲于自利利他事，求一简单开示：夫今法门式微，举目滔滔，尽在名利人我中过活，求一真操实履者，殆不可得。仁者犹能殷勤向道，不忘己分，甚可喜慰也。盖三界之中，无非牢狱，暂时欢乐，终归无常。众生燕雀处堂，罕思出离。若能痛念生死事大，觑破一切世情，若顺若逆，总皆虚妄不实，过眼便是空花，独一念持戒、礼忏、笃信三宝之心，生与同生，死与同死，而又专求己过，不责人非，步趋先圣先贤，不随时流汩没，庶几信心日固，智慧日开，而生死可永脱耳！

致南洋麻坡刘宽簪居士函二则

其　一

　　惠书及功德净资，均收讫，谢甚。居士发无上心，求受三归五戒，甚可嘉慰！然古云：受戒容易守戒难。愿居士自受戒后，幸勿毁犯。今奉上归戒证一纸，上有学佛须知，愿居士遵而行之，自得解脱。

其　二

　　冬月十四日惠函敬悉。山野衰病，久阙致候，忽蒙惠注，深为感慰！盖因缘离合，浮生如幻，至希达观旷怀，逆来顺受，于一切不如意境界，作随缘消旧业想，自致安然自在。人生娑婆，苦多乐少，居士能知人身难得，佛法难闻，是已深得个中旨趣。望以此自慰，常时念佛，勉修净业，久则亲承法益，灾消福崇，所愿遂意矣。

虚云老人论禅书

《虚云老人论禅书》原载《海潮音》第十年第四期，应是1929年前后虚云和尚写给他的弟子修圆法师的一封开示参话头的书信。

字谕佛曦修圆贤契知悉：

昨接来函云，染疾吐红，令人惶虑。想数年来，所有滇缅在外，十去八九，水土不合耶？屡呼早回，各宜忖之。

每嗟法门颓落，知识罕闻。然学者如牛毛，成就者犹如兔角。盖自不具眼耳，失于善调故耳。所以古德云，要人看话头，必须通身放下，如死人一般，单单提此一念参将去，起疑情。疑个甚么？既名话头，早落话尾。须知真话头，要向一念未萌前究，是个甚么道理？从此下手追究，不分动静，念念不间，名叫疑情。疑来疑去，打成一片，回光一照，此能疑者是谁？久之久之，瓜熟蒂落，忽然摩着娘生鼻孔，不从外得。故永祖云："行也禅，坐也禅，语默动静体安然。"如此行去，有甚么难？

病从何起？所谓狂心者，即是从前杂毒，不知宗门下一字不着，佛魔齐斩。所言动静者，初心学者，不可不究。行住、殿堂、作务、迎送、语笑、屎尿等名动，坐卧怡默名静。如斯微细揣摩，我现于二六时中，究竟几时在动，而不随动去？几时在静，不被静转？对一切境，生心不生？果能如前审察，于动不随动去，即能惺惺寂寂；于静不被静转，即是寂寂惺惺。此不过欲汝初心觉悟，于动静不要偏枯，定然动静一如，事理圆融。正所谓廿七祖云："入息不居阴界，出息不涉众缘。常转如是经，百千万亿卷。"不可思议，切不可寻语言，随人舌根转，弄尽精魂，毫无实益。坐上蒲团，瞌睡昏沉；放下腿来，闲谈杂话。遇着境界，毫无主宰。苦哉，各宜慎重！

付来药一包，此药可用土罐煎，交白糖，连渣服食最好。如其再吐，可食小便。生漆不可多用，用多损多益少。其药共参生漆，裹作一包。食下若好，信到再又付来可也。代吾于晋法首座和尚处致意顶礼。

夏历九月二十六日

债人虚云字

覆黄元秀居士函二则

黄元秀多次去信向老和尚虚心请教禅法，虚老亦多次覆函谆谆教诲。虚老于辛卯年（1951）正月十日（2月15日）的覆函，就禅教关系及禅修实践作了精到的开示，对今日学禅者仍有重要的指导意义。照录于下：

其　一

惠函诵悉。仁者对般若、禅定两度所会之理，全是依文解义，未得正解。若就教理而谈，虽三藏十二部经典，汗牛充栋，不出空有性相两宗之学。性宗谈空，相宗说有，岂非矛盾耶？实则谈空者，乃破众生之有见；说有者，乃破众生之空见。空有双离，方会真实。故龙树菩萨《中论》偈云："因缘所生法，我说即是空。亦名为假名，亦名中道义。"《大般若经》六百卷，无非明缘起性空之理。若不达缘起性空之义，而妄谈空，必落断见，甚为危险。

吾人谈经，贵能因指见月，若执指为月，终不得月也。故禅宗贵在明心见性，心性若明，则三藏十二部皆是我心中流出，不假外求也。故昔人有偈云："达摩东来一字无，全凭心地做功夫。若于纸上求佛法，笔尖蘸涸洞庭湖。"昔释尊夜睹明星悟后，叹曰："奇哉！奇哉！一切众生皆具如来智慧德相，只以妄想执著而不能证得。若离妄想，则一切智、无师智，自然现前。"当知般若智光，众生本自具足，只是无始以来，为妄想之所覆盖，不能显现。若不能离妄想执著，任你谈空说有，无非情计执著，"但有言说，都无实义"也。

盼仁者于此等处，细加体会。并盼多阅《楞严经》《六祖坛经》，则对禅宗、般若两义，当可更进一解。学佛贵在能依教笃实行持，若广求知解，而不实行，不得实益也。勉之勉之。端覆，即祝精进。

衲虚云合十

辛卯正月十日

其 二

（1955 年）

宽元居士慧鉴：

来函诵悉。数度相逢，是征凤缘。承询功夫落堂之事，乃系功夫纯熟之谓，即念佛人之念而无念也。参禅人功夫落堂，则不参而自参。嘱书数语以作纪念。聊书昔日诗偈一首奉赠。此致

法喜

虚云合十

覆金弘恕居士书二则

（1948）

其　一

承询参话头法则，谨将鄙见略陈。所谓话头，未说出前谓之话头，若将既说出之话参究，已不是参话头，而是参话尾矣。禅之所以异于教者，以前者是无心之观，后者是有心之观。然诸佛诸祖随机说法，无可厚非，殊途同归，及其成功则一，不可效世俗争门户之见，致尽失我佛无争之训也。仁者既习观心法门，似不宜加看话头。譬如有甲乙两途，皆可达目的地，若既走甲路，又走乙路，徒劳奔走，欲速反缓矣。

又大函云：但放下一切，善恶不思，与么观去即是，不用参究功夫，与看话头有异。请勿误解六祖对惠明所说"不思善，不思恶，正与么时，那个是明上座本来面目"为肯定语。后句实是问话，着眼处就在这里，大须仔细。若不思善、不思恶即是，已堕空亡外道矣！

其　二

论到此事，本无可言说。盖有觉有照，属于生死；无觉无照，落于空亡。修心之法，全在当人妙悟，不可以语言文字出之，如人饮水，冷暖自知，亦不能吐露于人。"但有言说，都无实义"，故世尊说法四十九年，亦云未说一字。宗门下开口便呵，动手就打，亦演斯妙义耳。至于话头、话尾，若真用功人，有何先后头尾，本自如如。若初心用功，不得不从话尾追究耳。盖末法众生，障深慧浅，不从参话尾入手，难达话头；不从有心处用功，难证无心。故黄梅五祖虽极许六祖之"本来无一物"偈，仍盛称秀祖之"时时勤拂拭"偈者，六祖之偈虽佳，然只合上上利根人，此种人旷劫难遇。若一知半解者执之，反堕空亡，究不若秀祖之脚踏实地，人人皆可依之修持也。办道之人，不知佛法，固不可能，但知得太多，不会消化，又每被佛法胀死。欲深入禅定者，先要把知见铲除。憨山祖师云："依他作解，塞自悟门。如今做功夫，先要铲去知解，的的只在一念上做。谛信自心本来干干净净，寸丝不挂，圆圆明明，充满法界。本无身心世界，亦无妄想情爱。即此一念，本自无生……如此做功夫，稍近真实。"

覆福州沈宽舲居士书

（1957）

人生八苦，老病为最。汝老病孤零，实苦中之甚者。虽然，若能返照回光，自觅受苦者为谁，四大非我，五蕴皆空，一心念佛，矢志莲邦，斯为离苦得乐最妙法门。至于梦境幻影，过后则已，勿再追寻。汝于生活艰苦之下，尚做数元塑像功德，福报当不可思议也。

与佛云书七则

（1956—1959）

居士信愿深切，行持精进，虔诚礼诵大乘经忏，日不暇给，甚为难能可贵。然用功之法，贵在专一；居士用功，未免落于庞杂。虽大乘经忏，一句一偈皆为菩提种子，一礼一拜获福无量，然欲功夫得力，真实受用，则以持名参究为直捷耳。秋间来山小住甚善。居士处世，能逆来顺受，哀乐不入，亦缘平素修持之力耳。延年师失眠症，宜多事静坐，默念观音圣号为妙。

修持之要，在净心而已矣，岂局方隅？倘能三毒不生，十善恒随，心与道合，便是寂光净土；不然，纵与释尊共住不离，悉（奚）啻十万八千里也！

覆明性法师书二则

其 一

明性法师慧鉴：

接读来函，备承奖借；自惭衰老，警惕莫名。只以曹溪旧债未了，在此俟候六祖香灯，徒负虚名，骗了如来饭食数十载。今朽矣，耳目不听其用，却有一点好的，就是不想东进西进，一心待死而已。今法师正当壮年，学成宏法，乃不可多得之事，勿看轻自己。

佛祖说法无非破执之具，并无实法与人，谈禅说教，都属方便，乃引人入胜法门。奈何世人学佛，不能随处解脱，反生执著，未能实受其益者，皆因言行不符，成为通病。六祖云：终身行之不退，决定得证圣果。若不降心、不持净戒而求解脱者，无有是处。

现今世情多变，实不宜冒难游行。在焦山成就众生圆满菩提，功德无量！待至看经不用注释时，再来与山僧一棒。

此覆。

虚云合十

其 二

明性法师慧鉴：

　　顷读七月初十来函，领悉一切。论到禅那，岂有初步、究竟之别！不过行人对治习气，看哪一法门较易用功。即如止观，各家虽多，及其到家一也。话头虽多，融之则一也。如以念佛是谁而参，食饭是谁？说话是谁？苦者乐者是谁？乃至日间无论作息者是谁？如是参之日久，自然得到实用。日间这样修，夜间在梦里也如此修。生也如此，死也如此，早把生死忘记了。

　　宗门下但论见性，不重禅定解脱。若能于一切处，行住坐卧，纯一直心，便是定境。食饭之时食饭，睡眠之时睡眠，诚其一心，一切三昧不越此也。说来容易，行之实觉为难。若把持不定，虚负一生！处兹末法，无论参究任何法门，总以世尊所说清净明诲为根本。

　　诸承垂问，谨以薄识，与同参共勉之。

　　此覆，顺候道绥。

虚云合十

　　摘自明性法师《我所崇拜的大德高僧》一文，见1943年7月15日出版的《妙法轮》月刊第二卷第三、四期合刊，《民国佛教期刊集成补编》第75卷第380—381页。

虚云老和尚承续五宗法脉

禅宗五派源流

禅宗五派，上溯始自天竺迦叶，二十八祖传至达摩，遂称东土初祖。又五传而至曹溪慧能禅师，是为六祖。然单传之说，只就衣钵授受而言。若夫传法，西天固未可考，震旦已有分支，如牛头融师承三祖之后，自成一家。余辑《增订佛祖道影》一书，亦列其世系。六祖既止衣钵不传，昔人记其世系，多由南岳、青原二家起。余于《佛祖道影》亦依此两家，分列其次序。惟五祖门下尚有神秀，行于北方，再传而息，固勿论矣。六祖门下，得道者多，著名者如神会禅师，传圆顿之宗于北方，使渐宗绝息，其功固不可没。然再传至圭峰，又为华严宗之祖师，故其世系亦无可述。今就南岳、青原两家世系言之。

青原思传石头迁，石头分传药山俨及天皇悟，药山传云岩晟，晟传洞山良价，价传曹山本寂，后人称为曹洞宗。天皇悟传龙潭信，信传德山鉴，鉴传雪峰存，存传云门文偃，是为云门宗。存又传玄沙备，备传地藏琛，琛传法眼文益，是为法眼宗。故青原之后分为曹洞、云门、法眼三宗。南岳让传马祖一，一传百丈海，而百丈分传沩山祐、黄檗运二人，沩山灵祐传仰山慧寂，是为沩仰宗。黄檗运传临济义玄，是为临济宗。故南岳之后分为沩仰、临济二宗。此五宗派源流，余有《校正星灯集》之辑述，亦曾附录及之。

南岳下第六十世东明旵之嗣法，有海舟永慈与海舟普慈二人。永住金陵东山，普住杭州东明，《续指月录》两存之。按天童密云悟及钱谦益，皆为普慈立传，称为旵祖嗣法。《宗统编年》载，万历六年辛酉（按：辛酉当为戊寅），东明旵示寂，海舟普慈嗣法。据上所记，南岳六十一世，应定为东明普慈。临济一宗，本五派最盛，尚有此淆讹。曹洞宗五传，至警祖稍息，得远公嗣法，灯灯相续未泯。然青原下第四十五世，芙蓉楷嗣法，有《祖灯大统》一书，径列鹿门觉，将丹霞淳至天童净中间五代削去，为霖大师曾辨其谬。按《宗统编年》载，宋重和元年楷祖示寂，丹霞淳嗣。明年，淳示寂，真歇了嗣。其后三十有四载，了示寂，天童珏嗣。越十四年，珏示寂，雪窦鉴嗣。经五载，鉴示寂，天童净嗣。又二年，净示寂，鹿门觉始嗣，去楷祖示寂时，历五十五年矣。何得竟以鹿门觉嗣芙蓉楷？显紊世次。故余于《增订佛祖道影》一书，附《法系考正》一文，以辨正之。

余居南华，甲戌夏，长沙郭涵斋宽慧居士、南岳宝生长老，与九成、了照首座等，相继由大沩山来，恳请兴修大沩，意以此宗居五家之长，惜乏后嗣，致祖庭息焰，现系济宗钟板。此次遭匪焚毁，尽为灰烬，决议改弦更张，恢复沩仰一脉。大众以予寿高腊长，为诸山敬信，请余继振沩仰宗。余因南华未能谢责，情不获已，勉循记载，查此宗是灵祐祖师起，四传至芭蕉慧清，其徒继彻起演二十字，"继"字下应是"妙"字，顺次以绍先宗。然书载宋三角志谦及兴阳词铎二公止，一说二公为昆仲，同嗣报慈韶祖作六世，一说志谦为六世，词铎为七世。今因此宗传承甚少，故双存之。以兴阳词铎嗣三角志谦为七世，以后已无考据。兹以词公与余各摘上一字，继演五十六字，以待后贤，绍续无穷。偈曰：

　　　　词德宣衍道大兴，戒鼎馨遍五分新。
　　　　慧焰弥布周沙界，香云普荫灿古今。
　　　　慈悲济世愿无尽，光昭日月朗太清。
　　　　振启拈花宏沩上，圆相心灯永昌明。

　　　　　　　　　　　　　　　　虚云德清谨识

　　又余在南华，因悉云门祖庭，香灯断续无定，勉为兴复。查此宗起于文偃祖师，十一传至南宋末温州光孝己庵深净禅师止，后失典籍。原派是偃祖下八世优鸿曾演二十字，后不知谁又出二十字，古派分三，今欲重继，不知从何字起。故惟从己庵净公与余各摘上一字，继演五十六字，期之后贤，传灯无尽。偈曰：

　　　　深演妙明耀乾坤，湛寂虚怀海印容。

清净觉圆悬智镜，慧鉴精真道德融。

慈悲喜舍昌普化，宏开拈花续传灯。

继振云门关一旨，惠泽苍生法雨隆。

虚云演彻谨识

癸酉春，有明湛禅者，由长汀到南华，谓在长汀创建八宝山，志愿欲绍法眼一宗。不知所由，恳授其法眼源流。因嘉其志，乃告之曰：此宗发源在金陵清凉山，早废，兹时不易恢复。从宋元来，绍化乏后，查诸典籍，自文益祖师七传至祥符良度（按：原作"庆"，据灯录改，下同）禅师止，其后无考。旧派益祖六世祖光禅师立二十字，后不知何人立四十字，虽有二派，子孙停流，鲜有继起。又查益祖出天台德韶国师与清凉泰钦禅师，传载韶、钦二公下五世良度禅师，其中秉承，有继韶公者，有嗣钦公者，纷纭不一。有记"益、韶、寿、胜、元、慧、良"为七世，有记"益、钦、齐、照、元、慧、良"为七世。今欲继起，艰于考证，惟有秉承韶公，续从良度禅师与余各摘上一字，继演五十六字，以待后贤继续，传之永久。偈曰：

良虚本寂体无量，法界通融广含藏。

遍印森罗圆自在，色空情器总真常。

惟斯圣德昭日月，慧灯普照洞阴阳。

传宗法眼六相义，光辉地久固天长。

虚云古岩谨识

岑学吕附记

谨案：虚云和尚出家鼓山。鼓山自明代以来，临济、曹洞并传，妙莲老和尚即以临济而接曹洞法脉者也。莲老以两宗正脉付之老人。

由临济至虚老人是四十三代

由曹洞至虚老人是四十七代

沩仰近百年来，无人承嗣，由宝生和尚等请虚老人嗣沩山，自山祖师下七代兴阳禅师起，续承之，故虚老人为继沩仰第八代祖。

法眼失嗣更久，八宝山青持大师，请虚老续法眼源流，良度禅师为七代，虚老人应继为法眼第八代。

云门亦久无继嗣，偃祖下第十一世为光孝己庵，今虚老人中兴云门，应继己庵为十二代祖。

至若《联芳集》中，列虚老人为百三十代等等，系指历代住持而言，非正脉也。合附识之。

摘自《增订鼓山列祖联芳集·附录》

法系考正

南岳下第六十世东明旵祖之嗣法，有海舟永慈与海舟普慈二人。永住金陵东山，俗姓余；普住杭州东明，俗姓钱。《续指月录》两存之。按天童密云悟祖及钱谦益宗伯，皆为普祖立传，称为昆祖嗣法。祥符荫《宗统编年》载，万历六年辛酉（按：当为戊寅），东明昆祖示寂，海舟普慈嗣法。据上所记，应将南岳六十一世，海舟永慈改定为东明普慈。

青原下第四十五世，芙蓉楷祖嗣法。(《佛祖道影》)苏州本依据位中符《祖灯大统》，径列鹿门觉，将丹霞淳至天童净中间五代削去，谓《指月录》年历差讹，以《青州塔记》为据，而《青州塔记》显出伪托云云。为霖大师曾辨其谬，《续指月录》引以为证。按《宗统编年》，宋重和元年戊戌（1118），楷祖示寂，丹霞淳嗣。淳祖盖芙蓉嗣法二十六人中之上首也。明年淳祖示寂，真歇了嗣。其后三十有四载，为南宋绍兴二十三年癸酉，了祖示寂，天童珏嗣。越十四载为乾道四年戊子，珏祖示寂，雪窦鉴嗣。经四载为乾道七年辛卯，鉴祖示寂，天童净嗣。又二载为乾道九年癸巳，净祖示寂，鹿门觉始嗣，去楷祖示寂时，历五十有五年矣。何得竟以鹿门觉，误为净因觉？显紊世次。兹从《传灯》及正、续《指月》，列鹿门觉于天童嗣法，增补丹霞淳至天童净五世，纠正位中符之谬。

明三峰汉月法藏禅师，初秉拂于吴门北禅寺，嗣法天童悟祖，厥后三峰著《五宗原》以立异，悟祖不满，遂至追拂。清世宗著《拣魔辨异录》，于三峰一派，屏斥尤严。三峰不获与临济儿孙之列，已成铁案。惟三峰平日于法门不无建白，弘戒法仪为后世矜式，兹列三峰于尊宿卷中，示绝于悟祖，仍不泯其护教之功。

《通鉴》载：明建文帝因燕王兵破金川门，帝发太祖遗箧，得杨应能度牒及缁衣。编修程济曰："数也。"因召主录僧溥洽，为帝削发，从水关中出，先入蜀，后入滇云云。今按《云南丛书·滇释记》第二卷载：应文大师，俗称文和尚，明太祖长孙，故懿文太子之子也。建文四年时，燕王棣举兵南伐，有内臣出高帝遗命，得度牒三，曰应文、应能、应贤，僧服如之。于是帝与御史叶希贤为应文、应贤，吴王教授杨应能为应能，并为僧，编修程济为道人。遂从复道中出，历游吴、楚、黔、粤，入滇居永昌白龙山，复结茅于鹤庆浪穹间，又驻锡武定狮子山，遗像袈裟犹存在滇。数十年间，常疏《法华》《楞严》，间多题咏，后东归，寿八十余。坐化宫中，葬于西山，称为老佛云。按：叶希贤、杨应能，《明史》皆有本传。建文殉国，皆称殉难者也。《滇释记》所载，当较详实。又叶、杨两公之墓，尚在滇中洱源潜龙庵，即建文隐修之处。今第四卷"建文"更正为"应文"，以矫正诸家之讹误，并存随从忠义之名焉。

摘自《增订佛祖道影传赞》

《星灯集》序

溯自拈花示众，西竺正其传；一苇渡江，东土振其绪。由是相承华叶，光芒燃无尽之灯；摆落蹄筌，教外衍不传之秘。迨夫南宗焰炽，北学祚衰，一滴同源，五宗大启。洋洋震旦，几于道一同风；济济丛林，何异雷鸣狮吼！其间乘时应运者，或举拂而人天师表，或坐谈而君相归依，唐宋以来，吁其盛矣。而我临济一宗者，导源黄檗，实为吾法之亢宗；下逮碧峰，几括神州而洒乳。全提祖印，棒喝交驰。其视举圆相以传心，别君臣而示秘者，其门庭之广狭，盖不啻倍蓰已也。其于剃度印心之来哲，众几拥盛如恒沙，莫不各嗣秉承，以伸木本水源之诚。自兹以降，孳乳益繁，如缲出丝，如瓜走蔓。虽派经累续，而来哲无穷，悉自宗由。

本派自玄祖以迄智祖，为世已二十有五。自智祖立派，十六字至"通"字下，继起三十二字，于剃法二枝，多出其源。从智祖以迄演彻，又为世二十有九矣。彻以下实繁有徒，其派传至"戒、定"字者不少，余文不过三四字毕矣。每见诸方取至"宗"字完后，即任转"智"字，重起者多，致使次序紊乱，先后失宗。又开平先辈，于名派外未有字派。后人取字，不询来历，致使古今德号，首尾颠倒，圣凡溷杂。遂不揣僭越，谨于"宗"字下增派六十四字，外演号派八十字。从兹递嬗，行看祖武相绳；若挈领纲，庶乎有条不紊。今上溯渊源，下次统绪，汇为一编，题曰《星灯集》，俾垂永久，用达慈尊度生之怀。凡蒙恩育者，如众星之弥布，罗列有序；若明灯之传照，灯焰无尽也。至若举扬祖奥，大振宗风，上媲美于前休，下垂法于来哲。彻虽衰老，犹愿与吾宗英俊，共矢兢兢云尔。是为序。

佛历二千九百五十九年民国二十一年岁次壬申季冬

虚云题于鼓山圣箭堂

《校正星灯集》序

前此予纂《星灯集》一编，于本宗祖嗣派流，疏述颇为衍博，同宗者利之。近数年来，宗嗣日繁，而间又自高庵以上，溯其源绪至于无准范，再上而至临济，而南岳，以至于释迦老子，皆可明矣。今自无准范始，至高庵升，制为图系。增进子嗣，则按代编入。纂校既竟，命曰《校正星灯集》，示有异于前纂也。用付雕镌，爰识一语于次云。

时佛历二千九百六十二年岁次乙亥　佛瑞诞日
虚云识于涌泉丈室

附本支源流系（校）

十六
二十　世，无准范→

十七
廿一　世，断桥妙伦→

十八
廿二　世，方山慧

十九
宝→　廿三　世，碧峰性金→

二十
廿四　世，白云空度→

廿一
廿五　世，古拙原

廿二
俊→　廿六　世，无际朗悟→

廿三
廿七　世，月溪耀澄→

廿四
廿八　世，夷峰镜

廿五
宁→　廿九　世，月山智胜、庐山智素、天池智光、大随智潮、宝

芳智进、突空智板→ $\frac{廿六}{三十}$ 世，野翁慧晓→ $\frac{廿七}{卅一}$ 世，无趣清空→

$\frac{廿八}{卅二}$ 世，无幻净冲→ $\frac{廿九}{卅三}$ 世，南明道广→ $\frac{三十}{卅四}$ 世，普明鸳湖德

用→ $\frac{卅一}{卅五}$ 世，高庵慧升圆清（高庵以下，则详集中）。

本表自无准至高庵，凡十六世，上接临岳，下启后嗣，一览而明。其衍派凡经三变：断桥下方山，立"慧性妙悟，真机全露，广济彻源，符因证果"。一传至碧峰性金，而另立"性空原朗耀，镜智本虚玄，能包罗万有，故统御大千"。七传至突空智板，又另立"智慧清净"等四十八字，即今日通行者也。

临济下十九世"碧峰性金"，除《佛祖世谱》外，余书皆作"碧峰宝金"，故有疑为二人者，多未加考订，殊未审"性"字为剃度之派，"宝"字为传法之派。何以言之？综考群书而纪时地出处，无一不同故也。今更将其法派列表于后，庶他日免宗门天皇、天王之干戈也。

　　五祖演——开福道宁——月庵善果——大洪老衲祖证——万寿月林观——石霜印——金牛真——普明无用宽——缙云如海真——碧峰宝金

以上各表，详列出处，一一检视，即知性金、宝金原非异

同，剃派、法派俱已了析，数典者无忘祖之讥矣。

虚云附识

附录各派源流

迦叶二十八传至达摩，达摩五传至曹溪六祖，六祖后派列五家。六祖传青原思祖，思传南岳石头迁祖，迁传药山俨祖，俨传云岩晟祖，晟传洞山良价禅师，价传曹山本寂禅师，后人尊为曹洞宗。

又石头传天皇悟祖，悟传龙潭信祖，信传德山鉴祖，鉴传雪峰存祖，存传云门文偃禅师，曰云门宗。

又存传玄沙备祖，备传地藏琛祖，琛传法眼文益禅师，曰法眼宗。

又六祖传南岳让祖，让传马祖一祖，一传百丈海祖，海传沩山灵祐禅师，祐传仰山慧寂禅师，曰沩仰宗。

又百丈传黄檗运祖，运传临济义玄禅师，为临济宗。

第一代玄祖，传至十九代碧峰性金禅师，金祖下六传至突空智板禅师，为二十五代。智祖演派十六字：

智慧清净，道德圆明。真如性海，寂照普通。

后从"通"字下，又续演三十二字：

心源广续，本觉昌隆。能仁圣果，常演宽宏。

惟传法印，正悟会融。坚持戒定，永继祖宗。

现今诸方临济派，于五台、峨眉、普陀山前寺，咸依此四十八字为最多。谓正宗从玄祖迄智祖，历世已得廿五。智祖立派，六传至圆清禅师为三十一代。今于"圆"字下二十三传至"演"字，得五十四代。虚云因观"演"字下又过十四传，已到"定"字，余文将完，故于"宗"字下勉继其末，续演六十四字，外演号派八十字，以待后贤。于名派"宗"字毕，即继取"慈"字：

慈悲喜拾，大雄世尊。惠泽含识，誓愿弘深。

苍生蒙润，咸获超升。斯恩难报，克绍考勤。

导实义谛，妙转嘉音。信解行慎，彻无边中。

回向诸有，完最上乘。昭示来哲，冀永长崇。

附号派八十字，如取法名，名派取"演"字，字派取"古"字：

古佛灵知见，星灯总一同。冥阳孰殊异，万化体皆容。

镜鉴群情畅，碧潭皎月浓。随缘认得渠，纵横任西东。

显密三藏教，禅律阴骘丛。修契幻华梦，应物悉玲珑。

怍悛奋悠志，宝珠自莹瑛。严奉善逝敕，杲日满天红。

今将诸祖，以及来贤，剃法名字，称呼顺序，缉为联芳，
免至失传寻源，无启紊乱之误。

禅宗五派历代源流
绍云法师

前言

虚云老和尚为使禅宗五派传承延续不断，以一身而参演五
宗，其所续演之各宗字派，自南华寺重建以来，即已先后续起。
所传之法，无有详细记载。数十年来，世事变迁，人物流动，
一时难以查考，故仅以所查询到的编入其中，难免挂一漏万，
至于各派继传之法裔，更难考记。为便于后人寻根究源，兹将
虚公所续演之各派法字分宗录出，以共后来贤哲考查有依云尔。

编者识

正法眼藏　佛祖源流
南无本师释迦牟尼佛

西天初祖　　摩诃迦叶尊者

西天二祖　　阿难尊者

西天三祖　　商那和修尊者

西天四祖　　优婆毱多尊者

西天五祖　　提多迦尊者

西天六祖　　弥遮迦尊者

西天七祖　　　婆须密尊者

西天八祖　　　佛陀难提尊者

西天九祖　　　伏驮密多尊者

西天十祖　　　胁尊者

西天十一祖　　富那夜奢尊者

西天十二祖　　马鸣尊者

西天十三祖　　迦毗摩罗尊者

西天十四祖　　龙树尊者

西天十五祖　　迦罗提婆尊者

西天十六祖　　罗睺罗多尊者

西天十七祖　　僧伽难提尊者

西天十八祖　　伽耶舍多尊者

西天十九祖　　鸠摩罗多尊者

西天二十祖　　阇夜多尊者

西天二十一祖　婆修槃头尊者

西天二十二祖　摩拏罗尊者

西天二十三祖　鹤勒那尊者

西天二十四祖　师子尊者

西天二十五祖　婆舍斯多尊者

西天二十六祖　不如密多尊者

西天二十七祖　般若多罗尊者

西天二十八祖　菩提达摩尊者（东土初祖）

东土二祖　慧可大师

东土三祖　僧璨大师

东土四祖　道信大师

东土五祖　弘忍大师

东土六祖　慧能大师

沩仰宗派

东土第六世祖　慧能大师

南岳怀让禅师

马祖道一禅师

百丈怀海禅师

沩仰第一世　沩山灵祐禅师

第二世　仰山慧寂禅师

第三世　西塔光穆禅师

第四世　资福如宝禅师

第五世　报慈德韶禅师

第六世　三角志谦禅师

第七世　兴阳词铎禅师

第八世　虚云德清禅师

甲戌夏，余居南华，长沙郭涵斋宽慧居士、南岳宝生长老与九成、了照首座等，相继由大沩山来，恳请兴修大沩，意以此宗居五家之长，惜乏后嗣，致祖庭息焰，现系济宗钟板。此次遭匪焚毁，尽为灰烬，决议改弦更张，恢复沩仰一脉。大众以余寿高腊长，为诸山敬信，请余继振沩仰宗。余因南华未能谢责，情不获已，勉循记载，查此宗是灵祐祖师起，四传至芭蕉慧清，其徒继彻起演二十字，"继"字下应是"妙"字，顺次以绍先宗。然书载宋三角志谦及兴阳词铎二公止，一说二公为昆仲，同嗣报慈韶祖作六世；一说志谦为六世，词铎为七世。今因此宗传承甚少，故双存之。以兴阳词铎嗣三角志谦为七世，以后已无考据。兹以词公与余各摘上一字，继演五十六字，以待后贤，绍续无穷。偈曰：

词德宣衍道大兴，戒鼎馨遍五分新。

慧焰弥布周沙界，香云普荫灿古今。

慈悲济世愿无尽，光昭日月朗太清。

振启拈花宏沩上，圆相心灯永昌明。

虚云德清谨识

第九世　宣化度轮禅师。传法表信偈曰：

宣沩妙义振家声，化承灵岳法道隆。

度以四六传心印，轮旋无休济苦伦。

第九世　宣玄圣一禅师。传法表信偈曰：

宣振拈花上乘义，玄妙精真济含识。

圣德巍巍难可量，一片悲心度群迷。

（编者按：此偈与《虚云老和尚五宗法嗣录》所录表信偈不同。）

第九世　宣扬性福禅师。传法表信偈曰：

宣弘祖师西来意，扬传百丈农禅风。
性海无涯体难量，福慧双满自在融。

第九世　宣明海灯禅师。传法表信偈曰：

宣演无上微妙法，明彻灵虚性相通。
海涵三千无遮障，灯照法界度有情。

第九世　宣云满觉禅师。传法表信偈曰：

宣圣还他大丈夫，云荫清凉热恼除。
满修宏誓勤谨慎，觉将甘露彻法都。

第九世　宣成达定禅师。传法表信偈曰：

宣扬觉皇微妙义，成正菩提行佛事。
达知来去无挂碍，定慧圆明度群迷。

第九世　月川宣传（传印）禅师。传法表信偈曰：

月印心地本无生，川影毋劳真幻征。
宣透现成个消息，传持法界普光明。

第九世　宣慧禅道禅师。传法表信偈曰：

宣彻自性万法通，慧光照耀决疑踪。
禅到无心定自现，道证上乘性相融。

第九世　宣德绍云禅师。传法表信偈曰：

宣宏鹫岭拈花旨，德证灵虚性相融。
绍传觉皇真实义，云居妙化泽慈云。

第十世　衍心一诚禅师。传法表信偈曰：

衍就妙法自巍巍，心空及第无是非。
一法通时达万法，诚到极处宝所归。

临济宗派
东土六祖慧能大师
南岳怀让禅师

马祖道一禅师

百丈怀海禅师

黄檗希运禅师

临济第一世　临济义玄禅师

第二世　　　兴化存奖禅师

第三世　　　南院慧颙禅师

第四世　　　风穴延沼禅师

第五世　　　首山省念禅师

第六世　　　汾阳善昭禅师

第七世　　　石霜楚圆禅师

第八世　　　杨岐方会禅师

第九世　　　白云守端禅师

第十世　　　五祖法演禅师

第十一世　　昭觉克勤禅师

第十二世　　虎丘绍隆禅师

第十三世　　应庵昙华禅师

第十四世　　密庵咸杰禅师

第十五世　　破庵祖先禅师

第十六世　　无准师范禅师

第十七世　　雪岩祖钦禅师

第十八世　　高峰原妙禅师

第十九世　　中峰明本禅师

第二十世　　千岩元长禅师

第二十一世　　万峰时蔚禅师

第二十二世　　宝藏普持禅师

第二十三世　　东明慧昺禅师

第二十四世　　海舟普慈禅师

第二十五世　　宝峰明瑄禅师

第二十六世　　天奇本瑞禅师

第二十七世　　绝学明聪禅师

第二十八世　　笑岩德宝禅师

第二十九世　　幻有正传禅师

第三十世　　　天隐圆修禅师

第三十一世　　玉林通琇禅师

第三十二世　　茆溪行森禅师

第三十三世　　形山超宝禅师

第三十四世　　楚云明慧禅师

第三十五世　　幻住实靖禅师

第三十六世　　慧天际觉禅师

第三十七世　　智山了愿禅师

第三十八世　　印照达听禅师

第三十九世　　照千悟亮禅师

第四十世　　　佛海真觉禅师

第四十一世　　福经空印禅师

第四十二世　　妙莲觉华禅师

第四十三世　　虚云演彻禅师

第四十四世　本焕禅师（南华寺）

第四十四世　传士本然禅师

第四十五世　海音常道禅师。传法表信偈曰：

　　海澄波清性发光，音声若雷贯太苍。
　　常住妙定湛不动，道证灵虚度有情。

第四十五世　一诚常妙禅师。传法表信偈曰：

一为万法主，诚乃圣贤心。常乐我净德，妙性体泰清。

第四十五世　常参界明禅师。传法表信偈曰：

　　常持诸佛无上戒，参透自性悟真空。
　　界无边际弘圣教，明心见性普度生。

第四十四世　宽印佛慧禅师（台湾基隆大觉寺）

第四十五世　宏妙灵源禅师

第四十六世　惟觉知安禅师

临济雪峰祖定禅师续派：

　　祖道戒定宗，方广正圆通。
　　行超明实际，了达悟真空。

龙池从空字下续演：

觉性本常寂，心惟法界同。

如缘宏圣教，正法永昌隆。

二十五世突空智板禅师演派十六字：

智慧清净，道德圆明。真如性海，寂照普通。

后从"通"字下又续演三十二字：

心源广续，本觉昌隆。能仁圣果，常演宽宏。

惟传法印，证悟会融。坚持戒定，永继祖宗。

现今诸方之临济派，于五台、峨眉、普陀山前寺，咸依此四十八字为最多。谓正宗从玄祖迄智祖，历世已得廿五。智祖立派，六传至圆清禅师为三十一代。今于"圆"字下二十三传至"演"字，得五十四代。虚云因观"演"字下又过十四传，已到"定"字，余文将完，故于"宗"字下勉续其末，续演六十四字，外演号派八十字，以待后贤。于名派"宗"字毕，即继取"慈"字：

慈悲喜拾，大雄世尊。惠泽含识，誓愿弘深。

苍生蒙润，咸获超升。斯恩难报，克绍考勤。

导实义谛，妙转嘉音。信解行慎，彻无边中。

回向诸有，完最上乘。昭示来哲，冀永长崇。

附号派八十字，如取法名，名派取"演"字，字派取"古"字：

古佛灵知见，星灯总一同。冥阳孰殊异，万化体皆容。

镜鉴群情畅，碧潭皎月浓。随缘认得渠，纵横任西东。

显密三藏教，禅律阴骘丛。修契幻华梦，应物悉玲珑。

怍悛奋悠志，宝珠自莹瑛。严奉善逝敕，杲日满天红。

虚云演彻谨识

洞云宗派

东土六祖慧能大师

青原行思禅师

石头希迁禅师

药山惟俨禅师

云岩昙晟禅师

曹洞　洞山良价禅师

第二世　　曹山本寂禅师

洞云　云居道膺禅师

第三世　　　同安道丕禅师

第四世　　　　同安志禅师

第五世　　　　梁山缘观禅师

第六世　　　　大阳警玄禅师

第七世　　　　投子义青禅师

第八世　　　　芙蓉道楷禅师

第九世　　　　丹霞子淳禅师

第十世　　　　长芦真歇清了禅师

第十一世　　　天童宗珏禅师

第十二世　　　雪窦智鉴禅师

第十三世　　　天童如净禅师

第十四世　　　鹿门自觉禅师

第十五世　　　青州普照一辨禅师

第十六世　　　大明僧宝禅师

第十七世　　　玉山师体禅师

第十八世　　　雪岩慧满禅师

第十九世　　　万松行秀禅师

第二十世　　　雪庭福裕禅师

第二十一世　　灵隐文泰禅师

第二十二世　　还源福遇禅师

第二十三世　　淳拙文才禅师

第二十四世　　松庭子严禅师

第二十五世　　凝然了改禅师

第二十六世　　俱空契斌禅师

第二十七世　　无方可从禅师

第二十八世　　月舟文载禅师

第二十九世　　小山宗镜禅师

第三十世　　　廪山常忠禅师

第三十一世　　无明慧经禅师

第三十二世　　永觉元贤禅师

第三十三世　　为霖道霈禅师

第三十四世　　恒涛大心禅师

第三十五世　　遍照兴隆禅师

第三十六世　　清淳法源禅师

第三十七世　　东阳界初禅师

第三十八世　　道源一信禅师

第三十九世　　继云鼎善禅师

第四十世　　　增辉新灼禅师

第四十一世　　圆智通完禅师

第四十二世　　能持天性禅师

第四十三世　　云程兼忍禅师　　净空兼印禅师

第四十四世　　奇量彻繁禅师

第四十五世　　妙莲地华禅师

第四十六世　　鼎峰耀成禅师

第四十七世　　虚云古岩禅师

第四十八世　　传士复堪禅师

第四十九世　　海音腾了禅师。

传法表信偈曰：

腾腾任运妙心宗，了了灵明自性通。
海印发光含万有，音声如幻悟真空。

洞云续派，江西寿昌派下演二十字：

慧元道大兴，法界一鼎新。通天兼彻地，耀古复腾今。

后又续派：

今日禅宗振，宏开洞上传。正中妙挟旨，虚融照独圆。

虚公因考虑曹洞宗派自二世道膺禅师起，法道大兴，书载当时云居住众达千五百人，且受朝廷封赐，故易曹洞为洞云宗派。

云门宗派
东土六祖慧能大师
青原行思禅师
石头希迁禅师
天皇道悟禅师
龙潭崇信禅师

德山宣鉴禅师

雪峰义存禅师

云门第一世　云门文偃禅师

第二世　　香林澄远禅师

第三世　　智门光祚禅师

第四世　　雪窦重显禅师

第五世　　天衣义怀禅师

第六世　　慧林宗本禅师

第七世　　长芦崇信禅师

第八世　　慧林怀深禅师

第九世　　灵隐慧光禅师

第十世　　中竺元妙禅师

第十一世　光孝己庵禅师

第十二世　演彻虚云禅师

余在南华，因悉云门祖庭香灯断续无定，勉为兴复。查此宗起于文偃祖师，十一传至南宋末温州光孝己庵深净禅师止，后失典籍。原派是偃祖下八世优鸿曾演二十字，后不知谁又出二十字，古派分三，今欲重继，不知从何字起。故惟从己庵净公与余各摘上一字，继演五十六字，期之后贤，传灯无尽。偈曰：

深演妙明耀乾坤，湛寂虚怀海印容。

清净觉圆悬智镜，慧鉴精真道德融。

慈悲喜舍昌普化，宏开拈花续传灯。

继振云门关一旨，惠泽苍生法雨隆。

虚云演彻谨识

第十三世　妙心佛源禅师。传法表信偈曰：

妙心胜德不可量，恺志雄能振宗纲。

佛慈梵畅摩诃衍，源远流长法海康。

第十四世　妙慈法云禅师。传法表信偈曰：

妙慈化物圣心开，悲运无缘济世来。

法衍三乘昌普化，云门道畅慧灯回。

（原文作"妙悲法云禅师"，今据素闻法师编《虚云老和尚五宗法嗣录》改。）

第十三世　妙道朗耀禅师。传法表信偈曰：

妙道巍巍本真常，纯洁精真固金刚。

朗月孤悬张碧汉，耀古腾今法界光。

（原文作"妙纯朗耀禅师"，今据素闻法师编《虚云老和尚五宗法嗣录》改。）

第十三世　妙宗净慧禅师。传法表信偈曰：

妙宗开化佛悲怀，道济苍生法界宽。

净戒严持崇圣德，慧命相传般若灯。

（原文作"妙道净慧禅师"，今据素闻法师编《虚云老和尚
五宗法嗣录》改。）

法眼宗派
东土六祖慧能大师
青原行思禅师

石头希迁禅师

天皇道悟禅师

龙潭崇信禅师

德山宣鉴禅师

雪峰义存禅师

玄沙师备禅师

地藏桂琛禅师

法眼第一世　法眼文益禅师
第二世　天台德韶国师

第三世　永明延寿禅师

第四世　圆照宗本禅师

第五世　智者嗣如禅师

第六世　宝林文慧禅师

第七世　祥符良度禅师

第八世　虚云古岩禅师

第九世　本宽慧果禅师

第十世　寂照宏如禅师。

传法表信曰：

　　　　寂静精真透心光，照彻法界万象彰。

　　　　宏演法眼上乘义，如实了证性相通。

　　癸酉春，有明湛禅者，由长汀到南华，谓在长汀创建八宝山，志愿欲绍法眼一宗。不知所由，恳授其法眼源流。因嘉其志，乃告之曰：此宗发源在金陵清凉山，早废，兹时不易恢复。从宋元来，绍化乏后，查诸典籍，自文益祖师七传至祥符良度禅师止，其后无考。旧派益祖六世祖光禅师立二十字，后不知何人立四十字，虽有二派，子孙停流，鲜有继起。又查益祖出天台德韶国师与清凉泰钦禅师，传载韶、钦二公下五世良度禅师，其中秉承，有继韶公者，有嗣钦公者，纷纭不一。有记“益、韶、寿、胜、元、慧、良”为七世，有记“益、钦、齐、照、元、慧、良”为七世。今欲继起，艰于考证，惟有秉承韶公，续从良度禅师与余各摘上一字，继演五十六字，以待后贤继续，传之永久。偈曰：

　　　　良虚本寂体无量，法界通融广含藏。

　　　　遍印森罗圆自在，色空情器总真常。

惟斯圣德昭日月，慧灯普照洞阴阳。

传宗法眼六相义，光辉地久固天长。

虚云古岩谨识

摘自绍云法师编《虚云老和尚在云居山》

虚云老和尚五宗法嗣录

素闻法师

虚云老和尚以一身而兼祧五宗法脉，除临济、曹洞二家，为鼓山绵延不断之传承法系外，其余沩仰、云门、法眼三家，皆属遥嗣。历年以来，所传法嗣，早遍天下。已传法嗣究竟有多少人，则向无详尽记载。今据不完整之资料，试为辑录，或堪留作后贤考查之助。

本录主要摘自《虚老和尚诗稿》中，付法表信偈部分。此稿乃由多人手抄，合集一册，现藏香港志莲图书馆，亦海内孤本矣。其中所录，多为岑学吕编之《虚云和尚法汇》未收，尤以表信偈全皆失载，不知何因。表信偈中，有"付惟因禅人"之偈，据释传正编《南华史略》第 211 页，惟因乃 1953 年得法于云居，则推知此稿抄成之年，至迟不逾 1954 年。故而，此录主要收集虚老于南华、云门住持期间之传法表信偈，但亦尚未齐全。较早于云南、鼓山，稍后于云居，则多未见录。又，此稿每有误字、错简，所列次序亦见参差，今试订正，并附注言。

另，再由《虚云和尚法汇续编》《云居山新志》《禅宗宗派源流》，及其余零散资料，补录未载法嗣。所辑虽较余书为多，仍应未尽全豹，有待增补。

癸未年端月嗣孙素闻谨识

（一）临济宗派
● 妙莲觉华

石鼓峰前味若何？通霄路外七星磨。
圣箭飞入九重里，四海清平四海歌。

（此为虚老之师妙莲和尚接法之表信偈，应乃福经空印禅师所传。）
● 德清性彻

德证菩提绍先圣，清净庄严水月同。
性觉妙明如来藏，彻透楞严了圆通。

（此为虚老接法之表信偈。）
（以下皆虚老法嗣，属“本”字辈。）
● 本明

我师直指无心法，了知无心亦无为。
妙识回玄无心法，列代相承只个无。

（此疑为观本明一，待考。）

● 演说自性

吾道南矣冀子昌，宗风赖汝复重光。
此去振开新铺面，随处逢场任敷扬。

● 宽法佛忍

秦山冰里事若何？记得断臂立雪么？
觅心不得安心竟，万国清平四海歌。

● 真心

踏破芒鞋遍天涯，寒暑忙忙几岁华。
兔角杖子龟毛拂，列圣相承待作家。

● 佛耀本动

佛性原无凡圣界，耀在当人直下明。
本来心法无言说，动静何分有古今。

● 贞心本如

贞洁无瑕惟此性，心彻普应法法通。

本来圆妙无玄旨，如是头头契至尊。

（此疑为贞训修圆，待考。）

● 本湛青持

本自如来圆明体，湛寂真常凡圣同。

青虚妙义无变异，持传万古度迷人。

（此即长汀八宝山峻峰寺明湛，1943 年癸未四月初八日佛旦传付于南华丈室。）

● 宽远

宽达妙理继先宗，远振家声道自通。

珍重时节因缘至，大千沙界播真风。

● 宽定

此事不必用梯媒，只要从头放下来。

瞿昙拈起青莲处，触著头陀笑颜开。

● 本悟演遍

本传西来意，悟通向上宗。
演扬先圣道，遍界远传灯。

● 宽印

心通法法通，雨后山色浓。
了知缘境幻，涅槃生死融。

● 本鉴

今付无心法，无心法法通。
妙法何真伪，法法悉圆融。

（此即广州六榕寺宽鉴。）

● 本善

拈花微笑旨，千古传到今。
演若狂心歇，祖道自隆兴。

● 本净

一滴曹溪亘古流，吾孙努力究根由。
四海五湖平如镜，何用骑牛更觅牛。

● 本达印玄

　　本觉真空一体同，达来万法悉圆通。
　　印空印水印心地，玄幽玄妙玄真空。

（此即青原山净居寺体光。）

● 本昭圣空

　　本湛澄清海印光，昭如日月洞阴阳。
　　圣性玄妙赅万物，空色密圆事理良。

（此即沙田古岩净苑意昭。以上二人，1946 年传付于云门丈室。）

● 本晖

　　从来大道未亲疏，受道全凭正量人。
　　此日裕师能领略，普施甘露济群生。

● 本定复兴

　　本来灵明耀古今，定慧圆融独露真。
　　复振宗风宏圣德，兴济人天泽雨霖。

- 本性

> 续焰联芳仗英贤，般若真证亘古传。
> 今羡吾子能构得，灵光独耀利人天。

- 本妙知定
- 本焕乘妙（1949 年正月初八日传付于南华丈室。）
- 本宗净慧

> 当年二祖为心宗，求法忘躯立雪中。
> 子志若能继先德，芳名千载自流通。

（1952 年传付于云门丈室。）

- 本然传士

（以下为代传之法孙，属"常"字辈。）

- 常修

> 人法空来万虑有，森罗万象总如来。
> 阳回春信梅先绽，馥馥清香对雪开。

- 常源

> 传法毕竟传甚么？佛祖诳人太诏讹。

今日为子重指破，包子原来是馍馍。

● 常妙

高安滩下千江月，上接曹溪一样圆。
无位真人无影树，婆心传付好儿孙。

● 常本慧青

常住真人遍太空，本来具足莫迷蒙。
慧灯彻照除昏暗，青山绿水体皆同。

（此代本湛传付。）
● 一诚常妙

一为万法主，诚乃圣贤心。
常乐我净德，妙性体泰清。

（1957 年代观本传付于云居法堂。）
● 海音常道

海澄波清性发光，音声若雷贯太苍。
常住妙定湛不动，道证灵虚度有情。

- 常参界明

> 常持诸佛无上戒，参透自性悟真空。
> 界无边际弘圣教，明心见性普度生。

（以下为代传之法曾孙，属"寂"字辈。）
- 寂妙

> 传衣表信显真宗，岂是寻常事可同？
> 揭开生面晖天地，法雨缤纷振家风。

- 寂靖惟贤

> 寂照灵明不夜天，靖平法界理幽玄。
> 惟心万法惟心决，贤愚真妄本来圆。

（以下为代传之法玄孙，属"心"字辈。）
- 传心心性

> 传灯会启继灵山，心灯联芳冀能仁。
> 心心契合无生旨，性月孤圆朗世间。

（二）曹洞宗派

● 德清古岩

　　花开碓嘴占春光，云散长空皓月圆。
　　玉转珠回光闪灿，曹溪一滴浪滔天。

（此为虚老接法之表信偈，应乃鼎峰耀成所传。）
（以下皆虚老法嗣，属"复"字辈。）

● 宽照复定

　　天柱峰头事若何？隐显无综绝佛魔。
　　头陀见得拈花笑，祝圣拈来向子歌。

● 宽法佛忍

　　秦山冰里事若何？记得断臂立雪么？
　　觅心不得安心竟，八面清平四海歌。

（此偈与接临济法同。）

● 贞训修圆

　　天真不待去来今，历历分明岂待寻。
　　自从五叶流芳后，松色溪声演妙音。

- 复耀

> 扑碎终南冷雪堆，泥牛木马吼如雷。
> 此个消息谁领略？送春先信是寒梅。

（此即佛耀恍然。）

- 本明

> 曹溪一派千派变，奕叶相承万古春。
> 祝圣宏开继洞旨，般若灯辉日月明。

- 复仁法宗

> 自从秦雪冰镜空，色空明暗本来同。
> 有修有证空花现，心法都忘达本宗。

（1938 年七月传付于南华丈室。）

- 复华圣扬

> 复还本有真空体，华开见佛觐心皇。
> 圣智圆明常不昧，扬和梅绽遍界香。

- 复圣惟贤

　　　　拈花会启表传心，续焰联芳古到今。

　　　　传心毕竟传何物？沧水何尝异却冰。

（以上二人，1946 年七月三十日寿辰传付于云门丈室。）

● 宽定复耀

　　　　宽惟妙性超横竖，定越动静自圆明。

　　　　复契西来的的旨，耀彻灵源振祖宗。

● 复振妙峰

　　　　复振诸佛教外宗，证得惟心万法空。

　　　　妙吉言下明子性，峰头得云露至尊。

● 妙禅复证

　　　　妙法圆明绝显密，禅非动静法界玄。

　　　　复传衣钵惟心法，证承先圣启后贤。

● 妙空

　　　　心空空处许谁知？魔佛现将正眼窥。

　　　　一点春光空里现，昙花一朵烁高枝。

- 复性宏超

> 复回妙义显真宗，性鉴圆明万法通。
> 宏开五位妙挟旨，超越圣凡彻真空。

- 复本

> 拈花会启示传心，续焰联芳古到今。
> 言思动静须领略，知水何防碍却冰。

- 性果

> 一滴曹溪分水脉，正偏五位祖师关。
> 色空空色空空色，倒卓须弥大好山。

- 复性净慧

> 一枝秀迪云门峰，岂比寻常草本同？
> 自是大觉志坚固，森森永荫法门荣。

（1952年传付于云门丈室。）

- 复本禅道

复还真性海，本来万法具。

禅妙无量义，道德是如如。

（1959 年四月初八日传付于云居法堂。）

- 复彻宽贤
- 复兴宽净
- 复堪传士

（以下为代传之法孙，属"腾"字辈。）

- 灵妙腾清

出尘须是丈夫儿，方许僧中作主持。

好把脚根牢著地，流传不负汝之师。

（此即宏清，1938 年七月三十日代宽照复定传付于南华丈室。）

- 腾了海音

腾腾任运妙心宗，了了灵明自性通。

海印发光含万有，音声如幻悟真空。

（以下为代传之法曾孙，属"今"字辈。）

- 惟因今果

惟传如来牟尼宝，因该果来本现成。

今天当下能领略，果证因源总家珍。

（1953 年秋代灵妙腾清传付于云居法堂。）

（三）法眼宗派

● 佛慈虚云

虚灵本体圣凡同，只在平常迷悟中。

云任卷舒循缘应，应不留情心自通。

（此为虚老续派之表信偈，遥嗣祥符良度。）

（以下皆虚老法嗣，属“本”字辈。）

● 本湛青持

本自如如圆明体，湛寂真常凡圣同。

青虚妙义无变异，持传万古度迷人。

（此即长汀八宝山峻峰寺明湛，1943 癸未年四月初八日佛旦传付于南华丈室，偈与接临济法同。）

● 本禅

本性玄通法法通，瑠璃世界水晶宫。

主人端坐绝伦匹，万象森罗应镜中。

- 本性净慧

摩醯顶上眼重开，方许吾宗大将才。
法门幸有能承继，立志须从勇猛来。

（1952 年传付于云门丈室。）

- 本智信清

本自如如不动，智光灼破大千。
信得真如自性，清凉直下子孙。

（1957 年冬传付于云居茅蓬。）

- 本宽慧果（福建籍）

（以下为代传之法孙，属“寂”字辈。）

- 寂本慧青

寂常真性遍虚空，本来具足莫迷蒙。
慧灯彻照除昏暗，青山绿水体皆同。

（此代本湛传付，与接临济法略同。）

- 寂照慧瑛

寂然灵光能显露，照破凡情圣智成。
慧心得悟无生理，瑛莹无瑕示迷人。

（1946 年四月初八日佛旦代本湛传付于云门丈室。）

- 寂照宏如

寂静精真透心光，照彻法界万象彰。
宏演法眼上乘义，如实了证性相通。

（此即灵意。）
（以下为代传之法曾孙，属"体"字辈。）

- 体华光升

体含真常遍刹尘，华开处处尽皆春。
光明洞照三千界，升天入地度迷人。

（四）云门宗派

- 演彻古岩

演畅诸佛不二旨，彻洞法界性海融。
古今玄辉天际月，岩松幽翠永长春。

（此为虚老续派之表信偈，遥嗣光孝己庵深净。）

（以下皆虚老法嗣，属"妙"字辈。）

● 幻齐妙正

> 传此惟心法，心惟法界同。
> 妙契拈花旨，正法永昌隆。

● 妙心如云

> 妙法绝有无，心空定海珠。
> 如缘悬智镜，云行任卷舒。

● 妙真嗣云

> 妙意无言说，真如绝覆藏。
> 嗣续拈花旨，云门糊饼香。

● 妙悟续云

> 妙义岂言说？悟彻法法玄。
> 续振先宗旨，云门天月圆。

● 妙智继云

妙心不可量，智炬烛幽光。
继传心地印，云荫永无疆。

● 妙慧戒轮

妙智灵鉴顿忘情，慧寂真常净法身。
戒清乾坤绝视听，轮旋无畏放光明。

（此即慧定。）

● 妙通心妙

妙明本自绝亲疏，通达亲疏岂有无？
心中有无俱遣尽，妙悟不假费工夫。

（此即玄通。以上二人，1946 年七月三十日寿辰传付于云
门丈室。）

● 妙定佛慧

妙明觉体即如来，定慧圆明海印开。
佛心如如悬智镜，慧鉴精真万德该。

（此即宽定。）

● 妙和广妙

妙性常灵万法通，和融事理福德隆。

广设方便张普化，妙衍嘉猷报佛恩。

（1948 年传付于云门丈室。）

● 妙如佛智

妙觉本体言难宣，如如不动理幽玄。

佛照光通心月朗，智鉴真常永流传。

（此即宽如。）

● 妙荣佛慧

妙衍三乘信解开，荣荫苍生法雨回。

佛种从心开智藏，慧彻灵渊祖印培。

（此即宽荣。）

● 妙慧佛慈

妙义宏宣道德扬，慧剑光辉万颣藏。

佛智圆明超日月，慈悲喜舍证真常。

（此即宽慧。）

● 妙纯佛智

妙意宏宣化无穷，纯洁精祯畅本明。

佛慈广大难尽叙，智德昭彰荫法云。

（此即宽纯，1948 年传付于云门丈室。）

- 妙慈法慧

妙性圆明绝障遮，慈忘憎爱智海涯。

法界一如心月朗，慧荫清凉益尘沙。

- 妙禅愿云

妙明觉体本如来，禅契真空万法该。

愿行功圆能善济，云施雨遍泽无涯。

- 妙门继云

妙体如如圣凡同，门开法界自融融。

继启云门关一旨，云任去来本无心。

- 妙云佛宝

妙云布处满天空，伟伟吾宗大杰雄。

佛子从兹须领略，宝自衣里莫牢笼。

（此即绍门，1949 年传付于云门丈室。）

● 妙法能宏

　　　　妙悟真源达本宗，法契拈花显密通。
　　　　能说严行证实际，宏衍嘉猷继祖灯。

（此即得众，1951 年秋传付于云门丈室。）

● 妙心佛源

　　　　妙心胜德不可量，恺志雄能振宗纲。
　　　　佛慈梵畅摩诃衍，源远流长法海康。

（1951 年八月初三日传付于云门丈室。）

● 妙觉佛心

　　　　妙觉灵明万相容，民靖归宗不二真。
　　　　佛体本无凡圣界，心光洞彻烛阴阳。

（此即觉民。）

● 妙慈法云

　　　　妙慈化物圣心开，悲运无缘济世来。
　　　　法衍三乘昌普化，云门道畅慧灯回。

- 妙道朗耀

  妙道巍巍本真常，纯洁精真固金刚。
  朗照洞玄彰碧汉，耀古腾今法界光。

- 妙宗净慧

  妙宗开化佛悲怀，道济苍生法界宽。
  净戒严持崇圣德，慧命相传般若灯。

（以上五人，1951 年八月初三日同传付于云门丈室。）

- 妙常慈藏

  妙常不昧万古昌，修严梵戒定慧良。
  慈悲喜舍无量行，藏融圣义五分香。

- 妙定宽度

  妙定如如不动尊，光霞遍荫幽显通。
  宽若清虚无隔碍，度际无穷振宗风。

- 妙净杨智

妙净玄达继先宗，照如日月道自通。

杨枝一滴真甘露，智照阳回大地春。

● 妙性佛云

妙性圆成明镜台，果该万德号如来。

佛身无为绝诸数，云水光中眼豁开。

● 妙虚佛纬（此即桂平洗石庵宽能。）

（以下为代传之法孙，属"明"字辈。）

● 明愿灵航

明星灿开眼中翳，愿广宏开普化机。

灵光遍照周沙界，航乘法海震慈威。

（五）沩仰宗派

● 德清虚云

德修万行事理同，清虚妙义广含融。

虚怀济物戒定慧，云布清凉感化龙。

（此为虚老续派之表信偈，遥嗣兴阳词铎。）

（以下皆虚老法嗣，属"宣"字辈。）

● 宣灵

宣契如来露堂堂，灵明独耀本真常。
自性檀馨微妙义，不假入炉自然香。

● 宣道净慧

大法迥然绝古今，毫端独露本来真。
风行草偃寻常事，普泽人天作雨霖。

（1952 年传付于云门丈室。）

● 宣圣法亮

宣心皓月圆，圣明洞幽玄。
法化周沙界，亮耀照无边。

（此即心明，1956 年四月传付于云居法堂。）

● 宣化度轮

宣沩妙义振家声，化承灵岳法道隆。
度以四六传心印，轮旋无休济苦伦。

（此即安慈，1956 年传付于云居法堂。）

- 宣扬性福

　　　　宣弘祖师西来意，扬传百丈农禅风。
　　　　性海无涯体难量，福慧双满自在融。

- 宣明海灯

　　　　宣演无上微妙法，明彻灵虚性相通。
　　　　海涵三千无遮障，灯照法界度有情。

（四川籍。以上二人，1956 年十一月传付于云居法堂。）

- 宣云满觉

　　　　宣圣还他大丈夫，云荫清凉热恼除。
　　　　满修宏誓勤谨慎，觉将甘露彻法都。

- 宣成达定

　　　　宣扬觉皇微妙义，成正菩提行佛事。
　　　　达知来去无挂碍，定慧圆明度群迷。

（1957 年传付于云居茅蓬。）

- 月川宣传

月印心地本无生，川影毋劳真幻征。

宣透现成个消息，传持法界普光明。

（此即传印，1957年传付于云居茅蓬。）

- 宣玄圣一

宣宏妙义继先宗，玄玄泯迹事融融。

圣解凡情空化影，一任逍遥自在人。

（1958年三月传付于云居茅蓬。）

- 宣慧禅道

宣彻自性万法通，慧光照耀决疑踪。

禅到无心定自现，道证上乘性相融。

（1958年传付于云居茅蓬。）

- 宣德绍云

宣宏鹫岭拈花旨，德证灵虚性相融。

绍传觉皇真实义，云居妙化泽慈云。

（1958年传付于云居茅蓬。）

- 宣法自寿

- 宣航晚融

（以下为代传之法孙，属"衍"字辈。）

- 衍心—诚

衍就妙法自巍巍，心空及第无是非。

一法通时达万法，诚到极处宝所归。

（1957 年冬宣扬性福传付于云居法堂。）

- 衍和圣越
- 衍辉辉华
- 衍彻彻光
- 衍彻果圆
- 衍妙戒全
- 衍慧照禅
- 衍成净行
- 衍养纯愿
- 衍善守初

以上所录，大体已涵括虚老当代著名法嗣，唯实不止此数，仍未齐备，或缺嗣法名，或无表信偈，容后增补。世易时移，典章散佚，恐亦难以稽查矣。

另，据知以下二人亦为法嗣，因不知分属何宗。录之待考。

- 继航
- 宽航佛海

有念但与离心合，忘言直向觉路通。

牛头栴檀勤记取，何分菩提与青松？

（以上二人，1956 年八月传付于云居法堂，疑属沩仰派。）

虚云和尚承嗣禅宗五家法脉的因缘
叶 兵

虚云和尚兼祧中国禅宗五家法脉，在中国现代佛教史上发挥了兴废续绝的重要作用，这是四众共知、举世钦仰的丰功伟绩。本文探讨虚云和尚承嗣禅宗五家法脉的因缘，相信有助今人从微观上增加对中国近现代佛教的了解，更深刻地认识虚云和尚的伟大。

一、虚云和尚从妙莲法师处接临济、曹洞宗法
（一）鼓山涌泉寺的宗派传承

鼓山涌泉寺的宗派传承关系，剃度方面按临济宗智祖系的字派排辈，传法方面按曹洞宗寿昌系的字派排辈。这在鼓山涌泉寺的《星灯集》《曹洞宗谱》中有完整的记载。鼓山涌泉寺还另有临济宗龙池系法派传承。根据各种典籍及虚云和尚给弟子的法卷记载，各派源流如下：

1. 临济宗智祖系剃派源流

本派临济源流诀：南岳怀让道一海，运玄奖颛沼不住。念

昭圆会端演勤，隆华杰于先范具。伦坚觌度俊悟澄，宁进晓空冲广等。

义玄祖师传至十八代瑞岩方山文宝禅师，立十六字派：慧性妙悟，真机全露。广济彻源，符因证果。

方山一传至十九世碧峰性金，性金另立十六字派：性空原朗耀，镜智本虚玄。能包罗万有，故统御大千。

与碧峰性金同为方山文宝禅师法嗣的十九世祖华顶无见先睹禅师，七传至第二十五代突空智板禅师。智祖又另立十六字：智慧清净，道德圆明。真如性海，寂照普通。

智祖后又续演三十二字：心源广续，本觉昌隆。能仁圣果，常演宽宏。惟传法印，正悟会融。坚持戒定，永继祖宗。

虚云和尚从"宗"字下续演六十四字：慈悲喜拾，大雄世尊。惠泽含识，誓愿弘深。苍生蒙润，咸获超升。斯恩难报，克绍考勤。导实义谛，妙转嘉音。信解行慎，彻无边中。回向诸有，完最上乘。昭示来哲，冀永长崇。

本派祖师传承世代详见下表：

第一世　临济义玄禅师	第二世　兴化存奖禅师
第三世　南院慧颙禅师	第四世　风穴延沼禅师
第五世　首山省念禅师	第六世　汾阳善昭禅师
第七世　石霜楚圆禅师	第八世　杨岐方会禅师
第九世　白云守端禅师	第十世　五祖法演禅师
第十一世　昭觉克勤禅师	第十二世　虎丘绍隆禅师

第十三世　应庵昙华禅师	第十四世　密庵咸杰禅师
第十五世　破庵祖先禅师	第十六世　无准师范禅师
第十七世　净慈断桥妙伦禅师	第十八世　瑞岩方山文宝（慧宝）禅师
第十九世　华顶无见先覩禅师	第二十世　福林白云智度（空度）禅师
第二十一世　古拙昌俊（原俊）禅师	第二十二世　无际明悟（朗悟）禅师
第二十三世　大（太）冈月溪耀澄禅师	第二十四世　夷峰镜宁禅师
第二十五世　宝芳智进禅师	第二十六世　野翁慧晓禅师
第二十七世　无趣如空（清空）禅师	第二十八世　无幻性冲（净冲）禅师
第二十九世　兴善慧广（道广）禅师	第三十世　普明鸳湖妙用（德用）禅师
第三十一世　高庵慧升圆清禅师	第三十二世　本智明觉禅师
第三十三世　紫柏真可禅师	第三十四世　端旭如弘禅师
第三十五世　纯杰性奎禅师	第三十六世　慈云海俊禅师
第三十七世　质生寂文禅师	第三十八世　端员照华禅师
第三十九世　其岸普明禅师	第四十世　毁巧通圣禅师
第四十一世　悟修心空禅师	第四十二世　宏化源悟禅师
第四十三世　祥青广松禅师	第四十四世　守道续先禅师
第四十五世　正岳本超禅师	第四十六世　永畅觉乘禅师
第四十七世　方来昌远禅师	第四十八世　豁悟隆参禅师
第四十九世　维超能烂禅师第	五十世　奇量仁繁禅师第
五十一世　妙莲圣华禅师	第五十二世　鼎峰果成禅师第
五十三世　善慈常开禅师	第五十四世　德清演彻禅师

　　参考文献：释圣严《法源血缘》（该书引用依据为虚云和尚的《校正星灯集》，是经灵源和尚校正的台湾十方大觉寺印本，灵源和尚得自广东南华寺）；《虚云和尚法汇》1932 年《星灯集序》、1935 年《校正星灯集序》及《附本支源流系》。

虚云和尚出家时，常开法师按鼓山临济宗剃派源流诀，给云公取法名"演彻"。云公收剃徒或俗徒，取法名用"宽"字。

按这一系排辈，在剃度关系上，虚云和尚是妙莲法师的曾孙。虚云和尚及其弟子后来在传法时，也有按本系派字排辈的情况。因此，可以推断这个派字应该属剃派、法派共用的，主要为剃度取名使用。

虚云和尚为自己的徒众另外演号派八十字：古佛灵知见，星灯总一同。冥阳孰殊异，万化体皆容。镜鉴群情畅，碧潭皎月浓。随缘认得渠，纵横任西东。显密三藏教，禅律阴骘丛。修契幻华梦，应物悉玲珑。怍悛奋悠志，宝珠自莹瑛。严奉善逝敕，杲日满天红。

虚云和尚以下，本派徒众取法名，名派在上诀"演"字之后，按"宽宏，惟传法印，正悟会融……"的次序取用。字派在以下号派八十字中，"古"字之后按序取用。

本派虚云和尚子孙中比较著名的，比丘僧有宽鉴佛渊、宽照佛光（惠光）、宽律佛行、宏妙灵源、惟妙知定、惟柔知刚（圣严）、惟因知果、惟觉知安、传正见明等；比丘尼有宽敬佛成、宽能佛纬、宽航佛海、宽定佛慧、佛莹等；居士有宽贤（岑学吕）、宽筠（汤瑛）、宽镜佛显（朱镜宙）等。

2. 临济宗龙池系法派

本派临济源流诀：南岳怀让道一海，运玄奖颙沼不住。念昭圆会端演勤，隆华杰于先范具。钦妙本长蔚持�，慈暄瑞聪宝传。

雪峰祖定禅师续派：祖道戒定宗，方广正圆通。行超明实际，了达悟真空。

龙池幻有正传禅师用雪峰祖定禅师续派传法，又从"空"字下续演：觉性本常寂，心惟法界同。如缘宏圣教，正法永昌隆。

本派祖师传承世代详见下表：

第一世　临济义玄禅师	第二世　兴化存奖禅师
第三世　南院慧颙禅师	第四世　风穴延沼禅师
第五世　首山省念禅师	第六世　汾阳善昭禅师
第七世　石霜楚圆禅师	第八世　杨岐方会禅师
第九世　白云守端禅师	第十世　五祖法演禅师
第十一世　昭觉克勤禅师	第十二世　虎丘绍隆禅师
第十三世　应庵昙华禅师	第十四世　密庵咸杰禅师
第十五世　破庵祖先禅师	第十六世　无准师范禅师
第十七世　雪岩祖钦禅师	第十八世　高峰原妙禅师
第十九世　中峰明本禅师	第二十世　千岩元长禅师
第二十一世　万峰时蔚禅师	第二十二世　宝藏普持禅师
第二十三世　东明慧旵禅师	第二十四世　海舟普慈禅师
第二十五世　宝峰明暄禅师	第二十六世　天奇本瑞禅师
第二十七世　绝学明聪禅师	第二十八世　笑岩德宝禅师
第二十九世　幻有正传禅师	第三十世　天隐圆修禅师
第三十一世　玉林通琇禅师	第三十二世　茆溪行森禅师
第三十三世　形山超宝禅师	第三十四世　楚云明慧禅师

续　表

第三十五世　幻住宝（实）靖禅师	第三十六世　慧天际觉禅师
第三十七世　智山了愿禅师	第三十八世　印照达听禅师
第三十九世　照千悟亮禅师	第四十世　佛海真觉禅师
第四十一世　福经空印禅师	第四十二世　妙莲觉华禅师
第四十三世　虚云性彻禅师	

参考文献：《禅门日诵》之《宗教律诸家演派》（清 吴中南禅沙门守一空成重编）；《赵州柏林禅寺法脉源流图》（净慧）。

按这一系排辈，虚云和尚是妙莲法师的法子。

虚云和尚按龙池法派传临济法嗣，为嗣法人取法名均用"本"字。

本派虚云和尚子孙中比较著名的，有观本明一、本然传士、本焕乘妙、本昭圣空（意昭）、本达印玄（体光）、本妙知定、本宗净慧、常妙一诚、常道海音、常参界明、常彻惟觉、仁德、圣修等。

3. 曹洞宗寿昌系法派

本派曹洞源流诀：青源思迁俨晟价，膺丕志观玄青俱。楷淳了珏鉴净等，楷觉辨宝体满秀。裕泰遇才严改斌，从载书传少室旨。价传至书二十四。

江西寿昌无明慧经禅师振兴曹洞宗，后人在慧经禅师派下演二十字：慧元道大兴，法界一鼎新。通天兼彻地，耀古复腾今。

后竺庵大成禅师从寿昌派下"今"字起，又续派二十字：今日禅宗振，宏开洞上传。正中妙挟旨，虚融照独圆。

本派祖师传承世代详见下表：

第一世　洞山良价禅师	第二世　曹山本寂禅师、云居道膺禅师
第三世　同安道丕禅师	第四世　同安志禅师
第五世　梁山缘观禅师	第六世　大阳警玄禅师
第七世　投子义青禅师	第八世　芙蓉道楷禅师
第九世　丹霞子淳禅师	第十世　长芦真歇清了禅师
第十一世　天童宗珏禅师	第十二世　雪窦智鉴禅师
第十三世　天童如净禅师	第十四世　鹿门自觉禅师
第十五世　青州普照一辨禅师	第十六世　大明僧宝禅师
第十七世　玉山师体禅师	第十八世　雪岩慧满禅师
第十九世　万松行秀禅师	第二十世　雪庭福裕禅师
第二十一世　灵隐文泰禅师	第二十二世　还源福遇禅师
第二十三世　淳拙文才禅师	第二十四世　松庭子严禅师
第二十五世　凝然了改禅师	第二十六世　俱空契斌禅师
第二十七世　无方可从禅师	第二十八世　月舟文载禅师
第二十九世　小山宗书禅师	第三十世　廪山常忠禅师
第三十一世　无明慧经禅师	第三十二世　永觉元贤禅师
第三十三世　为霖道霈禅师	第三十四世　恒涛大心禅师
第三十五世　遍照兴隆禅师	第三十六世　清淳法源禅师
第三十七世　东阳界初禅师	第三十八世　道源一信禅师
第三十九世　继云鼎善禅师	第四十世　增辉新灼禅师
第四十一世　圆智通完禅师	第四十二世　能持天性禅师
第四十三世　云程兼忍禅师 　　　　　　净空兼印禅师	第四十四世　奇量彻繁禅师
第四十五世　妙莲华禅师	第四十六世　鼎峰耀成禅师
第四十七世　虚云古岩禅师	

　　按这一系排辈，虚云和尚是妙莲法师的法孙。因"古岩"这个法名，在虚云和尚出家受戒时就已经有了，所以，亦可推

断这个字派也有可能是法派、剃派兼用的。

虚公驻锡江西云居山后，因考虑曹洞宗派自二世道膺禅师起，法道大兴，书载当时云居住众达千五百人，且受朝廷封赐，故易曹洞宗为洞云宗。①

本派虚云和尚子孙中比较著名的，有复仁法宗、复堪传士、复性净慧、腾了海音、腾智海灯、腾钦道源、今果惟因、日新传开、日明传正、日弘清远等。

（二）接法时间考

净慧法师说："虚老受戒后，颇受妙莲和尚器重，遂于光绪十八年（1892）受临济衣钵于妙莲和尚，为临济宗四十三世；受曹洞衣钵于耀成和尚，为曹洞宗四十七世。笔者曾亲见虚老接法时法卷二件，虚老接法的年代即根据法卷的记载。"②这是目前确定虚云和尚接法时间的唯一间接证据，由于法卷不存，无法对证。

何明栋先生沿用了净慧法师的说法，更进一步丰富了细节，说："也就在清光绪十八年（1892）秋，应妙莲和尚之召，德清法师南下回到福建鼓山，拜谒离别已久的妙莲和耀成两位恩师，并分别在他们座下承嗣了临济宗和曹洞宗法脉，成为临济宗第四十三世、曹洞宗第四十七世传人。"③ 其实，虚云和尚回鼓山接法之说并无依据，想当然而矣。

---

① 释绍云《虚云和尚在云居山》，香港：燕南飞出版有限公司，2004年，第354—358页。
② 净慧法师《虚云和尚行业记——纪念虚云和尚圆寂三十周年》，《虚云和尚年谱法汇增订本》，台北：修元禅院，1997年，第1144页。
③ 何明栋《虚云和尚传》，宗教文化出版社，2000年，第25页。

虚云和尚自述 1892 年在九华山修翠峰茅蓬听普照法师讲《华严经》，并无提及接法之事。① 一直到 1895 年，虚云和尚才离开九华山到扬州高旻寺参加禅七。

虚云和尚有诗《别鼓山四十余载至光绪丁未岁襄莲公葬事始回山感赋》云："久与家山别，今来发已斑。院荒频易主，石瘦半成顽。旧友不相识，幽禽自往还。思前还想后，不觉泪潸潸。"② 虚云和尚于 1869 年（同治八年己巳）三十岁时离开鼓山涌泉寺，至 1907 年妙莲法师圆寂后回山，中间为三十八年。若从 1866 年（同治五年丙寅）二十七岁至鼓山后山住山洞起计，则有四十一年。显然，这约四十年中，虚云和尚未回过鼓山。

《虚云和尚自述年谱》光绪三十三年丁未六十八岁（1907年）条，虚云和尚自述："予自从披剃后，流荡四方，久未侍奉，且数十年不通音讯，有负师恩。"又似乎连虚云和尚以通信求法，妙、耀两师以法卷函寄的可能都否定了。

《虚云和尚自述年谱》光绪三十一年乙巳六十六岁（1905年）条，记虚云和尚到南洋弘化，先到缅甸仰光，寓高家。高万邦居士告言："妙老和尚常念师苦行，几十年未知消息。今闻师来甚喜。近有讯来，欲回唐山，修宁德龟山云。"这就从妙莲法师方面印证了两人几十年内未通过音讯，更不要谈传法了。

据《年谱》所述，虚云和尚后来备经艰险到达马来西亚槟

---

① 《虚云和尚自述年谱》光绪十八年壬辰（1892）五十三岁条，《虚云和尚年谱法汇增订本》，台北：修元禅院，1997 年，第 46 页。
② 《虚云和尚年谱法汇增订本》，台北：修元禅院，1997 年，第 843 页。

榔屿极乐寺，妙莲法师闻讯赶来。分开几十年后，两人这才有第一次见面。妙莲法师回国时，吩咐虚云和尚留在当地讲一部《法华经》结缘，并要虚云和尚讲完经先回鼓山，表示"我有事与汝说也"。后来虚云和尚乘船经台湾到上海，又入北京为鸡足山迎祥寺办理请藏事宜，1906年整整一年都没有机会回鼓山。妙莲又来书要虚云和尚"藏经起行，先到厦门，由南洋运滇。经暂留厦，汝速回鼓山一晤"。结果，未等虚云和尚到达厦门，妙莲法师已于1907年正月在福建宁德龟山寺圆寂。

妙莲法师两次要求虚云和尚回鼓山，显然有重要的事要赶在圆寂前办。是什么事呢？《年谱》中没有交待。笔者认为就是传法的事。因为虚云和尚回鼓山处理妙莲法师的后事，留下了起龛、入塔、拈香、塔铭等法语共八篇，俨然是法事的主持人。若非有特殊身份、特殊关系，不可能在妙莲法师的丧葬活动中担任如此重要角色。这一方面是他刚获得钦赐"佛法洪慈大师"称号，可以光宗耀祖，另一方面是他与妙莲法师有法脉关联。在这八篇法语中，虚云和尚称妙莲法师"师翁""祖翁""莲长老""师祖"，而自称"裔孙"。从临济宗、曹洞宗派的剃度辈分，以及曹洞宗法派的辈分上讲，妙莲法师与虚云和尚确是祖孙关系。但虚云和尚还称妙莲法师为"师翁"，则表示两人另有一层师徒父子关系，这只能是临济宗法派传承的师徒关系了。从虚云和尚后来传给本焕法师、净慧法师的临济宗法卷内容看，亦可证明妙莲法师和虚云和尚确是临济宗法派传承的师徒关系。

妙莲法师给虚云和尚传法的时间只能在 1905 年从马来西亚回国到 1907 年圆寂之前。而这段时间里，虚云和尚都不在妙莲法师身边。妙莲法师有可能是在马来西亚槟榔屿与虚云和尚相见后，了解到虚云和尚在禅修和弘法方面的成就，认为应该传法给虚云和尚，于是在 1905 年回国后写好了法卷，等虚云和尚回鼓山传授。可惜因缘未就，而西归时至。虚云和尚可能于 1907 年初回到鼓山后，得到由妙莲法师生前托付的人转交法卷，并以妙莲法师的法嗣身份参与办理丧事。所以，法卷上所写传法时间，极可能是在妙莲法师 1905 年回闽后至 1907 年正月圆寂之前的时间，即光绪三十一年至光绪三十三年之间。

至于是否由妙莲、耀成两师分别传授临济、曹洞法卷，则不一定。因为，妙莲法师完全可以代法徒耀成法师传授曹洞宗法脉。虚云和尚就曾于 1957 年代法徒观本明一法师传给一诚法师临济宗法，而观本法师早在 1945 年底就已经去世。

二、虚云和尚接续沩仰、云门、法眼宗脉的因缘

虚云和尚在《附录禅宗五派源流》[①] 中介绍了自己遥接沩仰、云门、法眼三宗法脉的因缘，其中有些问题值得研究。

---

① 虚云和尚《附录禅宗五派源流》一文，在《虚云和尚法汇》中置于《增订鼓山列祖联芳集》序文之后。到底是否原来附录于《增订鼓山列祖联芳集》一书之中，不得而知。因为《增订鼓山列祖联芳集》是 1935 年虚云和尚在福建鼓山编印的，而《附录禅宗五派源流》显然是在住持南华寺之后所写。笔者推测，该文或是虚云和尚在南华、云门、云居时期，再次印行《增订鼓山列祖联芳集》之时，加入了《附录禅宗五派源流》一文；或是虚云和尚在岑学吕居士提供资料时，在《增订鼓山列祖联芳集》书后加写。

（一）因湖南宝生法师等恳请主持大沩山密印寺而发心承嗣沩仰宗

虚云和尚说："余居南华。甲戌夏，长沙郭涵斋宽慧居士、南岳宝生长老与九成了照首座等，相继由大沩山来，恳请兴修大沩。意以此宗居五家之长，惜乏后嗣，致祖庭息焰，现系济宗钟板。此次遭匪焚毁，尽为灰烬，决议改弦更张，恢复沩仰一脉。大众以予寿高腊长，为诸山敬信，请余继振沩仰宗。余因南华未能谢责，情不获已，勉循记载。查此宗是灵祐祖师起，四传至芭蕉慧清，其徒继彻起演二十字，继字下应是妙字，顺次以绍先宗。然书载宋三角志谦及兴阳词铎二公止。一说二公为昆仲，同嗣报慈韶祖作六世。一说志谦为六世，词铎为七世。今因此宗传承甚少，故双存之，以兴阳词铎嗣三角志谦为七世。以后已无考据。兹以词公与余各摘上一字，继演五十六字，以待后贤，绍续无穷。"①

虚云和尚将沩仰宗传承世代确定为：

第一世　沩山灵祐禅师	第二世　仰山慧寂禅师
第三世　西塔光穆禅师	第四世　资福如宝禅师
第五世　报慈德韶禅师	第六世　三角志谦禅师
第七世　兴阳词铎禅师	第八世　虚云德清禅师

虚云和尚遥嗣兴阳词铎禅师，自列为沩仰宗第八世，并作

---

① 虚云和尚《附录禅宗五派源流》，《虚云和尚年谱法汇增订本》，台北：修元禅院，1997年，第735页。

传派字偈五十六字：词德宣衍道大兴，戒鼎馨遍五分新。慧焰弥布周沙界，香云普荫灿古今。慈悲济世愿无尽，光昭日月朗太清。振启拈花宏沩上，圆相心灯永昌明。

虚云和尚按此派字传沩仰法嗣，为嗣法人取法名均用"宣"字。

本派虚云和尚子孙中比较著名的，有宣化度轮、宣玄圣一、宣明海灯、宣成达定、宣传月川（传印）、宣圣法亮（心明）、宣道净慧、宣德绍云、衍心一诚、衍妙戒全等。

笔者细考虚云和尚文记中内容，发现如下问题：

第一，虚云和尚所说"甲戌夏"宝生法师来南华一事，是误记。

"甲戌夏"，指 1934 年 5 月初至 8 月初期间。这时，虚云和尚还在福建鼓山，后来至 9 月才被迎请到广东南华寺，何来"余居南华"呢？虚云和尚实际上于 1935 年秋天后才处理完鼓山事务，回到南华寺开始重建工作。

《虚云和尚法汇》中收录有 1938 年秋宝生长老致虚云和尚的信函及虚云和尚的覆信。信函内容显示宝生法师在 1938 年秋之前未见过虚云和尚，对虚云和尚是"久仰慈范，愧未亲近"。[1]

沩山密印寺是禅宗南岳系灵祐禅师于唐宣宗大中年间所创建的道场，为国内名刹，千年之间几经兴废。清季光绪末年，

---

[1] 《附录沩山宝生和尚来函》，《虚云和尚年谱法汇增订本》，台北：修元禅院，1997 年，第 669 页。

八指头陀敬安禅师曾主密印寺法席，沩山鼓螺为之一振。到1918年，密印寺被人纵火烧毁。太虚法师于1922年应邀担任住持湖南宁乡大沩山密印寺，12月11日进院，12月16日返长沙，仅在沩山住了五天，以后再没有回来过。1933年秋，诸山长老推举宝生法师出任沩山密印寺住持。宝生法师出长密印寺之时，已年近花甲，但为了恢复祖师道场，光大南岳门风，不辞辛劳，远走江淮荆楚，广募捐款，边募边建，历时八年，重建竣工。①

宝生法师在信中提到，密印寺早前"尽成灰烬"，担任住持后，经过修复重建，"大殿、禅堂、斋堂、僧寮、山门渐次告成"。②宝生法师于1933年秋出任沩山密印寺住持，不可能到1934年夏天，这中间不到一年的时间，就完成这许多工程。可见虚云和尚的追述有误。

第二，密印寺住持宝生法师、首座了照法师不知道虚云和尚承嗣沩仰宗法脉。

宝生法师仰慕虚云和尚道誉，于1938年秋致函虚云和尚，请求虚云和尚担任大沩山密印寺住持，恢复规矩，再续禅灯。宝生法师信中说"密印苟不得人，禅灯难续。……愿得公为该寺住持，俾祐祖法炬，暗而复明"，③包含了请虚云和尚承嗣沩仰宗法脉的意思。但是，虚云和尚在覆信中婉辞担任密印寺住

① 于凌波《中国近现代佛教人物志》之"宝生法师"，宗教文化出版社，1995年。
② 《附录沩山宝生和尚来函》，《虚云和尚年谱法汇增订本》，台北：修元禅院，1997年，第669页。
③ 同上。

持之请，也没有提及承嗣沩仰宗法脉的事。①

后来发生的事情表明，宝生、了照等密印寺僧众并不知道虚云和尚承嗣沩仰宗法脉的事情。

1944 年 4 月 30 日，太虚法师作《续沩仰宗派记》，② 记述自己应密印寺住持潜影法师、首座了照法师等两序大众请求，续传沩仰宗法脉。太虚法师作沩仰宗传法字偈三十二字，确定沩仰宗传承世系如下：

> 第一世　沩山灵祐——第二世　仰山慧寂——第三世西塔光穆——第四世　资福如宝——第五世　资福真邃——第六世　太虚惟心——第七世　宝生法利——第八世　潜影善修

显然，虚云和尚应宝生法师等所请承嗣沩仰宗法脉，宝生、了照法师并不知情。因为如果知情，密印寺一定视之为一件大事，还极可能隆重地请求虚云和尚传法。继宝生法师之后任密印寺住持的潜影法师也一定会知道。按虚云和尚的自述，密印寺了照首座也是当初请求他承续沩仰宗法派的人之一，如果了照法师知道虚云和尚已经承嗣沩仰宗派，肯定不会在几年

①　虚云和尚《覆大沩山宝生和尚》，《虚云和尚年谱法汇增订本》，台北：修元禅院，1997年，第 668—669 页。
②　发表在《海潮音》第 25 卷（1944 年第 5、6 期合刊第 10 页）。见《太虚大师全书》第 33 卷，宗教文化出版社，2004 年，第 134 页。

之后，舍近求远，向身在重庆的太虚法师请求继承沩仰宗派，而不向正在广东韶关的虚云和尚求法。

因此，可以推断，虚云和尚在1938年秋，推辞大沩山密印寺住持的请职后，感到未能挑起振兴沩仰宗的担子，有负大众的期望，对不起禅宗祖师，故私下考查典籍，遥接沩仰宗法脉，继演宗派字偈，以接续、传承沩仰法脉为己任，为将来因缘成熟时复兴沩仰宗派作点准备，算是自己不能即时担起复兴沩仰宗职责之过的一种弥补。虚云和尚没有公开自己的做法，故密印寺方面并不知晓。虚云和尚后来果真在江西云居山真如寺挂沩仰钟板，传沩仰宗脉，培养了一批杰出的沩仰宗法子法孙，真正把沩仰宗派恢复起来了。

（二）因决心兴复云门大觉禅寺而发心承嗣云门宗

虚云和尚遥接南宋光孝已庵深净禅师的法，自列为云门宗第十二世。虚云和尚记述："又余在南华，因悉云门祖庭，香灯断续无定，勉为兴复。查此宗起于文偃祖师，十一传至南宋末温州光孝已庵深净禅师止，后失典籍。原派是偃祖下八世优鸿曾演二十字，后不知谁又出二十字。古派分三，今欲重继，不知从何字起。故惟从已庵净公与余各摘上一字，继演五十六字，期之后贤，传灯无尽。"①

虚云和尚将云门宗传承世代确定为：

---

① 虚云和尚《附录禅宗五派源流》，《虚云和尚年谱法汇增订本》，台北：修元禅院，1997年，第735—736页。

第一世　云门文偃禅师	第二世　香林澄远禅师
第三世　智门光祚禅师	第四世　雪窦重显禅师
第五世　天衣义怀禅师	第六世　慧林宗本禅师
第七世　长芦崇信禅师	第八世　慧林怀深禅师
第九世　灵隐慧光禅师	第十世　中竺元妙禅师
第十一世　光孝已庵深净禅师	第十二世　虚云演彻禅师

　　虚云和尚遥嗣光孝已庵深净禅师，自列为云门宗第十二世，并作传派字偈五十六字：深演妙明耀乾坤，湛寂虚怀海印容。清净觉圆悬智镜，慧鉴精真道德融。慈悲喜舍昌普化，宏开拈花续传灯。继振云门关一旨，惠泽苍生法雨隆。

　　虚云和尚按此派字传云门法嗣，为嗣法人取法名均用"妙"字。

　　本派虚云和尚子孙中比较著名的，有妙道朗耀、妙心佛源、妙宗净慧、妙虚宽能、妙定宽度、妙云佛宝（绍门）、明圆寂祥、明悟演成、明空惟升、明贤隆德、海长、明慧、明向等。

　　据《年谱》所述，虚云和尚首次到云门山大觉禅寺的时间是 1940 年（民国二十九年庚辰），到了 1943 年 11 月，应李济深、李汉魂等官绅之请，任云门山大觉禅寺住持。[①] 既然虚云和尚自述是在住持南华寺期间，目睹云门祖庭衰败情况后，

---

　　① 虚云和尚在云门大觉禅寺晋院的时间，《虚云和尚自述年谱》记为夏历十二月，今依《虚云和尚法汇》中收录的"乳源云门山大觉禅寺晋院法语"记载日期，即民国三十二年癸未十月初。"乳源云门山大觉禅寺晋院法语"，见《虚云和尚年谱法汇增订本》，台北：修元禅院，1997 年，第 581—582 页。

为兴复云门宗派，传续香灯，重新撰写云门演派源流偈，那么时间当在 1940 年至 1943 年 11 月之间。从虚云和尚自述的语气推测，极可能于 1940 年初次考察云门山大觉禅寺后，返回南华即查找资料，续演字派，承继法脉。虚云和尚没有提及有任何人请求他为云门续派传宗，应是虚云和尚自己的决定。有可能是得到承接沩仰宗一事的启发，进而接续云门宗派。

（三）因福建长汀明湛法师之请而承嗣法眼宗

虚云和尚记云："癸酉春，有明湛禅者，由长汀到南华，谓在长汀创建八宝山，志愿欲绍法眼一宗。不知所由，恳授其法眼源流。因嘉其志，乃告之曰：此宗发源在金陵清凉山，早废。兹时不易恢复。从宋元来，绍化乏后，查诸典籍，自文益祖师七传至祥符良度禅师止，其后无考。旧派益祖六世祖光禅师立二十字，后不知何人立四十字，虽有二派，子孙停流，鲜有继起。又查益祖出天台德韶国师与清凉泰钦禅师，传载韶、钦二公下五世良度禅师，其中秉承，有继韶公者，有嗣钦公者，纷纭不一。有记益、韶、寿、胜、元、慧、良为七世，有记益、钦、齐、照、元、慧、良为七世。今欲继起，艰于考证。惟有秉承韶公，续从良度禅师与余各摘上一字，继演五十六字，以待后贤继续，传之永久。"①

岑学吕居士附记云："法眼失嗣更久，八宝山青持大师，

---

① 虚云和尚《附录禅宗五派源流》，《虚云和尚年谱法汇增订本》，台北：修元禅院，1997年，第736—737页。

请虚老续法眼源流。良度禅师为七代，虚老人应继为法眼第八代。"

虚云和尚将法眼宗传承世代确定为：

第一世 法眼文益禅师	第二世 天台德韶禅师
第三世 永明延寿禅师	第四世 圆照宗本禅师
第五世 智者嗣如禅师	第六世 宝林文慧禅师
第七世 祥符良度禅师	第八世 虚云古岩禅师

虚云和尚遥嗣祥符良度禅师，自列为法眼宗第八世，并作传派字偈五十六字，偈曰：良虚本寂体无量，法界通融广含藏。遍印森罗圆自在，色空情器总真常。惟斯圣德昭日月，慧灯普照洞阴阳。传宗法眼六相义，光辉地久固天长。

虚云和尚按此派字传法眼宗法嗣，为嗣法人取法名均用"本"字。

本派虚云和尚子孙中比较著名的，有本湛青持、本智信清、本性净慧、本宽慧果、寂照宏如（灵意）、寂乐心澄、寂心妙性、寂悟素闻、寂照慧瑛、体妙明贤等。

虚云和尚提到的"癸酉春"在南华寺继续法眼源流，"癸酉春"即 1933 年春。虚云和尚此时还在鼓山任涌泉寺方丈，未到南华寺任职。虚云和尚显然是写错了时间。

虚云和尚提及的明湛法师，即岑学吕居士所说的青持大师，是福建长汀八宝山创始人。据记载，明湛法师（1906～1946 年），长汀人，姓卜，十三岁时皈依能透和尚，参与罗祖教活动，学做经忏、放焰口。后在长汀宝珠楼出家，1931 年到泉州承天寺受戒。次年带弟子慧观到江苏宝华山受戒，并朝拜普陀山、九华山、庐山。因受到宁化县法轮寺汀籍法师见镛的开导启发，明湛法师感到佛教正宗在长汀面临危机，僧尼不知教义，不守教规，危害匪浅，深感佛理和戒律的重要，于 1937 年创建长汀八宝山峻峰寺。他彻底抛弃罗祖教，与见镛法师一起在八宝山小木屋里拜诵《地藏经》，苦修三年，日仅一食，不漱洗，不躺卧，不理发，不接触金钱，极力反对僧人参与罗祖教活动，提倡净土宗，以躬身苦行取得良好影响，名声大振，信徒多拜他为师。他吸收一批在家的信徒创立"莲社"，每逢朔望则召集僧尼礼拜诵经，使长汀佛教弃邪扶正。1942 年，明湛法师赴广东曲江南华寺，拜虚云和尚为师，得到虚云和尚嘉许。虚云和尚为他举行隆重接法仪式，传给衣钵。1946 年，明湛法师带一个徒孙从南华寺出发，步行入川，朝拜峨嵋山。返抵成都近慈寺时，跏趺圆寂，终年仅四十一岁。一生剃度了四十多名僧尼，收在家弟子五百多人。现遍布闽西各县，今闽西各县僧尼多属其徒嗣。[①]

从上面的材料可知，虚云和尚是应明湛法师之请，绍继法眼宗源流，时间应在 1942 年明湛法师到南华寺之后发生。

---

① 1992 年出版的《龙岩地区志》和 1993 年出版的《长汀县志》，对长汀八宝山的创建人，《龙岩地区志》称为"明湛"，《长汀县志》称为"本湛"，《虚云和尚法汇》又称为"青持"。按虚云和尚传承法眼宗的字辈排列，虚云和尚的法徒是"本"字辈，如"本智""本性""本观"等。因此可以推断，"明湛""青持"是出家法名和字号，至于哪个是名哪个是字，暂无法考证，"本湛"则是虚云和尚传法时所赐的法名。

又据素闻法师《虚云和尚五宗法嗣录》所载，虚云和尚于1943 年 5 月 11 日（癸未年四月初八日佛诞日），在南华寺方丈传法眼宗法脉给明湛法师，传法偈曰："本自如如圆明体，湛寂真常凡圣同。青虚妙义无变异，持传万古度迷人。"[①] 由此，可以确定虚云和尚承接法眼宗法脉的时间在 1943 年。

虚云和尚承嗣禅宗五家法脉的因缘，如上所述。

虚云和尚从常开老人出家，能够接临济、曹洞衣钵于妙莲法师，并承接久已失传的沩仰、云门、法眼三个中国禅宗宗派，将之传承光大，成为兼祧五宗六脉、影响现当代佛教的一代宗师，前无古人，以后亦难见来者。这不是偶然的。中国近现代以来，佛教复兴运动的大势下，需要出现虚云和尚这样振衰起颓的人物。虚云和尚苦参力究，持戒弘法，遍兴丛林，拥有世人仰慕的禅宗悟证境界和长寿生命，成就了他在中国现代佛教界和禅宗法门中的领袖地位。最重要、最核心的条件是，他心中怀有维护、传承中国佛教的强烈责任感和使命感。

在佛教中，宗派法脉的传承，依靠前辈"传法"、后辈"接法"而延续下去。"传法""接法"有古老而深远的意义。佛法的三藏，尤其是定慧修持，都是重传承的。在师资授受的传承中，发展为"付法"说。一代传一代的付法（与悟证没有关系），所付嘱的，是"正法""法藏""胜眼""法眼"（禅者综合为"正法眼藏"一词）。付嘱的主要意义，是"守护"

---

① 　素闻法师《虚云和尚五宗法嗣录》，《禅》2008 年第 1 期，第 35 页。

"护持"。禅宗的"付嘱正法"，是付与一项神圣的义务，该括佛法的一切——三藏圣典的护持，僧伽律制的护持，定慧修证的护持。守护或护持，都有维护佛法的纯正性，使佛法久住，而不致变质、衰落的意义。这就使得祖师大德们在佛教的发展中，形成了佛法各个历史时期的领导中心，往往由一代大师，负起佛教的摄导与护持的责任，成为佛法的表率与准绳。① 承嗣禅宗五家法脉的虚云和尚正是起这样作用的一位大师。

---

　①　摘录自印顺法师《中国禅宗史》第五章，有删改。

法语篇

光绪二十四年戊戌

在宁波七塔寺、崇寿寺

七塔寺佛诞日请上堂

升座,拈香毕,敛衣就座。上首白椎云:法筵龙象众,当观第一义。执拂子云:年年有个四月八,人人尽道生悉达。惹得云门不肖儿,白棒无情要打杀。且道释迦老子过在什么处?云门意作么生?众中还有检点分明者么?

僧问:世尊画蛇添足,云门雪上加霜,未审和尚如何?师便打。进云:正是雪上加霜。师云:担枷过状。

问:佛未出世时如何?师云:一镞撩天。进云:出世时如何?师云:四楞着地。僧拟议。师打云:天上天下,惟吾独尊。随云:觌面风雷白浪翻,满盘璀璨宝珍珠。当机托出难酬价,终不和沙卖与人。

上首白椎云:谛观法王法,法王法如是。下座。

七塔寺讲经期斋主请上堂

释迦如来，此时此刻在柱杖头，放光动地，宣说《大佛顶首楞严经》，即今诸仁者还见闻么？若道有见有闻，未离常情；若道不见不闻，又成断灭。且道如何出此断常二见去？若会得此事，随缘度日，任运逍遥；若其不然，借柱杖子通个消息。门前七塔，元是"楞严"；千手观音，全身"佛顶"；三圣妙相，岂离"密因"？正恁么时作恁么生？若道有见，楞严、佛顶、密因，是何相貌？若道无见，七塔、观音、三圣，俱在目前。将恁么出得有无二见去？会得即今讲经期，主伴交参，尽是修证了义；崇寿寺中，经行坐卧，无非万行真因。方能上报不报之恩，下化不化之德。今有三宝弟子某来寺进香，遇此开经良辰，植福延龄，请法饭僧。且道庆赞一句，作恁么道？

良久云：梆声高唱三轮寂，钵色全含五观心。

七塔寺讲律听众设斋请上堂

拈柱杖云：佛慈垂化示三身，开权显实露天真。若能言下契斯旨，何必添泉月入瓶？所以昔日卢行者剃发，受智光律师满分戒，正谓富嫌千口少；高沙弥知这般事便休，所谓贫恨一身多。今日崇寿七塔寺，四众云集，听讲戒经。须知戒性如虚空，持犯非言道，如天普盖，似地普擎。富者得之而不骄，贫者得之而无乏。向这里直下知归，稳坐没底船，直达菩提岸。如或不然，五篇三聚从头说，黄叶金钱君自看。今诸学戒上座等，设斋请法，为祈戒根清净。且道即今庆赞一句，作恁么道？

良久云：清净本然，周遍法界。

浙江宁波崇寿寺惟一请上堂法语

寒食来三天，清明去二日。去时为万有，归来复唯一。万有斯支蔓，唯一乃真实。宁波桥报恩七塔僧堂前，都与上座相见了也！宾头卢老比丘，往北俱卢洲抄化，也趋回应斋；没尾猢狲，无位真人，各受一分馒饆。适来双角麒麟，趁个五蹄白马，在法堂走一趟。汝等诸人若不见信，问取惟一大师，自然与汝道破去也！

良久，击拂子云：谁料金毛狮子子，爪牙不灵甚希奇。

示某居士

涅槃心易晓，差别智难明。所以善财童子五十三参，初见文殊，领得根本智。经历百城烟水，末后参弥勒，弹指楼阁门开，见弥勒与十方诸圣，谈唯心识定，差别智慧，现受用身。须知"无明实性即佛性，幻化空身即法身"，然法身无相，借色身而显现。如当人一念差别，便落诸缘。诸缘不昧处，佛眼亦难窥。佛眼既不能窥，且道根本智与唯心识定，又在什么处？若向这里见得，说什么善财五十三参，大法功圆，文殊受记，总不出老僧掌握中。参！

光绪二十七年辛丑

在西安兴善寺

苏军门请上堂法语

拈香毕，卓杖云：长安春景实堪夸，来往纷纷尽作家。莫道人天小果异，万缘普济福无涯。所以世尊因地中遍修苦行，利人利己，庄严福慧。虽然如是，今日苏府设斋散赆结缘，与昔日云门饼、赵州茶、金牛饭，是同是异？若道是异，辜负施主；若道是同，又埋没古人。即今毕竟作么生了识去？

良久云：常忆江南三月里，鹧鸪啼处百花香。

光绪廿九年癸卯

受请住持昆明金马山兴福寺

兴福寺众护法居士庆祝进院请上堂

升座，拈香，祝圣，上首白椎毕，卓柱杖云：卓开三际，挑转须弥。风清月白鸟声稀，柱杖横担知不知。

僧问：钟声未鸣时声在何处？师云：昆明湖下已深藏。进云：鸣后声归何处？师云：金马峰前早拈出。进云：离却两头又作么生？师蓦头一棒。

问：如何是行中定？师云：风清日丽黄金色。问：如何是定中行？师云：露冷云闲皓月移。

问：古镜未磨时如何？师云：真金不换铁。进云：磨后如何？师云：照得鼻孔穿。进云：磨与未磨时如何？师连打两棒，乃举临济祖师示普化、克符二上座云："我欲于此建立黄檗宗旨，尔等二人可承褫我。"二人珍重下去。三日后，普化上来云："和尚三日前说什么？"济便打。又后，克符上来云："和尚三日前打普化作么？"济又打。至晚小参云："我有时夺人不夺境，有时夺境不夺人，有时人境两俱夺，有时人境俱不夺。"

于是有棒喝机锋，显密宗旨，如云门干屎橛、洞山麻三斤、赵州柏树子、狗子佛性话。且道是同是别？若道是同，名色各异；若道是别，当面热瞒；若道非同非别，汝等鼻孔撩天，何待山僧舌头拖地？

挥拂子云：要提无上毗卢印，须向千峰顶上行。下座。

兴福寺癸卯除夕升座法语

拈杖云：欲识佛性义，当观时节因缘。且道即今是甚么时节？今当腊月二十九，虽非大尽，竟是年穷岁极之时也。古人为生死交接之际，以腊月三十为喻。年尽月尽，日时俱尽，且看一年三百六十日内，曾办什么事来？若办不得，未免虚度此一年。岂但虚度此一年，自无量劫来至于今日，总是唐丧过了。若不于此脚跟下作个立地，提起所参话头，猛著精彩，年虽未过，敢保又是虚度！岂但今年？或不猛力精勤，便百千年亦只是虚度！诸仁者，虚度时缘也不管汝，但积业愈多，道力愈微，何以副出家学道之初衷哉？

奉劝诸仁者，以铁柱杖把残年懒堕、自恣、昏沉、掉举，一划划断。向明日大年初一为始，奋起精进勇猛神力，做一日便见一日功程，及早讨个树倒藤断，庶不负出家行脚志愿也。如人上山，各自努力。

复云：今夜腊月二十九，处处迎新兼送旧。惟有衲僧面前，动着便成窠臼。不如念一道真言，消遣残年不唧溜。是大神咒，是大明咒。试听楼上五更钟，寒毛竖起眉头皱。年新旧，人新旧。

光绪三十年甲辰

在昆明兴福寺

元旦上堂法语

僧举高峰颂云：百年难遇岁朝春。师云：有甚闲心情？

又云：姹女梳妆月样新。师云：随波逐浪汉。

又云：惟有东村王大嫂。师云：古庙香炉毓苔清。

又云：依然满面是埃尘。师云：风吹不动水云根。山僧亦有四句：年年此日是新春，万象无言色更新。西壁崖前松伴石，飞花不染上林尘。且道与高峰是同是别？试检点看。若检点得出，许伊具只眼；其或未然，幻游饶舌了也。

竖拂子云：会得正月贺春王，这个明明不覆藏。只为一生寒彻骨，冷云残雪自凝香。

佛成道日上堂法语

驴事未了，马事又来。十方诸佛，有口难开。三思大事，再叹奇哉。且道如何是奇哉底消息？

问：佛成道时作么生？师便打。进云：未成道时作么生？师亦打。进云：成与未成时如何？师拈香炉擘面掷。

问：如何是第一玄？云：夜半波斯跳上天。问：如何是第二玄？云：碧眼胡僧两耳穿。问：如何是第三玄？云：风吹柳絮卷寒烟。

问：如何是第一要？云：孤峰顶上红轮跳。问：如何是第二要？云：雪里寒梅通一窍。问：如何是第三要？云：一句明明无巧妙。乃云：如来昨夜栽荆棘，今日梅花香满室。忤逆儿孙处处乖，山僧胶上重添漆。

小　参

僧举拳云：和尚是个试金石，且道这个是铜是铁？师打云：点铁成金。

问：大地冰清，凡圣路绝，还有出身处也无？师云：大地冰清，汝在甚么处着脚？进云：早已呈似了也。师云：狮子峰未点头在。

僧作礼。师云：机不离位，堕在毒海。悬崖撒手，自肯承当。绝后再苏，欺君不得。

上堂法语

黄梅时节，阴晴无常，我辈用功，亦复如是。古人目之如隔日疟。若是真实究竟，此道岂有今朝来日？专要一念万年，方能相应。且道相应个甚么？如若未然，看取黄梅时节，阴晴无常，还有此等名目否？虚空尚且假名，妙理谁来安号？名言皆虚，当处无生。无生之理，随缘应现。故所以一切尘中一切尘，一切心中一切心，一切心中一切尘，一切尘刹亦复然。会得随缘应化，顺理度时；如其不然，即午吃饭是谁下口？参！

示某游僧

僧问：高揖释迦，不拜弥勒，则且置。因甚口吞佛祖，眼盖乾坤之人，还要吃棒？答：若能转物，即同如来。左边钟楼，右边藏殿，作么生转？

问：蟭螟眼里作活计底人，为甚尽大地无下脚处？答：把断要津，不通凡圣。客作汉！到者里作么生去就？

师问僧：唤作竹篦子则触，不唤作竹篦子则背，毕竟唤作甚么？僧云：数百人善知识犹作个问话。师云：阇黎大似个作家。僧喝，师便打。

僧问：如何是不动尊？师云：石敢当。问：如何是应身？师云：长的长，短的短。

在昆明筇竹寺结冬小参法语

拈柱杖云：万木零落腊月终，浮生幻化本来空。空空空到无空处，破腊寒香不待风。直得金乌玉兔，西照东辉。有时坐却日头，不知天晓。忽然案山点头，逼塞虚空，龙吟雾起，虎啸风生。实稀有，也大奇！天无四壁，地绝八维。百川众流来入海，衲僧闻见朗如眉。未审诸上座还识衲僧见处么？若能识得分明，与此法门有相应分，不负来山参学一番；其或未然，只知事逐眼前，不觉老从头上，不自精进，终无了日。虽然如是，即今小参一句，又作么生？

良久云：实法本来无，心差见转殊。若悟三空理，何处不如如！

示众禅人

自古禅德，无不从参学而入。所谓参学者，即戒定慧是也。因戒生定，因定发慧，定慧相资，其道乃成。是以道非常道，名非常名，皆由智慧而显机用。故智有抉择之功，慧有晓了之义。如以禅定熏修，方与如来法流水接，所以《楞严》云见性明心。然"见非是见，见犹离见，见不能及"，若见吾不见之见，自然非彼不见之相。云何非汝？如此是如来觌体为人处。虽则如是，亦复要知命根在甚么处。必须亲遭毒手，摄入大冶洪炉，将三学凡流，一齐抛向炉中，烧得焦头烂额，使其说心说性，论是论非，牵长漏短，总没有开口处。到此时节，拟议停机，劈头便棒，设有个出格的丈夫出来道"怎么时如何巴鼻"，直向他道：一镞撩空高着眼，弓弦向处日中看。

为萧国良荐慈亲灵小参

水落天高鹤梦惊，远山层碧晓霜清。还乡一曲归来晚，云在青天月在庭。真纯之理，本非圣而非凡；英灵之气，不钟男而钟女。摩耶夫人、胜鬘夫人、妙德夫人、韦提希夫人，都在山僧佛子头上，与罗太夫人对弹无生曲调。众中可有闻者么？若将耳听终难会，眼里闻声方得知。咦，见鬼！大喝一声：释迦老子来也！

戒期圆满上堂法语

升座。起制讽赞声未歇，又是满期出堂节。弹指流光去不停，诸人大事何时决？堪痛切！堪痛切！普劝诸仁者，回头须猛烈。识取未生妙戒体，本无三毒并六贼。即今值传戒期满，求戒诸子，功德周圆，喻入海采宝，满载而归。既已获得，谨慎守护，禅律并行，体用皆备。果能如是，不负来山一番。即今下山，不可东去西去。勉劝同参，直向万里无寸草处去。咦！何处是万里无寸草？观自在菩萨，行深般若波罗蜜多时。参！下座。

小　参

竖拂子云：识得这个，却被这个所缚；不识这个，亦被这个所缚。且道这个是甚么?

僧问:怒气腾腾时如何?师云:你何不翻身?进云:觌面威风,无个不有。师云:独汝无分。僧举拳,师便喝。

问:万象丛中一点红,莫是柱杖么?师云:柱杖且置,如何是一点红?僧便喝。师云:这一喝落在什么处?僧云:和尚耳聋。师瞪眼,下座。

讲经圆满请上堂法语

《金刚经》云:"若见诸相非相,即见如来。"柱杖子是相非相,作恁么生见?果能了此,于一毫端现宝王刹,原是家珍;坐微尘里转大法轮,本非分外。所谓大小相含,一多互摄。若证此道,上报不报之恩,下化无为之化。今朝讲经圆满,诸兄弟匆匆忙忙,东去西去,且道甚么处去?

良久云:一钵持归青嶂里,三衣飘入白云乡。今施主于经期圆满,设斋供众,为祈植福延龄,作么生道?

又良久云:道场散了,佛言善哉。下座。

甲辰秋在滇省筇竹寺

众新戒请上堂法语

问:五时八教即不问,临济宾主请师宣。师曰:杲日丽中天。进云：如何是主中宾？师云：目前是阇黎。进云：如何是宾中主？师云：此间是老僧。进云：如何是宾中宾？师云：阇黎不识阇黎。进云：如何是主中主？师云：老僧识老僧。

问：千尺丝纶直下垂，一波才动万波随。夜静水寒鱼不饵，满船空载月明归。未审此理如何？师云：花团团，锦簇簇。进云：直钩钩狞龙，曲钩钩鱼鳖，只如透网金鳞，如何下钩？师云：收取丝纶去。进云：巨浪涌千寻，澄波不离水。师云：浸杀阇黎。进云：一点也瞒老和尚不得。师云：相救！相救！

问：学道以戒为先，如何高沙弥不受戒？师云：买帽子相头。进云：戒中以杀为重，如何归宗斩蛇，南泉斩猫？师云：路遥知马力。进云：巨灵抬手无多子，劈破华山千万重。师云：不是好手。

问：欲识佛性义，当观时节因缘。如何是时节因缘？师云：日日是好日。进云：昔日诸祖，今朝和尚。师云：恐后无凭，立此存照。进云：谢师答话。师云：亲笔无中。

僧各礼拜，师乃云：万法是心光，诸缘惟性晓。本无迷悟人，只要今日了。所以千岩和尚道："参禅为第一，受戒为第二，修福为第三，礼诵为第四。既是出家人，应行四种事。"须是与么人，解得与么事。

上　堂

释迦老子在人眼里、耳里、鼻里、八万四千毛孔里，头出头没，诸人还信得及么？古人道："终日拈香择火，不知身是道场。"只要信得及，见得彻，博地凡夫，当时成佛，说甚么沙弥、比丘、菩萨三聚净戒？其或情关结锁，智眼未明，必须精进，一一严持。遂举南山宣祖道：持戒精严，诸天拥护，国王供养。一日律师问天曰："人间作何功德为最大？"天神曰："斋僧功德为最。"师云：佛法二宝，赖僧宝扶持，若无僧宝，佛法二宝无人流布，善根无处培植，所以斋僧功德为最大。虽然，有一人终日吃饭不咬一粒米。且道与么人，作么生供养？卓杖下座。

小参法语

卓柱杖云：唤作柱杖则触，不唤作柱杖则背。即此触、背二字，便是生死根本。触即是逐境生情，则有我人是非；背即是违背己灵，则违佛祖圣道。如此对待，便落坑堑。开口动舌，非有即无。知解不清，焉得解脱？汝等参禅，必要话头亲切，顿发疑情，看他是个甚么道理。一句分明，盖天盖地。若道有无不立，又是矫乱外道。到这里毕竟有个出身处，于此透得，才不被天下老和尚舌头瞒却。经云：纵经尘点劫，不如一日修无漏业。且道如何是无漏业？但于事上通无事，见色闻声不用聋。

僧参问

僧参问：久慕和尚，特来领棒。师云：吃得柱杖子也未？僧拟进语。师云：不打死汉。

师见数僧从街上回，问：十字街头来的来，往的往，因甚街心一块砖子无人踏着？一僧云：不曾离。师向僧脚下连打数棒。僧云：踏着即祸生。师拽柱杖，笑归方丈。

弥勒楼阁向闹市里洞开八闼，因甚把手牵君不入？欲明无生法忍，问取街前石敢当。且道石敢当具甚么眼？高莫过天，厚莫过地，因甚覆载这个不得？

准提庵续源请上堂

执杖云：心中了了语何人，独掩柴扉日又昏。六凿未分谁扰扰，一爻才动始纷纭。诸善知识，即今舍那如来在柱杖头上，放光动地，张大梵网，捞摝众生。敢问个中谁是知音？若还拣点得出，不枉披此法服一番。可以上报无报之恩，下化无为之化，堪为人天福田。可将椰栗横坦乾坤，手擎日月，毫纳须弥，口吞四海，踏破虚空，不为奇特。如其不然，徒负缁衣之名，汩没尘劳，何期了脱？呜呼！同滞末流，勉强相劝。诸兄弟奉佛行持，且道行持个甚么？

良久云：路逢剑客须呈剑，不是诗人莫献诗。

迎祥寺出关上堂

（掩关于迎祥藏经阁，受护法檀越张斌、陈和、马金墀、赵然、罗玉林、杨宏起及众居士等请，出关上堂。）

问：大愿关开，金毛突出，不是无风起浪，要且祖令当行。如何是夺人不夺境？师云：山河大地色重新。问：如何是夺境不夺人？师云：竖起眉毛八字分。问：如何是人境俱夺？师云：吹毛剑下不容情。问：如何是人境俱不夺？师云：歌声不绝太平春。

进云：料拣承蒙师指示，金锁玄关作么生透？师云：脚跟着力。进云：翡翠踏翻荷叶雨，鹭鹚飞过竹林烟。此意如何？师云：闲言语。进云：虽然旧阁闲田地，一度赢来一度新。师云：放汝三十棒。乃云：九夏安居事未闲，棒头打破是非关。就中有句谁能识，跳出青峰山外山。喝一喝，下座。

甲辰冬在鸡足山钵盂庵

护法居士供法衣请上堂

问：世尊灵山一会，与今日是同是别？答：正好着眼。进云：两头坐断时如何？答：死水不藏龙。进云：甚么是学人着力处？答：脚踏实地。进云：如何是转身处？答：进前一步。进云：如何是亲切处？师打云：石虎当途踞。

问：如何是第一玄？师云：春光夜色鲜。问：如何是第二玄？师云：翠竹含青烟。问：如何是第三玄？答：花开笑破天。

问：如何是第一要？答：子规枝上叫。问：如何是第二要？答：有句人难晓。问：如何是第三要？答：棒头开一窍。拈袈裟角召众云：金栏之外无多子，倒却门前一刹竿。下座。

上　堂

喝一喝，云：一喝横飞剑刃锋，西天东土莫相逢。此段风光何处觅，堂堂八面总玲珑。挥拂子，顾左右。时有内翰方公祚享出问：学生特来进香，亦无所问。

师云：当面不识人。进云：识人也。师云：虚空也太愁。进云：愁甚么？师云：鸡鸣即是天晓。公作礼。师云：会么？公云：不会。师云：夜静无人水自流，一天云散秋江月。

光绪三十三年丁未

运藏经回鸡足山，中途赴鼓山为妙莲老人送塔，
且往南洋讲经募化

八角庵德安请上堂

举华严偈云："若人欲了知，三世一切佛，应观法界性，一切惟心造。"只如一心不乱，即是如来住世；一念散乱，即是诸佛涅槃。更有离心意识参，绝凡圣路学。如此会得，亦无如来住世，亦无诸佛涅槃。以杖作钓势云：有超群出格者么？直钓金鳞翻巨浪，岂容蛙步辗泥沙！

广福寺解制法语

举柱杖云：只者一物，解结同时。

复卓一卓，云：且道解得这个么？若向这里缁素分明，不劳寸步，坐致太平。其或未然，且听山僧葛藤露布，乃是九旬圆满，三月期完，横飞宝剑，竖亚眉锋，建大法幢，辉天鉴地。

喝一喝，云：金刚王宝剑，踞地狮子，探竿影草，俱在这

里。复喝一喝，云：惟有一喝不作喝用。千钧之弩，岂为鼷鼠而发机？众中还有不顾性命者么？

问：结制事如何？师云：无绳自缚。进云：解制后如何？师云：一刀两断。进云：有结不解时如何？师打云：不是冤家不聚头。

问：寒暑到时如何回避？师云：松风泉石好歌音。问：如何是无寒暑处？师打云：不快漆桶。

问：如何是解制底句？师云：殿阁疏钟。进云：恁么则金鳞透网去也？师云：痴人犹戽夜塘水。乃云：禅和子，解牧牛，一笛横吹得自由。草鞋踏破青山月，万里无云秋夜秋。

岁朝寓极乐寺，监院意通、慈恩、 福慧等请上堂法语

僧问：如何是进门的句？师云：跨船舷，三十棒。问：如何是门外句？师云：处处杨花逐雨飞。问：如何是门里底句？师云：脚跟未动寻知己。乃云：元旦风和，春来花发。问答分明，选佛上首。下座。

槟榔屿极乐寺盂兰盆会众请上堂

卓拄杖云：一钵和罗饭，供养佛法僧。延生消灾难，冥福获天生。今日众姓修此法会，且道这一铺功德，从甚么处得来？

大众知么？树大也须从地起，山高怎奈有天何。虽然如是，只
如天地未分以前一着，落在甚么处？

良久云：切忌道着。珍重！下座。

佛诞上堂

轮王雨露恩光普，泉石山林乐太平。今日泥牛狮子吼，普
天匝地睹明星。卓杖云：且道泥牛狮子作么生相见？有僧一喝，
师云：勘破了也。

问：报恩一句，作么生道？师云：一条辣棒。进云：即今
聻？师云：打折驴腰。僧一喝，师便打。

问：如何是照？师云：晴空瑞气新。问：如何是用？师云：
独步耀乾坤。问：如何是照用同时？师云：峰头挂白云。问：如
何是照用不同时？师云：春秋令自行。乃云：问处分明，答处
不知。抛钩掷钓，顾鉴相依。头头显露，物物提持。秤锤有准，
星点无疑。共转法轮，凡圣咸宜。

大悲禅院监院寂明请上堂

举临济云："沿流不止问如何，真照无边说似他。离相离
名人不禀，吹毛用了急须磨。"试问众中有识得吹毛剑者么？

僧问：如何是函盖乾坤句？师云：昨夜金乌穿市过。问：如
何是截断众流句？师云：今朝一剑倚长天。问：如何是随波逐

浪句？师云：芦花飞去蝶空旋。复举圆通颂云："圆通不开生药铺，单单只卖死猫头。不知那个无私算，吃着通身冷汗流。"山僧即不然，幻游开的生药铺，单单不挂死猫头。有人问着无情棒，打得通身血溅流。

龙华寺监院圆通请上堂

长空掣电，大地生光，这个不涉万缘，撑天柱地，更有横拈倒弄，皆成文章。如来禅，祖师禅，飞花逐浪；向上事，向下事，捏目苍黄。惟有衲僧没事干，绿水清波把钓竿。以杖作钓势云：众中还有透网金鳞么？

僧出问：莲花未出水时如何？师云：香洁洁。问：已出水时如何？师云：红滴滴。问：出与未出时如何？师云：白云片片水潺潺。乃云：柱杖子衲僧头，当机一棒，花落水流。掷柱杖下座。

灵山寺上堂

夏日已临，炎暑逼人，诸仁者，遍体汗淋淋。忽然风雨齐来，通身转变冷冰冰。且道汗淋淋时是？冷冰冰时是？要道两者皆是，儱侗禅和；若道两俱不是，开眼死汉。若其不然，何不体会？风云雷雨，震动虚空，且道虚空能为风云雷雨震动否？虚空尚且如是，妙心何能与时迁移？既不迁移，且道妙心落在何处？若然会得，一滴墨水，两处龙飞。

宣统元年己酉

请藏经回山，敕改钵盂庵为护国祝圣禅寺

己酉除夕小参

举北禅贤和尚夜参云："年穷岁尽，无可与诸人分岁。老僧烹一头露地白牛，炊黍米饭，煮野菜根，烧榾柮火，大家吃了，唱田家乐，何故？免得倚他门户傍他墙，刚被时人唤作郎。"便下座。至夜深，维那入方丈问讯云："县里有公人来勾和尚，说和尚宰牛不纳皮角。"禅遂将头上帽掷于地下，那便拾得，禅擒住，那将帽覆禅顶曰："天寒，且还和尚。"禅呵呵大笑。顾法昌侍者云："者公案作么生断？"昌曰："潭州纸贵，一状领过。"

师云：北禅不解烹宰，勾贼破家；维那见义不为，过后张弓。法昌依草附木，如新妇怕阿家相似。总是簸弄老婆禅，钝置煞人，并无一个有些子衲僧的气概。山僧若作维那，北禅才举，便出众云：某某与和尚代庖。他若如何若何，便与掀倒禅床，喝散大众，免得后人向牛皮里钻倒。若作北禅，待维那云"公人来勾和尚"，便云：赃在那里？他若拟议，与他一掌云：来说是非者，便是是非人。若作法昌侍者，待问"者公案作么生断"，便云：一字入公门，九牛拖不出。岂不头正尾正？北禅宰牛分岁，山僧一一据款结案了也。且问诸人：如何是露地白牛？参！

祝圣寺圣首座请上堂

问：有问有答是寻常，无问无答时如何？师云：也是寻常。进云：请师别通一线。师云；阇黎站过那边。

问：二祖礼拜，达摩安心。和尚升座开堂，是同是别？师云：冬瓜换葫芦。进云：从上宗乘，还有分付处也无？师云：有。进云：分付阿谁？师云：分付你。进云：恁么则买铁得金，一场富贵。师云：未敢相许在。

问：五位三玄即不问，三教一家请师宣。师云：老聃夫子念弥陀。进云：频呼小玉元无事，只要檀郎认得声。师云：认后如何？僧无语。师云：堕坑落堑。进云：请师相救。师云：老僧救他不得。

僧各礼拜归位。师乃云：问在答处，答在问处，钉椿摇橹棹；问不在答处，答不在问处，拔柁使风帆。饶汝移舟谙水脉，举棹别波澜，聪明伶俐，不无点点；搅长河为酥酪，变大地作黄金，神通妙用，却有些些。若论衲僧下事，总是郑州出曹门。必不得已，应个时节，向诸人道：善男子，得人身难，具丈夫相难，圆顶出家难，登坛受戒难，遇真知识难，闻正法更难。须知有个不难的，山僧适来道了也，请首座为汝等再道。

宣统二年庚戌

元旦上堂

通身绝覆藏，随处扬家丑。佛法到新年，说甚无与有？历历甚分明，古今常不朽。山门已洞开，焚香祝圣寿。诸上座还会么？但得天晴残雪尽，自然春到百花香！

宣统三年辛亥

在鸡足山祝圣寺

四月八日新戒请上堂

今日四月八，皇宫生悉达。九龙喷金躯，万古香汤泼。

僧问：如何是诞生王子？师云：苦瓜连根苦。进云：如何是朝生王子？师云：百城烟水渺无垠。进云：如何是未生王子？师云：窗前勤苦读，马上锦衣回。进云：如何是化生王子？师云：横按镆铘全正令。进云：如何是内生王子？师云：稳坐金殿里，笑看云卷舒。

问：指天指地，事已张扬？师云：得人一牛，还人一马。进云：戒元饭僧，未审和尚还受他供养也无？师云：老僧供养他有份。进云：诸供养中，法供养最，又作么生？师云：难消滴水。进云：怎么则财法二施，等无差别也。师云：雨过竹风清，云开山顶露。

僧出云：某甲不问话，请师不答话。师云：早是多事了也。僧礼三拜，归位。师云：作家！作家！僧掩耳。师云：适来患哑，今又患聋。僧无语。师云：果然多事。

乃云：周昭甲寅四月八，净饭王宫生悉达。才出胎来便捏怪，指天指地阿喇喇。搅乱大千世界人，尽向糊饼里讨汁。更有云门跛脚师，顿教一棒要打杀。把髻投衙可怜生，大似普州人送贼。虽然，一尘不立，野老安恬。是则固是，只如门庭施设，国家兴盛，又且如何？谢公财施兼法施，选得戒元胜状元。

七月十五日解制

九旬禁足，三月安居。圣制告圆，衲僧分上事作么生看？灵山垂运慈悲，目连神通救母。幸得诸佛欢欣，赦拔冥中罪苦。且道千古闻名，如何取则？

僧问：罪性本空，赦个甚么？云：为有这个在。进云：恁么则有罪也？云：有。进云：还许忏悔也无？打云：冤家解脱。

问：从天降下即不问，就地还乡事若何？云：寒岩枯木逢春秀。进云：正恁么时如何？云：带雪松枝色更新。

问：如何是人中境？云：铁蛇横古路。

问：如何是境中人？云：踏着两头忙。进云：人境俱忘时作么生？云：脚根下好与三十棒。

乃云：德山棒，临济喝。云门饼，雪峰杓。禾山打鼓，木人奏乐。人人有分，个个摸索。头角峥嵘，天清地浊。眼光电掣，口倾山岳。正恁么时，如何注脚？

喝一喝，云：斩却南泉死猫头，救得赵州狗子活。

师诞日大众设斋请上堂

问：钟鼓交参，人天普集。师登宝座，说何法要？师云：一朵红云擎宝盖。进云：有何利益？师云：半空钟韵落天花。进云：恁么则佛祖归宗，人天瞻仰。师云：聋者不闻其音声，盲者不睹其文彩。

问：才登戒品，便踏佛阶时如何？师云：法海汪洋，何处蹉足？进云：乞师引导。师云：千钧之弩，不为鼷鼠发机。进云：弟子退身有分。师云：向你道没处蹉足。

问：轻烟笼皎月，薄雾锁寒岩。如何是禅定？师云：银碗盛雪，明月藏鹭。进云：拨开云外路，翻去月明前。如何是般若？师云：茅户挂珠帘，龙楼铺草座。进云：莫行心行处，不挂本来衣。如何是解脱？师云：谁有单于调，换取假银城。

问：得之于心，伊兰作栴檀之树；失之于旨，甘露乃蒺藜之园。如何是戒？师云：信步入荒草，忘却长安路。进云：如何是定？师云：百花丛里过，一点不沾身。进云：如何是慧？师云：信受奉行。

僧礼退。师乃云：此一段大事，汝若信得及、解得彻，才登戒品，便踏佛阶。戒定慧信受奉行，便得银碗盛雪，明月藏鹭，茅户挂珠帘，龙楼铺草座，佛祖归宗，人天瞻仰。汝若信不及、解不彻，法海汪洋，何处蹉足？禅定、般若、解脱，大似轻烟笼皎月，薄雾锁寒岩。单于调换取假银城，聋者不闻其音声，盲者不睹其文彩，只得退身有分。虽然如是，因斋庆赞一句，作恁么道？一朵红云擎宝盖，半空钟韵落天花。

中秋节上堂

中秋云散月空悬，海众同参问祖禅。赤脚头陀无个事，横拈白棒打疯癫。

问：牛头未见四祖时如何？云：世情偏向有钱家。进云：见后如何？云：仁义尽从贫处断。进云：即今聻？答：莫妄想。

问：参禅念佛，贵脱生死。生死到来，如何回避？答：不用念佛参禅。再进云：不用念佛参禅，如何抵敌？打云：扶篱摸壁汉。

乃云：今日中秋节，一轮光皎洁。自从威音来，古今无久缺。会么？

除夕法语

腊月三十日到来也，诸仁者脚跟下事作么生？汝等须知，人人本具，个个圆成。所以道，行住坐卧，不离这个。若或不识，当面错过。三世诸佛，也是这个。历代祖师，亦是这个。天下老和尚，只是这个。乃至鳞甲、羽毛、草木、昆虫，无不承这个恩力。诸仁者！还会得这个么？若会得，眉毛依旧；其或未然，年来更有新条在，恼乱春风卒未休。

民国元年壬子

佛诞日说戒上堂

问：指天指地弄笙簧，送语传言出法堂。侍者尚能多意气，老师应是不寻常。如何是主中宾？师云：出门伴着乞儿行。进云：如何是宾中主？师云：当堂不正座，怎付两头机？进云：如何是宾中宾？师云：龙师火帝千字文。进云：如何是主中主？师云：癫狗泥猪尝起舞。僧礼拜，云：且喜新丰曲，今朝特地闻。师云：掩耳偷铃。

问：一步才行两步移，门前惊动凤凰儿。寻踪不在梧桐树，群鸟东西空绕枝。只如雪峰云：鳌石岭相见也，望州亭相见也，僧堂前相见也。意作么生？师云：雪峰无此语。进云：都道雪峰远，谁知逗石门。师云：且喜没交涉。

问：未离兜率，已降皇宫，此意如何？师云：脚下好与三十棒。进云：未出母胎，度人已毕，又作么生？师云：苍天！苍天！更添怨苦。进云：一气不言含有象，万灵何处谢无私？师云：钻龟打瓦。

问：蜡烛满堂红，香烟笑破咙，意旨如何？师云：笑上座不解。进云：和尚甚奇特。师云：不值半文钱。

　　僧礼拜，师乃云：悉达太子今日降诞，一手指天，一手指地，周行七步，自顾四方云："天上天下，惟我独尊。"后来云门大师道："我当时若见，一棒打杀，贵图天下太平。"引得历代祖师、天下老和尚，各出己见，互相矛盾，干戈遍地，无有了期。山僧今日承诸新戒，自远趋风，乐阐戒法，不似黄面瞿昙，跛脚阿师，倚势欺人。但以真实心，说真实语，能令一切，若僧若俗，若男若女，若贵若贱，若长若幼，顿息尘累，直超彼岸去也。

　　良久云：止止不须说，我法妙难思。参！

佛诞日适佛殿阿难尊者像扑倒，众新戒设斋请上堂

　　师垂问云：昨日阿难尊者，贪着三昧正受，不顾三界众生，被山僧一柱杖，仆在露柱上。众中还有扶得他起么？出来露个爪牙看。

　　僧问：阿难既称罗汉，因甚立地仆倒？师云：站久成劳。进云：使学人扶起也无？师云：不是弄潮人，休入洪波里。

　　问云：释迦掩室于摩竭，净名杜口于毗耶，还是事出偶然？还是伎俩有尽？师云：病在膏肓，良医拱手。进云：有问有答，盖是酬机。与么则是知音，不用频频举。师云：相见易得好，久住难为情。

问：拈起柱杖魔胆丧，人天普利事如何？师云：目前无阇黎，此间无老僧。进云：如何是明明德？师云：自误犹自可。进云：如何是在新民？师云：误他事更多。

僧各礼拜。师乃云：问如云兴，答似瓶泻。于理无益，徒增戏论。所以道："唯此一真实，余二则非真。"谁知天已晓，自手执夜明。水不洗水，金不铺金。大众适来地雷复，因甚变作地泽临？汝若不会，问取倒地阿难看。

结制上堂

僧问：选佛场开，和尚向甚么处下手？师云：新出红炉金弹子。进云：十方同聚会，个个学无为。如何是无为法？师云：打破阇黎铁面皮。僧拟议，师云：老僧无一法，何须侧耳听？

问：狸奴白牯，意作么生？师云：未进门时先吃棒。

问：如何是耳？师云：你不患聋。问：如何是眼？师云：你不患盲。进云：眼耳具足时如何？师作打势云：会么？

问：天柱峰点头时如何？师云：三家村里火柴头。

问：如何是禅？师云：老僧不打这鼓笛。进云：为什么要参？师云：为你这钝汉。进云：离了禅，参一事又作么生？师打。

乃云：今日护法朱居士，问取山僧根本智。不觉口如扁担，眼似流星。虽则敲钟击鼓，问答机缘，尽是扬声止响。请问诸人，毕竟如何是根本智？待汝一口吸尽西江水，即向你道。

蒋道林居士请上堂

钵盂峰顶秀，山溪古岸荒。浮沉千古语，谁与话沧桑？还有承当的么？

问：如何是钵盂境？师云：云去云来山不碍。问：如何是境中人？师云：青山无日不舒眉。进云：人境不立时如何？师便打。乃举赵州谂和尚：一日，赵王来参，侍者报云："赵王来参，和尚迎接。"州云："非但赵王，即佛来也不顾。"王闻不悦。及至，王问："人王尊耶？法王尊耶？"州云："若在人王，人王中尊；若在法王，法王中尊。"王欣然叹曰："赵州古佛！"今日钵盂长老，不羡王侯，不居佛位，单拈白棒，打破虚空，直指诸人，明心见性。若道有佛，劈脊便打；若道无佛，劈脊便棒。且道有什么奇特？不入惊人浪，难得称意鱼。

佛诞日解制上堂

僧问：世尊初生，天花乱坠。老和尚诞日，有何祥瑞？师云：龙象纷纷绕座来。进云：报恩一句又作么生？师便打。

问：如何是离四句？师便打。问：如何是绝百非？师亦打。进云：打即任打，毕竟如何？师云：向后不得辜负老僧。

乃云：打也恁么打，说也恁么说。解也是你解，缚也是你缚。个事甚分明，何须求解脱？以柱杖召众云：椰栗横担不顾人，直入千峰万峰去。

上　堂

执柱杖云：心机解处妙无伦，月白风清岭上云。若识宗旨，何假外寻？语默动静，坐卧经行，穿衣吃饭，运水搬柴，庭前宝鼎，殿里迦文。相知惟报相知者，鹧鸪声里又逢春。即心是戒，三学圆融；即戒是心，一体圆成。止作持犯，事岂干情？苟能如是，华敷莲成。其或未然，错认识神。莫谓朝阳好，日出雾朦胧。今有求戒弟子某某，为严律行，请法设斋。且道严律一句，又作么生？

良久云：鸡声唤醒娑婆梦，戒定真香入钵盂。喝一喝，下座。

祝圣寺信女施璧端修斋设供请上堂

问：昔日龙女献珠，即成佛道。今朝信女施瞡，得何利益？答：金针织锦文，水丝绣彩凤。进云：时雨滋润，群萌咸发。法雨普滋，有何祥瑞？答：彩云浮现钵盂中。

问：昔日婆子寄瞡，请赵州转藏经。赵州绕禅床一匝说："转藏经已竟。"此意如何？答：远见不如近闻。进云：婆子谓，适来请转全藏，如何只转得半藏？又作么生？答：多虚不如少实。进云：恁么则和尚超出赵州去也？答：面多馒头大，腹饱肚带宽。

　　僧各礼拜归位，师乃云：明穿玉线，绣彩凤于碧落之中；暗度金针，织锦文在威音以上。花团锦簇，黼黻文章，全是化母元机，微露天孙善巧。福以是而集，寿以是而延，女以是而转男，凡以是而成圣。具足优婆夷，得个普眼舍得三昧。老僧不妨因斋庆赞一句。

　　卓杖云：大圆镜智性清净。下座。

宝山大师设斋请上堂

　　兹有宝山阇黎，不远千里，运米来山饭众，兼请山僧宣扬般若。果能一心不生，凡圣情尽，则心华朗发，物物皆真，头头是道。众生念念在诸佛心中，成正等觉；诸佛时时在众生心内，转大法轮。不前不后，无欠无余。会即千金易化，不会则滴水难消。遂顾左右云：众中还有会得者么？不妨出来露个消息看。

　　首座出问云：般若既非口宣，六百卷真诠从甚处来？师云：好事不出门。进云：又道众生念念在诸佛心中，成正等觉？师云：不干山僧事。进云：和尚分上事，作么生？师云：滴水难消。进云：谁是千金易化者？师云：首座分上事。座礼拜，师云：果然滴水难消。

师诞日合寺众执事设斋申祝，请上堂

问：法王寿量广无边，普放光明耀大千。世界群生思法化，法云从此利人天。师云：两株丹桂发新香。进云：如何是普放光明？师云：一对鸳鸯夸独立。进云：如何是普蒙法化？师云：一双孤雁喜高飞。进云：共欢天意同人意，万载千秋庆此时。师云：也不晓得。

问：慈云布南极，法雨洒香林。华顶峰头月，光耀古长春。此意若何？师良久。进云：威音那畔，见色闻声，未审寿量多少？师云：无物堪报得。进云：意旨如何？师云：者个作人情。进云：妙高山无极，香海彻底深。师云：非关我事。

问：猿抱子归青嶂里，鸟衔花落碧岩前。法眼二十年，只作境话会，还有过也无？师云：有。进云：过在甚么处？师云：夹山现在，自问他去。进云：作家宗师，天人有赖。师云：多谢大众捐衣钵。

问：黄菊铺金殿，慧灯耀法城。不作圣人解，亦非凡夫情。如何是五位王子？师云：却作圣解。进云：如何是洞山君臣？师云：又是凡情。进云：未审如何得是？师云：千叠云山路。僧礼退。

师乃云：威音那畔，有色有声。菊铺金殿，灯耀法城。你若不作境会，不受罗笼，自然寿量无边，普放光明。云布南极，雨洒香林。不作圣凡解，亦绝凡圣情。多谢同袍捐衣钵，为我酬谢母难之辰。因思无物堪报得，只将这个作人情。大众且道这个是个甚么？猿抱子归青嶂里，鸟衔花落碧岩前。

元宵日上堂

举洞山聪和尚云："晨鸡报晓灵，粥后便天明。灯笼犹瞌睡，露柱却惺惺。惺惺直言惺惺，历历直言历历。明朝后日，切莫认奴作郎！"

师云：山僧则不然。眼看空有色，耳听响无声。露柱犹瞌睡，灯笼却惺惺。瞌睡的由他，惺惺的亦由他。明朝后日，莫道祝圣入草求人。

戒期上堂

登新法座，以柱杖指座云：百尺竿头坐的人，虽然得有未为真。百尺竿头进一步，十方世界现全身。卓杖云：且道百尺竿头，如何进步？喝一喝。

上座，举拂子云：新法座，旧方丈，新旧何曾有二相？如来妙启毗耶离，相继至今总一样。所谓佛祖，充满十法界，而常处此菩提座。若向个中会得，方知世尊未离兜率，早降皇宫；未出母胎，度生已毕。如其拟议思量，依旧白云万里，不知三世诸佛，皆在此柱杖头上，放光动地，转大法轮。诸善知识，何必向外驰求？任你识得三藏经教，千七百则葛藤，徒增见闻，与本分上毫无交涉。且道衲僧本分事一句，作么生道？——穷子不失衣中宝，狂心顿歇即菩提。下座。

戒期为新戒燃香开示苦行上堂

道本无为，何假修证？法性如如，如何表显？只因逐妄，迷头认影，枉自流转。故世尊云："一切众生，咸有如来智慧德相，但以妄想执著而不证得。"若能一念回光，头非外得，狂心顿歇，歇即菩提。诸善知识，一真唯此事，何假外驰求？只要顿彻本来，果能透彻娘生鼻孔，穿衣吃饭，屙屎放尿，无非是祖师西来意。故丹霞见得这着子便掩耳，高沙弥悟此即拂袖，更不日中见鬼，天下老和尚瞒伊不着。诸子若能如是会得，还来从我乞甚么戒法？六祖云："心地无非自性戒。"纵有施为，亦是丙丁童子求火。

良久云：不因渔父引，何得入桃源？复拈柱杖，举：释迦佛往昔挖千灯供佛，已成佛果。今朝诸子燃香供佛，欲求作佛。且道即今诸子燃香供佛，与世尊燃灯，是同是别？若同，诸子待何时成佛？若别，我佛明说大地众生，皆有如来智慧德相。能向这里会得，许你与三世诸佛同一鼻孔出气；如或未然，请本上座通个消息。以柱杖作"○"相画破云：同则总同，杜鹃开放满山红；别则总别，桃红李白各争色。每人燃香十二炷，供养诸佛诸菩萨。下座。

戒期毕上堂

惊天动地未为奇，雨雨风风又一期。诸子忏除心意净，业魔摧碎绝凭依。遮那本体无亏戒，佛事门头有设施。解处若能知落处，犹是侬家傍翠微。不见道雪峰因僧问："古涧寒泉时如何？"峰云："瞪眼不见底。"僧云："饮者如何？"峰云："不从口入。"后僧问赵州："古涧寒泉时如何？"州云："苦。"僧云："饮者如何？"州云："死。"如是二老，一得一失，只知闭户求安，不解开门求活。虚云今日不顾危亡，直向万刃锋尖上游戏，猛火镬里乘凉。何故？不见道，"男儿自有冲天志，不向他人行处行"。若有人问云上座："古涧寒泉时如何？"即向伊道：门外双石池边立。或问："饮者如何？"但云：千千万万过桥来。云上座怎么道，还有与古人伸冤者么？若有，请出相见。

久之无人，即云：若无，云上座今日罪过。何也？是非只为多开口。今因新戒能和，设斋求法，祈释往愆，三障消除，福慧两增。且道福慧二严一句怎么道？

以杖竖起云：祝圣别无新气象，庭前供佛两株松。喝一喝，下座。

上　堂

三世诸佛，唯一大事化现世间，欲令众生开示悟入如来藏性，出没隐显，若水中月。所谓欲识佛性义，当观时节因缘。山僧托迹湘水，受业鼓山，流浪江湖，承乏昆洱，大似落花流水，逢场作戏。虽然因缘相遇，宛与镜像何殊？古云："修习空花万行，建立水月道场。"所以两种世间，以因缘建一切法，皆梦中佛事也。诸善知识，若向这里会得，正好向钵盂峰顶，盘结茅蓬，搬砖弄瓦，岂为分外？听吾颂曰：栋梁横架虚空小，乾坤高耸柱头长。幻游不是唠叨汉，只要诸人共举扬。今有新戒弟子，设斋请法，栽培福德，且道栽培一句作么道？

良久云：扑落非他物，纵横不是尘。交杖，下座。

建华严道场请上堂

顶笠腰裙事未休，今朝祝圣集云流。无情说法人天喜，顽石青山暗点头。蓦拈柱杖云：这个是无情说法，如何是点头消息？时有僧出，作礼归位。师云：犹隔青山在。

问：四众云臻，人天共仰，报恩一句作么生道？师便打。进云：棒头有眼，八面玲珑。师云：打着一个。

问：如何是第一句？师云：有问有答。问：如何是第二句？师云：无说无闻。问：如何是第三句？师云：个个齐瞻仰。

有居士问：太极未分时如何？师云：伏羲难下手。问：已分时如何？师云：河图洛书。问：已分未分时如何？师作打势云：击碎先天与后天。

问：如何是藏身处无踪迹？师云：腾空游碧汉。问：如何是无踪迹处莫藏身？师云：跳出方知。进云：现前还有踪迹也无？师便打。

问：如何是花落鸟啼？师云：声声血染枝。问：如何是水流风动？师云：好个消息。进云：水流花落鸟飞去，毕竟春归何处？师云：好！南泉剑，赵州关，山程水驿难留碍，一任虚云独往还。下座。

佛成道日上堂

鹫岭山中老释迦，明星照破眼中花。无端百万人天仰，杜撰禅和闹似麻。且道释迦老子夜睹明星一着，阿谁透得？

问：世尊夜睹明星，成等正觉，为是神通妙用？为是法尔如然？师云：总不恁么。进云：和尚又作么生？师云：阶前白玉黄金色。

问：二十重华藏世界，和尚即今在那一重？师云：雨打池塘上下天。

乃云：德山棒，临济喝，等闲拈出倾山岳。须弥昨夜到天涯，添得虚空一只脚。下座。

上　堂

问：涅槃心易晓，差别智难明。如何是差别智？师云：鸡寒上树，鸭寒下水。进云：如何是涅槃心？师云：饥来要吃，困来要睡。进云：差别智与涅槃心，是同是别？师打云：文殊普贤呵呵笑。乃云：个事从来绝较量，今期集众为宣扬。金狮踞地连声吼，白牯狸奴没处藏。

上　堂

举夹山善会禅师参华亭船子，问："大德住何寺？"会云："寺即不住，住即不似。"子云："不似，似个什么？"会云："不是目前法。"子云："甚处学得来？"会云："非耳目之所到。"子云："一句合头语，万劫系驴橛。"又云："垂丝千尺，意在深潭。离钩三寸，子何不道？"会拟开口，子一桡打会落水，才出又打，如是三次，豁然大悟，在水中点头三下。子云："竿头丝线从君弄，不犯清波意自殊。"会即掩耳。

师以柱杖作钓势，云：众中还有如是者么？时有僧出，将衣脱却，归位。师云：饶伊卸却无纤剩，未荐依然落下风。

上　堂

沙弥已说戒，比丘请上堂。钟鼓交参响，大众志轩昂。皆为求妙法，个个祈指扬。若论这个事，从来绝商量。律扫是非相，禅除三际疆。拈草成为药，杀活好承当。古今明似镜，何处有覆藏？今值腾西大师请法，惟益三学精明。且道如何是三学精明处？

良久云：重重帝网珠光映，法法原无向背分。莫道老僧好饶舌，惟怜鱼水太相亲。

上　堂

今日上堂，昨亦上堂。谓求戒法，无事着忙。此事原来无别商量，来亦无所从来，去亦无所从去。若了知一理平等，透彻诸法空相。云散天空月朗，雨过山溪水涨。照体独立，一道真常。应真不假，森罗万象，何必汝别起思惟，自有人普同供养。

师顾视左右云：古德谓，大休大歇底人，若不受食，是尊贵堕。今有宽究、纯净等居士，请法设斋，为祈禅净双修。即今福慧圆明，作恁么道？良久云：牧女献佛授记先，修福成佛信愿坚。了达自他佛不异，心月空明般若船。

上　堂

佛说一切法，为度众生心。众生与诸佛，何处有异同？众生日用事，悉是佛神通。诸佛入三昧，众生共圆通。生佛本不别，谬随迷悟分。悟者名为佛，迷此曰众生。且道毕竟迷悟个甚么？还会么？如其不会，听取一颂：知见无见莫知立，徒增真妄两头驰。人人有个舌在口，原来女僧是尼师。不逐幻名色空转，石人看山岂是痴？了知冰雪即是水，佛生何曾隔一丝？今有居士为培净因，即今净因作恁么培？良久云：若能转物，即同如来。

民国九年庚申

上　堂

举香严老人云："我有一机，瞬目视伊。若人不会，别唤沙弥。"云上座亦有一颂，颂云：拄杖横身合时节，佛魔蓦头棒出血。若问祖师西来意，万里无人一条铁。顾左右云：不是龙门鲤，徒劳遭点额。今有善信请法，即今作恁么道？良久云：扬眉瞬目，鼓腹讴歌。杖头会说，不要啰苏。

上　堂

明明百草头，明明祖师意。于他未尝同，于我未尝异。若只这便是，当头触忌讳。若只这不是，甚处能藏避？所以道："无是无非，不即不离。三世诸佛，同宣此义。"敢问诸人，且道毕竟是甚么义？良久云：向下文长，付在来日。即今为护法事作恁么道？来日来日，秘密秘密。下座。

诞日众居士请上堂

问：昨夜西山雨倾盆，今朝古柏又重新。且道甚么人境界？师云：老僧有口不会说法。进云：阳春白雪古难酬，请和尚亲唱一曲。师云：无耳解知音。进云：恁么则西峰云秀，昆湖生光。师云：也不消得。

乃云：木马驰驱旧战场，铁牛耕地苦忙忙。分明寄与知音者，万古西山日影长。喝一喝，下座。

诞日德明西堂请上堂

升座，举百丈侍马祖行次，见一群野鸭子。祖问："是什么？"丈云："野鸭子。"祖曰："何处去也？"丈云："飞过去也。"祖扭丈鼻，负痛失声。祖曰："又道飞过去也。"丈乃大悟，回堂痛哭。同寮友问曰："想父母耶？"曰："无。"曰："为什么哭？"曰："你问和尚去？"友问祖曰："海侍者从和尚游山，回寮大哭，不知何意？"祖曰："你问他，自知道悟也。"丈听得，欣然大笑。友曰："你才大哭，因何又笑？"丈曰："适才大哭，如今又笑。"

三日后，百丈再参次，祖目顾绳床角拂子。丈曰："即此用，离此用。"祖曰："你向后开两片皮，将何为人？"丈取拂子竖起。祖曰："即此用，离此用。"丈即挂拂子于旧处。祖震威一喝，百丈三日耳聋，所谓百丈得大机。后黄檗闻举，不觉吐舌，故得大用。痛打临济，棒下安心，立玄要，分宾主，显照用，析料拣，深入堂奥，千古不移。众中有能翻此案者么？出来与柱杖相见。

时膺西堂才出，师便喝，膺亦喝。师即打，膺又喝。师云：我也喝，你也喝，毕竟意作么生？膺作礼。师云：灵龟曳尾，拖泥带水。

问：如何是指天指地的消息？师云：心粗胆大口多疏。进云：父母未生时指个什么？师便打。

问：生死即不问，向上事如何？师云：一条柱杖搅天长。进曰：今日聋？师云：謦声未断日头红。进云：恁么，则天下太平去也。师打云：莫道无事好。

乃云：临济棒下无生忍，百丈临机不见师。若问今朝端的意，山前石象解生儿。

师诞日上堂（云栖寺）

问：白龙洞里金波涌，华亭峰顶紫云腾。为瑞为祥即不问，仰申庆祝事如何？师云：外扬家丑。进云：只如四众临筵，侧耳雷音。未审向上宗乘，作么指示？师云：破粪箕，秃扫帚。进云：古径无人跨脚来，招提下跨又如何？师云：缩却头，伸出手。进云：与么，则碧鸡一枝重拈出，声光即是育王城。师云：落露孤鹜，秋水长天。

问：昔日僧问赵州和尚春秋几何，州云苏州有，意作么生？师云：滇南也有。进云：昔日赵州，今日和尚。师云：驴腮对马嘴。

问：秋风绽黄菊，秋水绝点瑕。彩云空中现，宝掌寿无涯。师登宝座，说甚法要？师云：舌在口里。进云：恁么则谈玄口不开。师云：闷煞阇黎。进云：今日忽闻狮子吼，阶前顽石亦点头。师云：卖宝遇着瞎波斯。

问：三星拱照，五福临筵，如何是福？师云：坐的坐，立的立。进云：如何是禄？师云：钵盂朝天，柱杖壁立。进云：如何是寿？师云：山僧今年八十七，逢人切莫说八九。

僧各礼拜，师乃云：缩却头，伸出手，无端特地扬家丑。行年刚到八十七，逢人莫唤作八九。任他苏州有、滇池有，是破粪箕、秃扫帚。说甚三星临筵，五家宗旨？果能湖海不污，自然金波浩渺。如何侧耳雷音？未免驴腮马嘴。诸昆仲知不知？孤鹜落霞，长天秋水。

上堂（云栖寺）

举洛浦久为临济侍者，一日辞去，济以柱杖画一画云："过得这个，许去。"浦一喝，便行。济升座曰："临济门下有个赤鳉鲤鱼，摇头摆尾向南方去也，不知向谁家齑瓮里醃杀。"浦游历罢，直往夹山顶上卓庵经年。一日，夹山修书，令僧持往。浦接书便坐却，再展手索，僧无对。浦便打曰："归去举似和尚。"僧回举似山，山曰："者僧若开书，三日内必来。若不开书，斯人救不得也。"浦果三日后至夹山，不礼拜，乃当面叉手而立。山曰："鸡栖凤巢，非其同类，出去！"浦曰："自远趋风，请师一接。"山曰："目前无阇黎，此间无老僧。"浦便喝。山曰："住！住！且莫草草匆匆。云月是同，溪山各异，截断天下人舌头即不无。阇黎！争教无舌人解语？"浦伫思，山便打。

师乃顾视左右云：此是洛浦呵佛骂祖，气吞诸方，牵挽不回底手段，怎奈落在临济符讖中，向夹山虀瓮里醃杀！即今众中还有如洛浦者么？

时有僧才出，师云：醃杀了也。僧一喝，归位。师卓柱杖云：但愿春风齐着力，一时吹入我门来。

示　众

古人开堂接众，单为自己脚跟下有段大事因缘，终日行持，不知乘谁力用。每每说禅说道，臆见亲疏，争强辩论，难以具陈。自后勿论久参初学，不得坐在无事甲里，宜当求师抉择，勘验功夫得力不得力，相应不相应，时时检点，刻刻提撕。如或不知下落，弗许擅弄机锋，徒逞舌辩。倘有曾得个事者，更要问汝："如何是机先句？如何是当机句？如何是末后句？"此三转语，是衲僧底巴鼻。众中有出格超群者，进方丈通个消息。

除夕吃茶

吃茶便吃茶，辞年分岁莫说他。花生到口香扑鼻，糊饼壳上有芝麻。若作佛法商量，大众无分，全是老僧；不作佛法商量，老僧无分，全是大众。毕竟如何？一声爆竹，几点梅花。

解夏自恣普说

南泉曾说："捉得沩山水牯牛，山村上下任遨游。自从认得曹溪路，寒暑穿梭听自由。"诸仁者，自从安居结夏，九旬禁足，光阴似箭，日月如梭，转瞬即过。衲子磨炼身心，刻苦意志，三业清净，六和知敬。《遗教经》云："譬如牧牛之人，执杖视之，不令纵逸，犯人苗稼。"南泉所谓学人牧得一头水牯牛，随分纳些些。但吾等初机之士，心猿意马，最难调伏。安居期内，三业失检，六和失敬，举心动念，无非是罪者，或亦有之。因迷己逐物，不自见过，又或明知故昧，言行不顾，心外驰求，不得自由自在之分。自恣仰凭大众，互相恣谏，勿吝悔改。纵宣己罪，恣僧举过，内彰无私隐，外显无瑕疵，互相砥砺，补助精修，以张我佛圣制，培植良才，成就法门大器。心游觉道，触处皆通，即今解夏一句作么生？

良久云：一结一解寻常事，万水千山自去来。得个甚么？

解制上堂

金刚圈，栗棘蓬，拈来觌面喜相逢。不识云门干屎橛，徒劳掉棒打虚空。大众，诸方尽说结制有益，谁知画地为牢。山僧今日平实商量，只要诸人共知，切莫冷灰里坐却白云，直须大海中摇头摆尾。何故聻？堂堂无背向，步步振家声。且道今日解制有何消息？

僧问：结制解制，是同是别？师云：鸡鸣时节五更钟。

问：如何是有句？师云：八面起清风。问：如何是无句？师云：金乌海底红。进云：有句无句，如藤倚树，此时如何？师笑云：碧波深处结莲蓬。

问：学人今日不问话，和尚作么生？师云：老僧不答话，汝又作么生？进云：瞒某甲不得。师云：瞒过不少。

问：以幻修幻时如何？师云：袈裟一片黑。进云：以幻灭幻时如何？师云：尽夜有明珠。进云：诸幻尽灭，又作么生？师打云：一条红线手中牵。

问：如何是金刚圈？师云：跳不出。问：如何是栗棘蓬？师云：吞不入。进云：恁么则难以决断。师云：怪老僧不得。

乃云：扬眉瞬目，鼓腹嘻嘻。杖头得意随方去，一曲阳春和者稀。

解制上堂

德山棒，临济喝，时到秋来桐叶落。今朝月令更不同，杨岐驴子三只脚。此四句内有一句，能纵能夺，能杀能活。若能检点分明，何劳东说西说。

西堂出问：娥眉女子须拖地，焦尾大虫脚指天。此是何人分上事？师云：用不着。堂便喝，师云：用不着。堂又喝，师云：用不着。堂作女人拜，师云：用不着。堂作礼归位。

师乃云：言言见谛，句句超宗。无情说法，柱杖成龙。其或未然，长文短颂。卓柱杖下座。

岁朝上堂

问：如何是新年佛法？师云：爆竹连声响。问：如何是旧年佛法？师云：迅地起春雷。问：腊梅开谢事如何？师云：还我核子来。僧无语，师便打。

乃云：春风浩荡海天长，情与无情共举扬。独有梅花先泄漏，横枝疏影暗浮香。闻么？

徐宽禧居士请上堂

个事无形色更强，有何佛法可商量。庭前柏子连天翠，谂老拈来话柄长。

　　僧问：猛虎出洞时如何？师云：狮子当轩。进云：见虎不伤时如何？师云：还我性命来。僧一喝，师便打。

　　问：如何是大力白牛？师云：凡圣同耕。进云：收来时如何？师云：穿着鼻孔。进云：放去时如何？师云：水草具足。

　　乃云：衲子聚满堂，春光一线长。白云飞古洞，别是一家乡。

董雨苍居士请上堂

　　雨后晴空山色秀，紫霞终日倚长天。不是寻常新气象，当机历历古今玄。

　　问：如何是夺人不夺境？师云：山寺日高僧未起。问：如何是夺境不夺人？师云：堂前衲子笑盈眸。问：如何是人境两俱夺？师云：子夜不知归何处。问：如何是人境俱不夺？师云：晓来又上白云楼。

　　乃举香林曾受营中二将军供养，既久，未言一句佛法。一日，问曰："和尚三十年来不言一字，教我如何得入？"林云："二位将军吃底是什么肉？"曰："猪肉。"曰："何不吃人肉？"曰："人肉吃不得。"曰："人肉何似猪肉？"二将军于此有省。者段公案，千古不磨。山僧受董檀越供养，未食猪肉，先食人肉。倘有个不甘底出来问：猪肉即是？人肉即是？则向他道：猪肉人肉，舌头无骨。食着滋味，千足万足。

张拙仙居士请上堂

庭前老柏叶重新，古殿涵元意更深。照得前峰添个事，山河明暗两相亲。且道是山门景致？是后人标榜？

僧问：如何是金刚王宝剑？师云：动着血淋淋。问：如何是踞地狮子？师云：一吼万山倾。问：如何是探竿影草？师竖柱杖云：会么？问：如何是一喝不作一喝用？师便打。

乃云：歌罢一场声外曲，落花流水味无生。

民国十七年戊辰冬

岁朝寓香山寺，监院请上堂

今朝正为宗亮长老七十寿辰，云集缁流，表扬向上。若论此事，真须口挂壁上，缄口结舌，无启齿处。虽然如是，亦不得默照邪通，便当了事去也。挥拂子云：山光野色映楼台，绿柳红桃间落梅。云过疏林风走马，洞空明月送春来。众中还有迎风弄月者么？

问：如何是海底泥牛衔月走？师云：昆仑骑象鹭鸶牵。问：如何是铁蛇钻入金刚眼？师云：虚空打碎月孤圆。

问：如何是偏中正？师云：日映池塘上下天。问：如何是正中偏？师云：一轮孤月照寒泉。问：如何是正中来？师云：高提祖印绝安排。

乃举僧问演禅师："如何是临济下事？"祖云："忤逆闻雷心胆战。"问："如何是云门宗事？"祖云："红旗闪烁阵云开。"问："如何是沩仰宗事？"祖云："断碑横古路。"问："如何是曹洞宗事？"祖云："持书不到家。"问："如何是法眼宗事？"祖云："夜巡不犯禁。"

惟我临济门庭，全机大用，向剑刃上求人，电光中垂手。倘遇俊流，不留朕迹。掀翻露布，截断葛藤。当轩宝剑，觌面呈堂。滞壳迷封，不堪种草。且如何是临济下事？振威一喝，下座。

除　夕

僧问：年穷岁尽如何？答：梅花遍地开。进云：恁么则大地回春去也？答：明日向汝道。僧礼退。

乃云：今夜正当除夕，山僧如何分析？懒烹露地白牛，免见倚他墙壁。虽然时节相迁，那事从无变易。蓦召大众，众回顾，云：各请归堂，明晨祝圣。

元旦上堂

拈香祝圣毕，喝一喝，云：即此时节，便是去年今日底消息，前年今日也不出这个消息，后年今日也不越这个消息，乃至年年今日亦未离这个消息。且道这个是什么消息？

僧出问：如何是这个消息？师云：可惜许。僧拟议，师便打。

问：如何是宾中宾？师云：奴见婢殷勤。问：如何是宾中主？师云：农夫自歌舞。问：如何是主中宾？师云：春和万物新。问：如何是主中主？师云：当轩涂毒鼓。进云：宾主相见时如何？师云：不是钟子期，伯牙终不抚。

问：如何是新年头佛法？师云：满城锣鼓闹喧喧。进云：如何是旧年底佛法？师云：腊梅先送一枝春。进云：学人还有分也无？师打云：不许夜行，投明须到。乃云：一气不言含有象，万灵何处谢无私。

上　堂

刘佛智居士割爱为尼，以衣具袍布施，请上堂。师升座，拈香毕，执杖云：梦破自然开正眼，逍遥林下学无为。圆顶香沾甘露水，半肩云染福田衣。

师拈袈裟角示众云：大众见么？此衣不从鸡足峰前传来，亦非大庾岭授得，本为善心织就，慧力裁成，明明结角罗纹，密密针锋不露。展之包罗万象，作大福田，百千万亿人天咸为瞻仰；收之则须弥倒卓，日月潜辉，九十六种外道罔测其名。若向这里担荷得去，如龙遇水，普润群生，堪绍佛祖之慧命，永作人天之眼目。虽然如是，即今佛智尼请法，为祈福慧齐增。

且举五祖演和尚公案。僧问："如何是诸佛出世处？"祖云："东山水上行。"圆悟和尚云："我则不然。若有人问：如何是诸佛出世处？便向他道：薰风自南来，殿阁生微凉。"据此，一人平坦处险峻，一人险峻处平坦。虽然二俱作家，若在鼓山又不然。忽有人问，如何是诸佛出世处，未免与他劈面便掌，不惟令者僧当下知归，亦且诸佛出世有处。大众！且道鼓山这么举扬，与二老是同是别？

　　良久云：一把柳丝收不得，和烟搭在玉栏杆。交杖下座。

民国十九年庚午春

监院宗镜，居士欧阳英、庄原毫、罗世方等请上堂法语

（鼓山戒期，传授戒法。丹墀两铁树，一为闽王手植，一为圣国师手植，迄今千余年物也。树高寻丈，忽着花大如盆，瓣如凤尾，众赞为稀有。）

拈香祝圣毕，上首白椎云：法筵龙象众，当观第一义。

师挥拂子云：屴崱巍巍石鼓山，灵源湛湛白云间。通霄有路朝梵刹，石门无锁罢开关。听经龙受高僧训，喝水逆流去复还。千年铁树欣然笑，发放灵花现瑞昙。

僧问：屴崱峰顶即不问，铁树花开事若何？师云：杖头悬日月。进云：如何是诸佛导师？师云：午夜睹明星。进云：虚空界尽，凡圣路绝，更求指示。师便打。进云：一棒彻底请师微。师云：如何是彻底处？僧喝。师云：再喝看！僧作礼，师云：速退三千里。

问：窟中狮子如何翻身？师云：野干不会。进云：哮吼一声天地彻。师云：也跳不出。僧便喝，师打。

问：离四句，绝百非，向何处参究？师云：这里不许念篇章。良久又云：不许你念，我念——千年铁树始开花，玉瓣金盘映晚霞。为问法筵龙象众，国师今日又还家。白椎云：谛观法王法，法王法如是。交杖下座。

民国二十二年癸酉

在鼓山新筑放生园落成对群生说法

新戒观本请上堂

　　以杖指法座云：唤作法座则触，不唤作法座则背，毕竟唤作甚么？狮子窟中狮子吼，象王行处象王威。若是脚跟点地汉，何妨信步即登临？

　　升座，拈香祝圣毕，执柱杖云：虚空昨夜笑无休，无蒂花开铁树头。不是目前春富贵，报君莫向外追求。世尊拈出饮光笑，笑破根尘火里沤。火里沤，千百妙义一时酬，无作功勋无劣优。大冶精金飞片雪，究竟无起亦无收。所以尽大地是个戒堂，遍尘刹是个期会，何曾有结有解？但于静动，照顾眉毛，无令散失。从此一去，观山玩水也是在期场，迎宾待客也是在期场，应事接物也是在期场，乃至静闹闲忙也是在期场。但只要你诸人时时提携，默默返照，直到钻木出火，自然握土成金。若到这个田地，方得自由自在，不负十方聚会，海众咸臻。长连床上装模作样，受尽辛苦，必定求个甚么？手执夜明符，几个本天晓。

今有新戒观本，宏誓为祈妙戒，了证三空，即今妙戒作恁么？良久云：龙门无俗客，凤阁有朝臣。交杖下座。

上　堂

执杖云：放生园事今落成，慰汝群生好栖身。善信崇佛兴慈济，三坛施处智悲融。了知法界平等觉，贪嗔痴爱性圆明。念异十恶从心起，心忘罪灭万法空。以柱杖作圆相云：如是会得，不坏假名。羽介鳞毛，十二类生，苦乐三途，在处无碍，四圣六凡，何有阶级？当下忘怀，福罪虚融。一念廓然，三际顿断。千差万别，无非圆通。所以二十二祖摩拏那尊者偈曰："心随万境转，转处实能幽。随流认得性，无喜亦无忧。"虽然如是，且道这个无忧喜的，作恁么剖判？良久云：尘尘极乐，念念弥陀。

解　制

升座，卓杖，震威一喝云：五七不是三十五，六六还成三十六。若能掀翻窠臼禅，方才不与佛祖伍。昔日洞山解制，则道："夏末秋初，兄弟或东去西去，直须向万里无寸草处去。只如万里无寸草，又作么生去？"有僧举似石霜，霜云："有人下语否？"僧云："无。"霜云："何不道出门便是草？"僧回举似洞山。山云："浏阳乃有古佛耶？"

今日解制，也须依样画葫芦。只如万里无寸草，诸人作么生去？试请勘看。如若会得，不须上去下来，辛苦多日；其或未然，依旧烦他柱杖子道去也。万里无寸草，夜半看天晓。何处不伤生，虚空入尘小。二俱都不摄，兼带玄猷了。应时解制又作么生？良久云：一元回复新开泰，万汇森然见本真。交杖下座。

除 夕

岩石积经霜迸裂，庭梅叠压雪凋残。人生百岁终何用，此道谁能着眼看？若有个念兹在兹者，出来道看。久之无人，乃云：今年除岁也恁么，旧年除岁也恁么，明年除岁也恁么。直饶你除到眼光落地，四大分张，也只是恁么。老僧数十年来参之究之，研之穷之，犹是恁么。大众又作么生？此事要实悟实行，实证实践，始得到者里。如果柱杖子踔跳出来道，今夜是什么时节？说者些牵牵蔓蔓话，不见道，"有物先天地，无形本寂寥，能为万象主，不逐四时凋"。蓦喝一喝云：也是牵蔓说话，毕竟直截一句如何道？召大众云：各各归堂吃茶去。侍者执下柱杖子。

苏州萧振南居士请上堂

僧问：昨日商君来报道，满耳秋声一夜闻。师云：莫乱传。

进云：有眼不见，有耳不闻。师云：却是盲聋汉。进云：瞒学人一点不得。师云：又道不见不闻。进云：谁人知此意，令我忆南泉。师云：果然乱传。

问：玉蕊金丝承露盘，彩鸾飞入五云端。华藏世界人人具，楼阁全开事何如？师云：且立门外。进云：今日萧居士预修请法，未审得何利益？师云：雅韵出一时。进云：恁么则苍松翠柏年年秀，喝水灵源日日流。师云：非关你事。

问：堂前桂树，满院清香，未审意旨如何？师云：触着阇黎鼻孔。进云：学人无鼻孔。师云：清香何处闻？进云：大家皆知。师云：以何为验？僧展两手。师云：那里学这虚头来？进云：只许学人知，不许学人会，又作么生？师云：三十棒自领出去。进云：痛彻骨髓。师便打。

问：刬崩峰悬毒鼓，未审谁人挝得？师云：山僧不打。进云：为甚今日上堂？师云：子且还我萝卜钱，然后老僧还子青菜价。进云：因甚么不打？师云：罕遇知音。进云：满堂尽是仙陀客，何必临风唱鹧鸪？师云：水浅无鱼，徒劳下钓。僧各礼拜归位。

师乃云：木樨花正发，山谷谒晦翁。鼻孔撩天处，杲日正当空。雅韵出一时，千载传真风。遂举富郑公初秋闻雷偈云："默坐公堂虚隐几，心源不动湛如水。一声霹雳顶门开，始识从前自家底。"又秦国夫人计氏看经有省，偈云："尽日看经文，犹如旧识人。莫言频有碍，一举一回新。"师云：没量大人，踏着自家影子，未免肝胆向人。虽然如是，总是这边事。

如何是那边事？鸳鸯绣出从君看，未许金针度与人。

监院善钦宝月请上堂

举保寿会下监院问："如何是佛法大意？"寿云："汝向后儿孙满天下去在。"如是三年为监院，每每问道，寿尝示云："汝向后儿孙满天下去在。"日久，心中未明，亦不改志。一夜，遇寿巡夜，乃挽住云："今日若不为某甲说，即打和尚去在。"寿云："汝知者般事便休。"院主于言下大悟。前保寿退居，请院主住持。保寿才登座，拈香毕，三圣即推出一僧，寿便打。圣云："与么为人，非但瞎着者僧眼，瞎着镇州一城人眼在。"寿便归方丈。师乃竖佛云：今日山僧亦为诸人拈椎竖佛，且道瞎着多少人眼？喝一喝，下座。

诞日解制上堂

师打"〇"相云：大众见么？正是未离兜率，已降皇宫；未出母胎，度生已毕。卓柱杖云：于此会得，何劳解结？倘或未然，山僧打开布袋去也。复云：啰哩啰啰哩。

僧问：和尚未生时如何？师云：天高地厚。进云：生后如何？师云：遍界光辉。

问：如何是句到意不到？师云：箫管楼台声细细。问：如何是意到句不到？师云：游蜂空醉五湖春。问：如何是句意一齐到？师云：西湖桃李春三月，看破枝头别有香。

乃云：常年一个主人公，刻刻提撕莫放空。等闲摸着眉毛角，元来鼻孔也相逢。

马金墀居士请上堂

僧问：如何是过去的佛？师默然。问：如何是现在底佛？师竖拂云：会么？问：如何是未来佛？师云：莫妄想。

问：赵州到二庵主处，问有么有么，二庵主一般竖掌。为什么肯一不肯一？师云：多嘴阿师。僧作礼，师便打。

乃举临济示学人云："沿流不止问如何，真照无边说似他。离相离名人不禀，吹毛用了急须磨。"挥拂子，顾大众云：会么？又喝一喝，云：吹毛剑下无知己，惹得山僧特地呈。下座。

结制上堂

师云：一击忘所知，更不假修持。动容扬古路，不堕悄然机。敢问众中有不堕悄然机者么？

首座出问：和尚未出方丈，早已漏逗。复来升座，更有什么指示？师云：堂前鼓冬冬。进云：恁么寻声逐响去也。师云：有耳不许通消息。进云：还有向上事也无？师云：觌面谁不见？进云：恁么则不堕在不疑之地。师云：只为人前多个事。进云：这事且置，祝愿一句作恁么道？师云：聋人侧耳听。座作礼云：

大众证盟。师打云：一曲还他贺太平。

乃举石巩藏禅师，曾为四品将军，膂力过人，尝以弋猎为事。一日，逐群鹿，过马祖庵前，问祖："见鹿否？"祖曰："汝是何人？"曰："猎者。"祖曰："汝解射否？"曰："解射。"祖曰："一箭射几个？"曰："一箭一个。"祖曰："汝不解射。"猎者曰："你解射否？"祖曰："解。"曰："你一箭射多少？"祖曰："我一箭射一群。"曰："彼此是生命，何用射他一群？"祖曰："汝既知此，何不自射？"曰："若教某自射，则无下手处。"祖曰："这汉历劫无明烦恼，一时顿息。"遂投祖出家，更名慧藏。后来出家，常驾一张弓，两枝箭，凡见学人，便云"看箭！"

师云：石巩习气未除，山僧随例起倒。以拂子作张弓势云：看箭！西堂、维那一齐下喝。师云：一箭落双雕。

隆明、隆和请上堂

昨夜文殊起佛见、法见，被山僧贬向二铁围山，所供是实，何故？不向佛求，不向法求，不向僧求，应当如是。挥拂子云：见么？喝一喝云：闻么？万籁有声闻不得，寒岩无耳却知音。

僧问：如何是内不放出？师云：春前不用花枝巧。进云：外不放入时如何？师云：雨后随他色色新。僧拟议，师打云：蟠桃已熟三千岁，跛鳖难逢劫外春。

问：脚跟未稳时如何？师云：是谁起倒？僧退后，师打云：汝脚跟在什么处？僧无语，师又打。乃云：盘山道，向上一路，千圣不传。慈明道，向上一路，千圣不然。山僧道，向上一路，无舌能宣。且道是同是别？喝一喝，下座。

小　参

僧问：虎未出林时如何？师作吼声。进云：狮子出洞又作么生？师云：性命也不顾。僧无语，师便打。

问：如何是未问底句？师云：速道！速道！问：如何是已问底句？师云：声震如雷。进云：学人不问，作么生道？师云：毒气深厚。僧拟议，师便打。

问：如何是剃头人？师云：出家俗汉。进云：未剃头时如何？师云：在家道人。进云：百尺竿头作么进步？师震威一喝，乃云：年年五月五，家家悬艾虎。搭着嘴唇皮，毒气连珠吐。大家还知吐不尽底么？时有鸡鸣一声。师云：羽毛异类解当机，助我佳音一曲奇。直下翻身超现量，翀霄还是凤凰儿。

茶　次

师问参头：灵云见桃花悟道，为什么玄沙不肯他？进云：玄沙具眼。师云：具个什么眼？进云：瞎。师打云：为汝点开。

僧云：枯木倚寒岩，婆子为甚烧庵？师云：死汉。进云：学人则不然。师云：你作么生？进云：冷饭不充明君膳。师云：重修庵室又如何？进云：王登宝殿，野老讴歌。师云：婆子与老僧，是同是别？僧掩耳。师唤侍者：分明记取！

民国廿三年

由福州鼓山到粤

南华寺上堂

僧问：如人上树，口衔树枝，手不攀枝，脚不踏树。有人来问，如何答话？师云：悬崖有个玉麒麟。进云：未审是树上语？树下语？师云：踏破孤峰月更明。僧一喝，师打云：不知春色早，犹待雪花飞。

有居士问：二龙争珠，谁是得者？师云：山僧脚下两重泥。士无语，师打云：鹬蚌相持，渔人得利。乃云：今辰三岔众居士，敦请山僧举向上宗乘。无奈住持事繁，且举一则现成公案，不负当人之请。昔王常侍参临济，问曰："众僧看经否？"济云："不看经。""还参禅否？"济云："不参禅。""既不看经，又不参禅，作个甚么？"济云："总教伊成佛作祖去。"侍曰："金屑虽贵，落眼成翳。"济云："将谓汝是个俗汉。"师着云：相随来也。敢问大众，山僧这一转语，是常侍相随临济？是临济相随常侍？喝一喝，下座。

曾宽璧、区宽渭、罗惟善、刘惟琦众戒子请上堂

挥拂子云：佛子受佛戒，即入诸佛位。瞿昙老子恁么说话，面皮厚多少？沙弥十支，比丘二百五十支，菩萨三聚十重四十八轻。乃卓杖云：被山僧一卓粉碎了也。说甚么止恶防非，开遮持犯，白四羯摩，全体戒定慧。这里见得彻，能把住，便是澄潭月影，静夜钟声，随叩击以无亏，触波澜而不散。入曹溪路上，也许诸人随分走些。若是宝林门户，未许攀仰在。不见道，"本来无一物，何处惹尘埃"，即今如何是心戒聻？若会得，不妨将一句道来。其或未然，山僧自道去也。

良久云：相识满天下，知心能几人？喝一喝，下座。

方养秋居士请上堂

万法归一，昨日事毕。一归何处，今朝冬至。倘有透得关者，出来通个消息。

僧问：万法即不问，如何是冬至底事？师云：春光一线长。进云：未审佛法长多少？师打云：根深万事足。

乃云：明头来，明头打；暗头来，暗头打；四面八方来，旋风打；虚空来，连架打。此是先圣为人痛快处。若信得及，不劳山僧棒如雨点，喝似雷轰。若作道理会，即辜负己灵；若

不作道理会，又颟顸佛性。倘有汉子出来道：打也恁么，毕竟
意旨如何？但向他道：来年更有新条在，恼乱春光卒未休。

诞日吴宽乘居士等请上堂

卓杖云：人人有个无量寿，长共虚空不老春。无量劫来至
今日，无增无减一般新。

卓杖云：大众，无量寿佛来也，普为诸人授记云："我不敢
轻慢汝等，汝等将来作佛，寿命无尽，智慧无尽，福德无尽，
乃至一切神通妙用，悉皆无尽，与佛齐等，无欠无余。"正当
恁么时，冥合本妙，作恁么生道？一念无生，全体显现；一念
既生，森罗万象。

今有三宝弟子吴宽乘，设斋供佛，广结良缘，为祈消灾免
难，福寿高增。即今因斋庆赞一句作恁么道？

良久云：无尽藏同无量寿，当来弥勒会龙华。

沙弥尼宽广请上堂

这个法王座，龙天常拥护。继佛续心灯，宏法是家务。象
峰巍巍高插天，众峰环拱一峰前。雪归岩穴泉归壑，翠竹黄花
尽说禅。信具堂前提祖印，万派千流入海圆。

今有沙弥尼宽广请法设供，为植福延龄，即今因斋庆赞一
句，作恁么道？

良久云：龙女献珠成佛果，观音应现女儿身。交杖下座。

唐允恭、连声海等居士送藏经请上堂

升座，拈香祝圣毕，次拈香云：名通四海，德重八荒。拈来供养，启请大藏。唐居士允恭、连居士声海、陈居士培根、江居士嘉禄、何居士宽智，及四众人等，伏愿同登华藏玄门，共入毗卢性海。敛衣就座。

僧问：藏经圆满即不问，世尊未开口时，经在甚么处？师云：葛藤遍地。进云：恁么祇园得现在底，如何是未来底？师打云：这个是现在底？未来底？僧无语，师又打。

问：如何是有句？师云：诸佛难开口。问：如何是无句？师云：燕子语喃喃。问：如何亦有亦无句？师云：日照寒潭万古清。进云：有无俱不立时如何？师云：月到三更分外明。

问：如何是五蕴皆空？师云：有眼不见色。问：如何无智亦无得？师云：蚊子咬铁锤。

问：一大藏经未审本命元辰在那一字？师云：当机不见旧时人。乃举古有一婆子，令人送供，请赵州为转藏经。州受施毕，下禅床绕一匝云："语婆子，为转藏经竟。"其人回举似，婆子云："请彼转全藏，如何只转半藏？"州云："在老婆子分上只得半藏。"师云：这婆子将沙博金，赵州随波逐浪，检点将来，果然只得半藏。即今南华一藏周完，且道如何是转底消息？若云有藏可修，有经可转，定堕拔舌泥犁；若云无藏可修，无经可转，亦堕拔舌泥犁。如何得透脱去？喝一喝：纂成一部零星藏，犹恨当年老蠹鱼。

佛诞日丁宽宝、许宽柱居士请结制上堂

拈香祝圣毕：云：高悬日月，剑挂眉锋。截断众流，当炉不避。理无曲断，车无横推。折栴檀片片皆香，饮醍醐涓涓甘露。须知向上提持，还他脚跟点地。召大众云：有脚跟点地者么？

僧问：大地为炉，须弥为香。庆祝当今，阿谁酬价？师云：超然独步谢明君。进云：即今请师接待，有何指示？师云：一棒一条痕。

问：如何是西来意？师云：撑天古柏枝枝秀。进云：怎么这万里寒梅增意气，千峰翠竹绕云龙。师云：风流入面能生巧。进云：是处池中皆有月，谁家灶里更无烟？师云：闲言语。

问：如何是死句？师云：青峰不解翻筋斗。进云：如何是活句？师云：觉后空空有大千。进云：不死不活时如何？师打云：向这里扬眉吐气去。

问：世尊拈花意旨如何？师云：万象丛中一点红。进云：迦叶微笑又作么生？师云：年月日时俱是好。僧无语，师打云：无端撞着太岁头。乃云：铜头铁额，呵佛骂祖。棒下了无生，问答起今古。

佛成道日众居士请上堂

子夜逾城到雪山，藤萝青嶂白云间。芦芽穿透金刚眼，顶上容巢任鸟还。果满三祇成正觉，一生补处道心安。只因错认明星现，四十余年把钓竿。

僧问：夜睹明星即不问，如何是诸佛印？师云：杖头一句垂方便。问：如何是道人心？师云：汤火无虞泛碧流。进云：佛祖一口吞尽，还有众生可度么？师云：疑则别参。进云：学人到此，染污不得。师打云：顶戴奉行。

问：佛祖未生时还有向上事无？师云：有。进云：若道有则触，若道无则背。请和尚判断。师云：顶门一具黄金骨，造次凡流岂可明？

问：如何是内？师云：人贫志短。问：如何是外？师云：马瘦毛长。进云：内外中间俱不着时，和尚在何处安身立命？师云：棒头有眼明如日，教人到处得逢渠。

乃云：急着眼，快先登，雪到红炉一点清。个里若无仙子客，临机棒下岂容情！

新戒比丘尼宽慧等请上堂

执柱杖云：昨由云门到南华，带水拖泥路未赊。岚气迷濛翳慧日，四山黯黯被云遮。目净空中无幻化，百城烟水旧生涯。

断臂坠腰折足范，不辞远道驾三车。今日斋主为利冥阳，特请举扬个事。

卓杖云：灵光独耀，迥脱根尘。体露真常，不拘文字。心性无染，本自圆成。但离妄缘，即如如佛。妄缘非实，一切惟心。心境若空，一切妄缘从何而有？其迷妄也，妄见有生，妄见有死，于生死中，起诸恶业，造诸罪障。其离妄也，生如沤起，死如幻灭，于本无生死中，罪福俱幻，只在当人直下了当，触处无非净土。

何慧容居士请上堂

挥拂子云：即此用，离此用，通身是口横身动。四句中，百非外，扯破虚空作被盖。不说心，不说性，鱼龙得水成性命。不求佛，不求祖，抱个石头叫冤苦。不著圣，不著凡，大都缁素绝颠顶。幸得今朝本上座，当场与汝结同参。

僧问：如何是第一诀？师云：柱杖臂头楔。问：如何是第二诀？师云：八面无休歇。问：如何是第三诀？师云：一雷轰轰烈。进云：学人则不然。师云：汝又如何？进云：诀诀诀，百草头边俱漏泄。师便打。

问：铁马绕须弥，和尚作么生踏蹬？师云：一步到长安。

问：如何是诸佛戒？师云：峰头闲云一扫开。问：如何是诸佛定？师云：明月清风常自在。问：如何是诸佛慧？师云：春色满园关不住。问：如何是诸佛性命？师云：一枝红杏出墙来。

乃举高峰云："若论此事，如万丈深潭下一个石相似。"先要知他四维羁碍所绊处，毫无挂念，然后加力一声，掀天揭地。如斯用功，七日若不明白这段大事因缘，可来截取老僧头去！大众还有会得高峰意么？会得，请单刀直入；会不得，满地葛藤。参！

居士布宽静等请上堂

执杖云：幻游一个山野，从来是个担板汉，数十年来未曾与人说个禅字，今日狭路相逢，未免出乖弄丑。论到佛法，本无一法可说。近来佛法不是无法，实是佛法太多。经云："但有言说，都无实义。"又云："四十九年，未曾说出一字。"诸仁者，莫因老僧说无法，就在无法上计较。若著在无处钉橛，无法即早成有法也。

今劝诸仁者，守个本分，不要妄生枝节。近见许多一向只弄虚头，向古人言语上穿凿，学拈颂，学问答，或在人前棒喝，竖指擎拳，从西过东，从东过西，推倒禅床，拂袖便行，转身作女人拜，打个筋斗出去等等。在古人是循机三昧，如今成了恶套，是吃前人干屎橛。所以幻游对诸怪状，作一切不理会，没有许多闲力气也。

大众要会佛法么？老僧今将诸佛祖所有的佛法，尽情说与诸人听，好么？昨夜幻游在禅床上，听得时辰钟"的嗒的嗒"的走。啊！这个法音宣流大了，他说过去不可得，现在不可得，未来不可得。三世诸佛说法，都在里许。你们试听："的嗒的嗒"。下座。

上　堂

今朝三月十五，众集鸣钟擂鼓，启请说戒上堂。宗律一如波水，万法本自圆明，切忌分歧彼此。若执向外驰求，面南欲看北斗。喝一喝，云：古云"昨日夜叉心，今朝菩萨面。菩萨与夜叉，不隔一条线"。诸子今即得戒，已田衣覆体，究竟是僧耶？俗耶？大须仔细，直须掀翻。坐断两头，中亦莫立。

听吾颂云：昨是白衣身，今成释子面。缁素一齐抛，凡圣都不见。诚能如是，上报四恩，下济三有；如或不然，只名名字比丘去也。且道如何是名字比丘？伤兹末运，狮虫乱法，诚可嗟叹。身披袈裟，不守佛戒，是非人我如山，嫉妒颠狂犹昔，无明贡高，贪嗔我慢，本愿为僧，图谋解脱，未能悔过，罪恶重加。大众莫谓云上座不惜口业，说得利害，切须珍重始得。

监院佛辉请上堂

师卓杖，顾视大众云：有么？众默然。师复云：众中若有仙陀客，免得文殊下一椎。下座。

时监院自悟，随进方丈谢云：和尚今日说法，甚是深密。师云：汝得什么道理？院云：公不负学道之心。师云：有何长处？进云：但愿成佛。师高声唤侍者云：快领者僧去，山僧怕的是佛！

沙弥尼宏度请上堂

执杖云：昔佛姨母大爱道，求佛出家。佛制女人不准出家，阿难再三恳请，佛说八敬法，令阿难传达姨母。姨母遵受，佛许开戒，遂减正法五百年。虽然，非阿难不知世尊密意，非世尊无以度脱女人。自始以来，诸女辈于佛出家，悟道证果，不可胜计。法华会上，诸尼受记，奋迅比丘尼，善财参叩总持，灌溪服膺于末山，大慧之印可妙总。妙湛圆明，岂分男女？只在一念回光，始信与佛无异。

尔诸尼众，得受净戒，虽未即到无垢成佛，亦幸解脱女形之累，得参三宝之尊，亦是火里生莲，不易得也。从今已往，宜各发出世心，修出世行，迥超物外，毋染尘缘，以智慧明鉴自心，以禅定安乐自心，以精进坚固自心，以忍辱涤荡自心，以持戒清净自心，以布施解脱自心，自他兼利，两足圆成，作苦海之慈航，为法门之柱石，名真佛子，真报佛恩。现前诸尼，宜共勉励。

上　堂

今是三月二十一，斋主请法祈福利。升座拈拂说无言，生平伎俩弄穷极。第一义门问如何，未出方丈已说毕。夜半乌鸡上须弥，撞倒帝释灵霄殿。举起拂子云：云上座一生是个呆子，木石无异。今虽与众法语，不过粥饭因缘而已，不是究竟，亦非实事。诸仁者得省要，不与山河大地交涉，处处发明，其道真常，能可究竟。何以？若向文殊门悟入者，一切土地瓦砾助汝发机。若向观音门悟入者，一切音响、虾蟆、蚯蚓助汝发机。若向普贤门悟入者，不动一步，遍历十方。以此三门助汝深入，会么？

良久云：觅火和烟得，担泉带月归。拂子拂一拂，下座。

张质齐居士请上堂

举香严在百丈问一答十，机锋迅捷。丈迁化后，到沩山。山曰："闻你在百丈问一答十，是否？"曰："是。"山曰："父母未生前，试道一个看。"严不能对。归寮，将平昔所学，翻阅一上，竟无可答，亲到方丈请益。山曰："若为汝说破，已后骂我去在。"严更转急，发愿入山密行。一日芟除次，抛瓦砾击竹作声，豁然大悟，偈曰："一击忘所知，更不假修持。动容扬古路，不堕悄然机。处处无踪迹，声色外威仪。诸方达道者，咸言上上机。"

沩山闻，谓仰山曰："香严会去也。"仰曰："待某甲勘过始得。"仰问香严："闻汝有悟道颂，试举看。"严举前颂。仰曰："此是闲时构得。"严又举一偈云："去年贫未是贫，今年贫始是贫。去年贫，尚有立锥之地；今年贫，锥亦无。"仰曰：
"如来禅许你会，祖师禅未会在。"严又一偈曰："吾有一机，
瞬目视伊。若人不会，别唤沙弥。"仰曰："且喜师弟会祖师
禅也。"

后住南阳，尝示众云："若论此事，如人在千尺悬崖，口
衔树枝，手无所攀，脚无所踏。忽有人问西来意，不对则违所
问，若对又丧身失命。正恁么时，作么生？"时有虎头上座云：
"树上即不问，未上树请和尚道。"严呵呵大笑。

师云：这是香严二十年打成一片底消息。居士若荐得，即
与香严同一鼻孔。其或未然，如来禅、祖师禅，正是虚空钉橛，
捏目生花。

众居士请上堂

卓柱杖云：东君昨夜通消息，报道今宵月正圆。喝一喝，
云：年年是好月，日日是好时。大众还会悉么？

时西堂掷出磬椎，师云：任凭沧海变，终不为君通。乃举
云门到江州，有陈操尚书才见便问："三乘教典即不问，如何
是衲僧行脚事？"门云："曾问几人来？"操曰："即今问和尚。"
门曰："即今且置，如何是教意？"操曰："口欲谈而辞丧，心
欲缘而虑忘。"门曰："口欲谈而辞丧，为对有言；心欲缘而虑
忘，为对妄想。除此之外，毕竟作么生是教意？"尚书无语。
门云："汝岂不见经中道，治世语言、资生事业等，皆与实相

不相违背。何故今日钝滞如此?"尚书于是作礼谢云:"某甲罪过。"

师挥拂子云:昔日陈子亲到宾阳鸡山扣击,遭老僧几回毒手。素知他闺阁中物不肯放下,虚度多少光阴,今日为伊点破。以拂击禅床云:没奈何打破屌斗。

黄蘅秋居士请上堂

云门顾鉴笑嘻嘻,拟议遭他劈面批。不识有谁亲会得,与渠把臂入林归。还有会得这个么?

问:红尘滚滚,如何得脱?师云:无须锁子两头捏。进云:恁么则摸索不定。师打云:与汝穿却鼻孔。

乃云:人人本具,个个不无。守株待兔子,指月话葫芦。若能当下翻筋斗,何须向外觅亲疏?

民国三十一年

重庆南岸狮子山慈云寺启建护国息灾大悲法会道场

何夫人请上堂法语

执拂子云：第一义谛，离言说相，离文字相，离心缘相。且道作么生观？若道不能观，云何道"当观第一义"？古人道："参禅也是第二义，看经也是第二义，持戒也是第二义。"试问第一义谛属谁？城隍闹市分明露，山色溪光未是空。独是老僧无义子，横担椰栗入山中。四句之中，谁是宾中主？谁是主中宾？谁是主中主？谁是宾中宾？会得也是黑豆生光，会不得也是黑豆生光。且道第一义谛在什么处？参！

今有护法何夫人，请法供斋，敬奉三宝，为祈植福延龄，消灾免难。且道消灾免难一句，作恁么生道？良久云：道念元从信念发，灾星消尽福星临。交柱杖下座。

在华岩寺大悲法会元旦升座法语

今朝新年元旦节，普天同庆皆喜悦。护国法会祈和平，共证菩提圆三德。国运昌隆亿万年，四海欢欣寇消灭。生民齐唱太平歌，岛域归降释冤结。试问大众，应时及节一句作恁么生道？

久无应对，乃举庞居士公案云："难难难，十石油麻树上摊。易易易，百草头边祖师意。也不难，也不易，饥来吃饭困来睡。"山僧即今则不然。难也难，易也易，柱杖横肩吹铁笛。拈来觌面不容情，佛法不是小儿戏。

今因大悲法会护法居士请法设斋，供养三宝，为祈灾难消除，家家乐业，户户祯祥。且道因斋庆赞一句作恁么道？

良久云：华岩山上瑞云开，凡圣同趋法会来。共祝新年新气象，泰来否去运初回。下座。

民国三十二年

正月二十六日护国息灾大悲法会圆满请上堂

执杖云：《金刚经》云"若见诸相非相，即见如来"。柱杖子是相非相，见甚么生？果能了此，于一毫端现宝王刹，原是家珍；坐微尘里转大法轮，本非外事。所谓大小相含，一多互融。若证此道，上报四恩，下济三有，一切圣凡，无不酬度。即今法会圆满，送圣还真，且道圣贤果有来去否？

卓杖云：一月普现千江水，一切水月一月摄。今日众护法以法会圆满良辰，请法设斋，供养三宝，为祈干戈永息，天下太平。且道天下太平一句作怎么道？

良久云：国运巩固，民物隆昌。观音菩萨摩诃萨，天上人间妙吉祥。交杖下座。

元旦小参

昨晚，一众人等上方丈参请，一切都旧：头帽旧，衣履旧，袈裟旧，香炉烛台，乃至山光云影，一切都旧。今朝上来，一切都新，头帽新：衣履新，袈裟新，香炉烛台新，乃至山光云影，一切俱新。在衲僧分上，有个不旧不新的，诸人当自知。但有时提得起，又放不下；有时放得下，又提不起。老僧今日不惜眉毛，提起放下，放下提起，活泼的在诸人面前。乃击拂子云：见么？

四月八佛诞日上堂

今日是瞿昙老汉堕坑落堑纪念日，诸方升座，谈玄谈妙，说心说性。或夸天上天下，惟我独尊；或指跛脚阿师，贼后张弓；或全提半提，宗通说通。各展旗枪，互相矛盾，总是依草附木，随邪逐恶。云门伎俩都尽，口门又窄。不解谈玄谈妙，说心说性，也不解全提半提，宗通说通。只是稳首东日，高枕茅庵。衲被蒙头万事休，此时山僧都不会。

四月十五日结制

三月安居，九旬结夏，正好克究己躬，讨个下落，庶不负出家初志。从上老宿，说禅必有机锋问答，说教即有性相偏圆，说戒就有律仪规范，说净则究自性弥陀，皆是布缦天网，打凤罗龙，铸圣陶凡，不离当下。老僧今日举出，特为血性男儿，英灵衲子，莫将有限身躯，造下无穷业海。平空放下，特地呈

来，从头一一分明，自己莫哄自己，随情逐意，触犯良朋，放
旷心猿，伤风败教。因果不惧，野兽同群；因果不昧，立地解
脱。凡所见闻，宜当珍重。

普　说

这段大事，不是说了便休，所以中峰国师有云："世界阔
一尺，古镜阔一丈。"还知蒲团上一个吞不下、吐不出的无义
味话头也未？若向这里一肩荷负得去，便可唤世界作古镜，唤
古镜作世界，都无异致。如其未尔，世界与古镜，古镜与世界，
相去不啻三千里。何以如此？盖能所分别，觌体障碍，便是生
死根本。

故《楞严经》云："根尘同源，缚脱无二。识性虚妄，犹
若空花。由尘发知，因根有相。相见无性，同于交芦。"这里
无你动步处，无你着眼处。昔安楞严读到"知见立，知即无明
本。知见无，见斯即涅槃"，虽破句读之，其桶底子当下脱落，
直得七穿八穴，洞见老瞿昙心肝五脏，只得唤古镜作世界，唤
世界作古镜。洞彻森罗万象，混融大地山河。洗尽见尘，搅干
情浪。无第二念，无第二人。指南作北，敲东击西。死柴头上
心花灿烂，冷灰堆里赤焰腾辉，安有一毫剩法与人为知解？

近来佛法混滥，往往将根尘识妄，认作真心，说得宛然，
了无交涉。谚云："击石乃有火，不击原无烟。人学始知道，
不学非自然。"此说于做功夫上说得恰好，特为诸人重与注破。

石中有火，未曾施一毫智巧之力。终日只说石中有火，说到眼光落地，依前只是一块石头，要觅一星点火，了不可得。此是不肯死心做功夫，以求正悟，惟记相似言语，说禅说道者也。更有一等痴人，闻说石中有火，击碎其石，欲取其火，碎抹为尘，终不能得。却不自责，不以智巧求之，便乃不肯相信石中果有真火。此是不信自心是佛，反道佛法无灵验之凡夫也。

此说且置，何为智巧？首以信根为石，次以无义味话头为击石之手，又以坚固不退之志作个火刀，用精勤猛勇不顾危亡之力，向动静闲忙中，敲之击之，使不间断。加上般若种性干柴一握，驀札相承，引起一星子延燎不已，直至三千世界化为燋焰，复何难哉！

昔百丈令沩山拨火，沩拨之不得。丈躬拨得之，举谓沩曰："你道无这个？"试问诸人，还识得百丈拨火的消息么？其或未然，听取一偈：十方世界火炉阔，冷灰堆里深深拨。得一星儿血点红，今古从来无欠缺。诸禅流，莫休歇，燎却眉毛万丈光，若不如是遭冻杀。参去！

示　众

参禅无别法，只要生死恰。为什么说个"恰"字聻？所谓百不思时唤作正句，句意不清则落有无，一落有无即是生死根株。所以恁么不得，不恁么也不得。恁么不恁么总不得时，正好劈头一棒，拟议思量，堕于毒海。如僧问沩山："如何是有句?"山举起泥盘。"如何是无句?"山放下泥盘。僧云:"有句无句,如藤倚树,者时如何?"山便呵呵大笑归方丈。若向这里看得明白,方知有无不立,大用现前,超佛越祖,如何若何,剑去久矣。参!

示众茶话

随拈一物示禅流,个个都来弄嘴头。塞却咽喉谁自悟?撩天毒气鬼神愁。

僧问:如何是现量?师云:眼光独露。问:如何是比量?师挥拂子云:会么?问:如何是非量?师云:惭愧满堂新衲子。进云:总不恁么时如何?师云:亲见老僧。

茶　次

僧问:声前声后是谁光明?师云:山连翠色水连天。进云:一点水墨,为甚么两处成龙?师云:彻头彻尾。进云:向上关头作么生彻去?师拈黑豆云:这个是什么?进云:黑豆。师云:唤却眼睛。进云:请和尚别通个消息。师竖柱杖云:会么?僧便喝。师云:俊哉!进云:不会。师云:将谓是狞龙,原来是跋鳖。拽柱杖下座。

茶　话

风吹铃铎语能和，消散空沉念佛陀。无身觉触真微妙，棒头荐得不须多。

僧问：如何是问话？师云：方砖四只角。问：如何是答语？师云：古镜两重圆。乃云：我有一语，能纵能夺。按下云头，自肯摸索。撞钟击鼓，无绳自缚。抛弓掷箭，阿谁摆脱？参！

茶　次

僧问：今日是甚么时节？师云：蜡烛灿金光。进云：灿后又如何？师云：梅雨滴苍苔。僧默然。师打云：苍苔路滑。

问：疑情不起时如何？师云：吃茶去。乃云：尝忆当初老赵州，年年此日卖风流。山僧拈出重烹炼，烘热红炉飞雪球。

诞日茶话

梅花几点迓春忙，第一花风意自长。珍重游人休外觅，娘生鼻孔喷天香。此四句有宾有主，有照有用，会得者出来相见。

僧问：梅花未放时如何？师云：撑天柱地。进云：放时如何？师云：枝叶联芳。进云：已放未放时如何？师打云：独步无双。

问：如何是生？师云：乾坤有眼。问：如何是死？师云：大海无波。进云：生死关头如何彻透？师打云：生亦不道，死亦不道。

问：尽大地无寸土，梅花向甚么处得来？师打云：会么？进云：触着老和尚鼻孔。师云：漆桶不快。

问：如何是性？师云：古墓毒蛇头。问：如何是命？师云：跳出令人愁。僧作礼，师喝，颂云：古墓毒蛇头，跳出令人愁。眉横三只眼，洞彻四神洲。

示　众

参禅一事，即如中阴身而求父母，拟议之间，错入皮袋了也。山僧不惜唇皮，为汝诸人道出。即今日间浩浩，夜皆昏昏，不是寂寂，便是惺惺。有时惺惺寂寂，有时寂寂惺惺。这两重关捩子定当不得，不知下落处，便失却父母，不入圣胎。诸人要入圣胎么？棒下无生忍，临机不见师。参去！

除夕普茶示众

诸位上座，今天又是腊月三十日了，大众都认为是过年，常住没有好供养，请诸位多吃杯茶。照历书规定，一年有春夏秋冬四季，十二个月，二十四个节气。人事上的措施，多是应着天时而来的。如农人的春耕夏耘、秋收冬藏，工人的起工停工，商人的开张结账，学校的开学放假，我们出家人的结制解制、请职退职，无一不是根据天时节令而来的。一般人认为，过年是个大关节，要把一年的事作个总结，同时要休息几天。

你我有缘，侥幸今日同在云门，平安过年。这是佛祖菩萨的加庇，龙天的护持，亦由大家累劫栽培之所感。但我们自己平安过年，不可忘记那些痛苦不堪的人。我们不可贪图欢乐，要格外的省慎，深自忏悔，精进修持，自利利他，广培福慧。年老的人，死在眉睫，固要猛进；年轻的人，亦不可悠忽度日，须知黄泉路上无老少，孤坟多是少年人。总要及早努力，了脱生死，方为上计。

我们本来天天吃茶，何以今天名"吃普茶"呢？这是先辈的婆心，借吃普茶提醒大家。昔赵州老人，道风高峻，十方学者参礼的甚众。一日，有二僧新到，州指一僧问曰："上座曾到此间否？"云："不曾到。"州云："吃茶去。"又问那一僧云："曾到此间否？"云："曾到。"州云："吃茶去。"院主问曰："不曾到，教伊吃茶去，且置；曾到，为什么也教伊吃茶去？"州云："院主。"院主应喏。州云："吃茶去。"如是三人都得了利益。后来传遍天下，都说"赵州茶"。又如此地云门祖师，有学者来见，就举起胡饼，学者就领会了。所以天下相传"云门饼""赵州茶"。

现在诸位正在吃茶吃饼，会了么？如若未会，当体取吃茶的是谁，吃饼的是谁。大抵古人念念合道，步步无生，一经点醒，当下即悟。今人梵行未清，常常在动，念念生灭，覆障太厚，如何点法，他亦不化。所以诸位总要放下一切，不使凡情妄念染污自己的妙明真心。古人说："但尽凡情，别无圣解。"你现在吃花生，若不知花生的香味，就同木石；若知花生的香味，就是凡夫。如何去此有无二途处，就是衲僧本分事。纵然超脱了这些见解，犹在鬼窟里作活计。大家仔细！放下身心，莫随节令转，直下参去！

诗偈篇

皮袋歌

　　皮袋歌，歌皮袋。空劫之前难名状，威音过后成挂碍。三百六十筋连体，八万四千毛孔在。分三才，合四大，撑天拄地何气概！知因果，辨时代，鉴古通今犹蒙昧，只因迷着幻形态。累父母，恋妻子，空逞无明留孽债。

　　皮袋歌，歌皮袋。饮酒食肉乱心性，纵欲贪欢终败坏。做官倚势欺凌人，买卖瞒心施狡狯。富贵骄奢能几时，贫穷凶险霎时败。妄分人我不平等，害物害生如草芥。每日思量贪嗔痴，沉沦邪僻归淘汰。杀盗淫妄肆意行，傲亲慢友分憎爱。呵风咒雨蔑神明，不知生死无聊赖。出牛胎，入马腹，改头换面谁歌哭？多造恶，不修福，浪死虚生徒碌碌。入三途，堕地狱，受苦遭辛为鬼畜。古圣贤，频饶舌，晨钟暮鼓动心曲，善恶业报最分明，唤醒世人离五浊。

　　皮袋歌，歌皮袋。有形若不为形累，幻质假名成对待，早日回心观自在。不贪名，不贪利，辞亲割爱游方外。不恋妻，不恋子，投入空门受佛戒。寻明师，求口诀，参禅打坐超三界。收视听，罢攀缘，从今不入红尘队。降伏六根绝思虑，无人无我无烦恼，不比俗人嗟薤露。

　　衣遮体，食充饥，权支色身好因依。舍财宝，轻身命，如弃涕唾勿迟疑。持净戒，无瑕疵，玉洁冰清四威仪。骂不嗔，打不恨，难忍能忍忘讥嗤。没寒暑，无间断，始终如一念阿弥。

不昏沉，不散乱，松柏青青后凋期。佛不疑，法不疑，了了闻见是良知。穿纸背，透牛皮，圆明一心莫差池。亦返源，亦解脱，还元返本天真儿。无不无，空非空，透露灵机妙难思。到这里，不冤枉，咄地一声是了期。方才称，大丈夫，十号圆明万世师。咦！犹是那个壳漏子，十方世界现全身。善恶明明不差错，为何依假不修真？

太极判，两仪分，心灵活泼转乾坤。帝王卿相前修定，富贵贫穷亦夙因。有了生，必有死，人人晓得莫噸呻。为妻财，为子禄，误了前程是贪嗔。为甚名，为甚利，虚度光阴十九春。千般万种不如意，熬煎在世遭艰迍。老到眼花须发白，一善难闻枉为人。日到月，月到岁，空嗟岁月如转轮。世间谁是长生者，不如归去礼慈云。或名山，或胜境，逍遥自在任游巡。无常迅速知不知，几句闲言敢奉闻！念弥陀，了生死，多多快活谁得似。学参禅，得宗旨，无限精神只这是。清茶斋饭心不偷，二六时中为法喜。除人我，无彼此，冤亲平等忘誉毁。无挂碍，没辱耻，佛祖同心岂徒尔！世尊割爱上雪山，观音辞家为佛子。尧舜世，有巢许，闻让国，犹洗耳。张子房，刘诚意，也弃功名游山水。况末劫，甚艰苦，如何不悟古人比。

纵无明，造十恶，费尽心机为世鄙。刀兵厉疫旱潦多，饥馑战争频频起。变怪屡闻妖孽生，地震海啸山崩圮。适当其际可奈何，多行不善前生里。事难如意落迷途，处贫遇患善心始。善心始，遁入空门礼法王，忏悔罪过增福祉。拜明师，求印证，了生脱死明心性。勘破无常即有常，修行大有径中径。圣贤劝世有明文，三藏经书尤当敬。沥心肠，披肝胆，奉劝世人应守正。莫当闲言不记心，大修行人必见性。速修行，猛精进，种下菩提是正因。九品莲生有佛证，弥陀接引到西方。放下皮袋超上乘，皮袋歌，请君听！

在凤林寺讽《华严经》，
见僧有琉璃碗损坏感赋

我有一琉璃，价胜金千亿。
展布虚空塞，收藏没踪迹。
昼夜放光明，非关动与寂。
猛火烧不得，大水漂不失。
盗贼偷不去，鬼神难掩匿。
无异龙女珠，赛过连城璧。
弥勒楼阁中，多宝塔前值。
内涵自精莹，外映明月色。
不啻摩尼珠，透彻无间隙。
满盘托不出，虚室自生白。
威音那畔拈得来，谁是知音亲相识。

起 七

诸人入堂锻炼，看谁倚天长剑。

是佛是魔皆斩，直教梵天血溅。
金锁玄关掣开，旷劫无明坐断。
一朝刺破虚空，露出娘生真面。

偶　拈

观空入假易，从有入无难。
有无俱尽处，切莫自颠顸。
迎头击一棒，岂容多开口？
此中微妙意，漫说无何有。
消融霜与雪，大地悉逢春。
无有众生度，何从觅我人？

念佛佛念我，念他作什么？
唯心原净土，自性即弥陀。
佛我本无二，念兹是在兹。
昔流生死海，历劫不归依。
从今云雾尽，何曾有一丝？
住亦无所住，无住复何为？

年月日时

一年复一年，形容渐渐迁。

骨髓徐枯竭，眉毛看渐穿。

幻身如聚沫，四大岂能坚？

五欲蔽三界，何时见性天？

一月复一月，光阴似消雪。

无常有限分，法性无生灭。

漆桶忽尔破，天龙生欢悦。

鹤巢鹏不居，鹪鹩住蚊睫。

一日复一日，切莫较得失。

取舍忘分别，一切总非实。

处处要圆融，时时宜朴实。

一气走到家，端坐空王室。

一时复一时，步步向前移。

相逢各一笑，谁与尔拖尸？

兀兀常不倦，时时念在兹。

少壮当努力，莫待老衰时。

题居石洞

石洞自清幽，孤居万事休。

蒲团久趺坐，身世等浮沤。

三轮本空寂，佛魔自卷收。

大千沙界幻，幻亦不曾留。

屈文六居士请偈语

愿续高峰意，间观自在天。
无心谁得悟，有鼻孰能穿？
顿彻三乘教，都归一指禅。
跏趺忘物我，念尽不知年。

示天性

佛愍苍生苦，慈悲为我人。
空花留翳眼，虚室不容尘。
逃逝怜骄子，启缠示结巾。
本来无有相，一动便纷纭。

题寸香斋

寸香陪客坐，聊将水当茶。
莫嫌言语寡，应识事无涯。
岩树井藤命，驹光过隙嗟。
佛言放下着，岂独手中花？

赠性净同参

天地亦吾庐，心容若太虚。
有山能载物，无水不安居。
忙着修栏药，闲来不读书。
未知方寸里，可得契真如。

和符文敏宽义居士韵

世尊上雪山，有谁为之说？
仗此无情剑，便把青丝截。
四相本来空，万法一无得。
解脱内外着，生死从兹歇。

心印偈

这个微妙义，圣凡本来同。
所说不同者，麻外错求绳。
心已法法通，雨后山色浓。
了知境缘幻，涅槃生死融。

参禅偈十二首

一

参禅不是玄，体会究根源。心外原无法，那云天外天？

二

参禅非学问，学问增视听。影响不堪传，悟来犹是剩。

三

参禅非多闻，多闻成禅病。良哉观世音，返闻闻自性。

四

参禅非徒说，说者门外客。饶君说得禅，证龟返成鳖。

五

参禅不得说，说时无拥塞。证等虚空时，尘说与刹说。

六

参禅参自性，处处常随顺。亦不假磋磨，本原常清净。

七

参禅如采宝，但向山家讨。蓦地忽现前，一决一切了。

八

参禅一着子，诀云免生死。仔细拈来看，笑倒寒山子。

九

参禅须大疑，大疑绝路歧。踏倒妙高峰，翻天覆地时。

十

参禅无禅说，指迷说有禅。此心如未悟，仍要急参禅。

十一

参禅没疏亲，贴然是家珍。眼耳身鼻舌，妙用实难伦。

十二

参禅没阶级，顿超诸佛地。柱杖才拈起，当观第一义。

若人欲识佛境界

终日逐波流，还道去寻水。
心佛与众生，差别在那里？

当净其意如虚空

欲止小儿啼，方便为言说。

心意与色空，本如第二月。

远离妄想及诸取

离妄已成妄，离取亦是取。
如何是远离，眼生骷髅里。

令心所向皆无碍

非形亦非影，挂碍怎么生？
达摩因此义，故为可安心。

示林光前宽耀居士

人人念佛皆成佛，动静闲忙莫变差。
念到一心不乱处，众生家是法王家。

论色空无二偈赠张学智

天地销归何处去，微尘幻现奈他何。
见深见浅由他见，水是水兮波是波。

题终南山嘉五台狮子茅庵纪事一绝

终南山冬腊月，茅庵雪埋，不见天，不知昼夜，餐以洋芋。一日，将芋煮在锅内即晏坐待熟起食。一日，复成师来庵，见门阶虎迹满地，进门，见余坐定石床上，与开静，曰："请拜年。"予睁眼见成（师）在，则曰："来得好！洋芋可熟。"即放腿，不知痛痒，不能行，曰："坐麻痹，可否将釜内芋拿来吃？"成（师）将釜格开，见满釜霉毛五色，曰："你这芋几时煮的？"曰："才煮好上床坐未久，怎么就烂了？"成（师）曰："你是那日煮？"曰："你庵回煮的。"成（师）曰："你在我庵是去年十二月二十二，今是正月十三日。"如是大笑一场罢了，因题一颂：

> 秦雪堆里梦惊回，火烬风卷不见灰。
> 者片冰心谁领略，阳回春信自放梅。

（注：据《虚老诗稿》抄本，此诗略异："秦山雪里梦惊回，拨烬寒炉不见灰。者片冰心谁领略，阳回春信自开梅。"）

摘自素闻法师《虚云老和尚南行纪略》

示湘乡王阳初

休将幻妄当家珍，滞魄沉魂认识神。
佛祖示知开觉路，离心意识是能仁。

鼓山佛学院学生请题牧牛颂十一首

一　拨草寻牛

欲将白棒碎虚空，借比牧牛吼六通。
逐涧沿山寻觅去，不知行迹遍西东。

二　蓦然见迹

寻遍山边与水边，东西南北亦徒然。
谁知只在此山内，仿佛低头自在眠。

三　逐步见牛

野性疏慵恣懒眠，溪边林下露尖尖。
微痕一线知寻觅，寻到无寻头角全。

四　得牛贯鼻

蓦直当前把鼻穿，任随踯跳与狂颠。
饥餐渴饮无亏欠，吩咐牧童仔细牵。

五　牧护调驯

养汝辛勤岁月深，不耕泥水只耕云。
晨昏有草天然足，露地高眠伴主人。

六　骑牛归家

云山何处不吾家，两岸青青尽物华。
随分不侵苗与稼，倒骑牛背胜灵槎。

七　念牛存人

始自郊原遍海涯，归来倒驾白牛车。
画堂深处红轮展，新妇原来是阿家。

八　人牛双忘

忆昔寒炉拨死灰，杳无踪迹枉徘徊。
而今冻破梅花蕊，虎啸龙吟总异才。

九　返本还元

物物头头别有天，此中消息几人传。
忽然怒作狮子吼，独露须眉照大千。

十　入廛垂手

拽转乾坤眼界宽，聊将一手挽狂澜。
高悬日月超罗网，聋瞆偏邪返本端。

十一　总颂

本无一事可思求，平地风波信笔收。
从地倒还从地起，十方世界任优游。

与李协和居士

三界无安是火宅，更于何处可安居？
如来示我真实义，魔也如如佛也如。

池边独坐

独坐池边玩月明，群蛙阁阁说无生。
圆音极处非干耳，声色全彰脑后晴。

春日偶拈于一茅精舍

收拾精金挂药囊，世间怪病有奇方。
若将一物常时服，管取身心一味凉。
家藏滞货久无音，昨向东林抱膝吟。
大地看来浑是药，遍医一切没根心。

止　水

一泓清水漾微波，无去无来意若何？
寻味个中消息否，泠然万法影痕过。

和陈真如居士

山重重又水重重，透出重重重见功。
重重妙义重重意，不管东南西北风。
理重重复事重重，方位原无西与东。
遍界不藏真实义，真如如是妙无穷。

寄湖南劝清修净侣

烟霞何幸伴苍颜，屈指今经五十年。
山海如常人物邈，沧桑无定古今迁。
禅心已定空无物，悲愿常增佛有缘。
只此一生清白业，更无余事记心田。

偷闲半世岁时迁，勤怠从来天地悬。
三业不游安乐地，六根长远色空天。
分人分我总非道，计有计无不是禅。

久矣浑忘尘世事，莫将余习到云边。

学得无为远世缠，六根清净一还源。
逍遥物外千声佛，坐破蒲团几炷烟。
历劫尘劳风猎猎，本来面目月圆圆。
身安意肯烟霞里，不作神仙胜是仙。

柱　杖

采得一藤活似龙，半敲风雨半敲空。
时来倒打天边月，长夜谁敲大地钟？
脑后见腮擒鹞子，顶门具眼捉飞熊。
吾家虽有三玄要，犹借楗捶拄太空。

赠静修戒兄

暂别家山卓锡泉，潜神静虑卧云烟。
正偏不落言难举，物我双忘道自坚。
觌面相呈无剩法，当机一句具三玄。
漫将无孔笛儿弄，吹彻九霄天外天。

说禅境偈示胡宗虞

慕道有如考古同，依他样子莫朦胧。
定中绝念沉昏寂，坐内无疑堕死空。
入定顽空宾作主，四禅死定主人公。
愚夫岂识迷家宝，错路修行枉费功。

暹罗龙莲寺养病

自入龙莲养病疴，风光恰似老维摩。
束腰尚乏三条篾，补衲还余半亩荷。
竹簟无尘清梦少，蕉窗有兴夜吟多。
明朝若得青莲约，缓步深山问鸟窠。

过崆峒山

凿破云根一径通，禅栖远在碧霞中。
岩穿雪窍千峰冷，月到禅心五蕴空。
顽石封烟还太古，斜阳入雨洒崆峒。
山僧不记人间事，闻说广成有道风。

五台山

名山胜概自天开，一万菩萨住五台。
积雪千年僧入定，祥云一朵犼初回。
奇哉金色清凉界，乐也曼殊智慧才。
前后三三是多少，喜师行脚不徒来。

忆初发心日有感

六十年余被业牵，翻身直上白云巅。
眉间挂剑清三界，空手携锄净大千。
识海干枯珠自现，虚空粉碎月常悬。
撩天一网罗龙凤，独步寰中接有缘。

为海门方丈作偈

虽然处处有三椽，恁得清池且种莲。
一榻无余随意坐，两餐之外任高眠。
卷翻大地无些土，粉碎虚空别有天。
扫尽尘劳无挂碍，逢人只是不谈禅。

隐居九华山狮子茅蓬

尘世谁能识隐踪，行吟陌上偶扶笻。
竹分新旧青深浅，山别阴晴翠淡浓。
梦里家山衡独秀，道于今古意终穷。
翠峰古寺烟萝隔，坐听疏钟在远峰。
半间茅屋一闲僧，破衲如蓑碎补云。
雨后每栽松柏树，月前常读贝多文。
青山满目空诸有，黄叶堆门绝世纷。
搔首不妨须发白，未能高洁也超群。
翛然林壑足忘年，些事无关只自禅。
树密暗收千嶂雾，竹高翠映一林天。
机心未绝花争放，懒习何妨鸟对眠。
向晚夕阳悬古镜，本来面目自森然。
苦乐何须较眼前，芒鞋竹杖总茫然。
无舟可渡情中断，有路堪扪梦里天。
花到夜深知寂寂，草经霜败尚芊芊。
风尘若定荣枯事，习静人知世外禅。

卧病偈

小病何须日恐惶？饶他艾术与姜汤。

通身自是还元药，一念无非寿世方。

白昼经行提劲气，通宵禅坐定心香。

不资药力资神力，只此伽陀大药王。

诔郑茂岗居士

民国二十年冬，郑子健率眷，奉其太翁茂岗居士，南归香山，次于镜海。旬日得噩耗，寂于莲花峰下。其家子孙眷属，多三宝弟子，勤修净业。经云："西方佛号，一历耳根，永为道种。"

百年大事都如梦，一觉春光九十年。

此日翻身归觉位，西方直指示前缘。

信知净业成家业，即在人天入佛天。

子职若能全孝德，为亲当植火中莲。

示学人

莫嫌老大不知愁，对境翻能为尔谋。

训诲未从今日熟，契经还向几时求？

清宵隐几惟贪睡，白昼披襟事浪游。

倘不束心求至道，未知黑发可能留。

体安和尚索诗

大道浑然无所名，知师素蕴激源清。
光分祖焰鸡窗净，座对林皋鹤梦醒。
乔木阴森空色界，灵台皎洁绝凡情。
隋珠赵璧由来重，怎及法华多宝经！

潮州金山学校请讲《心经》，众学生请题一偈

般若不属有无言，万象森罗一体圆。
动止不昧当前鉴，迥出中流两岸边。
溪声说法听者听，猿鸟唱和玄中玄。
触处逍遥触处是，桥头湘子亦灵源。

示空谈不行持者

佛法不是空口讲，言与行乖成两样。
名闻利养快一时，热铁火轮苦万状。
袈裟底下失人身，地狱门中难解放。
闭口不语三十年，此是上乘上上上。

和周谦牧居士原韵

楞严验性命击钟，日用不知带业浓。
八万法门方便说，一言当下尽归宗。
梦同善恶僧依虎，劫度庄严鱼化龙。
般若缘深文字胜，知君句里有机锋。

和岑学吕居士原韵

一事一物皆道微，荼何苦也蕨何肥！
天机活泼花迎鸟，人事艰难食又衣。
欲学修行齐放下，倘言向上更知稀。
观空试向蒲团坐，那有身心与是非？

偈答张溥泉居士继

扫除尘迹入山林，如幻林间伴野禽。
懒惯云山闲似我，觉来宇宙小于心。
万缘顿息息何住？一念皆空空自吟。
此径已通前后际，和光混俗罕知音。

偈答黄薥秋居士

忆曾揖别在香湖，一片丹心辅国都。
千丈灯悬无我相，半龛香蔼是真吾。
月挑兔角江心阔，风系龟毛树影枯。
四大本空何所住，浮云散净自虚无。

和真如居士韵

天真不假异和同，如影随形处处逢。
时流当下能荐取，四生十类尽皆蒙。
大似伶人一场幻，有何尊卑富与穷？
指点分明明似镜，切勿自负负祖翁。

樟树祈戒偈
在南华寺山门外，古樟一株，现僧相，乞戒

佛与众生同一体，瓶盘钗钏总是金。
了知瓶等无殊异，生死涅槃一例平。
樟树求戒现僧相，如月印潭彻底清。
心境幻化如马角，天堂地狱何喜惊？

自题照像

这个皮袋，何须领会？
潇湘俗子，佛门后代。
闽海缁衣，辛酸未懈。
杯子扑落，堂砖花碎。
石人皱眉，虚空陨堕。
两叩清凉，文吉途待。
奉跸秦川，终南雪盖。
蜀藏西印，奔走中外。
旋国腾冲，萧然一衲。
共语二旬，心空月白。
三谒鸡峰，息肩茅结。
扶起刹竿，重理覆辙。
值法难起，百计心裂。
驱驰四方，群策群力。
创佛教会，全国分设。
新政时更，斗争为法。
数十年来，共修罗宅。
驻十六寺，五兴祖刹。
披心沥胆，受尽磨折。
或嗔或喜，空花水月。

有询佛法，无言可说。
教令耕耘，但莫休歇。
搬砖弄斧，针灸透穴。
饥飧渴饮，与世无别。
一息不继，羽毛鳞甲。
苦哉轮回，沤波起灭。

自题照像

貌瘁形枯，千差万异。
状有所变，不变者谁？
变与不变，总是儿戏。
身外之形，形外之相。
坐断中流，岂有两样？
隐中有显，显中含隐。
隐显随缘，如波逐浪。
隔山见烟，了知是火。
入林草伏，知有兽过。
丹青妙手，欲觅者个。
端详问取，牛马驴骡。

自　赞

（陈宽光居士请题）

本无名相欲呼谁，地狱天堂任所之。
不是虚云不是你，莫把牛儿作马骑。

（陈佛林居士请题）

不须问名相，包子原是面。
异形千万般，本体何曾异？
者个清虚理，出没任游戏。
捉影显纸上，不是虚云意。

（星州陈一中居士请题）

偶游尘幻境，迎风一披襟。
相识满天下，几人是知心？
虚空自寥廓，日月任浮沉。
寄语忘机者，休从纸上寻。

（罗宽普居士请题）

有名有相便是我，无名无相是阿谁？
虽将水墨描模样，是否虚云也未知。

（杨谷樵请题）

日出海浴，月圆影树。

水湛波澄，有形随露。

作空花行，办水月务。

降镜中魔，梦修六度。

灯笼露柱酬妙用，禅机拈作敲门户。

（薛宽贤居士请题）

貌古形枯倚杖藜，画来亦似须菩提。

真空正合留声色，春梦醒时听子规。

（柳征铭宽智居士请题）

憨憨呆呆老冻脓，颠颠倒倒可怜生。

走遍天涯寻知己，未知若个是知音。

挑雪填井无休歇，龟毛作柱建丛林。

耗费施主钱和米，空劳一生受苦辛。

（星州佛慈居士请题）

这个痴汉没来由，荆棘林中强出头。

峰顶直钩寻钓鲤，海中拨火欲烹沤。

作事岂从人所事，怀忧不为我而忧。

问渠何故寻烦恼，担子加肩未敢休。

（菲律宾周宽度居士请题）

田衣杖藜，幻游浮世。

空融声色，夜月猿啼。

天无涯际，云无有羁。

应以比丘得度者，权现模样应来机。

长词古颂一首

审斯利名士，秦城汉六出。

究旧黄粱梦，枕回空无处。

嗟世英雄辈，遍卧衰草露。

况诸不遂者，空把光阴误。

失脚遭千倒，如来难救度。

趁现宿愿深，快将生死虑。

佛言如皎月，照破无明路。

叮咛三界子，时时勤觉悟。

万劫获此身，燃眉须保护。

法法皆我心，我心绝所务。

生亦不曾来，灭亦不曾去。

生灭与去来，如如体常住。

录自《虚老和尚诗稿》

和符文敏宽义居士韵二首

先生意所思，悔质母生来。
时刻被伊阵，颇欲一刀裁。
红尘无所好，怕为桃花埋。
怖情鸳鸯合，水和盐莫开。
更嗟尘外人，遗失真性海。
因兹慕于心，念念惭为怀。

妙思思无思，体本绝去来。
离世觅菩提，犹刀兔角裁。
净土似泥莲，何能被水埋？
鸾凤原是戏，有甚开不开。
佛性诸品类，蹄涔即大海。
切勿心觅心，宝珠衣里怀。

录自《虚老和尚诗稿》

和佛海居士西归楼原韵

妙性本随缘，不变空无着。
含识昧灵知，枉被情想度。

苍生万品类，咸秉真如附。

改头换面孔，性本常金固。

当下识得伊，波水自如如。

看破弄傀儡，是然无所虑。

满盛频伽瓶，怕甚来与去？

录自《虚老和尚诗稿》

和寒山诗原韵

圣贤运悲怀，说尽送方药。

众生皆父母，善奉毋逆恶。

凡圣一道平，全体头手脚。

教人当下了，毋自生凄泊。

处处露堂堂，镜鉴象无着。

录自《虚老和尚诗稿》

题萍无依

此生何所定，了本无所依。

踏遍华藏界，圣凡不与栖。

随缘蓦踪迹，神龙自隐微。

踢翻沧溟水，海天竟忘归。

录自《虚老和尚诗稿》

题放下最乐

世无一所常，知足放下强。
盖将云作被，卧以石为床。
月如额上珠，照醒梦中狂。
一枕天地老，那管世忙忙！

录自《虚老和尚诗稿》

念佛偶拈

我心已极乐，身犹在娑婆。
静室正念好，忙处妄缘多。
口里虽念佛，心不观弥陀。
如此期净土，佛亦没奈何。

录自《虚老和尚诗稿》

因果题

人心多弃古，不以因果知。
如影随形报，至死不回思。
琉璃诛释种，佛愍垂慈悲。
前车既落坑，切慎校昨痴。

录自《虚老和尚诗稿》

陪客二首

年月日时过，阴阳如旋摩。
昼夜逐境转，知错不认错。
直到命终时，识心随业堕。
乘兹残烛光，错已勿再错。

命光速钻火，无常不让丝。
白驹如过隙，无计可能施。
明知身有死，痴心没了之。
急急须努力，临终悔恨迟。

录自《虚老和尚诗稿》

和云樵句

大地一蒲团，悠然身世宽。
因时转物物，得月见天天。
动静无非法，寤眠总是禅。
年来只顺应，何处不玄玄？

录自《虚老和尚诗稿》

寄心定同学

机心不可测，变化几万端。
三灾坏不得，六道改亦难。
寂寂缘虑凝，镬汤等冰寒。
任运且过日，神鬼觅难看。

录自《虚老和尚诗稿》

题壁画兰花

山空了无物，英羡有淡浓。
花开春锦绣，叶挂剑铓锋。

远砌寻知己，近庐悒德馨。
香浑不吐露，默契此心宗。

录自《虚老和尚诗稿》

闲 拈

一句弥陀佛，如风吹浮云。
云尽无所有，念念自分明。
主人今何在，归家自相亲。
来去皆由我，我是甚么人？

录自《虚老和尚诗稿》

饿鬼鞭死尸偈云

因这臭皮囊，波波劫劫忙。
只知贪快乐，不肯暂回光。
白业锱铢少，黄泉岁月长。
直须痛鞭打，此恨猝难忘。

录自《虚老和尚诗稿》

山居一首

衣珠本圆成，空向外边走。
但了心无事，尘境不为垢。
飞鸟过长空，岂留踪迹杳？
任运自逍遥，说甚受不受？

录自《虚老和尚诗稿》

偶　拈

人世似颠痴，光阴快电驰。
忽尔无常到，百计不能施。
须知生死苦，时刻休忘之。
急急须努力，免悔临终迟。

录自《虚老和尚诗稿》

和广西覃异之原韵

佛性本如如，圣凡一体印。

今古无晦昧，千圣共一证。

录自《虚老和尚诗稿》

偶 拈

色空一切空，暮鼓与晨钟。
无心之妙法，妙法在其中。

录自《虚老和尚诗稿》

偶拈四首

不生凡圣解，塞空与暗明。
不欣功德天，黑女不须证。

人我垢无迹，如空处处通。
方圆与大小，在在悉融之。

无情演妙法，动止在维那。
灵灵常不昧，秤两定在砣。

世炼长生诀，黄龙一剑枯。

天机玄妙处，度江乘茅芦。

录自《虚老和尚诗稿》

和孙佛海牧牛颂十首

其一　未收
奋走苦寻迹，走遍荒郊路。
追逐不辞劳，忘却暮云布。

其二　初调
四询无觅处，回头始见伊。
即把绳穿鼻，不伏痛加鞭。

其三　受制
鞭视游山水，溪径荒草路。
水草已饱足，芒绳暂系树。

其四　回首
狂性渐将柔，挽之易转头。
蛮习未全歇，绳牵未敢休。

其五　驯伏

善调日已久，来去常相随。

晓夕纯无异，处处不他移。

其六　无碍

费劲心千万，暂息绿荫中。

自忘兔无忧，月曲乐清风。

其七　任运

绿杨芳草遍，骊歌到处春。

不愁水草虑，鼾睡乐闲人。

其八　相忘

驯伏云无事，人牛者一心。

白云明月下，悠游太古林。

其九　独照

牛去虽无事，灯光未尽遐。

拍手歌自逸，云月映天河。

其十　双泯

我法情忘尽，飞鸟迹何扫？

处处露堂堂，谷答泉声道。

录自《虚老和尚诗稿》

题境风无碍寄李仁辅宽仁居士

弹雨枪林下，枪弹何异琴？
从来原无事，何处立众生？

录自《虚老和尚诗稿》

和牧牛总颂

方便呼为牛，能放亦能收。
皮毛俱脱尽，通身白汗流。

这头露地牛，无放亦无收。
端然水草足，到处任风流。

十方共一牛，解牧即为收。
整日辉今古，千江水逆流。

录自《虚老和尚诗稿》

和见赵州原韵

仙人两手花，不是放此物。
内外一齐抛，本是如如佛。

录自《虚老和尚诗稿》

和世见原韵

嗟清不识真，徒争空与有。
佛令持花瓶，识波定不守。

录自《虚老和尚诗稿》

和月下原韵

莫以月比心，心能昼夜照。
随缘应万物，石人看山笑。

录自《虚老和尚诗稿》

题画竹

心空万虑灰，毫厘尽扫开。
只容一茎竹，四时拥翠来。

录自《虚老和尚诗稿》

题琉璃碗破

一个琉璃碗，盛来水不濡。
虚空粉碎了，遍地是珍珠。

录自《虚老和尚诗稿》

题安心头陀

能得安心法，觅心了无余。
师既安心也，头陀笑花株。

录自《虚老和尚诗稿》

和昆明佛海居士颂夹山见华亭偈

船子太欺人，钩纶塞人口。
色空明暗合，说甚无与有。

录自《虚老和尚诗稿》

和孙乐佛海居士二首

即是法法是，离非是是亡。
是非离泯尽，至尊亦非王。

欣厌圣凡念，此念拈难亡。
取舍情执尽，绝侣不须王。

录自《虚老和尚诗稿》

赠惟一禅人

惟中无有一，一中无有惟。
两重都拈却，佛亦未曾奇。

录自《虚老和尚诗稿》

题废寺基

万物尽废崩，行人只见山。
不辩门前道，焉能到长安？

录自《虚老和尚诗稿》

赠杨敬仁居士谈喜怒

喜怒本无殊，巢为毒窟居。
了知如是见，任运总如如。

录自《虚老和尚诗稿》

滇答黄蘅秋

居士不忘大事为念，欣慰无量，朽被牵至港澳等地，阻留二月余，日前返山，得悉六月二十五日大教，喜居士努力精进，以见解相询，但此事不可于一机一境上取则，须是百匝千重直过始得、须循来词勿怠，可作南询入川。兹步大作原韵，勉和数章，尚希精进。

本来无定旨，何处立岁年？

有无皆非道，入门更密绵。

三六七处路，圆通本现前。
勿生内外执，白牛不用牵。

此个无能喻，非塞明暗空。
了知湿性理，不属有无功。

饮水虽见佛，渴死报佛恩。
究取不识义，无门为法门。

录自《虚老和尚诗稿》

五更歌

一更到，生死一齐照。紧跏趺，莫等阎王叫。
二更初，色身有也无？仔细审，休在嘴都卢。
三更了，佛魔俱要剿。抖精神，勿教昏沉搅。
四更来，斗转星移开。睁眼看，莫作野狐精。
五更天，明月挂堂前。才举首，又见一轮圆。

录自《虚老和尚诗稿》

和古人牧牛颂十首

其一　未收

惟贪水草肆咆哮，路滑溪深不惮遥。
任是牧童多禁制，明明举动犯他苗。

其二　初调

何幸牛儿把鼻穿，一回刚猛一回鞭。
只须蓦直归家后，始得随伊不用牵。

其三　受制

要辟郊原借尔驰，君前我后却相随。
只须耕到无耕处，犹自狞狞不敢疲。

其四　回首

隔林见角识牛头，蓦直牵来未易柔。
熟处渐生生处熟，更无歧路可相留。

其五　驯伏

任居山外与山边，默默追寻已自然。
随分纳些水草是，芒绳虽具不劳牵。

其六　无碍

深入云山已自如，觉来无动亦无拘。

有时踏遍青青地，到处风光乐有余。

其七　任运

本无内外与当中，才涉思维便是茸。

争及此时无罣碍，日高犹自睡浓浓。

其八　相忘

非色非空非海中，熙熙暭暭物皆同。

四相浑来无一物，不往西兮不往东。

其九　独照

耕罢山原得一闲，飘然岂落有无间？

一轮杲日当空照，只要顿超向上关。

其十　双泯

不见牛来有甚踪，眼前红紫悉真空。

一人端拱无为殿，六国讴歌百花丛。

录自《虚老和尚诗稿》

偶题三首

灵空妙体今已证，云游长空任自由。
白驹光阴原是戏，波水沉浮来去休。

佛之一字尚不喜，有何生死可相关？
当机觌面难回互，说甚楞严义八还。

顿空有趣幻非幻，烁破情缘空不空。
玉女已归霄汉去，不须惆怅五更风。

录自《虚老和尚诗稿》

和林光前宽耀居士原韵二首（之一）

自心是佛莫狐疑，疑生于佛隔天渊。
坚持无异功成片，佛手遥迎坐宝莲。

录自《虚老和尚诗稿》

示湖州施慧洋

众生与佛本无殊，只在当人一念虚。
了知泡水原不异，刀山剑树自然枯。

录自《虚老和尚诗稿》

心印偈二首

圣贤导迷示明心，明得心法没疏亲。
随缘领略无余事，溪声不断转法轮。

疑杌见鬼怪惊神，波水角立浪不平。
了杌非鬼波水释，莫谓尼姑异女人。

录自《虚老和尚诗稿》

题画竹五首

青青翠竹野山间，寒雪堆身嫩笋生。
岂非不知时未至，唯爱贤良孝心端。

童子南询尚未回，百花岩下望多时。
长天万里无云夜，月过竹林说向谁？

大士说法紫竹林，寒岩雪里少人行。
时人欲识竹公意，直使心空那可亲。

庭前翠竹线依依，不向人前鼓是非。
借问君家得何趣，谓获心空及第归。

窗下琪竹两三竿，望断苍梧去不还。
满身泪痕心无异，留与人间千古观。

录自《虚老和尚诗稿》

答意昭二首

世尊何事起风波，说教说禅说佛魔。
自性非有亦非无，只因妄失溜随多。

有情迷性逐涛波，去取真妄总是魔。
当体大悲平等智，莫生分别少与多。

录自《虚老和尚诗稿》

碗供香斋坠地尽破故拈

粉碎虚空一旦间，方知此事非人缘。
现前露出娘生面，流落丛林作话传。

录自《虚老和尚诗稿》

心印颂六首

演扬我佛不二旨，洞彻法界性海融。
明月孤悬光皎皎，岩松幽翠永长春。

法运垂秋甚可悲，千钧一发令人衰。
我师妙施伽陀药，疗人百病转春回。

残年已过九余岁，那得鲸鳞上直钩。
惭愧无能继先圣，付与吾子力重开。

百岁翁翁返故山，惭似残烛夕阳寒。
水月道场成梦事，林巢日暮鸟空还。

泪兹慧命千钧发，危如累卵有谁担？

觅鲸不获虾亦乏，虚负一生摆钓竿。

佛祖承继唯指心，心心契合道自兴。
顾鉴明明能领略，赵州看婆太无情。

录自《虚老和尚诗稿》

和刘宽涵居士句三首

曹溪水净无余味，客至赵州唤吃茶。
五香本具人皆共，嚼碎虚空任吐渣。

尽与无尽言难尽，真与非真须认真。
冷暖自知人不识，证到无生始语生。

本觉明妙性觉明，是非双泯一扫清。
水月空花随缘度，花鸟争喧闹石人。

录自《虚老和尚诗稿》

赠周惺甫居士请

法性如来法性土，法性众生法性心。

心佛众生原不异，何更区区向外寻？

录自《虚老和尚诗稿》

示广照侍者

法界如如绝诸相，心佛众生本无差。
佛即心兮心即佛，昼夜常开智慧花。

录自《虚老和尚诗稿》

示洪如侍者

曹溪寺里任随缘，一念万年莫问禅。
如如不动如山岳，笑破胞胎未兆前。

录自《虚老和尚诗稿》

步古颂法法常住原韵

妙法从来绝见闻，真空无相不须论。
禅机吐露君知否？山是山兮云是云。

录自《虚老和尚诗稿》

酬净觉上人偈二绝

系得清风欲卖钱，偶经人世话玄玄。
虚空粉碎没些子，不觉无心露那边。

这声佛号犹然幻，认取不来旧主人。
认得主人真面目，有何病苦有何身？

录自《虚老和尚诗稿》

偶题一首

诸缘放下得自由，日来无事上心头。
而今更得逍遥处，坐对青山听瀑流。

录自《虚老和尚诗稿》

偶拈一首

学道之人不扣己，徒然朝暮只谈理。
说时似悟对境迷，不是嫌他嫌自己。

录自《虚老和尚诗稿》

赠今美戒兄二首

古隐山居不类常，息心克念善参详。
若能依我存忠实，敢保灵苗发异香。

禅者轩昂志气冲，杖盂落落挂虚空。
布毛吹起承当处，万古声雷宇宙中。

录自《虚老和尚诗稿》

赠卧龙寺东霞和尚二首

妙性从来不假修，随缘赴感靡不周。
举步无非家常事，月映溪川有何留？

佛性天然绝中边，灵机妙用涯无焉。
用时如镜鉴诸相，独超不被古今迁。

录自《虚老和尚诗稿》

采椒二首

信手扳来那一枝，津津恶辣浑无私。
锋芒更比锥头利，触着虚空负痛时。

昔年曾到无锥地，今日无端忽遇锥。
伸手轻轻才摸着，一声阿喇自相委。

录自《虚老和尚诗稿》

无根树二首

不假天兮与地垠，无阴阳处日新新。
而今培得枝繁茂，独露三千庇世人。

亲从劫外觅孤标，大地撮来不见苗。
无一物来只这个，枝枝叶叶覆青霄。

录自《虚老和尚诗稿》

无孔笛

不将短竹叶宫商，一种母音辟太荒。
无事道人频羡羡，风清月白自天庄。

录自《虚老和尚诗稿》

无孔锤

浑浑囫囫一古锤，敲天磕地任施为。
软如兜罗硬如铁，击碎虚空片片堕。

录自《虚老和尚诗稿》

无缝塔

巍峨高大独称尊，不落方圆与户门。
坐镇乾坤空劫外，人天瞻仰日亲亲。

录自《虚老和尚诗稿》

无镭锁

意窦情关境自开，阿谁把断要津来？
等闲空却虚空眼，六国风清日正拍。

录自《虚老和尚诗稿》

无量秤

茅屋长将古镜悬，权衡不用度三千。
物来事至唯随应，长短重轻自不偏。

录自《虚老和尚诗稿》

无弦琴

阿谁离指奏弦桐？一曲无生叶古风。
操到琴声俱泯迹，悠然响落太虚空。

录自《虚老和尚诗稿》

无底钵篮

小口篮儿没表边，系风留月自天然。
个中了无方圆相，盛尽三千与大千。

录自《虚老和尚诗稿》

题白玉释迦佛像

此玉即是丈六身，趺白莲敷劫外春。
视十二类等赤子，因何负义不思亲？

录自《虚老和尚诗稿》

习禅静中有醒偶题二首

止息风云月朗辉，万里晴天绝幻翳。
众星举首皆拱北，倾湫倒岳海龙飞。

默坐忽听一声雷，击碎虚空臭骨堆。
倒却刹竿无觅处，从今更不学禅流。

录自《虚老和尚诗稿》

偶题三首

灵性天然草木同，莫将迷悟忘疏亲。
本是如如不动体，一任沤波自主宾。

观心念佛佛相亲，念佛念心心自纯。
念佛观心观自在，即心即佛见天真。

扰南扰北扰西东，电击雷轰骇浪中。
识破人情常养性，白云深处有清风。

录自《虚老和尚诗稿》

牧牛颂十一首

一　寻牛

飘然一物角蹄齐，半掩深林半逐溪。
南北东西无觅处，悠然落在画桥西。

二　见迹

茫茫一片没西东，草蔓林深处处同。
寻遍山边及水际，依稀歧路见微踪。

三　见牛

徘徊古道觅真踪，烟水茫茫未易逢。

晓夜不辞狂瘁力，云中隐隐角峥嵘。

四　得牛

几回寻觅遍天涯，寻到天涯日未斜。

当处忽然成色相，空拳付与牧童跨。

五　纯熟

牧来岁月已云赊，草水天然到处佳。

不触东西与两岸，断然露地乐烟霞。

六　骑牛

漫劳牧童已多年，不事鞭绳蓦直前。

当下倒骑牛背上，胡腔汉调任讴弦。

七　忘牛

狂性消融六不遮，风清月白自荣华。

饥餐睡卧白云里，一曲瑶琴了大车。

八　人牛双忘

秋水澄清一月圆，长年湛湛映青天。

两丸烁透乾坤外，那识浮生寄大千！

九　还源

当年粉碎太虚空，地转天旋物自融。
水即是波波是水，浑无南北与西东。

十　入廛

驾得铁船把钓游，何缘一见便吞钩？
大千载尽无高下，不住两岸与中流。

十一　总颂

本无一事可商求，平地风波信笔收。
从地倒还从地起，十方世界任优游。

录自《虚老和尚诗稿》

偶拈四首

此法妙哉难尽赞，拈来日月作一担。
夜来乌龟跳上天，撞到须弥皆分散。

机宜相契施作为，金鸡因续凤凰啼。
普施大地知迟早，群灵醒晦晒日辉。

清风翠竹解谈禅，流水高山总亦然。

二六时中无间断，老僧何用口唇宣？

明月当头照万川，一条古径直如弦。
眼前便是归家路，不在水前不在天。

录自《虚老和尚诗稿》

和陈真如居士韵

说物不真绝非人，砖镜相涵大地春。
是从踏平天下后，四海波腾岂无因？

录自《虚老和尚诗稿》

示袁焕仙居士偈

大道无难亦非易，由来难易不相干。
等闲坐断千差路，佛魔难将正眼观。

录自《虚老和尚诗稿》

肃亲王为老福晋请对灵小参法语偈

一念无生全体露，回圈妙应水中沤。
生天成佛何须问，倾向葵心日愈高。

摘自《虚云和尚法汇》

鸡山祝圣寺上堂偈

重重帝网珠光映，法法原无向背分。
莫道老僧好饶舌，惟怜鱼水太相亲。

知见无见莫知立，徒增真妄两头驰。
人人有个舌在口，原来女僧是尼师。
不逐幻名色空转，石人看山岂是痴？
了知冰雪即是水，佛生何曾隔一丝？

摘自《虚云和尚法汇》

南华寺佛诞日吴宽乘居士等请上堂偈

人人有个无量寿，长共虚空不老春。

无量劫来至今日，无增无减一般新。

南华寺沙弥尼宽广请上堂

象峰巍巍高插天，众峰环拱一峰前。
雪归岩穴泉归壑，翠竹黄花尽说禅。

摘自《虚云和尚法汇》

持戒偈

佛教世人持净戒，戒净庄严清净身。
了知舍那心地印，生佛无殊一体真。

摘自宽茂居士 1988 年印行
《佛说〈梵网经〉——纪念虚云老和尚圆寂三十周年》

题云移石

此诗写于光绪三十年甲辰（1904），时虚老六十五岁。虚老自记云：钵盂庵，自嘉庆后，已无人住。因大门外右方有一巨石白虎，不祥，拟在此地凿一放生池。雇工斫之不碎，即去土察之，无根。石高九尺四寸，宽七尺六寸，顶平，可跏趺坐招包工移左二十八丈，来工人百余，拼力三天，无法动，不顾而去。予祷之伽蓝，讽佛咒，率十余僧人，移之左。哄动众观，惊为神助。好事者题为"云移石"，士大夫题咏甚多，予亦有诗纪之，曰：

嵯峨怪石挺奇踪，苔藓犹存太古封。
天未补完留待我，云看变化欲从龙。
移山敢笑愚公拙，听法疑曾虎阜逢。
自此八风吹不动，凌霄长伴两三松。

钵盂峰拥梵王宫，金色头陀旧有踪。
访道敢辞来万里，入山今已度千重。
年深岭石痕留藓，月朗池鱼影戏松。
俯瞰九州尘外物，天风吹送数声钟。

摘自《虚云和尚自述年谱》

追悼具行禅人自化身生西记诗二首

枯肠欲断只呼天，痛惜禅人殒少年。
数载名山参谒遍，归来念佛荷锄边。
助兴梵刹同艰苦，密行功圆上品莲。
燃臂药王真供养，孔悲颜殁尚凄然。
活到于今心更寒，惟师超逸不相干。

人当末劫多缘累，君至临终一火完。

世念难忘蔬菜熟，西归且尚夕阳边。

伤心老泪挥无尽，一罄留音示妙缘。

摘自《虚云和尚自述年谱》

自题照相赠宽镜居士

这个痴汉，有甚来由？

末法无端，为何出头？

嗟兹圣脉，一发危秋。

抛却己事，专为人忧！

向孤峰顶，直钩钓鲤。

入大海底，拨火煮沤。

不获知音，徒自伤悲。

笑破虚空，骂不唧留。

噫！问渠为何不放下，苍生苦尽那时休！

摘自《觉有情》1947 年第 9 卷第 7 期

和萧龙友居士

开士行吟秋后菊，名花回顾梦中人。
是谁人淡能如菊？一暴寒冬又见春。

摘自《虚云和尚法汇》

示念佛是谁偈

理本非因亦非果，有何出入与禅那？
佛施方便化城喻，究竟教禅不恁么。

摘自《虚云和尚法汇续编》

赠汪宽青居士偈

人人有宝在形山，六窍通明不用观。
自利利他无尽藏，时人莫作等闲看。

摘自《虚云和尚法汇续编》

云门遗嘱

自小学佛别故乡，走遍天涯路偏长。
弹指春秋百余异，雪覆额头骨崚嶒。
唯冀众生皆成佛，那时了愿遂心畅。
同舟共到菩提岸，一曲渔歌作散场。

辞世诗

少小离尘别故乡，天涯云水路茫茫。
百年岁月垂垂老，几度沧桑得得忘。
但教群迷登彼岸，敢辞微命入炉汤。
众生无尽愿无尽，水月光中又一场。

1959 年 10 月云居侍者敬录

摘自《虚云和尚法汇续编》

步一留居士原韵

穷子虽贫珠自存，圆通根尘尽法门。
演若镜头原不失，歇即菩提共一尊。
体绝名言与实虚，识皆对待有何除？

真如四应水投水，性若波水输不输。

摘自《觉有情》1948 年第 10 卷第 4 期

虚云老和尚生平传略

　　虚公讳古岩，又名演彻，字德清。晚年自号虚云，别署幻游老人。系湖南湘乡萧氏子，梁武帝之后裔。父玉堂，以科举出身，官至泉州太守。生母颜氏。庶母王氏。父母年逾四十而无子，发愿广修功德。清道光二十年庚子（1840），公诞生于泉州府署。初堕地为一肉团，母大骇，遂气壅而亡。翌日有卖药翁来，为剖之，得一男孩，乃公也，即由庶母王氏抚育成人。

　　公自幼不茹荤，读书习礼，聪睿过人。年十一，遇祖母周氏亡故，请僧人至家超度，公得见三宝法物，生大欢喜。随寻佛经观读，及往南岳进香，若有夙缘，即萌出家之意，为父所阻。年十七，即欲弃家奔南岳，半途被叔父截回，强送至闽，与田、谭二氏举行婚礼。虽同居一室而无染，常为二氏宣说佛法。咸丰八年，岁次戊午（1858），公时年十九，矢志出家，作《皮袋歌》留赠二氏，遂携从侄富国离家奔至福州鼓山，礼常开老人剃度。见歌曰：

　　皮袋歌，歌皮袋。空劫之前难名状，威音过后成挂碍。三百六十筋连体，八万四千毛孔在。分三才，合四大，撑天挂地何气概！知因果，辨时代，鉴古通今犹蒙昧，只因迷着幻形态。累父母，恋妻子，空逞无明留孽债。

皮袋歌，歌皮袋。饮酒食肉乱心性，纵欲贪欢终败坏。做官倚势欺凌人，买卖瞒心施狡狯。富贵骄奢能几时，贫穷凶险霎时败。妄分人我不平等，害物害生如草芥。每日思量贪嗔痴，沉沦邪僻归淘汰。杀盗淫妄肆意行，傲亲慢友分憎爱。呵风咒雨蔑神明，不知生死无聊赖。出牛胎，入马腹，改头换面谁歌哭？多造恶，不修福，浪死虚生徒碌碌。入三途，堕地狱，受苦遭辛为鬼畜。古圣贤，频饶舌，晨钟暮鼓动心曲，善恶业报最分明，唤醒世人离五浊。

皮袋歌，歌皮袋。有形若不为形累，幻质假名成对待，早日回心观自在。不贪名，不贪利，辞亲割爱游方外。不恋妻，不恋子，投入空门受佛戒。寻明师，求口诀，参禅打坐超三界。收视听，罢攀缘，从今不入红尘队。降伏六根绝思虑，无人无我无烦恼，不比俗人嗟薤露。

衣遮体，食充饥，权支色身好因依。舍财宝，轻身命，如弃涕唾勿迟疑。持净戒，无瑕疵，玉洁冰清四威仪。骂不嗔，打不恨，难忍能忍忘讥嗤。没寒暑，无间断，始终如一念阿弥。不昏沉，不散乱，松柏青青后凋期。佛不疑，法不疑，了了闻见是良知。穿纸背，透牛皮，圆明一心莫差池。亦返源，亦解脱，还元返本天真儿。无不无，空非空，透露灵机妙难思。到这里，不冤柱，咄地一声是了期。方才称，大丈夫，十号圆明万世师。咦！犹是那个壳漏子，十方世界现全身。善恶明明不差错，为何依假不修真？

太极判，两仪分，心灵活泼转乾坤。帝王卿相前修定，富贵贫穷亦夙因。有了生，必有死，人人晓得莫嗟呻。为妻财，为子禄，误了前程是贪嗔。为甚名，为甚利，虚度光阴十九春。千般万种不如意，熬煎在世遭艰迍。老到眼花须发白，一善难闻枉为人。日到月，月到岁，空嗟岁月如转轮。世间谁是长生者，不如归去礼慈云。或名山，或胜境，逍遥自在任游巡。无常迅速知不知，几句闲言敢奉闻！念弥陀，了生死，多多快活谁得似。学参禅，得宗旨，无限精神只这是。清茶斋饭心不偷，二六时中为法喜。除人我，无彼此，冤亲平等忘誉毁。无挂碍，没辱耻，佛祖同心岂徒尔！世尊割爱上雪山，观音辞家为佛子。尧舜世，有巢许，闻让国，犹洗耳。张子房，刘诚意，也弃功名游山水。况末劫，甚艰苦，如何不悟古人比。

纵无明，造十恶，费尽心机为世鄙。刀兵厉疫旱潦多，饥馑战争频频起。变怪屡闻妖孽生，地震海啸山崩圮。适当其际可奈何，多行不善前生里。事难如意落迷途，处贫遇患善心始。善心始，遁入空门礼法王，忏悔罪过增福祉。拜明师，求印证，了生脱死明心性。勘破无常即有常，修行大有径中径。圣贤劝世有明文，三藏经书尤当敬。沥心肠，披肝胆，奉劝世人应守正。莫当闲言不记心，大修行人必见性。速修行，猛精进，种下菩提是正因。九品莲生有佛证，弥陀接引到西方。放下皮袋超上乘，皮袋歌，请君听！

翌年，依妙莲和尚受具。为避父寻找，隐山后岩洞礼万佛忏，常遇虎狼，亦不畏惧。三年后，闻父辞官还乡之讯，方返常住，承任苦行职事，履践头陀行。每日仅食粥一盂，而体力强健，如是者越四年。因思古德不食人间烟火，种种苦行，乃辞去苦行职事，尽散衣物，复回后山持头陀行。栖岩宿洞，冬夏一衲，野果充饥。三年后，出闽参方。亲近天台融镜法师，领一语点拨，顿认前非；复蒙师识为法器，令多参讲座，以利游方。从此遍历扬州高旻、宁波阿育王与天童寺、镇江焦山及金山寺等处，通听《楞严》《法华》《阿弥陀》等诸经。为报父母恩，发心礼五台。

光绪八年（1882）壬午，自普陀山法华庵起香，三步一拜，一路上饥寒雪掩，痢疾腹泻，口流鲜血，三次大病，奄奄待死，感文殊菩萨化身文吉俗人两次相救，备尝艰辛，历时三载，始抵五台山显通寺，参加六月六大法会。后由华严岭北行朝恒山，礼尧庙，渡黄河，过潼关，登太华，访首阳山，入甘肃境至崆峒山。

光绪十一年（1885）乙酉，西出大庆关到咸阳，参慈恩、华严二寺，后抵南五台结茅息足二年。

光绪十三年（1887）丁亥春，下山转翠微山，礼皇裕寺、安山净业寺，再至草堂寺，拜鸠摩罗什法师道场。翌年入成都，礼昭觉寺、文殊院、宝光寺，再由峨嵋西行入藏，至拉萨。

光绪十五年（1889）己丑，复南行，经拉噶与亚东进印度，过不丹，至杨甫城，朝佛古迹。改由孟加拉渡锡兰，朝圣地，入缅甸瞻大金塔。再经腊戍，至大理，朝鸡足山，礼迦叶尊者入定处。

光绪十八年（1892）壬辰，驻九华山，与月霞、普照诸师共弘《五教仪》，讲《华严经》，参研贤首经教三年。

光绪二十一年（1895）乙未，应请赴高旻寺参加禅七，因持金钱戒，无钱过渡，涉水行，堕扬子江中，自皖省荻港至采石矶，浮沉一昼夜，为捕鱼者救之，七孔流血。师虽重病，仍往高旻禅七，以悟为期，精进勇猛，二十余日，禅功益进，万念顿息，工夫落堂，昼夜如一。至第八七第三晚，六枝香开静吃茶，沸水溅手，茶杯堕地，一声破碎，疑根顿断，豁然悟道，随述偈曰："杯子扑落地，响声明沥沥。虚空粉碎也，狂心当下息。"又偈曰："烫着手，打碎杯，家破人亡语难开。春到花香处处秀，山河大地是如来。"

于此之后，尤精进不息，至阿育王寺燃指拜忏，以报亲恩，如是数年。复拟再朝五台，至北京，遇战事，随扈跸西行抵西安，主建息灾法会于卧龙寺。为杜外扰，结茅终南山嘉五台，改号"虚云"，渴饮积雪，野菜充饥。腊月之中，煮芋釜中，跌坐待熟，定去，时逾半月。消息传出，僧俗咸来参拜。

为避酬答，宵遁而去，经蜀入滇，择兴福寺闭关三载。后至鸡足山，受请住持钵盂庵，立定清规，重振律仪，发心重修寺院，接待十方。为募化，单身前往南洋，至南甸路新街，抵仰光，转马来西亚，一路讲经，皈依者数千。

光绪三十二年（1906）丙午，经日本回国抵沪，即偕寄禅和尚等进京请愿，申保护寺产、挽救佛教之由，得谕示告准，且赐《龙藏》、紫衣、钵具、锡杖、如意及玉印，受封号"佛慈弘法大师"。翌年再南行，抵槟榔屿，复转泰国，于王宫中讲经。一日忘记讲经，趺坐入定九日，轰动暹京，泰王礼请，千众皈依。

宣统元年（1909），又至仰光，迎请玉卧佛像归鸡足山。后主祝圣寺法席，数年大振道风，讲经传戒。两年后，再度受举为僧界代表，晋京请愿。旋抵沪，组建中国佛教总会。次年归滇，亲襄省佛教分会会务。

民国三年（1914）甲寅，再度入藏，朝雪山太子洞，礼喇嘛教十三大寺。民国九年（1920）庚申，受聘主昆明云栖寺法席。民国十五年（1926）丙寅暮春，传大戒，殿前老梅枯枝忽生白莲数十朵，形大如盂，微妙香洁；园中青菜亦皆涌青莲花，葶现立佛，吉祥瑞应，观者皆赞。民国十八年（1929）己巳，受请回鼓山任方丈，时师年已九十，力除陋习，整顿寺规，扩建寺宇，讲经传戒，创办戒律学院，整理经板文物。数年之内，道风肃严，四众仰之，与金山、高旻鼎立而三。

五年后，受请行岭南，赴曹溪南华寺，复兴祖庭，革除陋习积弊，荡涤污秽；严守戒律，力挽颓风；葺修祖殿，专设学校培育僧才；登台执讲，听者诚服；修葺禅堂与念佛林，重扬规矩，再现古范。时值抗战之际，乃设坛追祭抗日阵亡将士，且又每日率众礼忏，荐亡息灾。更倡减免晚食，以余粮奉献支援前线；将信众所赠果资以赈灾民；且于曲江大鉴寺内开办纺织工厂，安置流亡僧尼。

民国三十三年（1944）甲申，礼云门，因见祖庭败落不堪，感慨万分，发愿重兴。以百岁高龄，亲率僧众，披荆斩棘，填土筑堤，自烧砖瓦，再造殿堂。尽九年之心血，始具规模，殿阁齐全，佛像庄严。又制规约，重振宗风；创大觉农场，扬农禅古风。

1951 年春，拟传戒中，有湖南某县不良分子混入其中，被原籍公安部门捕回。乳源县地方当局由此而怀疑云公藏有枪支、电台、金银等，随来军兵百余，围守全寺，禁众出入，逼公交待，几次拷问继以动刑，施以无礼手段。公默忍受，旋入定，至兜率内院听弥勒菩萨说法及见原相识诸尊宿。经历三个月，京穗调查组至寺，一场镇反扩大化事件始告平息。其中又于民国三十五年（1946），以抗战结束，主法羊城净慧寺，寺内绯桃忽然着花，重台璀璨，万众道喜。后更有美国信女詹宁氏远航来华，专程求法。公发心接引，为主禅七。

1952 年春，应邀进京，主坛世界和平大会于广济寺，多方操劳；筹建中国佛教协会，受众举为首席发起人；复为佛教代表接受锡兰代表团所献佛舍利等宝物。是年冬，南下抵沪，再主祝愿世界和平法会，历时四十九天；继主禅七二期于玉佛寺，多有开示，皈依者数万，轰动一时。次年，又至苏杭，再主法会，瞻礼者如潮涌，皈依者又数千，并重建绍隆祖塔，勒石为碑。六月返京，参加中国佛教协会成立大会，为正道风，痛斥乱戒之谬说。四众诚信，拟推选为中国佛教协会会长，公以衰老推辞，任名誉会长。

旋至匡庐，养疴大林寺。适云居僧人达成参谒，叙说云居荒芜情况，公闻之恻然。于1953年7月初登上云居山，眼见历代祖师最胜道场竟荆莽没膝，草深三尺，金身荒露，凄然泪下，遂发心重修。先结茅而居，春谷为食，以图复兴。四方僧众，闻风云集，不多时逾千指。公为护法安僧，多方策划，数年之内，创办僧伽农场。又视僧众之所长，分队组之，或营建，或事农。翌年开春，烟蓑雨笠，垦荒造田，植树造林，摘茶采菇。三年之期，辟田开地数百亩，营林护材逾万数，收谷数万斤，僧众口粮得保障，自给有余，俨然百丈禅风，世人皆赞。又率僧众打土抛砖，自建窑场，伐木造林，筑炉铸瓦，重建梵刹。五易寒暑，工程告竣，楼阁耸立，殿堂齐全，金碧辉煌。新塑佛像，饰金铺彩，备极庄严。继疏明月湖，重导改、碧二溪，辟修北山大道，建起海会塔，架设飞虹桥，新置石床景，修饰慧泉，使胜迹再现，赋诗表志，勒石为碑，规模盛于唐宋旧观。与此同时，率众严守戒律，如法修持，精进勇猛，早晚课诵，坐香参禅，半月布萨，每年禅七。

育僧才，弘佛法，办佛学研究苑于寺中，组织讲经，听者数百。承五宗之法，衍继于后，传法性福和尚诸嗣，使沩仰宗派再兴。积心法而著述《禅宗与净土》，析二门之异同实出一源；《云居管见》阐社会之变，警三学之恒持；为承先德、弘祖法、载史迹，再版《云居山志》，叙因缘、述大事，亲撰《事略》。

农历八月初二日，适香港弟子宽定、宽航、宽慧等来山为公祝寿，公随将身后之事一一作了交待，并要宽航到杭州找到一位叫心文的师父，要他来云居一趟，有事交待。随后将自己的《法汇》稿件五大册，交弟子宽航带至香港，交岑学吕居士。第二天，又将自己供奉的玉佛，所用的血珀、祖衣、念珠等物，分赠给自广州、香港而来探望的宽定等几位弟子，并作嘱托语。

到农历九月初的一天，真如寺住持及各寮职事多人来茅蓬看望云公。师谓众曰："我们有缘，相聚一处，承诸位发大心，数年之间，复兴云居道场，辛劳可感。但苦于世缘将尽，不能为祖师作扫除隶。有累诸位：倘我死后，全身要穿黄色衣袍，一日后入龛，在此牛棚之西山旁，掘窖化身。火化之后，将吾骨灰，辗成细末，以油糖面粉，做成丸果，放入河中，以供水族结缘，满吾所愿，感谢不尽。"

农历九月初六日，接北京电报，李济深逝世，公曰："任潮，你怎么先走，我也要走了。"侍者在旁闻之愕然。九月初十日午，公命侍者撤退佛龛，供奉在别室中。侍者知公有异，急往报方丈及三寮职事，齐集向公问安，请为法长住。公曰：

"事到而今，还作俗态！请派人为我在大殿念佛。"众请公作最后开示及遗嘱，公曰："身后事数日前已向众说过，不必赘言。今问我最后语，只有勤修戒定慧，息灭贪嗔痴。"有顷，复曰："正念正心，养出大无畏精神，度人度世。诸位辛苦，宜早休息。"众告退，已中夜矣。

云居山地势本高，时际深秋，寒风凄厉，万山木落，簌簌有声，古树参天，幢幢乱影，室内则一灯如豆，户外已滴露成珠。回顾茅蓬中，只有一老人静卧其中，且去大殿颇远，第觉幽磬遥闻，经声断续，待送此老人去也。

农历九月十二日晨，侍者二人进入室内，公跏趺如常，惟双颊微红于往日，不敢惊动，退出室外守候。十二时，在窗外窥见公竟自起床，自取水饮，旋起立作礼佛状。侍者以公久病之身，恐其倾跌，即推门入。公乃就坐，徐告侍者曰："我顷在睡梦中，见一牛踏断佛印桥石，又见碧溪水断流。"遂闭目不语。至十二时半，公唤侍者一起进来，举目遍视，有顷，曰："你等侍我有年，辛劳可感。从前的事不必说了。我近十年来，含辛茹苦，日在危疑震撼之中，受谤受屈，我都甘心，只想为国内保存佛祖道场，为寺院守祖德清规，为一般出家人保存此一领大衣。即此一领大衣，我是拼命争回的，你各人今日皆为我入室弟子，是知道经过的。你们此后如有把茅盖头，或应化四方，须坚持保守此一领大衣。但如何能够永久保守呢？只有一字，曰'戒'。"说毕，合掌道珍重，诸人含泪而退，至室外檐下守候。

至午一时四十五分，侍者二人入视，见公右胁作吉祥卧，示寂矣！急报住持及大众，齐集诵经送行，日夜轮流念佛。一日后装龛，肢体软若棉絮。十八日封龛。十九日荼毗，举火后，香气四溢，白烟滚滚上冲。

公世寿一百二十岁，僧腊一百零一岁。示寂日，寺中僧人正智师在公住处《禅门日诵》中，发现其亲笔所书遗嘱一份，内曰：

> 吾死后化身毕，请各位将吾骨灰碾成细末，以油、糖、面共骨灰和好，做成丸果，送放河中，以供水族结缘，满吾所愿，感谢无尽。偈曰：
>
> 虾恤蚁命不投水，吾蔚水族身掷江。
> 冀诸受我身愿供，同证菩提度众生。
>
> 还债人虚云顶礼

又偈：

> 请各法侣，不必忧虑。生死循业，如蚕缚茧。
> 贪迷不休，囚闲忧喜。欲除此患，努力修炼。
> 妙契无生，明通性地。断爱憎情，脱轮回险。
> 参净三学，坚持四念。誓愿圆成，质幻露电。
> 证悟真空，万法一体。离合悲欢，随缘泡水。

又偈：

吁嗟我衰老，空具报恩心。宿债无时了，智浅识业深。
愧未成一事，守拙在云门。诵子吃饰句，深愧对世尊。
灵山会未散，护法仗群公。是韦天再世，耀毗耶真风。
自他一体视，咸仰金粟尊。中流作砥柱，苍生赖片言。
末法众生苦，向道有几人？愧我名虚负，羡子觉迷津。
道范时殷慕，华堂愧未趋。谨呈覆几句，聊以表区区。

公一生志大气坚，涵养深厚，其不可思议之行迹，非博地凡夫所能测度。生平律己严而待人宽，机心销尽，到处真实。一生弘法，逗机施教，从不着门户见。为续拈花慧命，以一身而参演续传五家宗派，亲手披剃者百余人，得益启悟者数千，中外皈依弟子逾数十万人。公之一生，顺应世法，爱国爱教，乃当之无愧的当代禅宗泰斗！

录自弥光老和尚编《应无所住——虚云和尚开示录》

附：关于虚老年龄

虚云老和尚生于清道光二十年，即 1840 年，1959 年圆寂于云居山茅蓬，世寿 120，而有好事学人颇多疑之。曾亲近虚老、于 1949 年后赴台弘法的惠光法师，曾与明观和尚谈及虚老年龄，可作为虚老 120 寿之补证。这段问答载于《禅学问答》，摘录如下：

（明观和尚）问：虚云长老，佛门慧日，自公圆寂，黑暗满天，寿高德望，人天师表。近被胡适妄评，年龄、父僚宣非实在。光绪甲辰（1904），有僧广济，时谓老人六十四岁，湘乡县萧家冲人，隔田相望，悉公事实与否？岑学吕翁亦在查问。惠公在台或有所闻，请向灵老、夷公询问详悉，覆示告知，深重铭感。

（惠光法师）答：光绪庚子（1900），吾年十三，闻德清名，未谋其面。皈依恩师上超下静，俗名王普道，秀才出家，有官不任，专炼金丹。咸丰三年（1853），教萧荣国（惠光法师以萧荣国为虚老俗名）道书，及教内外气功坐法。咸丰乙卯（1855），超师祝发，密示荣国出俗之时方。吾年十四，闻超师曰："弟子萧君荣国，已落发受具，时龄二十，法号德清。其父玉堂，泉州太守，壬戌告老回家（湘乡县过河廿五里萧家大冲，距俨然山五十里许）。"光绪丙午（光绪三十二年，1906 年），虚老来台，参观灵泉禅寺及游全台，时龄六六，留影灵泉。

民国三十六年九月，吾在华南上公信于云门，公回信中有颂曰：

百八烦躯老冻浓，风前残烛险犹凶。

虚空挑雪填枯井，月影推云建腐丛。

问：李公国芳出身尊谱，可得闻乎？

答：李国芳堂家谱载云："芳公先父名虎军，讨贼于浏阳，驻守三年，太芳始生，字勉林，号兴锐。咸丰二年，移居浏西栿市，出身会示，初从曾国藩治军，时名兴锐，与张之洞、许竹筠、彭楚汉、萧玉堂等交为亲戚僚友。同治间，知大名府。光绪初，累擢江西巡抚。结教案二千余起，偿恤八十万金，皆搏节营饷以弥其阙，不苟捐扰民，官至两江总督。光绪三年（1877）八月间，家室一部分由浏阳西乡移回祖籍，湘潭县西文家滩北宅李家芳老屋。光绪戊子（1888）八月五日，奏上，告老归家，廿五日始抵家乡。次年中秋，高龄九二，奉颁'百岁功臣，告老还乡'之旨。光绪庚子（1900），虚公年龄六一，隐居终南，始号虚云。光绪壬寅二月十九日，芳祖无疾，念佛西归，谥号国芳。"

摘自惠光法师《禅学问答》